徐珂編撰

清稗類鈔

第十册

中華書局

第一〇册目録

方伎類

迷信類

方外類

賭博類

音樂類

清稗類鈔

方伎類

方技家有干支歌訣

方伎二字始於漢，其在唐時，醫卜星相諸流皆入焉。惟醫爲正當之學科，實未可與卜星相之迷惑社會者同日而語也。方技家首重干支，有歌訣紀之。所謂十干者，甲乙丙丁戊己庚辛壬癸也；十二支者，子丑寅卯辰巳午未申酉戌亥也，方技家輒以之紀年月日。而自命博雅之人，又喜用《爾雅》閼逢旃蒙及陬月、如月等字，意義晦塞，苦難記憶。自有歌訣，頗爲簡明。一歌曰：「閼逢旃蒙甲乙并，柔兆丙兮强圉丁，著雍爲戊屠維己，上章二字乃屬庚，辛曰重光壬玄黓，癸號昭陽十干成。」二歌曰：「困敦爲子地支首，赤奮若兮厥維丑，攝提格則要推寅，單閼爲卯義堪剖，執徐二字實辰龍，大荒落卽巳蛇走，敦牂午兮協洽未，涒灘是申作噩酉，閹茂之與大淵獻，是維戌亥相居後。」三歌曰：「月在甲兮乃云畢，乙橘丙修義不失，在丁曰圉戊曰厲，在己曰則庚曰窒，辛塞壬終癸極名，《爾雅》月陽釋一一。」又五言歌曰：「畢橘修圉厲，則窒塞終極，自甲數至癸，月陽《爾雅》釋。」又紀月之歌曰：「正月爲陬二月如，三月寎兮四爲余，五月厥維以臯號，六月由來號以且，七相八壯九爲玄，十陽以下乃辜涂，正月得甲爲畢陬，二得甲兮卽畢如。」

西藏有豫言家

歐美有一種人，專於事前豫卜吉凶禍福，謂之豫言家。我國術士亦有能言之者，惟或驗或不驗耳。今西藏亦有之。其人每託爲神言，歲至拉薩，豫言年歲豐歉及其他未來事，達賴喇嘛以下須就而問之。人民若令判斷一事，須酬金十太克，甚有多至藏幣一萬太克者。

紅教喇嘛之推算

藏曆，向由紅教喇嘛推算，凡是年所有各項吉凶，皆於曆後繪圖貼說，如內地《推背圖》之式。藏人曾云：前紅教喇嘛推定壬子鼠年藏中有刀兵之事，及康熙時藏中之亂，果爲大軍平復，盡收其土。又繪一樹，一人守之，其樹已枯朽，人則往雪地。蓋以樹譬黃教，當自此不振，其人譬達賴，當永遠逃往外國也。

乾坤萬年歌

周太公望著《乾坤萬年歌》，其論本朝者云：「十八孩兒跳出來，蒼生方得蘇危困。十八孩兒是李字，指李自成也。跳，讀作逃，乃逃走也。明崇禎甲申三月十七日，自成陷京師，思宗縊死煤山。五月，大兵定京師，自成敗，焚九門城樓，挾明太子、二王西走，世祖遂定鼎於燕，可謂前遭危困者。今則無事矣，故曰蒼生方得蘇危困也。相繼春秋二百餘，五湖雲擾又風顛。」二百餘，指本朝之國祚也。

馬前課

蜀漢諸葛亮有《馬前課》，每一課指一朝，白鶴山僧守元解釋之。其論本朝者爲第九課，○◎○◎◎◎，中上。水月有主，古月爲君。十傳絶統，相敬若賓。證曰：「陽陰陽，陰陰陰，在卦爲晉。」解曰：「水月有主，清也；古月，胡也。」

推背圖

唐司天監袁天罡、李淳風撰《推背圖》，凡六十象，以卦分繫之。其論本朝者爲第三十三象爲丙申，䷛巽下兑上。大過。讖曰：「黄河水清，氣順則治。主客不分，地支無子。」頌曰：「天長白瀑來，胡人氣不衰。藩籬多撤去，稚子半可哀。」此言世祖入關之徵，中有「順治」二字也。

又第三十四象爲丁酉，䷸巽下巽上。讖曰：「頭有髮，衣怕白。太平時，王殺王。」頌曰：「太平又見血花飛，五色章成裹外衣。洪水滔天苗不秀，中原曾見夢全非。」此言咸、同粤寇事。寇不薙髮，俗呼長毛。所立國號，曰太平天國。其酋不稱皇帝而稱天王，自餘亦皆稱王，天王爲洪秀全。而其時又有苗沛霖之亂也。

又第三十五象爲戊戌，☱☳震下兌上。隨。讖曰：「西方有人，足踏神京。帝出不還，三台扶傾。」頌曰：「黑雲黯黯自西來，帝子臨河築金臺。南有兵戎北有火，中興曾見有奇才。」此言光緒庚子，八國聯軍入京，德宗奉孝欽后西狩事也。

又第三十六象爲己亥，☴☰乾下巽上。小畜。讖曰：「纖纖女子，赤手禦敵。不分禍福，燈光蔽日。」頌曰：「雙拳旋轉乾坤，海內無端不靖。母子不分先後，西望長安入覲。」此言孝欽后臨朝，德宗不得行其志也。

又第三十七象爲庚子，☴☳震下巽上。益。讖曰：「漢水茫茫，不統繼統。南北不分，和衷與共。」頌曰：「水清終有竭，倒戈逢八月。海內竟無王，半凶還半吉。」此言宣統辛亥八月，武昌起事，國運告終，南北言和，帝遜位而共和成立也。

藏頭詩

唐李淳風之藏頭詩，以對太宗而作也。其論本朝者，則曰：「天意如是。斯時人皆得志，混世魔王出焉。一馬常在地，弓長例成都，林易連水黑子去。其時文士家中坐，武將不領人。越數年，如喪國家，有八旗常在身之主出焉。人皆口內生火，手上走馬，頭上生花，衣皆兩截。」此言李闖、張獻忠之亂，世祖率領八旗將士入關，人皆口啣烟管，手有馬蹄袖，頭戴花翎，而行裝之衣，爲馬褂與袍也。

梅花詩

宋邵康節有梅花詩，其論本朝者云：「胡兒騎馬走長安，開闢中原海境寬。洪水乍平洪水起，清光宜向漢中看。」此言世祖入關，定鼎燕京，後開海禁，與各國通商，有粵寇洪秀全之亂，而宣統辛亥八月十九日，黎元洪起義武昌也。

燒餅歌

明太祖在便殿，一日，食燒餅，方啖一口，內監忽報劉基進見，太祖以碗覆之，始召基入。問之曰：「碗中何物？」基曰：「半似日兮半似月，曾被金龍咬一缺。此食物也。」開視，果然。太祖乃問以天下後世之事，基歷歷言之。其論明末而及本朝者，太祖則曰：「朕有六百年之國祚，足矣，尚望有半乎？天機難言，何不留錦囊一封，藏之於庫，急時有難，則開視之，可乎？」基曰：「臣亦有此意。」遂歌曰：「九尺紅羅三尺刀，勸君任意自遊遨。閹人尊貴不修武，惟有胡人二八秋。臣封櫃內，俟後開時自驗。桂花開放好英雄，拆缺長城盡孝忠。此指吳三桂出關請兵。周家天下有重復，摘盡李花枉勞功。黃牛背上鴨頭綠，安享國家珍與粟。雲蓋中秋迷去路，胡人依舊胡人毒。反覆從來拆桂枝，此指三桂歸順後復叛滅之。水浸月宮主上立。此拆清字。禾米一木併將去，二十三人八方居。」太祖曰：「二十三人亂朕天下，八方安居否？」基曰：「臣萬死，不敢隱，至此，大明天下亡之久矣。」太祖大驚，即問此人生何方，衣冠若何，國號爲何，治天下何如。基曰：「還是胡人二八秋，二八胡人二八憂。二八牛郎二八月，二八姮娥配土牛。」太祖曰：「自古胡人無百年之國運，乃此竟有二百餘年之運耶？」基曰：「雨水草頭真主出，此拆滿字。赤頭童子皆流血。倒置三元總纔說，須是川水頁台闕。此拆順治二字。十八年間水火奪，庸人不用水火臣。此拆康熙二字。此中自己用漢人，卦分氣數少三數，此言聖祖在位六十一年。親上加親又配親。」太祖曰：「胡人至此，用人水奪火滅，親上加親，莫非駙馬作亂乎？」基曰：「非也。胡人英雄，水火既濟，安享太平，有位有勢，時值昇平，稱爲盛世，氣數未滅，還有後繼。寶劍重磨又重磨，抄家滅族可奈何。閹人社稷藏邪鬼，孝弟忠奸誅戮多。李花結子正逢春，牛鳴二八倒插丁。六十周甲多一甲，螺角倒吹也無聲。點畫佳人絲自分，一止當年嗣失真。此拆雍正二字。泥鷄啼叫空無口，樹産靈枝枝缺魂。朝臣乞來月無光，叩首各人口渺茫。此拆乾隆二字。一見生中相慶賀，逍遥周甲樂飢荒。此言高宗在位六十年。」太祖曰：「胡人至此敗亡否？」基曰：「未也。雖然，治久生亂，值此困苦，民懷異心，然氣運未盡也。廿歲力士開雙口，人又一心度短長。此拆嘉慶二字。時俺寺僧八千衆，火龍渡河熱難當。叩首之時頭小兀，姮娥躃有月無光。此拆道光二字。太極殿前卦對卦，此言咸豐二字。添香襪斗鬧朝堂。金羊水猴飢荒歲，犬吠豬鳴淚兩行。洞邊去水台用水，此拆同治二字。方能復正舊朝綱。火燒鼠牛猶自可，虎入泥窩無處藏。草頭家上十口女，又抱孩兒作主張。此言孝欽后於同治、光緒時兩次臨朝也。二四八旗難蔽日，遼陽思念舊家鄉。東拜斗，西拜旗，南逐鹿，北逐獅。分南分北分東西，偶逢異人在楚歸。馬行萬里尋安歇，殘害女中四木鷄。六一人不識，山水倒相逢。黃龍早喪赤城中，豬羊鷄犬九家空。飢荒災害皆並至，一似豐登民物同。得見金龍民心開，刀兵水火一齊來。文錢斗米無人糴，父死無人兄弟擡。金龍絆馬半亂甲，二十八星問土人。蓬頭幼女蓬頭嫁，揖讓新君讓舊君。」太祖曰：「胡人至此敗亡否？」基曰：「手執剛刀九十九，殺盡胡人方罷休。礮響火煙迷去路，遷南遷北六三秋。可憐難渡雁門關，摘盡李花胡不還。黃牛山下有一洞，此言黃爲金色，金屬辛，牛在干支則爲丑，一爲劉坤一，洞爲張之洞也。可投十萬八千衆。先到之人得安穩，後到之人半路送。難恕有罪無不罪，天下算來民盡瘁。火風鼎，兩火初興定太平。火山旅，銀河織女讓牛星。火德星君來下界，金殿樓臺盡丙丁。一個鬍子大將軍，按劍馳馬察情形。除暴去患人多愛，永享九州金滿籯。」太祖曰：「胡人此時尚在否？」基曰：「胡人至此，亡之久矣。」

黃檗禪師詩

明黃檗禪師有論本朝詩云：「日月落時江海碧，青猿相遇判興亡。八年運向滇黔盡，二九丹成金谷藏。此言順治。黑虎當頭運際康，四方戡定靜垂裳。唐虞以後無斯盛，五五還兼六六長。此言康熙。有一真人出雍州，鶺鴒原上使人愁。須知深刻非常法，白虎嗟逢歲一週。此言雍正。乾卦占來景運隆，一般六甲祖孫同。外攘初度籌邊策，內禪無慚太古風。此言乾隆。赤龍受寵事堪嘉，那怕蓮池開白花。二十五絃彈易盡，龍來龍去又逢蛇。此言嘉慶。白蛇當道漫騰光，宵旰勤勞一世忙。不幸英雄來海上，望洋從此歎茫茫。此言道光。亥豕無訛二卦開，三三兩兩總堪哀。東南萬里紅巾擾，西北千羣白帽來。此言咸豐。同心佐治運中興，南北烽烟一掃平。一紀剛周陽一復，寒冰空自惕兢兢。此言同治。光芒閃閃見災州。以上言光緒。中興事業付麟兒，豕後牛前耀德儀。繼統偏安三十六，坐看境外血如泥。此言宣統。」又見三分定，七載仍留一線延。紅鷄啼後鬼生愁，寶位紛争半壁休。幸有金鰲能戴主，旗分八面下秦星，統緒旁延信有憑。秦晉一家仍鼎足，黄猿運厄力難勝。用武時當白虎年，四方各自起烽烟。九州

哲布尊丹巴之言

世祖入關，哲布尊丹巴胡圖克圖來朝，世祖問異日事，答曰：「我身不缺，我國不滅。」又問國祚，答曰：「十帝在位九帝囚，還有一帝在幽州。」當時且以爲二十傳也。及德宗被囚瀛臺，宣統帝辭政，此讖始信。「我身」二句，蓋宣統帝御名下一字爲「儀」，臣民固須敬避，惟當鐫刻書籍，於必不可避之「儀」字，則「我」字卽缺末筆也。

李神仙豫知試題

山左有李神仙者，以技游京師。順治庚子鄉試，有兩生密詢試題，李笑曰：「公等皆道德仁義中人也，無庸問。」題出，乃「志於道」全章，二人皆中式。辛丑會試，又有以場題問者，李曰：「五后四可。」後首題乃「知止而后有定」節，果有五「后」字。二題「夫子之文章」一章，三題「易其田疇」二節，果有四「可」字。

水月老人論大蟲

水月老人，姓孫，名文，字文若，會稽人，明末諸生。入國朝，隱於杭，所居爲梅園，在艮山門外之百步塘。老人性簡静，一介不取，間爲歌辭以自娱。問其年，輒曰九十。人以其髮盡禿，故呼之爲僧。順治初，范忠貞公承謨撫浙，老人固預知之。蓋老人與其大父雅故，忠貞幼時，嘗撫其頂曰："兒當建節吾土。"至是，忠貞奉母命，物色而得之，屏騶從往謁，尋爲出俸修塘。時浙西多虎，老人輒語之曰："山上大蟲任打，門内大蟲休惹。"忠貞尋奉命督閩，瀕行，老人誡之曰："耳後火發時，須有主意。"門内蟲，閩也，耳後火，耿也，蓋指閩藩耿精忠也。康熙甲寅，閩藩變作，忠貞死焉。人遂以老人爲能前知，争趨之。老人避去，不知所終。土人乃改其居爲水月庵，肖其像若僧，募僧奉之。

李道人能知未來事

乾隆甲午，有李道人者，自山東入京，人皆稱之爲李半仙。朱鼎延少宰詢其子應順天試得雋否，李書曰："有田皆種玉，無馬不成龍。"朱以爲嘉兆。及榜發，解首乃田種玉，而末名則馬成龍也。梁尚書清標嘗邀之飲，同會六七人，請預道今夕事。李即書片紙，寘燭檠下。頃之，座客共話關壯繆出處。俄有致書與梁者，發示無一字，翻閲之，字在柬背。李因取紙出視云："客所談者皆關公事。有送柬者至，顛之倒之，大可笑也。"衆皆拊掌者再。

蔡必昌知川楚之變

乾隆甲寅秋，蔡太守必昌守重慶。一日，謁督部福文襄，文襄適征廓爾喀，因問此行休咎。蔡曰：「此次蕆事必速，冥中僅造册數月。後不數年，川、楚間當有大刼，冥中已造册數年，今尚未已。」文襄詢以册載姓名，蔡曰：「未來事不可預言。此中首領，似即畢秋帆制府也。」明年乙卯，果有楚苗之變，川、楚教匪繼之，頻年大亂，嘉慶甲子始平。

姚先生言休咎

道、咸間，京師有姚先生者，以課徒爲業，冬夏惟一衲，與人言休咎，輒應。刑部司員如臯胡佛生喜談黃老術，聞姚名，往謁，願奉之爲師。姚言：「君等受恩深重，當使天下人民共登壽域，修煉之術，非士大夫所宜道。」胡乃館姚於家，敬禮備至。然姚所論皆儒家事，起居亦無異常人。年餘，忽蹙額謂胡曰：「君部堂官阿公今夜欲見害，奈何？」胡問故，曰：「阿本天狐，世無知者。三年前，余於酒後誤洩其隱，坐是欲殺余。然余善五雷正法，妖鬼皆不敢近，豈阿公所能害哉！彼無故動殺機，必自斃，三日內當有驗耳。」胡明日閱邸鈔，知阿果請病假三日，乃神之。至第二日，阿薨，胡乃長跪姚前曰：「先生果神人，願教我。」姚曰：「吾非吝此術，願讖緯小數，學之無益，祇有害耳。且人盡前知，則人盡看破世味，豈復有求名求利之人哉！」胡又叩長生術，姚曰：「自古談神仙者如恆河沙數，然費長房果在何處？洞天福人亦何地，既不使千百年一人知之，一人見之，則神仙日在烟雲杳渺之中，反不若塵世確有實在樂處。人亦何苦甘擲此自在光陰，而向寂寞無聊之境，求杳渺無憑之仙哉？」胡服其論，轉叩治術。姚曰：「治術具在所讀書中，君固無不知矣，何問焉！」又曰：「世局關乎大臣，今之操政柄者何人耶？君宜爲自全計，勿更與俗浮沈也。余師見招，亦當從此逝矣。」翌日，姚不知所往。胡謀得河工差出京。是年，果有粤寇之亂，京師米珠薪桂，有斷炊者，而胡幸有差，得不凍餒。

扶乩

術士以砅盤承沙，上置形如丁字之架，懸錐其端，左右以兩人扶之，焚符，神降，以决休咎，即書字於沙中，曰扶乩，與古俗卜紫姑相類。一曰扶箕，則以箕代盤也。又有人謂之曰飛鸞或扶鸞者，其實飛鸞與扶乩本兩事，混而爲一者誤。飛鸞之耗費甚鉅，手續亦繁，先一年即摒擋種種，飛時亦須閲三四月始竣事。

新學家往往斥扶乩之術爲迷信，其實精神作用，神與會合，自爾通靈，無足奇也。初亦有文人弄筆，自託於女鬼仙靈，久之則亦不期然而然。有《仙壇花雨》一書，多記降乩仙鬼唱和之作，《西青散記》亦多述其事。

陳朗生爲乩仙

康熙時，有請乩於樅陽陶氏宅者，方縱筆，忽停。訊之，曰：「陳朗生過門。」是人，狂生也，且俟其去。」又一日，醉卧，鄰人請乩仙至，自書姓名，則陳朗生也。朗生，名枋。

金聖歎爲乩仙

金聖歎既死，山左有官署召仙，仙即聖歎，判一詩云：「石頭城畔草芊芊，多少愚人城下眠。惟有金生眠不得，雪霜堆裏聽啼鵑。」聖歎前身爲杭州昭慶寺僧，死後，朱眉方夢聖歎謂之曰：「吾前身乃僧也，常游歡愛河中，故有是劫，今脱矣，當爲鄧尉山神。」

乩限韻賦詩

秦對巖宫諭家有乩仙，時吴伯成制軍興祚方宰無錫，一日，訪秦，知其召仙，必欲觀之，秦延之入。時所請者，云是李太白。吴曰：「請賜一詩。」乩判云：「吴興祚，何不拜？」吴言：「詩工，固當拜。」又判云：「題來。」適有一貓蹲於旁，吴指之，謂可詠此。又判云：「韻來。」吴乃限九韭酒三韻以難之。乩即書云：「貓形似虎十八九，喫盡魚蝦不喫韭。只因捕鼠太猖狂，翻倒牀頭一壺酒。」

彭定求奉乩仙

彭定求幼奉乩仙甚謹，父嚴禁之，終莫能奪。鍊籙既久，遂能通神，廢乩運腕，不假思索。始爲詩文，繼爲制藝，悉爲佳構，棘闈獲雋，用此技也。康熙丙辰，計偕入都。吴大鵬與彭有舊，得其經義祕本，中有硃書「元君許我必中丙辰會狀」十字。及禮闈榜發，與殿試傳臚，果皆第一。

乩示戊辰試題

康熙戊辰會試，舉子某求乩仙示題，乩書「不知」二字。舉子再拜而言曰：「神仙豈有不知之理。」乃大書曰：「不知不知又不知。」衆大笑，以仙爲無知也。而是科題乃「不知命無以爲君子也」三節。

李奉河託乩伸寃

陜西糧鹽道祖允圖事乩仙甚謹，康熙丙子，以襄辦試事出闈，偶詢他事，乩忽書云：「我乃延安府清澗縣受寃人李奉河也。」問何以至此，則書「我隨仇生入場，污其卷而出」十一字。祖潛訪其實，爲之雪寃，適被召入京，未果。

乩示乙酉試題

康熙乙酉八月十日，有人於蘇州虎邱米仙樓請乩，問闈題。乩判云：「春秋之際，善惡分明。」筆少停，遽問其子中式否，判云：「數皆前定，風水成文。水風井也。」復問北闈題，判云：「悶懨懨獨坐無聊，唱徹相思調。只爲如玉人言念君子，温其如玉也。兒行遠道，強登高，停杯不飲，盼望佳音到。」復問浙江題，判云：「韻取十一真，啼出富春鳥。」後知江南題「子謂子夏」一節，春秋之際。「言前定」八句，「有爲者辟若掘井」一節。北題「吾嘗終日不食」一節，故云悶懨懨相思調也。「君子之道辟如行遠」一節，「禹惡旨酒」一節。停杯不飲也。浙題「觀過知仁」一節，「思脩身」六句，皆十一真韻。「民事不可緩」一節。播穀，富春鳥也。

北濠聖堂乩判

康熙丁亥，有人於蘇州北濠聖堂請乩仙，仙判云：「諸弟子刼到矣。」衆失色。又曰：「一輩不如一輩，天心難合人心。積年罪孽禍相尋，水旱刀兵疾病。」是年旱災，次年水災，以後旱澇不齊者五年。己丑，誅蘇郡通海寇謀叛者百餘人。而大荒之後，又有大疫。一名鏈條瘟，一家有疾，家家纏染；一名癩團瘟，病者皆腹脹如鐵而死。

乩示甲午試題

康熙甲午鄉試，秀才某求乩示題，乩書「不可語」三字。秀才苦求不已，乃書曰：「正在不可語上。」衆愈不解，再求明示，乩書一「署」字。再叩之，則不應。已而題爲「知之者不如好之者」一章。

乩示庚子試題

康熙庚子，晏斯盛發解，馮詠第二。馮於未入場前請乩，問今科是何題，乩判云：「首題好似主考樣，二題不在《四書》上，三題爾曉得也好，爾不曉得也好。」初不能解。是科兩主考爲李之望、鄂爾奇，首題「禮云禮云，玉帛云乎哉；樂云樂云，鐘鼓云乎哉，」蓋禮樂與李、鄂音相似，故云好似主考樣也。次題「在彼無惡」四句，乃詩詞，故云不在《四書》上。三題「人知之亦囂囂，人不知亦囂囂」，卽所謂爾曉得也好，爾不曉得也好也。

李敏達遇乩仙

李敏達公衛未遇時，遇乩仙，自稱零陽子，爲判終身云：「氣概文饒似，勳名衛國同。欣然還一笑，擲筆在秋紅。」旁小註曰：「秋紅，草名。」當時無人能解。後官直隸總督，方劾總河朱藻而薨，後人方悟朱者紅也，藻者草也。

乩答瓜子數

周蓼圃檢討在京，偶爲扶乩戲，時供果中有西瓜子，或撮而問之，乩判曰：「三八之數。」開掌，則二十四枚也。復撮之以問，曰：「仍前數。」數之，則三十八枚。復撮少許問之，曰：「仍前數。」數之，則十一枚。

繆煥遇乩仙

繆煥，蘇州人，年十六，入泮，遇乩仙，問科名，判云：「六十登科。」繆大恚，嫌其遲。然年未三十，已登科，題乃「六十而耳順」也。

李玉鋐錬筆録

通州李玉鋐少時好錬筆録，一日，筆神於空中書曰：「敬我，我助汝科名。」李再拜，祀以牲牢。其後有文社之事，題下，則聽筆之所爲。尤能作擘窠大字，求者輒與。李敬奉甚至，家事外事，咨之而行，靡不如意。社中能文者每讀李作，歎其筆意大類錢吉士。錢吉士者，明翰林錢憙也。李私問筆神，答曰，「是也」。自後里中人來扶乩者，多以錢先生呼之。筆神遇題跋落款，不書姓名，但書「藹藹幽人」四字。李舉孝廉，成乾隆丙戌進士，筆神之力爲多。後官臬司，神助之決獄，郡中以爲神。李乞歸，神與俱。李他出，其子方膺事神不敬，神怒，投書作別而去。

葉沃若降乩

楊樗園、朱棐園、毛静山、吴翼堂皆拔貢生，在都城，冬杪，爲扶鸞之戲。忽降乩者自稱葉沃若，葉亦同年也，諸人訝其方壯健，未聞病逝，安得在此。乩言今年某日卒於逕。諸人疑信不能決，乩言：「君輩勿疑，猶記某年除日，在寧國學使署西園古梅下商某事否？」蓋棐園等在學使署閲文，交通之事，他人所不知者，於是信爲真。閱數日，製文設奠，爲位以哭之。未幾，聞扣門聲，則沃若披帷入矣。諸人避席，問何相逼之甚。沃若自謂計偕來京，方下車，爲諸人致信物。因探懷出札，諸人乃相視大笑，具言其事。

劉大槐請乩

乾隆丙午，劉大槐將入秋闈，先請乩，乩判云：「壬子兩榜。」劉不解，以爲壬子非會試年，或有恩科也。及丙午，中副榜，至壬子，則又中副榜焉。

張春和死於乩

乾隆時，武強有張春和者，拔貢生，年二十餘，美麗逾美婦人。時出觀劇，舞臺上下，萬目睽睽，咸注射之。有時婦人圍繞以行，致妨跬步，時人咸目之爲潘岳、衞玠。後以癖好扶乩，有乩仙二人，日過其齋，相與吟詠倡和。其詩率爲豔體，卷帙厚至盈尺。乩仙之名，曰紅霞，曰碧霞，皆女仙也。久之，不請自至。每晨醒仰卧，注視梁上，則有雙翹纖妍，著紅錦繡履，自梁墮下。俄又見雙股潔白如脂，不移時而全體畢現，笑面盈盈，暱就其榻。積數年，卒患癆瘵死，好事者曰，春和仙去矣。

童二樹生而降乩

童二樹嘗晝寢，適其友扶乩於小羅浮齋，二樹降乩，題詩數章，有「小春人在小羅浮」等句。友人大驚，急省其家，而二樹方欠伸起，言夢與諸公酬唱，述所作詩，與乩書不爽一字。

唐立之鍊筆錄

乾、嘉間，青浦有唐立之者，善帖括，雄視一邑。後得鍊籙書，虔誦講習，謂鍊久，可以廢乩運腕，不假思索，成佳構。以故晝夜寂齋處館，置諸事於度外。一夕，演法，有鬼臨存，首大如輪，兩眸炯炯，屹立不少動。驚起，踰垣以避，五内失守，自是不復循習。鍊此者謂須虔祀文昌帝君，乃能靈應。

乩示浙江鄉試闈題

嘉慶丁卯浙江鄉試，有人以闈題叩乩，批云：「内一大，外一大，解元文章四百字。」及出題，乃「天何言哉」三句。一大者，天也；内外者，題内題外也；四百字，則明指四時百物矣。

關羽示闈題

湖州荻港有純陽宫乩壇，道光癸卯浙江鄉試前，有人請乩，忽關羽降壇，羣羅拜，求示闈題。乩書曰：「在白雲紅葉之間。」衆皆未喻，復求明示。又書曰：「吾不讀《春秋》。」乩寂然。羣謂不可解。及入闈，題爲「假我數年」二章，題前終於浮雲，後一章葉公問政。葉讀攝，必加朱圈，而題中《易》、《書》、《詩》、《禮》皆備，惟闕《春秋》，始悟乩語之隱切也。

彭剛直扶箕

彭剛直幼時讀書於衡陽之石鼓書院，有蕭滿者，少負才氣，工爲訟牘，然意在扶弱鋤強，非挾鄧思賢之術以牟利者也。中年以後，乃大悔之，改而習道家言，善敕勒之術，且好扶箕。其扶箕也，必與剛直俱。滿僅能焚符召仙，而運筆於沙盤作字，則皆剛直爲政。其言乃剛直自以意爲之，然往往曲中問者之意，剛直亦不知其所以然也。久之，名頗著，有問休咎者，有以病求方者，幾無虛日。

衡陽有老吏，以其子婦病，求方。剛直假箕筆作一詩云：「無端惡疾到心頭，老米陳茶病卽瘳。持贈與君惟二味，會看病起下高樓。」其人翌日來謝，果服老米陳茶而愈。滿愈自信，剛直則以爲偶中也。

時衡陽縣令金日聲，浙人也，有孫甫三齡，偶病，使醫治之，醫授以方而去。如方具湯液以進，則其孫正熟睡，金之妻謂其子婦曰：「兒睡甚安，勿遽進藥。」乃使傭媼置之飯甑之上，欲其勿冷也。俄兒醒，命取藥，姑婦二人共飲兒。兒啼，不欲飲，強灌之，不能盡，視盌底，濃厚如膏。金妻咎其子婦曰：「我固命汝瀝取清汁，何乃如是！」其子婦訝曰：「曩已傾竹簁中，盡去其滓，豈猶未盡耶？」然不疑有他也。俄而兒大啼，顏色驟變，手足揎蹷，殆不可堪。疑爲藥所誤，呼前醫詰之。醫曰：「吾藥雖不中病，何遽至此！」取餘藥審視，驚曰：「是鴉片煙膏也，不可爲矣。」時道光中葉，鴉片煙猶未盛行，然官署中已多有之。金之庖人素嗜此，是日，適以鴉片膏一盌蒸飯甑上，與兒之藥盌大小形製相同，媼倉卒誤取之也。金大怒，趣召庖人，欲予大杖。金妻曰：「無益也。宜爲兒計。」偏召諸醫，醫束手。或言滿與剛直善扶箕，能爲人求方，乃使使者二人持柬以往。其一人至書院，剛直固在院中，使者致命，剛直私計三歲嬰兒而飲鴉片煙膏一大盌，必無幸矣，辭不往。使者固請，不獲已，乃曰：「然則當與蕭滿偕，今不知其人焉在，請與使者共求之。」剛直之意，以爲滿未必即得，遷延一二時，兒必死，即無事矣。甫出書院大門而遇滿，不得不與俱。至縣署，則已設香案，陳箕盤，而金具公服鵠立以待矣。略述病狀，即請扶箕。滿焚符如常儀，金跪拜甚謹。剛直惶悚無以爲計，手扶箕筆，不能成一字，但頻作旋轉之勢。金請益苦，姑連書「吾至矣」，書已，仍作旋轉之勢。滿見箕筆與常時異，亦自疑懼，左右顧望，汗出如漿。剛直愈窘，平日常用之藥，皆不能記，忽胸中驟得蓖麻子三字。思蓖麻子固藥名，然非常用之藥，不可輕投。展轉尋思，竟無他品，遂書「蓖麻子」三字於盤。金又請曰：「既蒙賜藥，敢問當用幾許？」又大書「一兩」二字，剛直亦不能作主也。金乃命人延二人至便坐小憩，且具食焉。食未竟，金出謝曰：「兒飲藥大吐，毒盡出，今無害矣。仙人之賜也，二君之力也。」

一日，剛直在書院中作文，而滿至，大呼曰：「速助我，不然，敗矣。」問何事，則其時衡陽縣城中有書肆曰集賢者，其主婦爲妖所憑，延滿施敕勒之術，大爲所窘，飛一石至，幾碎其顱，故欲與剛直俱往扶箕也。剛直私念扶箕僞耳，安足驅妖，不欲往。而滿固強之，乃與俱，然實非其志也，故行甚遲。中途，滿與言此婦居樓上，輒從窗中飛石擊人，肆中書籍皆爲所毀，餘物亦無完者。一月以來，人莫敢往，往輒爲所困。言未已，剛直大怒曰：「青天白日而魑魅橫行如此，我必往除之。」奔而往。滿自後呼之，曰：

「止，止，吾尚有言。」問何言，曰：「兩人偕往，氣稍壯耳。」剛直愈怒曰：「吾何畏之有！」徑叩書肆之門。門啓，突入，主人問姓名，不告，曰：「來驅妖耳。」卽脱帽露頂，望樓上而呼曰：「妖能飛石擊人，何不敲吾頭。若不能者，吾且登樓，赫汝軀，拉汝幹。」樓上竟寂然。連呼不已，而滿至，見之，喜曰：「有勝矣，速登樓！」乃與俱登。婦在帳中，力持其帳不釋。剛直呼其夫曰：「劈之！」帳既啓，而婦遽引衾自蒙其頭。滿卽取清水一甌，畫符其中，使其夫啓衾而灌之。婦飲符水，略不牴牾。滿曰：「飲此，神識當稍清矣，吾儕且扶箕。」剛直則假箕筆爲處一方，略用丹砂鎭心、茯苓安神之品，授其夫，曰：「以此療爾婦。」遂與滿俱出。越日詢之，婦愈矣。

張忠武降乩

粵寇陷江寧，順流而下，勢若建瓴。蘇、杭爲東南財賦之區，久欲圖之，所以不能飛越者，賴有向忠武公榮一軍爲之屏蔽。忠武薨，張忠武公國樑繼之，尋以餉缺兵潰，殉難丹陽，吴越因而不守。後有在師山扶鸞者，三更後，乩忽大動，作二十八字云：「轉餉徵兵不自由，甘將一死主恩酬。至今遺恨難消歇，十里牌前水不流。」衆知爲張忠武降壇，叩問從何處來，乩判云：「偕向忠武閲海過此。」敂居天上何職，云掌兵曹。

陳子莊問乩

道光戊子鄉試，海寧陳子莊直牧其元時年十七，闈前，偕二三友人遊西湖，至蘇公祠，見有士子在内扶乩，入觀之，其仙則吕祖也，方叩以科名事。仙答以儷語，語在可解不可解之間，陳固不之信也。第見人皆肅恭致問，姑長揖問之。乩忽奮筆大書曰：「爾，甲子舉人也。」戊子距甲子三十六年，衆皆視陳而笑，陳亦笑而出，曰：「不靈。」乩復書曰：「至期自知。」衆追而告陳，陳又一笑置之。然自是，屢躓秋闈矣。

同治甲子，陳年五十三矣，時在寧波總辦釐局。浙之粵寇甫退，尚未開科，陳偶憶乩語，輒笑其誕。至冬，左文襄公宗棠薦舉浙江人才，以陳魚門、丁松生及陳應詔。奉旨，以直隸州知州發往江西補用。次年乙丑，陳需次江蘇，聞浙江補行鄉試，忽憶乩言，乃請於撫軍，回籍應試。比至浙，則格於例，不能入闈，廢然而返，復笑乩言之誕。丙寅春，奉檄總辦天津海運，謁劉崧巖中丞，座客有言乩仙不可信者，陳因述甲子舉人一説以證之。劉沈思良久，忽曰：「如子所言，乩固可信矣。子非爲甲子年所薦舉之人才乎？明明道是甲子舉人，何尚不悟乎？」陳聞是論，不覺恍然。

華若汀扶鸞

金匱華若汀太守蘅芳在滬時，偶扶鸞，下語不及禍福，但以甲乙設喻，描繪物情，多涵哲理，而歸宿於虚無。因彙成卷帙，題曰《紫鸞偈語》，蓋寓言也。嘗刊行之，後佚。

鸞樓

光緒甲辰夏，某邑設飛鸞壇於某會館，建鸞樓。時湘、楚、豫、蜀來者二三千人，均茹素誦經，壹志祝神之降臨。一日，神忽示以期，壇員遂各備香楮及屏幅聯對，然非壇員，亦有進紙索神筆者。及期，磨濃墨斛許，具新穎一束，製紙鸞一頭，排列樓上，四圍以紅絲架素紙，燒燭焚檀，光焰奪人。佈置畢，遂閉樓門。亡何而聞空際有笙簫聲，於是僉持香伏氍毹，震恐屏息。微聞樓上屐聲橐橐，久之悄然，始啓關入。則前所架素紙，墨瀋塗鴉，綠痕欲滴。字體皆無骨格，而得之者乃皆奉爲金科玉律也。

周文逸扶乩

周文逸，陝之縣令也。久供差於藩署，苦不得一邑以自効，頗鬱鬱。一日，至王姓家扶乩以卜之。是日臨壇者爲呂純陽，詢何事，周以實告。乩忽大書曰：「五更殘月過褒城。陝西有褒城縣。」周喜曰：「余其爲褒城令乎？」或曰：「子不久必有好消息。但云過褒城，非褒城也。」時在正月杪，俄而過端午矣，沔縣缺出，藩司卽以周承乏。沔與褒毗連，由省至沔，必道出褒城。周抵任，正五月末也。

巫降神

巫有降神之術，嘗以之爲人治疾病，覓失物。有延之者，輒紅巾裹頭而至，從以侍者二。入門，卽踞高座，披髮瞪視。未幾而回袖作舞，侍者亟挾持之，乃以刀刮舌使破，噴血書符以焚之。至是而神降，有所問，卽答，聲甚微，侍者爲達之。語畢而更以舌血作符，焚之於室隅。若治疾，則又焚之於净水中，使飲。久之而安坐如常人，則神去矣。

巫頂神

京津女巫自稱頂神，以看香頭爲人治病，人稱曰姑娘子。鄉愚無識，偶有疾病，輒召姑娘子往療之。姑娘子至，即爇香於爐，口喃喃作囈語。俄而所頂之神下降，或稱白老太太，或稱黃少奶奶，或謂胡七姑姑，所立名稱，大抵婦女爲多，故婦人易被蠱惑。至叩以神爲何許人，則曰白者刺蝟，黃者鼬鼠，胡者狐狸，更有柳氏者，蛇也，灰氏者，鼠也。胡、黃、白、柳、灰，京津人呼爲五大家。其治病之法，或給藥丸，或施聖水。病愈，則居功，不愈，則諉爲命盡，人不得非難之也。

光緒時，天津紫竹林有李氏婦得寒疾，女巫語之曰：「爾名在冥中，已書銅牌。越十日，當書鐵牌，則雖神不能爲矣。今幸有十日之期，宜速禳之。」病者惟巫言是聽，大具牲醴，禱焉。一二日，病似小瘥，巫益自多，乃授以祕方，湯丸雜進。其藥率由巫配合，所費不貲，而服之無驗，病日劇，屢變其方以僥倖，甚或朝補而夕瀉，昨熱而今寒，不十日，婦果死。

巫送大落水鬼

巫有送大落水鬼之術，以紙人一，供於病者榻前之小几，上設酒醴魚肉之屬，焚香而祝之。至黃昏人靜時，乃請善飲者一人，與之對酌，頻頻勸酒，一杯復一杯，至無量數。既而忽曰：「悶飲寡歡，吾輩須尋一行樂法。」乃作種種詼諧語，鄙俚不堪。少頃，又曰：「此亦不佳，吾輩盍拇戰。」於是獨伸其指，喧呼不已。時別有二人，漸移小几至病室之外，而中堂，而大門，躡其足以行，若惟恐紙人有所覺者，陪飲者亦隨之出。既出門，則已有一船泊於水濱，於是復由岸上漸移至舟中，解維疾駛，速如激箭。陪飲者則仍與之對酌，頻頻勸酒不已。至四五里外曠野無人處，乃舉紙人而擲之，銅鉦亂鳴，撥棹即返。至家，則互相慶曰：「大落水鬼送去矣。」而於病者果有效否，不問也。

巫以鏡治疾

索倫之巫，能以鏡治疾，徧體磨之，遇病處，則陷肉不可拔，一振蕩之，骨節皆鳴，而病去矣。然此於近世之按摩術頗相似，未可以其假託神權而鄙之也。

南匯之巫多術

南匯女巫，有札仙、看仙、師娘、神婆、關亡婆、看鬼娘之名，或稱觀音護身，或稱楊爺護身，或稱雙瞳。一入病家，則手執炷香，周視室隅，或言城隍神在户，或言螣蛇在床，或言北陰五聖喪尸諸鬼種種作祟。繼將病家祖宗名字與其一切陰事，有沈某者，素爲巫掉舟，述巫之能揭人隱，知往事，皆預以言餂病家延巫之人，或預詢病家鄰右，故屆時言之如數家珍。及病勢之如何凶險，災星之如何禳解，鬼祟之如何驅遣，歷歷言之。病家詫爲神異，至垂涕泣而求之。於是量其家之貧富，與議酬金，巫得以恣其欲矣。

司公撞鑼

湘俗患病之家，延巫至家祈禱，吹螺鳴金，口中喃喃作辭。傳言其辭出於遠古，率含騷些之遺聲，名曰馬脚，俗謂之司公撞鑼。至夕，扛神至各處，金鼓喧闐，奔走若狂，名之曰打猖。

打筒

閩人信鬼，自古已然。俗有操打筒行業者，巫也。凡抱病、失物者，咸問之。其人衣紅袍，執牙笏，書符誦咒，如道士。未幾，神附其體，端坐公案，口中故作不倫不類之官話，聲啾啾似鳥語，不可辨。旁有二人，東西分立，代宣其意。事畢，起，作盤旋舞，則謂神已去矣。

放口飛口

閩有放口之說，口字不知作何解，要亦巫蠱魘魅之屬。大率互仇而力不能制，則放口打之，以致之死。設所打之人不爲所中，亦必致放者於死命。更有所謂飛口者，當口不中其人而反也，路遇他人，亦間有中者，則爲飛口。凡中口，必忽得無名之異疾，醫藥不能治。然有專業解口者，能以術治之。中口者愈，則放口者亦必自斃，故非萬不得已，亦鮮肯放者，蓋放時已置死生於度外也。光緒時，嘗有一婦與其嬸不睦，集怨既深，嬸遂放口打之。時婦已有娠，忽得異疾，通體毛髮牽掣，毛竅中出血縷縷，而腹痛欲死。羣知其中口，亟延解口者解之。乃浄一室，室不留他人，令以一大浴盆與病者，裸坐其中，背相貼，而神其用，一日夜而病者霍然若失，酬金不過三四千錢耳。放口之術，婦女輩間有自習之者，更有業此受人延聘，得數金即辦者。

鬼使

蒙古僧道而外，有所謂鬼使者，巫也。爲其通人鬼之交，故名。其人頭戴布巾，而以尺許紅布紮頭，頭插續有鬼魅之小牌，身服青布海青，腰緊紅布帶，不襪而草履，手執牛角以吹，聲如篳篥。人有病，則延之以跳神，喪事亦用之。官署遇日月蝕及祈晴禱雨，皆令執役。

鬼師

貴州花苗俗以六月爲歲首，以牛酒祭天。病不用藥，惟求鬼師，雖貧，必宰牲以禱。動作必卜，或折茅，或熟鷄，且取鷄之骨與腦以驗之。

川邊番人之呪

呪，番人所最重。呪時以佛經戴於頂，懼冥譴，終身不敢悔。

倮倮信師巫

倮倮信師巫，事無大小，皆諮之，吉凶禍福，俟其判斷。師巫保護土人。其占卜方法不一，有投木棒於空中，視其下落之方向而判斷者；有燒羊骨，視其灰燼之跡以知吉凶者。避凶事，則以竹片搯鳥翼，投之屋上，以卜凶事所至之方，而屠牛馬羊以代之。如遺失寶器什物，窮搜不得，師巫輒馳使四方，召集土人，人與黑米一握，限以定時，令置口中，嚼碎吐之，米中現血點者，卽指爲行竊人。

巫以利刃加人腹

王文簡公士禎嘗於秋審時，見山西妖巫以利刃加人腹而咒之，云能愈疾。已而刃入腹，病者腸出而死，巫亦論抵。

巫拘蛇

乾隆時，有南客館京師，巫也，自言能拘蛇。其居停主人欲覩其法，不可，強之至再，允焉。乃命竹工削竹籤百枝，長三尺許，鋸其兩端，如箭錐。至期，約主人及外客，以麻繩束竹籤，搘載而行，同赴西山石佛廟。踞石臺上，步罡書符，口喃喃作詞。俄頃，微風起，草中索索作聲，蛇果大至，先小後大，盤旋迴繞，有若錦者，有若花者，衆咸詫爲未見。最後有一蛇至，不甚大，遍體光黝如漆，昂其首，向前視客。客色遽變，憮然曰：「殆矣。」急書符退之。衆蛇皆散，獨黝黑者不去，吻舌張口，似有怒態。客披髮跣足，持咒，嚙舌血噀之，始去。顧衆曰：「君等可歸矣。此蛇來，與吾較法，我不可去，去則貽禍主人。」乃命衆人以繩束其身，捆於石佛背上，以所攜竹籤置手旁，促衆人去。

次日客歸，衆詢所以，云：「是夜風雨大作，蛇乘空而來，張口吸氣，似欲相吞。予望其氣來，乃以竹籤一枝投之，籤爲氣躡入其腹。如是數十次，氣漸衰，籤亦將盡。俄聞廟門外有崩撼之聲，蛇斃於地，風雨亦息。」

南寧巫能役蛇

南寧地卑溼，多烟瘴，蛇虺繁殖，土人強以其形名之，有草鞋蛇，作枯草色，扁如人掌；有圓蛇，如鵝卵，伏沙中，斑斕類文石，一觸人氣，卽暴長，皆能螫人立斃。有巫善持咒役蛇，可以招之來，揮之去。其施術，恆在夜半，先擇曠僻之地，列炬於其四周，裸體被髮，足踐二雄雞，拔劍劃地，喃喃誦咒。其徒四人環立四隅，分執鼓角鉦鈸。欲觀者，則各佩一符於襟，含一丸藥於口，潛立其後。倏而大小異蛇聯絡奔赴，繞地三匝，始去。

和珅解西域祕密咒

高宗訓政，稱上皇。一日早朝已罷，專召和珅入對。珅至，則上皇南面坐，仁宗西向坐一小杌。珅跪良久，上皇閉目，若熟寐然，口中喃喃有所語。久之，忽啓目曰：「其人姓名爲何？」珅應聲對曰：「高天德、苟文明。」上皇復閉目誦不輟。移時，揮出，不更問。仁宗大愕，越翼日，密召珅問曰：「汝前日召對，上皇云何？汝所對作何解？」珅曰：「上皇所誦爲西域秘密呪，誦之，則所惡之人雖在數千里外，亦當無疾而死，或有奇禍。奴才聞上皇持此呪，知所欲呪者，必爲教匪悍酋，故以此二人名對也。」仁宗始知珅亦嫺此術，益駭，故俟高宗賓天，而卽賜珅死。

巫治夜星子

有李侍郎者，從苗疆攜一苗女歸，年久老病，恆伏臥。嘗畜一貓，酷愛之，眠食必共。時里中傳有夜星子之怪，迷惑小兒，得驚癇之疾，遠近惶惶。一日，有巫姑云能治之，乃製桃弓柳箭，繫以長絲，伺夜星子乘騎過，輒射焉。絲隨箭去，遣人跡之，正落某侍郎家。忽婢子報老苗婆背上中箭，視之，已憎然，而所畜之貓尚伏胯下。衆知老苗婆挾術爲祟，而常以貓爲坐騎也。

巫以神石賈利

粵人信巫，巫每於路旁隨指一石，以紙纏其上，曰神石，俗僮卽信以爲神。如對簿公庭，不引咎者，見此石，卽帖然自服，巫遂因以之賈利。

褚叟巫術

褚叟，宜昌人，善巫術，世所傳辰州符者是也。一日，上流來木牌數十紮，將經其地，諸少年强叟施術。叟不獲已，以墨染三箸，植諸江岸沙磧中，牌遽中止。保護木牌之某術士偵知叟所爲，誓報之。未幾，叟忽失明，悟爲某之報讐也，乃向空擲米，目疾旋失。叟更斷柳枝爲千百條，剷其葉，束以繩，豎之屋瓦上，而木牌忽解。某急施術集之，顧堆積至高，而不得動。某益恚，徑趨叟宅，洒以飛沙，叟家人頓病，滿身發紅痧。叟噴以雄黄調和之醋，疾頓瘳，乃語某曰：「汝欲以毒術斃吾全家，安得不報！」即以手擊其背，某頓失常度，疾奔去，易舟歸家，亟潛身於缸，缸面覆巨石，戒家人爇薪其上，謂須爇五日夜勿絶。迨爇至四日，其妻慮其灼斃也，驟揭之，則某之背已出巨釘四，一尚留脊間。某呼曰：「命也！」遂氣絶。

陳五破巫術

有武人陳五者，家京師，厭其家人崇信女巫，莫能激悟。一日，含青李於口中，作患瘡狀，不語亦不食，呻吟竟日。家人視其頰之突腫也，恐甚，亟召女巫治之。巫至，降神，謂五之患素有口過，此特神道降罰，非倉卒可以解救。家人羅拜哀求，五愈佯作痛楚狀，以手作勢，欲家人招巫入視。迨巫近身，五突起批巫頰，吐李，使視之，巫大愧恨而去，自是家人無信巫者。

師婆爲人禱疾

洛陽多叢祠，主之者皆婦女也，呼曰師婆，然率爲詭誕之言，以欺罔婦豎耳。獨某師婆所奉之神，頗著靈異，有求者踵於門，輒如其所禱，以牲醴來祭者無虛日，師婆大獲利益。俞曲園太史之長媳樊氏，在其父河南太守署，日聞婢媼輩言其事。有一宦家婦以子病，禱於神，子病果瘉，將親往謝焉。師婆固辭曰：「神所居隘狹，不足辱夫人玉趾，可命臧獲執其禮。」婦不可，盛服而往。甫一展拜，有鼈蹣跚從案下出，自此靈響寂然。

徐黃校巫術

黔俗尚鬼，有巫師，顧其術時有小驗，殆與催眠術相近。汴人徐某從其父在黔，受祕密教於喇嘛。已而商於鎮遠，聞有黃巫師者，以術稱於時，心易之。忽遇之於友人許，黃踞上坐，與語，倨甚。徐怒，乘醉語侵黃，黃拂衣起。友人強令徐謝過，黃終不懌，逃席去。一日，徐往城隍廟觀演劇，忽有自後摩其頂者，視之，黃也，方戟指向徐咄咄語。徐覺心動，力持之。黃招手曰：「來。」徐卽佯爲被迷者，從之去。黃顧笑曰：「爾亦有今日邪？」徐不語。至曠野，黃戟指曰：「止，止。」徐亦佯止。黃左畫曰：「此山也，汝見否？」徐不應。右畫曰：「此水也。」徐又不應。黃踟躕，欲反走。徐亟蠱之以術，引手結印，指其面。黃似微覺，亦以術相支拄，二人互爲禹步禁咒。良久，徐斂袖趺坐草上，黃懼不脫，乃曰：「君亦知音，今請以兄事。」徐諾，黃自是一意與之交歡。

徐之爲術也，不事符咒，蓋亦得默宗魔力耳。黃知之，意以默宗惟鍊心，心亂而術不效，乃與之遊於酒樓、妓館、博場、劇院，欲隱敗之，而徐不爲所動。則又飲之於家，酒闌，黃介紹一女子使見，曰：「此舊同學鍾可人也，家東郭，其術優於吾，君可與談。」三人談久之，黃起，入內更衣。女姿態婉媚，徐亦美少年，於是談久而忘形矣。忽屏後一人狂笑曰：「徐君，今日何如？」徐方欲鎮攝，已不及，遽冥然，覺天旋地轉，如醉如夢，隱約見家人在前，又似有刀山劍樹者。久之，昏沉若死。俄而砰然有聲，乃驚悟，則可人猶在前，黃去久矣。徐自知墮其計中，而何以忽醒，乃詢之鍾，鍾則曰：「黃以我誑君，又以君誑我也。黃昔與我在苗峒，同學於某師，獨黃與我得真傳。昨言君之術過於我師，以此而來，不意黃陰行其毒。君既爲所扑，復欲囚我，我幸覺之，以先發制勝。黃既逃，我乃復以術蘇君也。」徐遜謝而歸。

巫以樟柳人售術

方夢園少時嘗從術士求術，術士乃以雕作嬰孩形長一寸許之樟柳人置瓦器中，羃以紅布，持竹筋擊器，則其中撲朔有聲。詢以願從否，側耳聽之，曰：「需使費。」費幾何。曰：「五萬。」蓋冥錢也，如數諾之。術士曰：「尚須鎮以五寶。」所謂五寶者，人葠、珍珠、金、銀、玉也。因出二盌，盌中一書陽字，一書陰字，曰：「以陽盌盛樟柳人及銀，緘其口攜歸，其四寶則鎮於外。以陰盌貯符籙灰並米，亦緘之。留肆中爲之祈禱，三七以後開視，則指揮如意矣。」遂攜陽盌歸。越數日，往覘術者，已不知何往。亟返寓，啓盌視之，乃陰盌也。盌内書陰，盌底則書陽。前視盌内，未視盌底，故爲其所愚而不覺也，四寶存而銀去矣。樟柳人者，以商陸根製之。商陸，亦作章陸，後訛爲樟柳。

巫答人所問

有巫自謂事一神，或以事問之，但開所録事目於紙，而封之神前，稍閒開封，則紙中自有答語。有黠者思奪之，乃與之暱，自言有異術，能隨意致錢財。巫弗信。一日，邀巫至市廛，歷酒樓茶肆，凡七八所。巫見其次第所費，悉取諸腰左荷包，屢罄屢滿，大異之，思互易其術。遂各爲盟誓，既畢，巫言：「吾以所叩事目置神前桌屜中，屜甚長，作答者，乃隔垣一方有人爲之耳，無異術也。」黠者曰：「吾亦無異術，吾腰四圍繫荷包，錢皆滿，以帶圍屢轉，祇見出之於左耳。」乃一笑而散。

闘肚仙

有所謂闘肚仙者，亦巫屬，一曰討亡，亦曰闘亡，婦女能之，俗謂之爲靈姑。相傳鬼於生前負人之錢，則入其人腹中。其人藉鬼之力，爲人招致亡魂，人必以錢酬之，償滿宿債，則鬼自去。有腹中僅一鬼者，有數鬼同居一腹者。鬼之初入，其人必大病，每食，必大嘔吐。俟鬼所居妥帖，由口出入，游行無礙而病始愈。其實屏氣詭爲，非疾也，藉詭言以求食耳。

靈姑爲人治疾

康熙時，淄川有靈姑者，能於人前請仙。問病者應服何劑，所遇何邪，游魂何地，空中即能答之。謂服某方可愈，禳何神可瘳，魂在某處可返，言之鑿鑿，不假於昏夜，不假於暗室，當面鞫鬼，羣皆敬而信之。細測其聲之所自來，則不在空中，不在口中，而乃在其人之胸以上喉以下也。

陳以逵善討亡術

杭州陳以逵善討亡術，凡人死有未了之事，其子孫欲問無由，可贈以四金，請作術。乃擇六歲以上一童子，與亡人之素相識者，命閉目趺坐，在童之背後書符於其項，符有「杲齋㝲烝八埃台戾」八字。其時命家人燒甲馬於門外，書畢，遂瞑目而睡，即見當方土地背負包裹，牽馬命騎，同至冥司，尋亡人，詢其生平未了之事畢，始蘇。

其術尤盛行於布政司署之房司。房司奉有土地神，相傳爲漢蕭何。一日，方作術，童忽瞪目大呼曰：「我乃漢丞相蕭何，陳何人，敢以邪術而驅遣我，爲童子背包牽馬。因汝誦太上元經來敎，我不敢不遵。後如敢爾，吾將訴之上帝，即加陰誅。」然陳貪利不改。一日，復行法，土地乃領童子經由枉死城，見獰鬼提頭擲骸，充斥馬前，童驚痰而寤，自後遂不敢再奉其法。

陳不得已，復教以劍訣，命童子執劍，仍誦前經。土地復領至前所，童即舞劍，斫殺數鬼，衆鬼號呼，忽見空中金光萬道，衆鬼喜曰：「關帝降矣。」見土地揖於帝馬前，喃喃語有頃，牽童馬至帝前，帝諭之曰：「我念陳老奴才奉太上元宗之教，故不忍卽滅其法。汝可傳諭，以後倘敢再行其術，卽當斬首。」乃命周倉以青龍刀背擊童一下，童大叫而醒，嗣後遂絶志不復從陳受法。久之，陳益貧，無所得食，潛於他處復行其術。

是年秋，夢至錢塘門外黑亭子灣，見木榜，榜其罪，謂當於九月十三日受誅。醒後略不爲意，稍稍白其夢於人。至期，有好事者欲驗其言，往陳家，見陳身易道服，遍體書符，口誦經咒，似將解禳之者。良久，忽大叫云：「被殺，被殺。」衆云：「汝尚能言，何以云被殺？」答云：「幸我魂多，斬之不死，然亦不能久延矣。」未幾，病死。視其頸，皮肉雖好，内骨斷矣。

肚仙招致煙鬼

慈谿有馮氏者，延肚仙至家，使之招致亡人。其人生前嗜鴉片煙，及至，卽索之。乃爲鋪設茵褥，如其生時，設盤於牀，盛煙於筒。俄氣縷縷出，似有人呼吸之者，不逾時，煙盡矣。

肚仙驅鬼

慈谿有王姓者，於粵寇亂時失其子，請肚仙探之。肚仙歸，曰：「此人爲礮火轟死，今其鬼周身黑如炭，形狀醜惡，且久與諸厲鬼伍，倡儔爨殺，無復人理。生前之事，久已盡忘，招之入室，必將爲禍，不如其已也。」而王必欲致之，強而後可。俄而肚仙云：「爾子已至，無一言，闖然入內室矣，不可得而問也。」是夕，王姓果大不安，一女一媪均暴卒。王窘甚，復求驅之去。肚仙云：「是非一人之力所能敵矣。幸腹中有三鬼，併力驅之，或尚可爲。」俄聞空中搏擊聲甚厲，自內而外，久之始息。肚仙曰：「已驅之去矣，甚矣憊！」

肚仙召福仔

花縣凌福鏹姬妾衆多，而僅有一子，嫡出也，名福仔，年十五，以瘵死。其母思之切，召肚仙，欲致其魂。巫至，誦咒，喃喃畢，作呵欠狀，謂福仔來矣。家人就之問訊，巫謂：「九姨撫我善，將轉生，爲其子。六姨虐待我，亦前生孽耳。」語至此，凌入而呼之曰：「汝果福仔乎？未死之前，師所講授之《孟子·盡心》章，能覆講否？」巫默然。凌曰：「覆講固不能，第背誦之。」巫又默然。凌大怒，撻之。巫曰：「幸勿爾。」凌曰：「吾撻子耳，何預汝？」巫大號，乃抱頭而竄。

就地滾召魂不至

有巫者名就地滾，能以術致亡者之魂。其爲術也，先伏地，喃喃誦咒，誦畢，就地一滾，則亡者之魂附其身，與家人問答如生時，其術甚驗，故得是名，而其真姓名轉不甚著矣。一日，有士人託致其父之魂，良久不至。巫甚愧，往見其師而問焉，師曰：「其人之父，必大惡人也。」巫曰：「此亦儒流，未聞其有大罪孽。」師曰：「然則其人必生天矣。」巫請其説，師曰：「汝但能行召亡之術，而未能知亡者之情狀也。夫人之生也，爲血肉之軀，其質重濁，故雖聖賢如孔、孟，有蟠天際地之學，神勇如賁、獲，有裂兕曳牛之力，而離地一步，卽不能行。及其死也，此塊然之質，埋藏地下，而其餘氣尚存，則輕清而上升矣。大凡其氣益清，則其升益高，故孔、孟、顏、曾，千秋崇祀，而在人間絶無肸蠁。蓋其氣已升至極高之地，去人甚遠也。苟有一分濁氣未浄，卽不能上與太清爲體，於是有赫然森列而爲明神者焉。其品愈下，則濁氣愈多，而去人亦益近。至於尋常之人，則生本凡庸，死亦闒冗，不過依其子孫以居。汝平時所一召而卽至者，皆此等鬼也。若夫凶惡之人，清氣久絶，純乎濁氣，生前有形有質，尚可混迹人間，死後形質既離，便非大地所載，其氣愈沈愈下，墮入九幽，去人亦遠。吾始疑其人之父爲大惡人，恐其墮入九幽，故非吾術所能召也。既非此類，則必其人之氣濁少而清多，已超然在聲臭之外，故吾知其已生天也。」

魯繹先使人入夢

國初，顧魯眉在京師，一日訪友，見一丈夫在旁舍，方焚香静坐。友謂其術數甚精，顧未之信也。其人忽謂顧曰：「先生信夢乎？」顧對曰：「夢隨心使，然亦多恍惚，不足據也。」其人乃甚言夢之足信，且云：「吾術能使人入夢，但隨所欲，默禱於晝，夜卽入夢矣。」顧曰：「試之可乎？」時顧尚無子，遂默祝焉。

是夜，顧夢一朱門雙掩，推之入，見數婦人，一瞽者，抱二小兒嬉戲。次日默禱家人安否，復夢朱門如昨夜，推之入，覺稍輕易，見父母及家人，笑語如平時。後隨禱隨夢，朱門殊無異於昔，而所見景物各異。如是五六夕，無不應者，始大奇之。問其姓，曰：「魯，名皦，字繹先，嘉魚人。」年可五十許。屬顧慎毋洩，恐祈夢者絡繹也。別數年，忽寓書言顧家事甚悉，人不及知者皆揭之。又言：「君負才使氣，不聽吾言，恐有後患。後當待我於黃山之巔。」說者謂此殆西人催眠術之流亞也。

逸鸞與黃建剛鬬法

邵陽黃建剛嘗遊歐洲，得催眠術於德國某博士，能以手指人，呼之，人輒迷惘。嘗以其術眩於衆。遊日本，見日之催眠家皆兼按摩術，心大鄙之。出其術，日人皆驚，欲從之學。黃不可，拂袖去。黃歸國，乃益驕，性放蕩不羈，即以術蠱婦人，由是爲衆所惡。一夕，火其廬，黃倉猝挈其妻走，術不及施。衆伴不識者，曰：「此乘火爲刼者也。」時黃手一衣包，即奪而執之，撻無算。其兄弟戚友輩力救之，得不死，由是貧甚。知不爲衆所容，乃西走辰沅。

辰沅地僻而民好巫，黃至，更姓名，周歷苗峒，以巫自給，漢、苗多信之者，由是得饒給。年餘，苗民有雷姓者，家殷實，其妻病，乞拯於黃。黃往，有少婦絕豔，坐榻前，侍湯藥。黃睨之，心蕩，施術畢，陰以暗示動婦，遂行。黃所居去苗家不足里許，是夜，少婦奔於黃，將旦復還。少婦已有夫，行賈貴州，故黃得肆所欲焉。久之益肆，日蠱婦，令竊財物以來。婦積日漸有省，乃告人，謂此身往還都不自主，離奇惝怳，若隱有約束之者，不敢不從。少婦家人患之，知爲黃，即以告雷。雷怒，詰黃，黃知其意。雷晤黃，不能出一語，良久，彳亍自歸，如不勝尫弱者。家人問之，皆不答。自是病，臥床不起，醫診脈，無病象。其家復延黃，黃要挾千金。雷家人不許，請少減，亦不可，無如何，聽之而已。

或語黃，雷家已入黔請祖師，祖師使女弟子逸鸞來，聞將與君鬬法也。黃笑曰：「我自文明國來，何憚此野蠻者爲。」無何，聞雷病已治愈，於是稍稍疑慮，不更招婦至。然鬬法之說，久而杳然，雷家亦無消息。月餘，文萌故智。一日晨起，妻方曉妝，有美少年貿貿然來。黃方詰問，少年遽向黃妻招手，妻不覺從之行。黃大駭，亟逐之，兩人挽臂行如風，頃刻不見，喪氣而歸，則婦方與少年交頸於室也。大忿，急以手指少年，少年亦以目視黃。黃覺少年目光冷射毛髮，幾欲眩暈，知將中術，爰力持之，手不能舉，勉爲支持。視少年，亦目光黯淡，如嬰重困者。於是彼此互競。約一時許，少年拍手笑呼曰：「君真好漢，今如何？」黃不覺退倚榻下，口噤不能聲。少年笑時，梨渦生頰，儼然一女郎也。黃大悟，然不能起，目送其去，日午乃蘇。以問其妻，妻亦言惝恍如夢，身不由己，幸不爲所污。黃令祕之，而市中已遍傳矣。黃大窘，幸薄有所蓄，乃攜妻更他適，改行從善。數年後，復歸於鄉，鄉人亦安之。黃復入黔，求苗人所謂祖師者，竟不可得。

以重壓人

粵寇擾江右時，或避兵饒廣山中，見有能以重壓人者。如其人力任百斤，則叱二百斤壓之，立仆地，不起，徐命解之，云力過倍，則殺之。以試獸類，亦驗。云犬豕之力，得人三之二，過此亦不任矣。

時或寄重於案，能使壯夫數人，舁之不動。越日，寇至，衆逃。其人亦逃，羣誚之，佛然反，禹步拒寇，術不驗，戕於寇。此亦催眠術之一也。

某能天眼通

天眼通，内典六通之一也，日人譯之曰千里眼，卽催眠術之一。光緒時，慈谿有某者，於無意中得之。凡未來景象，荒遠動作，如在目前。然自謂生年不至三十必夭。嘗居室中，恍惚見屋廬火焚勢焰蓬勃之狀，家人倉皇急遽奔避號咷之聲，及四鄰吶喊鳴鑼奔救之事，而當時居室固無恙也。惟言於家人，使急圖遠避。家人嗤以鼻，不顧。越旬日，果不戒於火，其一切情狀，與先所内視者無稍異，於是人僉驚以爲神。

有某甲者，虎而冠，爲邑人側目。某先録一紙卷貽之，戒以危急時則啓，毋妄動。後甲以逼死鄰媪故，被逮於官。自知無生理，乃憶向貽之卷，亟去封視之，則是案之供詞批語，六紳稟稿，按察詳郃文卷，以及部中釘封，一一皆在。乃驚蹶移時，待死而已，後果然。

當是時，某以見庚子拳匪起難，及八國聯軍激鬬，兩宫西幸，人民遭難狀。自是對人無一言，日惟慟哭。家人問之，始略言其故。未數日，竟死，年僅二十有八也。家人檢其枕畔，有文一篇，而皆不識字，莫解所謂。越三年，拳匪果發難，其家中人乃取枕畔一文，與識字者觀之，則兩宫之自罪詔也。其時廷諭猶未到省，後取以相核，非特字意無異，並其款式、行數、紙色，亦無一少差，羣乃至其墓祭之。

自是香花供養，歲時不絕。其墓在淹浦塊下。

送尸術

西人之催眠術，能催生人，而不能催死人，能催數小時之久，而不能催至數月之久。而黔、湘間有送尸術，則以死尸而由人作法，進止聽命，可歷數月。似非常理所能測，與尋常尸變因有所感觸而然，或係一種電氣作用者，亦異也。

貴州商人採木爲生者，每春水生時，輒編木爲筏，乘之，直下湖南常德等處，將木筏析賣，乃遵陸還鄉。有病死者，道遠，尸不易回，同行者往往有送尸之術。然必兩人行之，乃有效。其術，一人導於前，一人以手持碗水隨於後，碗中清水必加持符咒。水不傾潑，尸不倒也。尸與生人無異，但不能言，其行步與生人亦微異。蓋人行則行，人止則止，純隨二人步趨。至薄暮投宿旅店時，逆旅主人見之，即知爲送尸之客，必另備一房與居。此種送尸人，時時不絕於道，彼處客店，每專備一房招待之。二人睡於牀，尸則立於門側，湘諺所謂「三人住店，兩人喫飯」者也。將至家前一日，尸必託夢於其家人，其家則將棺木衣衾，預備齊整。尸抵家，則挺立於棺側，術人將碗水傾於地，尸立倒，須急爲收斂，否則其尸立變，現出腐壞之形矣。如已死一月者，尸即現一月之腐狀，餘倣此。宣統己酉秋，六安楊寬夫客湘中，嘗於長沙城外親見之。

黔陽黃澤生軍門忠浩嘗駐軍川邊，一日，營外忽大譁，詢之，則云有人解死尸經過，尸能自行。乃出觀，則見一人持布旛前導，一尸直立，隨其人，惘惘而步。因呼止之，詢其所以，云：「此人旅死，不能具棺木，特用法驅之自行，歸就家以斂耳。」問何法，曰：「吾業此，安能以其祕告人。」問去此尚幾程，曰：「可四五日。」問夜宿時如何，曰：「置之門側可矣。」澤生使人驗之，果爲死尸。時空巷出觀，數百人皆見之。復詢土人，云：「此事常有之，不足異也。」

送魂歸陰術

光緒朝，吳興胡次珊孝廉仁源嘗從宦蜀中，其居成都時，市有售符籙書者，謂自藏衞流入。購得一册，中有送魂歸陰符。欲試其驗否，商之於書僮，僮諾。乃令其臥於牀，牀頭有一几，几置碗水，乃畫符於紙，使浮之水面。俄頃，僮自牀躍起，奪門欲出，膂力頓大，不可制。更畫一符以解之，僮卽倒臥。及醒，詢所見，則言忽至一地，見大屋如祠廟，有狀類胥役者，曳之使入。方撑拒間，忽醒，則身臥於地矣。事爲胡之尊人所聞，乃取書焚之。

圓光

圓光亦屬於催眠術，有真僞二派。其真者，確有所見，人物皆可識，惟須請神送神，符咒多至數百種。神爲青龍、白虎、朱雀、玄武、土地、城隍等。僞者則以鹼水圖人形於紙，噴以水而現形，卽指爲所圓之人，實不知誰何也。

其施術之時，案所陳設，爲香爐一，燭臺二，並黏白紙於案，亦有磨墨或燃燈者。其人必南面立，口中喃喃誦咒。誦可半時許，以兩手摩抄而拂紙，即有若螢火紛紛散落者成一鏡，使童男女視之，能放光明，追攝人所未見之迹，一一畢現。占盜賊者即現失物之地，作賊之人，行竊之狀，窩賊之家，匿贓之所。大抵失物之地，則人所共知，其所發現，如鏡取象，毫髮不爽。若行竊之狀，窩賊之家，匿贓之所，則人所不知，雖曲曲繪之，鑿鑿示之，不足徵信。至所指之賊，必本諸人心所默猜之人。又有以之治疾者，誠匪夷所思矣。

駢蕖道人能圓光

有自號駢蕖道人者，光緒朝之諸侯老賓客也，知圓光之符咒，二十年從不一試。在江陵日，見當事者憑此治盜，爲力辨其誣，請多方以試之，術遂不驗。旋獲真盜，則果非其人。

徐某以失表圓光

江陵徐某以失一時辰表，令術者圓光，所現之賊爲僕李某，李不服，請更試。乃自延一術高者至，塗壁於楪，豎案上，焚符訖，命童子注視之。童子三，曾未一至徐家者，夜深人寂，言壁光豁然開朗，現一廬，圖書鼎彝之屬，羅列左右，迤東窗棱挂一表，大於杯，垂銀絡索，以盤金桃紅緞爲囊，一一符合。俄又言見一黃袍人至，鬚鬓純白，恍若俗傳社公者。俄又言見一人面窗立，作籌思狀，繼作探手入，欲取又止狀。良久，乃摘而置諸懷，面外向，凝視之，則仍李也。李出，黃袍人尾之，三童子亦尾之。追見匿表所，其所歷途徑庭戶，實爲沙頭市李之故宅。食頃返，已往還三十里矣。三童子雖口不絶言，而神色頓異。至是，則如夢初醒，氣微喘，汗涔涔下。李坐別室，狀亦憊甚，家人咸以竊表者爲李無疑矣。

時徐氏有一婦，以産亡，未匝月，更令招致之。俄童子又言見一宅，有几有案，黄袍者復至，倚几坐。俄言一神人至，紗帽皂韡，赤袍繡花，儀狀甚都。黄袍者起，延之上坐，然後退侍立。俄一婦人搴幃冉冉出，一童子曾識婦，言果婦也。婦歿時，童未之見，道其妝束，蓋殮時之服也。婦語，三童得聞之，他人不聞。童語，婦聞之，他人語，婦亦聞之。婦自言前生爲江陵某里男子，所居宅面江背郭，門外有古柏，去柏東數十武，有巨石，以業賈，昧同伴金，埋石下，故今爲女子，至短折，報夙孽焉。若不信，則埋金所尚有坎，坎下置斷竹爲標記者亦在也。又言卒之某夕，曾役某姥櫛髮訖，歸與父妾語，語甚長，不可殫述。婦母家故近，家人以問姥及妾，各言是夕果有是夢，與婦言符。其他述平生事，纖悉無不合。於是家人皆泣，婦亦泣。三童漫叩以竊表者何人，時神人色若不豫，婦懼，面神稽顙，顧家人曰：「小事耳，幸毋追。」家人誓不懲，止願得主名。婦囁嚅久之，乃曰：「實李也。吾去矣。」時李惟悲泣，不能作一語。明日，徐專使於某里某氏宅，發柏東石驗之，果有坎，坎果有斷竹，因益信竊表者爲李。以前言，故置弗究。越九日，不虞有賊賣表於市，爲隸役所執，蓋一無賴子，故與徐有瓜葛者，非李也。

圓光治劉氏疾

俞曲園長媳樊氏在母家時，其第六嫂劉氏忽病狂。僕媼輩以圓光者薦，延之至。先潔除一室，置大栲栳一具於桌，滿盛米麥，中置一鏡，四旁徧插小旗幟及箭。乃於其前燃一燈，膏盛燈明，光彩燿目。令三童子正目視之，令有見則告。童先見一大門，圓如規，門中室宇深邃，有一白鬚老翁在其內。翁所至，童輒見之，見其由堂入室，周歷房闥，望之了然，無有遮礙。俄而有一物，四足而毛，大如羊豕。翁執之，納一大缸中。術者先藏一小瓶於桌下，聞童言，至此，即以紙封瓶口，曰：「得之矣。」於是諸象悉隱。術者曰：「病者所苦，今已除，不日即愈。如不信，請以一事爲驗。」乃又於桌下藏一物，使童子視光中何所有，童曰：「吾見有大錢二，大如車輪，一字而一幕。」發視所藏，果錢二文，一字一幕也。術者曰：「吾術不妄，即此可見矣。」樊厚贈之，不受，曰：「受人一錢，吾術即敗矣。」已而劉病果愈。問其得病之由，曰：「吾見一貓跳入室中，即時迷惘。」是則光中所見四足而毛者，其必爲貓矣。

梅某倩人圓光

川人梅某久客皖江，在六安州幕時，思鄉綦切，署有術士願爲作法以慰之。先令酣飲而臥，戒衆勿驚，自坐其榻前，駢二指自畫左掌心，喃喃誦咒，呼十二歲識字童子諦視之。少選，童子曰：「掌中放光，圓明如鏡矣。」又曰：「鏡中現館舍，梅臥榻上矣。」又曰：「梅興矣，出門矣，水之涯矣，山之巔矣，升峻嶺矣，履坦途矣，抵屋一所，登門矣，升堂矣，入室矣，怪哉，怪哉！室中一少婦，憑几握管作書，梅笑倚其旁，拊其鬢而玩其字矣。」術士曰：「是矣，汝第諦視所書云何？」童一一口誦，術士另紙筆之，蓋其婦方作寄夫書也。須臾，書畢，婦緘疊完好，童以語術士。術士曰：「先生不可久留矣。」復駢指畫其掌，仍令童視之，則曰："梅出室矣，出門矣，由坦途而峻嶺矣，又陟山而渡水矣，猶是入館舍而上榻矣。"童言甫畢，梅遽從榻上欠伸起，竟體大汗如雨，拭目歎曰："奇哉幻夢乎！"術士叩其夢中所歷，與童所言悉符，因笑曰："此真境，固非幻夢。君如不信，俟家報至自知。"未幾，家書至，驗之，果與夢中所見並童口誦而術士所記者無少異。

劉壯肅倩人圓光

合肥劉壯肅公銘傳任直隸提督時，一人善佛圖澄術，劉延之至署，其人喃喃誦咒，少焉，掌中大放光明，第一幅一人帕首腰刀，第二幅一人服仙鶴補，第三幅深山窮谷之中，一人斷其首。後壯肅轉臺灣巡撫，並加尚書銜，遂告病歸。

占卜有演禽之法

術家以三十六禽分配十二時，卽生肖也。占卜有演禽之法，子爲燕、鼠、蝠，丑爲牛、蟹、鼇，寅爲狸、豹、虎，卯爲蝟、兔、貉，辰爲龍、蛟、魚，巳爲鱓、蚓、蛇，午爲鹿、獐、馬，未爲羊、鷹、雁，申爲貓、猿、猴，酉爲雉、雞、烏，戌爲狗、狼、豺，亥爲豕、蝓、豬。本朝術家之於生肖，亦僅以生於子年者肖鼠，生於丑年者肖牛，生於寅年者肖虎，生於卯年者肖兔，生於辰年者肖龍，生於巳年者肖蛇，生於午年者肖馬，生於未年者肖羊，生於申年者肖猴，生於酉年者肖雞，生於戌年者肖狗，生於亥年者肖豬，其他皆不論矣。至豕與豬之分，則豕爲家畜，豬爲野豬也。

翻卦

占法，用八卦分陰陽排列，配以貪狼、巨門等九星，觀其爻變，以定吉凶，謂之翻卦。

擲卦

擲卦，古筮法也。筮法本用蓍，後人代之以錢。占時，用三錢擲之，得一背爲單，畫一；二背爲拆，畫一 一；三背爲重，畫○；純文爲交，畫乂。自下而上，三擲卦成，故稱之曰擲卦。

馬前數

馬前數爲占法之一種，俗傳以筆作圈，中書馬字，四周任意作畫，以奇偶定吉凶。其法最簡，立刻可成，故曰馬前數。

前定數

内閣大庫中，舊存子平若干箱，曰《前定數》，庫鑰爲典籍廳所掌。宣統辛亥春，有人啓視，僅存數十册，篇頁零亂。玩其紙墨，乃明人所爲。三十年前，某相國已取其大半去矣。山右稷山縣庫亦藏有寫本，大都已往者驗，而未來之事不足憑。

蒙人之卜筮

蒙俗遇事必卜，卜筮之權，操於喇嘛，人民亦兼有能之者。卜有二法，一以羊胛骨（羊前腿大骨，俗呼喀拉把。）抹淨，手執骨之反面凹處，口對骨之正面，將所卜事由敘明，吐涎於其上之凸處，仰置火中燃之。去性後，輕取出，（防其碎裂也。）冷後，視其裂紋，以定吉凶。裂紋長而直者吉，曲而短者凶。一以巨骨骰三枚，（二黑一白，製同內地，惟數目之位置異，一與二相對，三四五六逆數。）置左手中撚之，口誦藏經：「喇嘛拉，甲不生吹哇，生甲拉，甲不生吹哇，吹拉，甲不生吹哇，根頓拉，甲不生吹哇。」念畢，置右手掌上，乃視其數之奇偶，以定事之吉凶。

軍師

貴州清江台拱黑苗之作事也，必以螺獅二枚置盆中，覩其鬬，以卜吉凶，每多驗，呼之曰軍師。

攝政王問卜

攝政王多爾袞入關時，途遇一卜者，叩以吉凶。卜者曰：「吉，但恐不終。」問其故，曰：「得之者攝政王，失之者亦攝政王也。」王曰：「豈自我得之，自我失之乎？」卜者曰：「後自有驗。」王曰：「究竟天下是誰？」則又曰：「寡婦孤兒得之，寡婦孤兒失之。」王曰：「豈非我所有乎？」乃識其言。故至燕，既逐李自成，即迎世祖母子入京，意謂天命有在，且恐不能終局，欲以寡婦孤兒當其讖也。王本有自取之意，至是，竟讓大位而不居。迨宣統辛亥十二月，載灃方以攝政王當國，隆裕后率宣統帝遜位，蓋亦寡婦孤兒也。

陸麗京孫宇台精京房學

陸麗京、孫宇台並精京房學，順治甲申除夕，各占元旦明晦。麗京決晴，宇台斷雨。次早，曈曨日出，晚即滂沱雨來，人咸異之。

宇台兼善潛虛，嘗與麗京同在臨平沈去矜家，一日宴會，麗京舉「之」字問宇台云：「今日當得幾客？」宇台應聲云：「之，十一也。」已而果驗。

黃某占柱僧之出

順治甲申夏五月，嘉興用里街徐圃臣在家，方偕友人閒話於中堂，聞堂柱膈膊三響，柱忽開裂，跳出一緇衣僧人，長二寸許，背負黃袱包，遶地疾走。衆皆駭愕，環而逐之，隨手攫得，啞然有聲，以漆盒緘覆之。移時聲寂，啓視，則化爲燕窩，殘泥零落，他無所有。時天下初定，王師南下，所至歸命，禾人已改服薙髮矣。而人心搖搖，潛蓄異謀，適遇柱僧之怪，亟召術者黃某占之。黃蠷蹙良久曰：「此大不祥。夫僧者，薙髮之象也。負包而走者，無家可歸也。燕泥零落者，破巢之下無完卵也。吾郡其有大厄乎？」未幾，徽人入禾，倡亂舉兵。王師聞變，自閩反旅攻城。城陷，焚戮之慘，竟符前兆。

呂晚村占不速之客

石門埭溪有風雨庵，爲呂晚村別墅。屋十數間，曲折有致。庭有紫薇，盤困離奇，古物也。晚村常夜出訪友，必三更始返，僮籠燈導之。一夕訪友，笑而告之曰：「今夕有不速客來。」問爲誰，不答。再叩之，曰：「梁上君子也。」漏三下，門闢矣，有二人不得出，氣喘汗流，憊極欲死。呂笑曰：「蠢蟲，何苦乃爾！」賊伏地稽顙，哀求乞命，呂含笑釋之。蓋二人竊物出，覺非前路，亂山崎嶇，愈走愈遠，則以呂之預布奇門故也。

宋幼清精數學

松江宋幼清孝廉，直方副憲徵輿之尊人也，精數學。直方生時，預書一紙緘付其夫人曰：「俟是子中進士，可啓視之。」至順治丁亥，直方捷南宮，開緘，則云：「此兒三十年後當事新朝，官至三品，壽止五十。」後於康熙丙午，以宗人府丞遷副都御史，至三品，丁未卒官，年正五十也。

幼清與淮南白某同年友善，白亦精數學。一日晨起，謂夫人曰：「今年九月某日，白兄當死。渠無子，我當渡江取別，爲治後事。」遂買舟渡江。比至，白已候於門，迎笑曰：「我固知兄今日必來相送。」遂閉門，相對痛飲數日，至期，白無病而逝。幼清爲治後事畢，乃歸，謂夫人曰：「白兄事已完，吾明年三月亦逝矣。」後果如期而卒。

陸宗贄因震雷而卜

順治乙未夏，南匯震雷起西北，摧東門城牆一角。知縣陸宗贄卜之，則云：「邑當有大魁天下者。」命修葺時鑿「龍門」二字以識。及己亥會試，朱天襄錦果以第一人捷南宮。

萬年少代人卜筮

萬年少，名壽祺，徐州人，明末貢士。嘗衣僧服行淮陰市上，有日者他出，年少即其寓，爲卜筮，得錢二千文，留之而去。日者歸，茫然不知所以也。

李神仙占卜奇中

順、康間，有李神仙者，利津人，占卜多奇中。霑化李吉津宫詹呈祥寓京師日，嘗問以前程事。李書一聯云：「洗耳自同高士潔，披襟不讓大王雄。」後半載，吉津以建言流徙出關，途次永平，有一秀才迎道側，自言貧苦求資助。詢其名，則高士潔也，大駭歎。及出關，一守備王姓，遠來相迓，因爲誦聯句。王駭曰：「雄卽某小字也。」康熙壬寅，詔許生還。一日，偶舉此事語長洲尤展成太史，尤又駭曰：「此詩乃予昔年戲作《論語》詩中之一也。」

水碗卦術

康熙時，江西有行水碗卦術者，每至人家，輒以碗貯水，投白米數粒於中，即能知其家事。凡祖先之名字、相貌、年壽，一一不爽，間有一二字譌者，亦必字異音同，如「之」爲「知」、「朱」爲「豬」之類，一若有人預告之者。然必有一同行人立門外，强執途人而與之言，刺刺不休，而室中之人，其言如見，否則一無所知矣。

方直之工射覆

桐城方直之，名其義，工射覆。客匿黄錢一，命筮之，方曰：「金體四文，既圓且方。流布天下，錢文爲光。」其兄密之優於天官易數，亦以精射覆稱。

吴三桂以龜卜

康熙甲寅，吴三桂叛於滇南，駐兵衡州。衡山岳神廟有小白龜，大僅如錢，多歷年所，土人以爲神之使也，敬而祀之，藏之幃中，藉以占卜。三桂妄希神器，擇吉祀神，展輿圖於神座前，默祝，視龜之所向。龜蹣跚循走，不出長沙、常、岳間，至雲南而止。三桂再三拜禱，龜復如之。三桂之徒黨相顧失色。故不敢輕出湖南，神告之，神阻之也。

劉泰齋筮得明夷初爻

潛山劉若宜聞滇南吴三桂之變，海内震動。時皖中大擾，民争避出城，城外騷然。劉筮之，得明夷初爻，笑曰：「無能爲也。其占不宜動，動必有災。」鄰人信之，皆不動，已而果無事。遠徙者皆中途被掠奪，大困而還。由是閭閻之間，皆視劉爲安危。劉，號泰齋。

術士知牆圮

吴三桂之稱兵也，有術士精六壬，將往投之。遇一人，言亦欲投三桂，因共宿。其人眠西牆下，術士曰：「君勿眠此，此牆亥刻當圮。」其人曰：「君術未深，牆向外圮，非向内也。」至夜果然。

柳爾焕言事多奇中

柳爾焕，字子旦，長沙諸生，與人寡合。精太乙、奇門、六壬之術，言事多奇中。吴三桂犯長沙，勢張甚，爾焕曰：「此浮雲過太虚耳。」安親王招致之幕中，旋辭歸。川滇官軍有以重幣迓者，皆不赴。年七十餘，預書時日而卒。

段瞽目爲胡昇猷卜

段某，漢中人，世稱之曰段瞽目。尚書胡昇猷官漢羌道時，會蜀亂，令卜休咎。段曰：「公，貴人也，官必至尚書。然目下有大厄，但須守正俟命。脱有憂患，某當任槖饘，雖危無咎。他日富貴，幸毋相忘。」未幾，王屏藩陷漢中，誘胡使降，不屈，王怒，縶之獄，將置極刑。段左右之，慰之曰：「公必不死，賊數盡，是公出坎之日，無憂也。」已而奮威將軍王進寶進兵漢中，王縊死，胡復任。尋内遷，官至刑部尚書。

蔡玉汝遇談易道人

閩人蔡瑍，字玉汝。以明經爲粤東令，罷官不歸，流寓山寺。一日，遇一道人於酒肆，自稱秦人李玶，字果成，居華山數十年。蔡延至寺，與談《周易》。留五年，將别去，語蔡曰：「此後二十年，癸丑歲，汝必游京師，是歲十二月二十日，當扃門，百日不可見一人，否則恐不免。某歲某日，當相見於房山。」康熙癸丑，蔡客京師，如所戒。時果有妖人楊起龍之變，都門戒嚴，多所刑戮，至二三月始定。又二年某日，忽有童子叩門，云：「師在房山相待。」蔡疾馳往，李獨立樹下，與語移晷，别去，云：「將歸華山舊居矣。」

方石卿善卜

方尚節，字石卿，淳安賦溪人，長不滿五尺，背傴僂，多笑，兩頰薰然，若中酒然。少入家塾，受經書，師講授時，輒酣睡不聽，語及卜筮，則意解。有道士者，不知所從來，一見石卿，即注目久之，曰：「是子風骨，當得半仙。」因授以郭璞《易洞林》，批郤導窾，開示方便，則喜心翻倒。自是遂習爲卜，卜亦遂時得八九。游嚴州，依宋維藩爲東道主，連歲或不歸。方春始和，必令占歲祥。一日，卜畢，忽呼奇奇，語維藩曰：「今歲當有人自天子所來召君，謹識之。」維藩囅然曰：「所以煩君卜者，姑以問安否耳。窮閻厄巷，與外間久絶，孰爲我翰音登於天者？而有命自天，無乃爲佞乎？」石卿曰：「書言之固然，謂予不信，則卦書不可用也。」是爲康熙戊午。

是歲也，聖祖詔開博學宏詞科，有刁公子者，豪士也，與維藩爲石交，石卿壯游時，縻維藩金錢無算，已乃別去，闊焉不聞問者歷年矣。會開制科，刁念維藩厚意久不報，自從其所屬相知有氣力者，以維藩名上，遂登辟書，維藩初不知也。辟至，乃歎其卜爲神，遠近好事者爭延致之。

石卿能知足，非自致力者不以衣食。垂簾肆中，日可得千錢，則下簾。當春秋校試，決多士利鈍，巧發奇中，則傾城趨之，夜或申旦不寐，簾至累旬不得下。嘗有徐某令占，徐，石卿族甥也。既發占矣，乃寸寸裂之，期以旦日早臨，得爲甥覆意之。詰旦，徐往，石卿爲覆意之，則以卦錢擲地，曰：「余老矣，死期將至耶？何乃得此不驗語？昨占至不祥，於法當考下下。余疑非心齋，故筮瀆不告，特戒甥以夙興。而故兆復見，固有能文如吾甥而得下下考者乎？其鬼不神，吾將安仗，余殆將死也！」頃之案發，徐果考下下，自是名益譟。於人來占者，更相覆，奪至無著手處，則就占他所而付石卿決之。石卿決之，多非常所見，而如影應響。時爲之語曰：「文石畫，石卿卦，千石萬石兩無價。」文石者，汪漢，以丹青馳譽公卿間，亦淳安人，因舉以偶方，稱兩石。方不善作家，亦自知命薄，不欲事生産作業，歲中所得錢，輒緣手散去。其歿也，至不名一錢。

方樸山曰：「石卿在族中，於余爲曾王父行。亦頗言人禄命，顧多不讎。余墮地時，石卿謂暗合三奇，當鼎貴，而宿留不偶乃若是。初議婚吴氏，石卿以兩美必合賀，而婦乃中道夭。族子某生，石卿推日辰，大驚，謂與明之商文毅公輅脗合，因怪且歎，謂此積不善之家也，安得有是，得毋日辰舛耶？」

鄭明暹精水仙術

淳安鄭明暹占六壬，然時時失之，去其鄉人方石卿遠甚，而所爲水仙術，則頗奇。水仙者，人來稽疑，條舉件繫，自書黄紙爲籤，復自緘訖，明暹乃爲押緘上，並書符，火之。潔明水一盂，幕以布，端坐，口中喃喃然。頃之，水上有字隱起，叩無不答者，多作韻語。明暹誦之，授其人，或旁人代録之。然水上字獨明暹見之，餘人不省也。過後多驗。雍正癸卯，方葯房鋭意試三場，卜之水仙，水仙書十三字予之，云：「兔且走，龍亦飛，七九之間數不違。」葯房得之大喜，謂歲且卯兔也。時世宗初改元，故曰飛龍。辰亦龍祥也，而葯房以丙辰生，脱兔不距，飛龍在天，千里當不留行矣。然亡何而猝病，竟不起，以八月十六日奄逝。有解之者曰：「走且飛，言不久居此也。介七九之間，爲八，以卒之月告也。合七九而計之，其數十六，則并以日告也，故曰數不違。」

明暹幼爲道士，坐事戍宿遷，遇道人，授以相墓田法及水仙術，使占墓田吉凶，曰：「子言之無文，可以筆札代脣舌也。」其後以肆眚歸里，遂行其術於里中。方問仙時，觀者如堵牆。

戚瓶谷自占歸期

德清戚瓶谷學士麟祥侍聖祖南齋有年，每祈禱晴雨，上命占驗，不誤晷刻。世宗嗣位，忽以事戍寧古塔，戚曰：「吾不能逆覩以及於難，亦數也。雖然，某年吾當歸。」及期，其第三子弢文寀連江，請於大府爲之奏聞乞恩，果得歸。

劉禄善風角占卜

劉孝廉禄，康熙時之河南人，善風角占卜。聖祖召直蒙養齋，欲授以官，禄屢辭。後隨扈北征，餉乏，上命卜之，曰：「不出三日必至。」果如言。及從幸灤陽，一日，踉蹌至宫門，奏請速徙高處避水厄。時方晴霽，夜間山水驟發，果沖及行宫。又善風鑑，嘗謂張文和、史文靖皆異日太平宰相。壬寅冬，乞假歸省。至冬月望日，命家人製縗服，向北哭竟日。及哀詔到，正聖祖晏駕之二日也。

江慎修精卜筮

歙縣江慎修，名永，好窮經，尤精卜筮之學。著《周易釋義》十六卷行世，其析理頗精，創三十六宫之説，謂《易》中乾、坤、坎、離、大過、小過、中孚、頤八卦，皆無反正，餘可反正者五十六卦，其實僅二十八卦，合之成三十六數。又謂河圖順生，洛書逆尅。嘗館同里某富人家三年，兀坐一編，喜愠不形於色，一起居日定數，一飲食日定數。富人厭而辭之，欣然去。明年重九日，富人集客爲茱萸會，江適過其門，富人邀之入席。江盡三爵，食二饅首，遂起辭。富人留，則曰：「定數也。」引富人至書室廚後，見有徑寸帖書云：「三年賓主歡，一日遽分手。尚有未了緣，明年九月九。邀我賞茱萸，酌我三杯酒。數定且歸休，只啖兩饅首。」

愼修平生不妄交，惟與同村程翁善。程亦精奇門者。一日，同醉歸，程曰：「月色大佳，盍乘輿入城乎？」愼修曰：「夜二鼓矣，入城且十里，倘不及反，奈何？」程指道旁石曰：「此石今夜亦至城，何云不及也？」愼修笑曰：「誠然，惟此石明日始返耳。」旁觀異二人言，坐石旁驗之。俄有擔酒者以擔後輕，載石去。明午，果載回棄舊處。於是村中咸仙愼修矣。

村有戴正者，負異才，過目不忘，聞愼修名，擔簦往學。愼修適他出，正徑入室，據案翻閱三日，盡讀所藏書。愼修歸，正師事唯謹。愼修問讀此間書未，正言盡熟矣。愼修曰：「能用否？」正曰：「未也。」異日兩人遊隴上，見黄牛與黑牛鬬，愼修問之曰：「牛孰勝？」正曰：「黄，土也；黑，水也。土克水，黄當勝。」愼修曰：「不然。今於令爲孟冬，於日爲壬子，水旺，土斯廢矣。此理不可拘於一定，而學所以貴於化也。」已而黑者果勝。正大悟，學日進，名遂與愼修埒。雍正初，大吏薦愼修於朝，世宗召見，愼修戰栗不能對，乃薦正。正口如泉湧，剴切詳明，世宗大悦，問卿與師孰優，對曰：「臣劣。」世宗曰：「師優不對，何也？」對曰：「師年耄，患重聽，若所學，固勝臣萬萬也。」上嘉其讓，賜翰林。

馬敬六占瓷器之碎

馬敬六進士嚴性淡泊，終身家食。精數學，朝風夕雨，推測而知。小至家用什物，亦預知成敗。家貯瓷器，歷有年所，戲占之，應碎於即日午刻，顧未明其致碎之由。置之案，自守之。適夫人呼令午膳，敬六注目凝視，無暇他顧。催之再四，竟若罔聞。夫人怒，擲器於地，碎至百片。敬六笑而起曰：「驗矣。」

徐念祖通壬遁術

桐鄉徐念祖通壬遁術，乾隆乙丑二月，錢嶼沙方伯問以得與春闈分校否，徐曰：「魁罡並到，喜氣非凡，意元卷出公房乎？」會元蔣元益、狀元錢維城果皆出其門。後徐宰蒙陰，有犯越獄逸，課之，謂當在治東三十里外水草之交。乃率役追捕，行經小村，令役具餐，自憩柳下。遥見一池中有叢草，回顧有老嫗立簷間，注目向池，若意喻者。飭役投入池覓之，果獲。蓋犯立池中，手擎衆草覆其頂也。

李芬爲兆文毅占

李芬，皐蘭人。少孤貧無依，因入行伍，從定西將軍兆文毅公惠平伊犂，擢千總，爲行營傳宣。方大兵之征回部也，未抵葉爾羌，遇賊首霍集占，率衆掩至，環營積土爲城，城高三丈許，外濬深壕，削木爲槍，林立壕底。賊踞城施礮，晝夜巡守，而大兵遂無一人得出。逾月，糧且盡，兆束手坐帳中。李進曰：「兵饑矣，將軍盍急以糧濟之？」兆怒曰：「若知無糧而故倡斯言，欲蠱軍心耶？」李曰：「軍自有糧，不取耳。營東南土中有三百餘石，請遣兵發之。」兆曰：「掘地無糧，當以軍法誅汝！」姑試之。乃命家僮曰六十三者，荷鍤隨李去。頃之，二人握米以獻。兆大奇之，促往掘，果如其數。因問他處有之乎，李曰：「西北角尚有二千七百餘石。」亦如言，無毫髮爽，衆皆驚歎。兆詰其故，曰：「以占得也。」兆曰：「何日出圍？」李曰：「占之矣。某日援兵至，次日當潰圍出。某日大功成，將軍當進封公爵。」已而皆驗。

伍纂爲黄士簡卜

伍纂，武陵人，卜休咎如響。提督黄士簡嘗失金，使卜之，曰：「金未出署，明日必見。」如期，果得之於書室東北隅。士簡乃令並卜盜金之人，纂不可。

陳文恭爲王文端卜科甲

臨桂陳文恭公宏謀精易學，占休咎甚驗，然不輕卜。撫山西時，韓城王文端公杰客其幕中，乾隆己卯，將旋陝鄉試。文恭先夕潛爲之卜，次晨，告文端曰：「子此行必售，余已爲子卜得佳兆，且知名次之高下矣。」文端固請示之，文恭曰：「余書諸箋，緘存某幕客手中，待君捷後驗之。」文端就試，榜發，中副車，仍至館，謂卜不驗。文恭曰：「息壤在彼，可證也。」因問某幕客，索觀拆封，則有「中式副榜第八名」

七字，文端大奇。次年庚辰，舉行恩科，復歸試，乞再卜。卜後告之曰：「今科正榜無疑，但似元非元耳。」迨榜發，中式第七。是科解元爲雷爾杰。蓋文端名杰，與解元名稍雷同也。辛巳春，文端入都應禮部試，復先期爲之卜，語之曰：「此行必可速捷，然萬不宜得會元。儻中十名以外，則大魁可必。自此前程遠大，福壽無量。」文端謝曰：「杰年四十矣，敢妄想耶，公其善頌善禱乎？」文恭曰：「有數在，決不誑子，子其勉之。」是年春闈，文端中第十一名，廷對果第一。後官至東閣大學士，享全福，臻上壽，果如所言。

姬南唐言多奇中

永濟姬南唐好五行陰陽之術，所言多奇中。嘗游河濱，衆漁者方覷波紋上下，乃指正北，語之曰：「往此必有獲。」果一網得巨魚。媚家殯有期，則曰：「果以是日殯，恐有火厄。」及殯，火猝發，廬舍盡焚。

李璇以物卜

乾隆中葉，甘肅有參將李璇者，自稱李半仙，但視人一物，便知休咎。南昌彭文勤公元瑞與沈雲椒同往占卜，彭指一硯問之，李曰：「石質厚重，形有八角，此八座象也。惜爲文房之需，非封疆之材。」沈以所懸手巾問之，李曰：「絹素清白，自是玉堂高品，惜邊幅小耳。」方笑語間，雲南同知某亦來占卜，取烟管問之，李曰：「管有三截，鑲合而成，居官亦三起三倒，然否？」某曰：「然。」李曰：「君此後亦須改過，不可再如烟管。」某問何故，李曰：「烟管爲最勢利之物，用則全身火熱，不用則頃刻冰冷。」某大笑，慚沮而去。

逾三年，彭督學任滿回京，李亦入都引見，彭故意再取烟管問之，李曰：「君又放學差矣。」彭問何故，李曰：「吸烟不飽。學差試差，非可大富。且烟管終日替人呼吸，督學終年爲寒士吹噓，再得文衡，意中事耳。」已而果然。

大兵平定回部時，李亦從軍。有兵士遺火，焚轅前草地，主帥使占吉凶，卽對曰：「無他，公不日當有密奏耳。火得枯草，行最速，急遞之象也。烟氣上升，上達之象也。余所以知爲密奏者，因密奏當焚草也。」主帥曰：「我無密奏事。」李曰：「遺火無心，非預定也。」既而果然。

智天豹妄編大清天定運數

智天豹以精曆數自詡，妄謂乾隆但有五十七年，稱爲世祖示夢，遂編造年號，稱大清天定運數，使門徒張九霄叩閽跪獻。高宗發交軍機大臣及刑部審訊，以爲詛咒，照大逆律淩遲。高宗謂：「乾隆果五十七年，其時朕壽八十有二，卽歸政亦不爲早，是此條不得謂之詛咒。惟妄編年號三十餘條，且犯皇祖廟諱，並稱世祖顯聖，則喪心病狂，不可不按律懲治，張九霄着改爲斬監候　秋後處決。」

錢南園復秩之占

錢南園通政澧，以通政使督學湖南，風裁峻厲，士子懾服，而官僚亦畏之。留任六年，將及瓜期，以内諱歸，旋丁外艱。先有會同匿表案辦結，移交湘撫浦蘇亭中丞。浦乃飾辭入告，絶不爲南園留地。上責之，降補主事。乾隆甲寅，赴部補官，已有缺矣，適有鄉人精六壬者，占之云：「此缺決不能補，當仍復清要之秩。」笑置之。不數日引見，上問：「汝是參國泰的錢某，何久居里舍耶？」南園謹奏兩次居憂之故。上命查有員外缺出，可即補。踰日，特旨補授湖廣道監察御史，旋命入軍機處行走。

王述庵篤信陰陽家言

青浦王述庵侍郎昶無子，蓋以篤信陰陽家言，每好合，必選擇吉日，而預算是夜某星過某度，苟時日稍不利，即否之故也。述庵族姓不蕃，近支又無可繼者，至晚年，乃以疏族農人之子爲子。

戴尚文神算

戴尚文，溆浦人，幼穎異，十五爲諸生，從鴻臚卿羅典游嶽麓，稱高才生，經史而外，凡天官星卜諸書，無不究覽。嘗曰：「吾之經師爲羅先生，未知誰可爲吾之術數師者？」既聞江南某僧精六壬，奇門遂往執贄，僧盡以所習祕訣授之。半載，得其傳，歸應鄉試。長沙同舍生金爲人竊，索償居停主人，搶攘間，尚文爲占之曰：「君金若干，盜者青衣，手魚肉前行，後一白衣者隨之，肩荷重物。君以某時候之於驛步門外，可獲也。」如其言往，果驗。又嘗侍母夜坐，心動，知偷兒入宅。取井底泥塗竈門，書符封之，偷兒不得出，遂就擒。

嘉慶初，湖南三廳苗變，福康安督師勦之，招致奇才異能之士，羅薦溆浦兩生，一嚴如熤，一尚文也，瀕行，羅謂尚文曰：「嚴生負經濟才，固應禄仕。汝疏散爲幕客，則進退自如，愼勿以官職自羈也。」尚文唯唯。往見福，長揖不拜。福欲試其術，握帶絲於手，問之曰：「聞先生神算久矣，亦知吾握中何物耶？」尚文即請示一字，析其數，以五行推之，曰：「絲縷耳。」福大驚，待以軍師之禮，凡事必咨之。時苗甚猖獗，夜恆撲營，尚文輒預知之，遂有備無患。嘗於五月進攻旗鼓寨，占有大冰雹，賊伏林莽甚夥，師出不利。福偶惑人言，弗聽。及午，師將抵寨，忽陰雲四合，大風雷雨，冰雹交下，如拳如卵如甎，擊傷士卒無算，伏苗乃四起乘之，兵力莫支，方悔不從尚文言。而戴神仙之名，所至大譟矣。又大軍在乾州，偶營龍頭，爲兵家所忌。苗圍之，斷水，軍不得食，危甚。尚文請設壇鑿池，已被髮仗劍作法，以劍劚地，清泉湧出，軍心遂安。己未，駐師天心寨，尚文夜觀天象，知將星有異，乃作書潛置幕府，辭歸。不數日，福薨，衆乃悟其歸意，固預知有此也。

尚文既歸，未幾病卒，且自知某日當死也。没後，其母傷之，陳僧所傳書於庭曰：「子一生精血，盡耗於此，不可留以累後人也。」焚之。自是遂絶傳。

布袋和尚談休咎

布袋和尚者，嘉慶時至吴江縣城賣卜，居城東關帝廟，口操楚音，年可七十餘。項懸黄布袋，不暫釋，因以名之。袋廣長尺餘，每日所用之物，若杯，若壺，若冠履，若紙墨筆硯，咸取之於此，未嘗闕。和尚日賣卜，以十事爲限，談休咎輒中。既畢，則徧游村市，見字紙必拾之，投袋中，恆勸人惜字。自言每日所拾，暮則權之，必滿一斤之數，如是者三十餘年矣。廟中人有伺其睡熟，而探其袋者，止得龜殼一，長寸餘，於是皆疑爲仙，環而叩其術。和尚厭之，乃不恆至。一夕忽來，即闔户而寢。次日日中不起，呼之不應。破扉入，則圓寂矣。失其袋，大索不得。方共驚異，而西郭外之人麕至，咸曰：「和尚成神矣。」蓋其地故有土地廟，是夕父老皆夢土地來别，曰：「吾去矣，明日有懸布袋於項者，是代吾者也。」及旦，父老至廟中察之，則見神項下懸一黄布袋，詫曰：「此布袋和尚之物，胡爲而在此？」入城，而和尚果死，故知其真成神也，衆即葬之土地廟後。

張恆所見賣卦者

張恆少時嘗見一賣卦者，持卦盤入人家，耳際常黏黄紙小條一，硃書符籙如仙篆，然亦不知其何字何用。以石子一枚置人家竈神堂上，然後踏禹步誦呪語畢，能言其家男女生日，並其財物多寡，且言已往事歷歷不爽。問休咎，多奇中。門外行人，一覩其足步，能知其往何處。事畢，命其家取黄線一條，穿八十一大青錢與之，然後出。或言是爲白蓮教異派，此猶其術之小焉者也。

吴禮后占牙牌數

嘉慶癸酉九月，山東賊起，曹縣、定陶皆被蹂躪，而金鄉獨完。方七月，金鄉縣令黄以事留省，暴卒，魯撫命候補知縣陽湖吴禮后揩往攝其篆。吴至，訪邑紳張觀察體分，體分言：「地方不靖，必有奇變，士民避亂者紛紛矣。豺狼徧地，去將焉往？余老矣，當早覓死所，不願以頸血濺賊刃。」因泣下。吴曰：「公無憂，當謀所以禦賊者。」遂辭歸。撫轅弁左壽寧入見，具言撫軍捕賊之令初下，縣官過於張皇，賊皆走，未易獲。吴乃詭作縱賊者，諭告大衆，謂刁詐之徒，挾私誣告，妄指某某爲教黨，苟無確據，罪必反坐。賊皆喜，相率逃歸。吴遂飭刑房張自修、皂頭李爲密緝南路各賊。初，吴自臨清來，途次，占牙牌數，有云：「龍華會上人，全仗修爲力。平時不用功，佛脚抱何益。」及見張自修、李爲名，始大悟。察其人誠樸，任用之。賊渠之擒，二人之力也。

鄒簡廷精蓍蔡

青浦鄒簡廷精蓍蔡，一日，金聖瑞以夜夢牀下有白雞出走，詣鄒卜。鄒卜之，曰：「地中有銀，爻象主今夜發動。然非君物，且尚有大不利焉。」金自念銀在牀下，不憂人攫，因詣友人處貸銀買香燭雜物，將於祀神後發之。時爲六月中澣，大雨驟集，因留宿於其家。明晨返，則西鄰夜火，屋被燬矣。

杜念亭家婢浣於河，見大龜，捉以歸。龜能沿壁走，聞喚卽至。而婢肌革鋭減，喘而言，臑而動，日飲米汁，漸少生氣。詰之，謂有戴烏緞帽者來擾。杜亦詣卜，鄒曰：「妖乃己所引進，或爲介類。」杜乃以刃剸龜背，婢病頓痊。

周某爲景杏村卜

商城景杏村總戎又春以行伍起家，官終福建汀州鎭總兵，爲伯韓大令學湘之父，毓華大令崧之祖。其至江蘇也，實爲其姑丈崇明令熊傳栗招之至。時風氣錮蔽，南北道遠，鄰里有尼其行者，杏村決欲往，或勸其就占於里之周某以定行止。周賣卜市中，以善六壬著，且固文士也。好吟詠，爲人卜，間亦作詩貽之。見杏村，奇其狀貌，既爲之卜，並贈以七絶，末二句曰：「巨川用汝作舟楫，且唱宏農得寶歌。」更語之曰：「子識之，他日當有驗也。」杏村大喜。不逾月，遂至江南，入蘇松鎭標，旋得官。官川沙、官寶山時皆立功，於是周之詩皆驗。

杏村嘗於道光辛丑官川沙千總。壬寅五月，英人以禁煙啓釁，犯吳淞，川之土匪乘間肆掠，杏村率民團兵勇赴鄉，獲渠魁，繩以法，地方遂安。川人爲建報德堂以酬之。咸豐癸丑，攝南滙都司。八月，寶山陷於匪，杏村聞報，亟自海外歸，招集逃兵二百人，與留守之典史曹錫燾籌寸禦。而兵惑於人言，謂匪來時不殺人，從景公，無噍類矣。於是亡去者泰半，餘二十餘人，合之鄉人，僅四十有七。有洩之於匪者，匪喜其無助也，遂攻城。杏村亟偕其猶子持長棓，冒大雨，奮臂出，四十七人隨其後。遇匪於昏暗中，揮棓，斃六七人，生擒其一。復與之巷戰於南城下，並追出西門，殺百餘人，生擒四十餘人。時東門外海神廟有駐匪數百，聞城中有變，將入城，見城上燈火輝耀，大驚，逸去，由是寶山大定。

蔡某爲粵寇卜

咸豐朝，湘人有蔡某者，素善占卜，投粵寇，到河時，占課云：「逢溝必傷大將。」有黑力虎者，驍健絕倫，陷江寧時，首先登城者也。恃勇獨行，至陳家溝，遇拳棒教師陳某，率其二子，環而攻之。爭搏良久，陳家父子敗回，向門逃進，黑力虎追入。教師一女，年止十七，持鎗伏門側，從後直刺其股，黑力虎仆地，遂斬其首，衆爲之奪氣。

牙牌數占字

牙牌之戲，相傳起於宋宣和時，其來久矣。近世有《牙牌數》一書，借以占卜，蓋亦古者棋卜、摴蒱卜之類也。光緒己卯江南鄉試，無錫諸士子於榜前占牙牌數，其辭云：「大開圍場，射鹿得麞。顧盼自喜，中必疊雙。」是科無錫縣中式者二人，一顧姓，一章姓。顧字明見數中，「射鹿得麞」句，暗影章字，尤爲巧合。

客爲魯伯陽占牙牌數

光緒時，内監張秀林爲直隸候補道魯伯陽納賄於朝，圖江蘇蘇松太道。其所費，爲銀二十四萬兩，議定先付八萬，得缺付八萬，涖任半載付八萬。道路傳説，物議沸騰。丹徒丁叔衡太史聞之，偶與客談及，客以牙牌數卜之，得句云：「魯陽揮戈，千古奇事。朝暾熊熊，頃刻卽逝。」

魯在保定，其子留京，謀之於四大恆錢肆，願出重息舉此債，有成議矣。一老賈不允，謂魯年逾七十，人壽幾何，且資格未合，慮爲疆吏所梗，不令到任，而又賄賂公行，言官未必箝口。以是，事遂不諧。乃商之於票號，而亦不應。然諭旨已下，索賕者多，爭向其子勒索。而江督劉忠誠公坤一果電告總署，令暫緩赴任。御史高燮曾、李慈銘亦疏請交督撫察看。其子大懼而遁，魯卒不得到任，仍留直隸候補，牙牌數之言，至是而驗。

走信夫通壬遁術

耒陽蔣霞初，嘗於長沙旅舍中，見有信局之走信夫方臥病，困甚，乃爲診之，數日得痊。其人過謝，見蔣案頭雜置壬遁占驗諸書，因曰：「頗習此乎？非得名師傳授，不易解也。」蔣訝其言，詰之，則曰：「承君治病，敢以實告，某於此習之久矣。」蔣因就求其術，其人曰：「是不難，但須請之吾師，吾師以爲可教，當盡以授子。」問師在何所，曰：「夜當延之來。」是夕，爲蔣潔治寓齋，置之複室中，語之曰：「有所聞，毋駭。」夜半，方延佇間，忽聞風聲從空際來，月色驟晦，燈炬盡滅。竊窺之，見其被髮長跪，向榻微語，答詞尤細，不可審。久之，若見一人向牖間聳身而出，風聲復作，滿室颯然。須臾寧靜，燈燭自明，因召蔣語之曰：「吾師謂子不可學此也。」

張延已爲孝欽后筮

張延已好占卜，弱冠，遊四方。光緒辛丑，兩宮將自西安回鑾，時適館臨潼洪氏，以風角風聞於上。某日昧爽，以一騾車入行在。禮畢，孝欽后宣旨，令在霤下設壇，問善後事。筮得家人之九三，其爻曰：「家人嗃嗃，婦子嘻嘻，終吝。」張曰：「家人嗃嗃，剛嚴者也。婦子嘻嘻，喜樂過也。終吝，險蹶難遵也。卦直家人，其有順陰道而至美者乎？九三之爻，君道也，亦夫道也，而位未大正，其有婦人而專制者也。」時侍郎陳某在側，見多忌諱，不敢上聞，乃別易他爻之吉祥者入奏。孝欽亟賞之，賜銀千兩、艫鮓兩尾。延已方惴惴待罪，至是乃殊慰。

拆字

拆字，亦作測字。拆則有分析之意，測則有推測之意，爲占法之一種。任舉一字，觸機附會，以判吉凶，昔所謂亥有二首六身者，其權輿也。唐裴度征吳元濟，掘地得石，文曰：「鷄未肥，酒未熟。」相字者解曰：「鷄未肥，無肉也，爲己；酒未熟，無水也，爲酉。破賊在己酉。」果然。古亦謂之破字。《隋・經籍志》有《破字要訣》一卷，《顏氏家訓》謂卽今之拆字。其術始於何時，不可考，或謂見於前人記載者，當以宋之謝石爲始。周櫟園嘗著《字觸》一書詳論之。

拆正字武字

蘇州上津橋朱某以家貧，圖入山自盡，遇仙，授測字一書，其驗如神。惟求之者必預定，日僅測一字，取銀一兩。懸牌門首，某日測某人字。吳三桂將反，向蘇藩庫借餉，時慕天顏方爲藩司，躊躇莫決，延朱測字。告以故，朱曰：「請大人命字。」適几上有殘柬，慕卽翻轉，指「正」字爲枚。朱曰：「不可借。正似王字，王心已亂。且柬正面合几上，正而反矣，卽反之兆也。」慕卽拒之，果應其言。其子亦習父業，占驗不減於父，但非一日測一字也。某拈一「武」字問有子否，朱曰：「絕矣，一代無人，自此而止。」其人果無後。

拆因字

乾隆丁卯，福建鄉試場後，士子謝廷光聞洪山橋有善拆字者，偕友人詣之，拈得「因」字，以詢鄉試之售否。曰：「國內一人，今科解首也。」友躍然曰：「我亦就此因字拆之。」曰：「此科恐無分，後有恩科，可望得志。彼之因，出於無心；君之因，出於有心也。」旁有一人方握摺扇，卽以扇指「因」字曰：「我亦就此字一決之。」其人蹙然曰：「君扇適加因字之中，乃困象也，其終於一衿乎？」後各如其言。

拆壘字

紀文達於乾隆戊辰捷禮闈，未廷對時，在董文恪公座，偶遇浙士，乃善拆字者。文達書「墨」字，乞占殿試名次。浙士謂之曰：「一甲無望矣。墨字上截似里字，以里字倒拆之，爲二甲。四點爲庶字之脚，士乃吉字之首，必可得庶吉士。」果應其言。其後文達歷官清秩，迭掌文衡。

拆董字名字

乾隆戊子，紀文達以事獲譴，獄未決時，伴守之軍官精拆字，乃書「董」字叩之。軍官測曰：「君必遠戍。董字似萬千里也。」又書「名」字，軍官曰：「下爲口字，上爲外字偏旁，是口外矣。日在西爲夕，其西域乎？」又問將來能否遇赦，曰：「字形類君字，亦類召字，必賜還。」又問遇赦當在何年，曰：「口字爲四字之外圍，而中缺二筆，殆不足四年也。」已而果遣戍烏魯木齊，以辛卯六月賜還，一如軍官所言。

拆棊字義字風字村字

范時行，蘇州人，乾隆時以拆字寓德清紫陽觀。所言不煩，而悉有意義。日以得錢六百爲率，錢足，則謝客寂坐，有君平賈卜之風。一營兵拈「棊」字，問終身休咎，范曰：「凡圍棊之子，愈著愈多；象棊之子，愈著愈少。今所拈是棊字，非碁字，從木不從石，則是象棊子，非圍棊子也。恐家中人口日益凋零矣。」其人曰：「是也。然此非所問，問日後何如耳？」范曰：「觀爾服裝，是行伍中人，乃象棊中之卒也。卒在本界，止行一步，若過河，則縱橫皆可行。以是言之，爾外出，方可得志。然卒過河，亦止行一步，亦不能大得志也。」

又有拈「義」字以問者。范問年若干，告之，范曰：「然則生年屬羊也。義字從羊從我，是止一屬羊之我耳，終身孤隻，不能有妻子也。妻子且不能有，他何望焉？」

又有一人以「風」字問妻所孕爲男爲女，范曰：「移中間虫字於右旁，則似虺字。《詩》曰：『惟虺惟蛇，女子之祥。』所孕必女矣。」

又有一業理髮者，盛冠服而往，拈「村」字問之。范曰：「木以長材爲貴，一寸之木亦何所用。」其人以爲道其剃刀之柄也，驚而失色。范曰：「凡事若能努力，則方寸之木，可使高於岑樓，君何必自墮其志乎？」後其人果發迹致富。

拆巍字

乾隆己亥，江南鄉試題爲「巍巍乎唯天爲大」三句。胡元音望捷心切，同人守榜。汪某在座，見其神情迫切，戲之曰：「吾爲君拆一字，如何？」元音口報一「巍」字。汪沈思良久，指畫再四，曰：「得之矣。上爲出字之半，半出學也。偏旁有禾無乃，秀字去半也。有女無子，是半好也。加以魁字，有鬼無斗。其必中副車無疑。」越三日，揭曉，果以副榜第五名報雋焉。

拆道字

乾隆庚戌萬壽恩科，進士爲一百零二名，其中有江南三十名，安徽十名。會元朱文翰，歙縣人。胡先聲中三十九名。當未揭曉時，同人集翟公樹編修寓齋，公樹出一「道」字，問安徽進士可中幾名。先聲大言曰：「必中十名，且得會元，而自身亦應與焉。」同人詢以故，則曰：「道字已有進字框子，中首字，非會元乎？首字上兩點爲八字，中一字，下自字，是爲自身，合之，非十名乎？」越日榜發，竟如其言。

拆鶵字

乾隆時，上海有沈衡章者，善拆字，問休咎者趾相接。一日，有罪犯越獄宵遁，捕役往問，拈得「鶵」字，沈曰：「鶵鵡，能言之禽也。舌慧而身不自藏，卒爲人所縶。且鳥而嬰，羽毛未豐，其能遠逸乎？去此尚近，速捕可得。」問何往，沈瞥見雀跨後簷，曰：「可往後面廁中覓之。」如其言，果獲。邑令神其技，贈以「機測如神」之額。額懸邑廟豫園清芬堂之西偏，俗呼爲董事廳者，卽沈之安硯處也。

拆奏字

趙介山、帥仙舟夙相契，在京同居，成進士。廷對前一日，蔣丹林往送考，介山舉一「奏」字，令拆之。蔣云：「二人在三人之中，君與帥君皆可望鼎甲也。」及臚傳，果然。

拆奩字

太倉陸星農，名增祥。以殿撰出爲道員，次湖南，鬱鬱不得志，蹭蹬以終。相傳陸應禮部試時，就拆字者爲卜官階，陸掣得一「奩」字，云：「名居第一人，官不過三品。」蓋奩字俗書，上從大，大字分析之爲一人也；下從區，中爲品字，空其一面爲三數也。歿後，嘉定黄翰欽孝廉宗起輓之云：「蘇内翰春夢一場，薄宦衡湘，回首觚棱經卅載；謝太傅東山高卧，屏除絲竹，等身鉛槧足千秋。」

拆章字

武昌李某拆字有神解，有陳某艱於子嗣，值妻臨蓐，往問以「章」字。李云：「當爲男，恐不育耳。」陳請其故，曰：「童字無根。」又有問其子之病者，以乳名六十，卽舉「六」字問之。李云：「汝口説六十，已是一卒字矣。雖去上一點，目前可望平安，恐終不免來年之憂也。」

拆死字

張文達公之萬未遇時，嘗客杭州。會元旦，逐隊作吴山游，就日者問前途。拈得一「死」字，大駭，欲棄去。日者叩所問，曰：「科名。」日者就字端詳良久，因以「死」字之鈎抹去，寫「癸卯一人」四字，拱手賀曰：「大吉利，癸卯年當大魁天下。」旁有一友，見而奇之，卽拈「死」字叩婚姻。日者蹙額曰：「不佳，不佳。恐偶無心，曇花一現，恐有騎省悼亡之痛。」友固無婦，一笑置之。明年，文達捷南宫，其友亦娶，伉儷甚篤，心恆惴惴，冀其言之不驗，而未幾竟歿。

拆榮字

浙西陳鍾年善拆字，名噪一時。有巨賈吳某者，蘇人也，久商於浙。某日得家書，以妻病危篤，促之歸。吳憂甚，即訪陳就之卜。至則門已閉，吳叩之急，陳乃推窗而詢知來意。時方有一犬在旁狂吠，陳即語曰：「死矣。」吳厲聲曰：「字尚未拈，焉知生死！」陳曰：「頃者吾之口與汝之口交談，則爲兩口，又加一犬，則成一哭字也。」吳懊惱歸，然未之信。翌晨再往，拈得一「榮」字。陳即詢所占之事，吳以妻病告。陳曰：「死矣。」吳詢所以，陳曰：「榮字，上部爲兩火字，乃一對燭也；中爲一座，臺之象形也；下爲木字，棺木也。」吳聞言大驚，匆匆買棹歸，其言果驗。

拆口字

有女郎將與人私，慮其未諧，而就拆字者問休咎，拈得一「口」字。問欲卜何事，女曰：「有一事，可得良好結果否？」拆字者曰：「依字而斷，恐無圓滿之望矣。欲成『可』字，無『丁』；欲成『如』字，無『女』；欲成『何』字，更無『人丁』。」

拆粉字

鄂人方某幕游於外，一日接家書，以妻病篤，促歸，方猶豫不決。有友善拆字，往覓之。友曰：「試道一字，以定行止。」即應聲曰「粉」。友曰：「粧臺留半面，紅粉已分離，可速行，遲恐不及見也。」方急治裝，及抵家，櫬已在堂矣。

春秋筆日拆十字

春秋筆者，才然一貧儒，不知何許人，亦不詳其姓氏，以拆字爲業。遨遊至信州，僦屋以居，榜門拆字，求卜者多踵廬求教，不如尋常術士之於街頭巷尾求取生活也。其人年四十餘，頗知書，吐屬風雅，論字多妙解，多奇驗。士大夫咸樂與遊，籍籍負時名。每拆一字，受錢二百文，日以十字爲限，過此則閉門謝客。於是趨就占卜者，皆爭先恐後，朝暾初上，門庭已若市矣。

拆毅字

沈文肅公以贛撫丁內艱，在籍守制，適左文襄創辦馬江船政局，製造輪艦槍械。議甫定，文襄移節督關隴，乃舉文肅自代。文肅令官紳分司廠事，官曰委員，紳曰委紳。同治某科秋試，榜前，集局紳之與試者澆榜，且曰：「諸君請拈一字，吾用拆字法占之，卜今年本局售者當有幾人。」某紳拈「毅」字，文肅曰：「毅者，其左體爲『豕』字，豕爲亥，二首六身，『几』字其『船』字之一股，『又』字復得『政』字之半股。船局委紳固有獲售者，其數殆六乎？」是秋，果中六人。澆榜者，榜前羣飲之謂也。

拆の字青字

大不同，某拆字者之别號也。光、宣間，寓常州城隍廟，設攤營業，名噪一時。有某店夥之紗帳被竊，薄暮始覺，往來拆。時大不同已收攤矣，因令隨舉一字以拆。店夥寫「の」字。大不同曰：「無妨，君所失爲紗帳，今已有人懸於他處。君觀「四」字之形，固懸掛之象也。速覓或可得。」店夥曰：「否，否，君所拆者爲真體「四」字，而余所舉者爲草體「四」字，無乃誤乎？」大不同曰：「若然，則賊已難覓，僅可購備蚊烟一圈以禦蚊矣。」蚊烟一圈，亦象草體「の」字之形也。

又有一尼姑拈「青」字，令拆之。問何事，曰：「終生。」大不同曰：「清不清，静不静，出家恐不利。若立定主意，擇人而事，則尚有生育之望。」蓋「青」字之上半截似「生」字，而下半截則「育」字之底也。尼忸怩而去。有知其事者，則謂尼固不守清規，久有還俗之意也。

星命

術數家以人生之年月日時推算禄命，謂之星命之學，始於唐之李虚中。但虚中止用年月日而不用時，至宋之徐子平，始以八字推算，故亦稱善此術者曰子平。其書或託名於鬼谷子，或託名於郭璞。

推算之法，以六十甲子分四段，自甲子、己卯、甲午、己酉各得十五辰。甲子、甲午之前三辰爲陰錯，己卯、己酉之前三辰爲陽錯。謂以天干配地支，所餘之數，甲爲陽辰，故有陰錯；己爲陰辰，故有陽錯，其日不吉。

八卦以乾坤喻夫婦，故星命家以男命爲乾造，女命爲坤造。婚禮以男家爲乾宅，女家爲坤宅，亦此義。

隔夜算命

有曰隔夜算命者，凡以八字令其推算，必囑其人就坐案側而謂之曰：「君今日當來，我先夕已知之。尊造早推算，命書亦批定。今姑請以生年月日及父母存亡、兄弟有無，一切過去之事，詳述一過，以證我隔夜推算之當否。」迨其人如言，自述生平畢，乃啓其案上倚壁之書橱，出一先期批成之命書示之，則與其人所自言者無不合。蓋其倚壁橱後，有孔通至隔室，室別有人在。來客自述生平時，其人卽如所言，筆之於紙。書畢，自孔傳入，宜其若合符節也。

夏某爲陳某擇日

諸暨店口鎮有陳氏之屋，遇火不燬。相傳國初有陳紫衣者，將建此屋，自至郡城，乞夏姓者卜日。夏曰：「請少待，爲君擇之。」陳卽出資爲謝。夏曰：「既如此，請三日後來。」陳知其以酬謝之多寡爲選擇之精粗，乃以白金百兩揖而進之，曰：「老朽一生辛苦，始有此舉，幸先生留意焉。」夏曰：「既如此，請一月後來。」及期而往，則曰：「日已選矣，幸勿稍有更動。」陳謹如所教。屋成而鎮上大火，前後左右盡爲焦土，惟新屋巋然獨存。自是以後，歷三十餘次火災矣。至光緒時，陳氏猶世守之。而夏之子孫，亦尚以擇日爲業。

星士爲徐松岑推算

徐松岑監丞元美，江都人。順治甲申、乙酉間，家中落，居北鄉湖濱，鬱抑不得逞。偶就村市星士問休咎，星士推干支列宿，舉指搖目，睨之曰："死，命也。"松岑怒。星士復默算良久，瞠目大呼，謂："不於身，必於妻子，請歸驗吾言。"松岑益怒，惘惘而歸。未三旬，其婦王夫人病死，二子繼亡，如星士言。遂賣田屋，營喪葬，家人各散去，餘一丱僮，使肩襆被從入郡。及北郭，反顧，則僮逸矣，棄襆被道旁五十步外，亦不追，自提襆被以行。隻身依故人，歌吟與涕泣常相乎，而學日以進。

高特騁自知有子

順治時，宿遷有高處士者，名踰駬，字特騁。授徒於湖東之陸氏，月一至家而已。一夕，語鄰僧曰："吾占六壬，尚有一子，當歸了此事。"僧笑之。明年，果生子，命之曰晤，蓋與其婦僅一晤者也。

方進爲張榮推算

順治初，有方進者，判人休咎祿命均奇中。時巡撫張存仁與明兵夾江對壘，部卒有張榮者叩進推算，判榮以二月初二日當死於兵。榮懼，盜馬而逃，爲邏者所獲。存仁鞫之，榮述進推命之故。乃逮進至，問曰：「汝推張榮今日應死，汝推自命若何？」進曰：「我命不死，但責三十板，枷三箇月耳。」存仁笑曰：「我偏不打汝。」竟將榮斬訖，方進枷號三個月。徧示合城云：「方今正在將士用命之秋，術士方進妄談禍福，煽惑軍人，以致張榮盜馬欲逃，除將張榮正法外，方進枷號三個月，以儆將來。」

劉德白自推命數

劉公言，字德白。父瑜，明襲青州左衛指揮僉事。德白，其仲子也，生有異徵。少爲文章，空明駘蕩，一洗程式熟爛之習。乃數踏省門，不見收，遂謝去舉子業，專肆力於詩古文辭。汲古之餘，旁及方術，尤邃於星命，以人始生年月日所值星辰，推人壽夭貴賤，不失毫髮。淄川韓允嘉累困鎖院，德白謂其一生科禄，皆會於戌，當於是年得舉人。韓以戌非鄉試期，疑之。順治丙戌，山左再開省闈，果爲丙戌，韓果舉於鄉。及戊戌，遂成進士。

德白嘗自推命數，謂年七十當死，然不至窾裹糾纆，牀蓐淹頓，差異世人耳。歲在辛卯，年數適符，其老妻方借春鄰家，德白閉門獨坐，及啓扉，死矣。

吴子纓爲笪在辛推命

句容笪在辛，名重光，順治壬辰聯捷禮闈，以丁艱歸里，過吴門，寓其同年姚茵穉家。一日，閒步至吳子纓命館，令推子平。在辛貌樸，而又麻衣麻冠，子纓爲之布算，亦甚略，未及科名。推畢，在辛取子纓所持素扇，書高達夫「尚有綈袍贈，應憐范叔寒。不知天下士，猶作布衣看」句，後題笪重光書。蓋以子纓牌板書「命友天下士」，書此詩以譏之也。子纓見之，惶愧無地。而在辛無怒容，一笑而別。至暮，其牌板已爲人取去。隨有爲之介紹者，餽銀十二兩，始還。

張某謂韓文懿當餓死

吳人張某以星卜游公卿間，嘗許繆念齋彤以狀元。康熙丁未，繆以第一人及第，自是門外車馬遂不絕，張亦自高聲價，累致千金。時韓文懿公菼教授陋巷，託友人詢之，張厲聲曰：「此人來歲當死，猶問科名乎？」及文懿中會狀，張遂遁，不知所往矣。

何永錫自謂何如

何萬年，字永錫，長洲人。父願良，善言命，多中，好酒，浮湛里閈，自得也。萬年讀父書，尤精其學。人來請者，必以實告，不妄譽人。然喜儒，常從諸生游，詗其生年月日時之干支，以決得第之早晚。秋榜將發，竊自計平生所決之必雋者，日造其門，詗消息，至而闃然，詫曰：「吾言必不謬。」即臥其家。已而吉語聞，則大喜狂叫，自謂：「何生何如也？」

韓文懿公少時轗軻，中年尤甚，星家多謂其老於諸生。康熙壬子春，文懿北行，永錫往話別，曰：

「勉之，此行必捷。吾曩決子發科卯辰間，今以流年參之，在今歲也。」其他率多驗。而嘗謂文懿曰：「吾恨不讀書，然於星家言，窮日夜研尋，每進一年而知曩年之誤，雖不能悉中，後又安知今日言之非謬也。」又嘗語人曰：「吾決人科名，亦僅言其半耳。讀書不勤，安有俟命之理耶？」

史胄司精子平

溧陽相國史文靖公貽直之父，字胄司，名夔，素精子平學。康熙辛酉，攜家入都，舟泊水驛，生文靖。胄司取其造推算之，謂當大貴。時阻風，舟不得行，乃登岸縱步。見一冶工家適生子，問時日，正同，心識之。後二十餘年，文靖已官清禁，胄司告歸，復經其地。欲驗舊事，自訪之，則門宇如故，一皙少年持斤操作甚勤。問其家，卽辛酉某日生者也。竟夕不寐，忽悟曰：「四柱中惟火太盛，惜少水以制之。生於舟者，得水之氣，可補不足。若生於鎔鑄之所，則以火濟火，全無調劑之妙矣，其貧賤也固宜。」

吳梅村精星命學

吳梅村晚年精星命學，連舉十三女，而子暻始生。時婁東江孫華爲名諸生，年已強仕，赴湯餅會，居上座，梅村戲云：「是子當與君爲同年。」孫華意怫然。及康熙戊辰，暻舉禮部，孫華果與同榜。或贈梅村五十生子詩云：「九子將雛未白頭，明珠老蚌正相求。蘭闈自唱河中曲，十六生兒字阿侯。」蓋少妾所出也。璟後官兵科給事中。

印天吉爲毛西河推命

康熙戊寅，毛西河年七十八，京口印天吉爲其推演命造。其八字爲癸亥、壬戌、壬戌、庚戌，蓋生於明之天啟癸亥十月初五日戌時也。天吉謂八十五不死，當享壽至九十四。然西河竟以是年卒。時西河之姬人年三十二，爲康熙丙午正月十六日子時生，其八字爲丙午、庚寅、丁酉、庚子，蓋卽曼殊也，亦令天吉推命，而殷殷以子息爲問。天吉謂今年不育，則終無子矣。

嵇叔子爲妻推命

嵇叔子精子平，自謂官可四品，而夫人之祿位不稱。舉孝廉，卽喪偶，媒妁盈門。叔子算其八字，俱以爲不類。某富翁欲以女妻之，先以年庚付一術士推之，術士云：「此十惡大敗之命也。」翁以情告，術士曰：「試易之，何如？」因將生日移前數日，而時干亦易，通局俱變矣。翁乃付媒妁使往議之，叔子以手推之曰：「是恭人也。」遂成姻。任杭州太守時，妻受四品封。叔子卒後十餘年，諸子將爲母稱七十觴，先期營辦，恭人笑止之云：「某日，非吾真生辰也。」因述其故，家人皆驚。蓋嵇氏父子爲所紿者四十年矣。

星士爲勵文恭所養

靜海勵文恭公杜訥久不徙官，一日，世宗召問曰：「聞卿家養星士，卿亦自知何日大拜乎？」文恭惶恐謝罪。上曰：「此事有命，朕也不能作主。」尋轉吏部。於時常熟蔣文肅公廷錫方病篤，文恭固無恙也，忽腹熱如火，以雞卵熨之，旋熟，遂先文肅二日逝。

信莊二王生命

信恪郡王如松、莊愼親王永瑺，同年月日生。莊後信數刻，互以兄弟稱。稽其生命，信先莊薨十七年。然其子恭王淳潁以復睿忠王爵，贈王爲親王。莊親王無子，嗣其弟子承能。信恪王少封公爵，任工部侍郎等官。莊愼王少亦賜公，品級歷副都統等官。雖文武稍差，而升轉固如一也。

劉某爲高宗推命

高宗幸江寧，微服而出，遇星者劉某，戲就之推子平。劉排其生年干支，艴然色動，欷歔久之。高宗大異，問故。劉曰：「僕操星命之術，三十餘稔矣。自謂斷人休咎，無不奇驗如神。閒時亦將賤造流年推算，當小貴，二千石之禄不難致也，乃竟落拓如此。今見貴造，富貴極矣，即無乘乾馭宇之鴻福，亦當肩蟒腰玉，緣何反得與僕覿面耶？」高宗神其技，默然而退，後授劉以知府。

錢竹汀爲僕推生造

嘉定錢竹汀宮詹有一僕，服役多年，體魁梧而勤幹，竹汀恆倚重之。爲推生造，謂必以軍功保舉，官至三品武職。久之不驗，疑之，因以其造録寄欽天監，屬爲之推算。覆曰：「某命果佳，如君言，然必生長北方。若生於南方，則終身僅能近貴而已，此所以給事君邸也。」

廖鴻章爲郭肇鐄推步

郭鳳池侍講肇鐄以丁艱歸，服闋，諸要人皆寄書，促北上。束裝有日矣，過其同年友廖編修鴻章，以行期商之。廖夙精子平學，爲推步畢，驚曰：「一年之内，愼勿入都，若入，禍且不測。盡一年，則無害矣。」郭猶豫未決。而促行之書踵至，且聞上意嚮用甚隆，遂買舟而北。途次某鎭，有姻家邀之飲。郭已有酒意，復強之。主人觴政甚虐，雖不飲者，亦必以巨觴沃之。是日酣醉過度，歸至舟，憊甚，延醫無及，旦而卒。

王勿庵八字缺水

歸安王勿庵侍郎以銜初生時，星家推算八字，謂其中缺水。或告太夫人曰：「必令小兒在漁舟上乳養百日以補之。」乃召一漁人婦，畀其錢米，寄養百日焉。

汪成命造相同

人有生同年月日時而命絕不相似者，星家言所生之地有不同也。汪文端公廷珍與成少司馬書之年月日時，無不相同。汪進士及第，成猶舉人；汪官六品，成則五品；汪官五品，成則四品；成官侍郎，汪則三品。及汪官尚書，而成猶侍郎，其爵位猶不甚相遠。所可異者，汪、成面貌亦酷肖，二人丁內外艱之年歲亦略相同。

戴簡恪爲泥孩推命

開化戴簡恪公敦元精星命學，爲人推測，恆多驗。一日，奇想天開，屬玩具肆中人製小泥孩若干，並記其揑成之年月日時於背，爲之推命，以記於別紙。製成攜歸，給家中小兒，使佐嬉。及其碎壞，出別紙證之，驗者乃十而八九。

羅養齋精星命

羅養齋，名浩，僑居海州之板浦場，與凌仲子廷堪爲戚。經史書數，無不涉獵，尤精星命之學。嘗曰：「自李虛中以來，均以富貴貧賤壽夭定命之高下。吾則以賢不肖爲之經，貧富壽夭爲之緯。賢者雖貧夭，命爲上；不肖者雖富壽，命爲下。」人多迂之。

某筆帖式命有一日之榮

道光時，滿人某嘗以其子之生造使術者推之。術者推算良久，曰：「怪哉此子！所居位無上。雖然，一生窮困以死。」某以爲戲己，怒而去。後其子長，爲太常寺筆帖式，貧甚。適署中需人爲遺兒，輒應其召。遺兒者，凡遇郊廟、耤田大典，前期大演禮，有司恐儀式有誤，輒以一人爲主者。其人衣服破舊，然行止拜跪，與主者無異。自王公大臣以下，向之行禮，亦與主者無異，固一日之榮也。然必筆帖式之貧乏者爲之，他人皆不肯爲，以爲折福，爲之必致病云。其爲此，每次得京錢八千而已。

以河洛數推命

有演河洛數者，推測祿命吉凶，悉有驗。或豔其術，叩之，則吐實曰：「其數，設一時爲十刻，刻三分，以之考其父母、兄弟、妻子存没多少之數。稍誤，則曰：『非此刻此分也。』凡三十分，屢遷而得其詳，而後按所得以衍之，可無失矣。」其數之辭，則以千百爲隱語而係之以卦。如中人也則以中孚，富人也則以豐以豫，貴也則以鼎以泰，好鬭則以訟，疾則以損。諸生也，甲乙榜也，戎行也，緇、黄、醫、巫也，農、工、商賈、隸役也，皆有卦以係之。乾以係父，坤以係母，同人以係兄弟。推而廣之，無有遺者。又分年遞載於所係卦之下，故取之左右，皆如其人，實皆刺探察視，以售其術也。

以蠡子數推命

道光以前，山西有以蠡子數鬻技於都中者，言人之貴賤窮通，頗有驗。其於湘人劉協揆之降調升復，語皆符合。

武陵趙文恪公愼畛曾就其人而詢之，乃知此數於國初由關東傳至山西，原書八箱，五箱損於水，遂有無從檢查之八字，即諉之此沈失之數。但云傳自邵康節，然宋以前卽能測定滿洲姓氏耶？如瓜爾佳氏、鈕鈷祿氏者，皆能算出，卽可知其僞矣。

張立帆自算命

張立帆以精通天文名，咸豐庚申春，蘇州失，崑山繼陷，粵寇所至，遷避一空。張獨留不去，且爲之贊畫一切。或問其故，張曰：「吾夜觀天象，知清運已衰，太平天國當起而代興。千載一時，機不可失。吾嘗推算命理，行年五十當貴，意卽在此乎？」張嘗爲粵寇籌餉，邑中富室按名勒派，不允，則拘而敲扑之，故皆銜之刺骨。粵寇亂平，遂爲怨家告發。張大恐，傾家營謀之，乃免。後有人問以太平天國天象如何者，張輒搖首太息曰：「氣數，氣數！」

徐式如爲潘兆芙推命

松江徐式如孝廉良鈺精青烏家言，尤長於推算之學，顧多作隱語，不欲明以示人。其里人潘兆芙方以明經應秋試，踵門求推命造。式如不語，惟書「和」字示之，人皆不解所謂。後潘落第，始恍然曰：「此所謂名利兩不成也。」自是遂屏棄帖括，壹意爲善，以終其身。

瞽者推算如神

光緒時，淮安鄉間來一瞽者，推人年命如神。有李氏子就之推算，瞽決其一生足衣食，無刑禍，有子女各六，然當有兩妻。李笑曰：「吾農家子，不鰥足矣，焉有兩妻。」瞽曰：「不然，命如是也。」又有陳叟者延之至家，悉以其家人年命使推之，一一不爽。至其女，則曰：「偏房，命也。」叟怒曰：「老朽薄有田産，何至以女爲人妾。」瞽曰：「不然，命如是也。卽不作妾，亦非正妻。」已而李氏子娶於趙，甫六月，生一子，鄉里姍笑之。李之父懼爲門户羞，歸之於母家。趙女固貞淑，母家知其無他，然六月生子，無以自明。請反，不可，乃留之，仍撫養其子。而李氏子所續娶者，叟女也，甫六月，亦生一子。於是趙女之父母兄弟，咸譁於李氏之門曰：「爾謂吾女不貞，故六月而生子。今陳女亦六月生子，何也？留則俱留，逐則俱逐。一留一逐，行且與訟。」李父子無以爲計，其宗族姻戚咸謂其父曰：「若子兩娶，皆六月而生子。趙、陳兩姓，清白舊家，兩女亦皆端好，必無他故，是無可疑者也。宜迎趙女以歸，使與陳女以姊妹稱。」而陳女顧長趙女一歲，趙猶忿爭，乃議不以長幼爲次，而以先後爲次，姊趙而妹陳，事乃定。兩女皆婉娩，頗相安。俄各受孕，逾期不育，至十二月始生，則皆女也。嗣後男女相間而生，生男皆六月，生女皆十二月，羣疑盡釋。兩女各生三男三女。李氏子果有兩妻，子女各六，叟之女果亦如偏房矣。

四庚辰

年月日時干支俱同者，六十年中，惟甲戌歲有甲戌月、甲戌日、甲戌時，乙酉歲有乙酉月、乙酉日、乙酉時，丙申歲有丙申月、丙申日、丙申時，丁未歲有丁未月、丁未日、丁未時，戊午歲有戊午月、戊午日、戊午時，己巳歲有己巳月、己巳日、己巳時，庚辰歲有庚辰月、庚辰日、庚辰時，辛卯歲有辛卯月、辛卯日、辛卯時，壬寅歲有壬寅月、壬寅日、壬寅時，癸亥歲有癸亥月、癸亥日、癸亥時。然甲戌之歲必有甲戌月，甲戌之日必有甲戌時，而甲戌之月不能必有甲戌日，其餘皆然。故遇此，難也。光緒庚辰三月十三日日加辰，是爲庚辰歲庚辰月庚辰日庚辰時。杭有楊翁者，精於叢辰之學，死後營葬，有術者爲擇此年此月此日此時，取四庚辰也。他術者以爲不可用，議改用初六日癸酉。其家以翁素精此術，乃就其靈前拈鬮決之，竟拈得四庚辰者，遂用以葬。丁松生與執紼焉，還過俞樓，爲俞曲園言之。

趙展如信星命

趙展如尚書舒翹生平以服膺宋學著稱，而酷信星命家言。其以鳳陽守舉卓異入都引見也，四川司舊同僚觴之陶然亭。酒次，趙暢論董氏正誼明道之説，且曰：「諸君今日皆候補主事也，然須存一終身此官之意，非惟不冀得京察，簡道府，且並不冀題升郎員，甚且併補缺之希望而亦斷絶之。必如此，乃可謂正誼不謀利，明道不計功。董子一生，得力如此。宋、明諸儒，得力亦不外此。諸君能身體力行，庶可合名儒名臣而一之矣。」趙語未畢，忽某編修至，編修故深通星命家言，趙自謂弗及者也。甫就坐，趙即呼某曰：「君於吾造已細推否？吾究以何時可升道員？實告君，果命中三年内不得升缺者，吾即由此歸秦，不復出矣。」因屈指自計一麾出守，已歷六年，尚不獲遷一秩，言之憤然，若有餘憾。座中人皆匿笑，趙弗覺也。

陳石遺爲楊惺吾推命

宜都楊守敬，字惺吾，治地理學甚精。生平敝精力，爲《水經注疏》一書，舉全、趙、戴諸家繆誤，摧陷廓清，無所於讓。方年六十餘時，常汲汲顧日影，慮不得上壽，不及成書，請其友人陳石遺以子平法算之。石遺謂可至耄耋，且曰：「君軀幹修偉，豐髯，聲如洪鐘，神似畫像毛西河、冒巢民，於相法亦享高壽。」則大喜。後十餘年，與石遺相見於京師，則急出《水經注疏》稿本相質曰：「吾書幸已成，泰半爲弟子能生助屬稿。山東刻工廉，已半付寫定矣。」

日者爲袁忠節樊雲門談命

光緒庚子三四月間，袁忠節公昶與樊雲門布政增祥至京師琉璃廠，就日者談命。日者謂樊驛馬星發動，樊問何方，曰：「在西。」忠節曰：「我何如？」曰：「君後未可量。」以死事言之，未可量者，廋辭也。

星士爲易實甫推數

光緒朝，易實甫觀察順鼎游宦河南，遇一星士，推爲鐵板神數，言其以前經歷，無一不驗，推至五十七八歲時，有兩句云：「賴有吉人扶，當今復用吾。」

揣骨聽聲摸笏

唐時有瞽者龍復，以揣骨、聽聲、摸笏，判人休咎，定人祿命。久之而摸笏之法失傳，瞽者僅能以摸骨、聽聲爲事矣。

相名

相名之說，謂就人名所取之字，相其體之欹正疏密，音之陰陽清濁，義之吉凶向背，可以定其人之窮通貴賤，然實與摸骨、聽聲、摸笏等術，同其荒誕也。

術士相梁谿父

錢塘梁谿父，爲文莊公詩正之尊人，少爲名諸生，與同輩詣一術士，問曰：「得一第乎？」答曰：「不僅是，更向上。」問曰：「官翰林乎？」答如前。又問爲京堂耶？卿貳耶？俱如前。問曰：「然則作相矣？」曰：「真者不能，假者可致。」同輩曰：「蓋協辦耳。」後終老明經，而以文莊貴，受大學士封。

范文園工相術

海寧范騄，字文園，善相。嘗謂武進周清原、吴江徐釚皆當不由科甲入翰林。至康熙己未，周、吴果皆以宏博及第，授檢討。

海寧邑城有隙地，或塑太歲像以祠之。范以爲威儀具足，應享巍峨。未幾，遂成巨刹。又謂嘉興千佛閣之肖型，其貌慘戚，當厄於火。已而果然。

陳文勤有乞丐相

海寧陳文勤公世倌秉賦甚薄，每日飯不過一甌，或啜蓮實少許，即可度一日，而年躋大耋。京師嘗有一瞽者善揣骨相，文勤與史文靖相國屏車騎往訪之。瞽者揣文靖未半，即跪而呼曰中堂。洎揣文勤，則曰：「此乞丐也。」文靖呵之曰：「此陳中堂也。」瞽者揣之良久，又抱其身搖之，愕曰：「真乞丐也，烏得欺我！」文勤笑曰：「豈以我無食禄之故耶？」

僧爲羊山朱氏看三世相

國初羊山朱氏，蘇州申衙前富人也，素豪侈。一僧叩門請見，朱出迎，貌甚古，延坐，問何來，僧曰：

「吾與君同坐空山修行，君忘本來面目，特來點化耳。」命取三盆水來，曰：「請看前生。」朱視水中，一老僧也。次看今生，宛然朱形容也。再看來生，一瘋丐也。朱大詫。僧曰：「若再不悟，暴殄天物，雖欲爲瘋丐亦不可得矣。」遂去。朱遣人尾其後，至市，忽不見。

吴三桂看相

吴三桂久蓄異志，居常鬱鬱不樂。羽士某相術爲滇中冠，嘗至省，三桂使人召之，不至，迺微服詣之。某熟視良久，謂之曰：「君狀貴不可言，然頰下有紋，主後不昌，殆無嗣乎？」三桂大恚。既而使覘某，將殺之，則行矣。自是，三桂每日必攬鏡視紋，深自怨憤。或慰之，且力言某之妄，三桂始釋然，而異謀日亟矣。

相王樓村

寶應王樓村修撰式丹生而頂有異香，經月不散。稍長，耳白過面。相者曰：「當以文名天下。」

相李寅伯

李寅伯上舍曒，鄞人，杲堂子也。杲堂艱於嗣，年四十後，始舉寅伯。初墮地，面部有如小耳者數十，爲去之。稍長，左頰有瘢，作鵶青色。有相者見之曰：「此海外阿羅漢化身也。」

相陳其年

陳其年檢討維崧年四十餘，猶困於諸生。一日，過京口，有術者謂之曰：「君年過五十，必入翰林。」梅杓司因贈以詩曰：「朝來日者橋邊過，爲許功名似馬周。」康熙己未，其年以諸生應博學宏詞，薦授翰林院檢討，時年五十六矣。

史瞎子揣骨聽聲

順、康間，浙東有史瞎子者，遇男子則揣骨，遇女子則聽聲，言休咎，多奇中。年遐齡有二子，曰希堯、羹堯。希堯，嫡出也。某歲，遐齡以內擢都統入覲，聞史適在都，因召之入邸，令相希堯。曰：「一品官也。」時羹堯方就撫於遐齡之僕，已爲史所見，即告遐齡曰：「頃在門房相一兒，他日當位極人臣也。」遐齡大詫，即呼閽人入，詰之，以某僕之養子對。立召之至，詢何來，僕乃備述始末。蓋遐齡之夫人妬而無子，希堯未生時，遐齡通於婢而生。夫人覺，逐婢棄兒，兒遂爲僕所養。至是，遐齡見其狀甚雄偉，乃告之夫人，撫爲子。其後果掌大將軍印，如史言。

徐文定公元夢撫浙時，其孫舒文襄公赫德方丱角，而休寧汪文端公由敦以諸生爲之師。文定令史相師弟二人，史曰：「皆大位也。」舒爲世家貴公子，其顯達固意中事。文端則寒諸生，念不到此，意謂史特因弟以及師，聊作周旋語耳。是夕，史獨悵悵，至書塾，謂文端曰：「君勉之，將來官職聲名在主人之上。」文端益惶恐不敢當。史曰：「非諂語也。君寒士，諛君，何所利？正以我之命，某年當有厄，某年當得脫。計君是時已登顯仕，我之厄或由君而解，故鄭重相託，君是時幸勿忘今日言，當力拯之。」已而或進史於世宗，奏對後，忽奉旨發遼左爲民。至高宗御極之十年，詔軍流以下皆減等發落。時文端果爲刑部尚書，乃檢史舊案，則係特旨發往，不載犯罪之由，同列多難之。文端以其罪不過軍流，正與恩詔相符，乃奏釋焉。既入京，仍客文端第，則益自韜晦，不肯言禍福矣。

乾隆庚午，文端長子承沆方應舉，文端夫人望之甚切，請史決之。史曰：「即當得六品官。」六品者，惟翰林修撰及部主事。時文端方直禁近，子弟若登科第，必不至分部，其爲修撰無疑也。母夫人方竊喜。無何，文端爲是科主考官，承沆迴避不得試，羣以史言爲妄矣。其冬，特旨賜文端廕一子，承沆果得主事，官正六品。

相蔣文恪陳畲堂

雍正初，陳畲堂在京，寓其舅氏汪某半截衚衕邸中。蔣文恪，舅之壻也。乙巳孟夏，蔣自內城出，曰：「聞琉璃廠有河南僧善相，盍同往試之。」時陳年二十三，蔣年十八。既至，僧目蔣曰：「好門第，讀書家兒也，當然中舉，中進士，點翰林，主文柄，登大位，一路功名到白頭。」次相陳曰：「二人門第不相上下，但彼安享富貴，君則困頓拂逆，雖極卧薪嘗膽之苦，不過得一小功名而已。惟神凝氣斂，筋骨堅定，大壽可期。」酬以相金，曰：「本不應受，越二日，當回首，買柴作荼毗資耳。」陳異之。至第三日，遣僕往覘，僧果圓寂矣。久之，追憶其言，皆驗。

相莊培因

莊培因，名存與。嘗偕某上舍自裘文達公曰修齋中飲歸，同詣千佛寺，訪江西某相士。某即與莊互易帽，同車行，時已有人報知相士矣。及至廟，莊謂易帽恐涉輕薄，仍各冠自冠以進。相士遂言上舍爲狀元，歷巡撫、尚書，而詆莊爲貧賤，不列於仕籍。即日聲名大損。

顧禮琥相人

乾隆時，顧禮琥以舉業雄吴中，從游者常百人。善相士，嘗貽書京師故人，謂其所授業二生，爲吴門雙璧，後起之雋。後兩人先後通籍，均以第一人及第，蓋即潘文恭公世恩及吴廷琛也。

嵇文恭善風鑑

嵇文恭公璜善風鑑，百不失一。嘗主乾隆乙未會試，揭曉，中式者初見，即鑒别無爽。分兩日讌之，前一日皆丹毫簡用者，内有二人不符，由途即選。次日所延，則盡歸班矣。嘗言乙未一榜無宰輔，惟許紫垣、孫寄圃，一内一外，禄位崇厚，後果然。又嘗言金蘭溪必爲臬司，後果由臬司官大司寇。曹顧崖城病右手，慮大考不能作字，欲乞假，文恭曰：「不出三年，當至二品，豈能去耶？」曹後以學士督學山左，洊擢少宰。

楊柏溪精相術

臨川楊柏溪中丞護精相術，乾隆甲辰，成進士。臚唱前一日，新進士會集乾清門外，乃徧相諸同年，謂友人曰：「今科榜眼、探花，當是南北二邵。謂餘姚邵瑛、天津邵玉清。第一人未見，何歟？」嗣見一人脱帽箕踞，獨坐金缸旁，乃拱手賀之曰：「龍頭在是矣。」亟詢姓名，則會稽茹棻古香也。少頃，傳前十卷引見，以次唱名，鼎甲皆如其言。柏溪既通籍，旋告歸。嘗自言十年不甚佳，遂家居十年。既出，即補郎中，旋擢道員至開府。

柏溪甲辰之捷，出紀文達公門，曾語文達曰：「師入閣愈遲愈佳。」文達年八十二，始拜協揆之命，僅十七日，即捐館矣。

錢塘許文恪公乃普少時謁柏溪，柏溪曰：「爾一甲一品相也。」文恪憂不壽，柏溪曰：「若骨法蒼老，必享大年。」後文恪果一甲第二人，仕至吏部尚書、太子太保。

相王述庵

王述庵侍郎頎而長，玉樓齊聳。微時，相者指爲窮相。及後告假歸里，則市人又驚相告曰：「王公爲鶴形，所以貴也。」

顧鶴鳴因相人斃命

顧鶴鳴，常州人，善相人術。在吳越間，所至傾動，久著聲稱。嘉慶乙亥客滬，下榻豫園，言人禍福，率多奇中。有無賴子陶奇山者，一日亦往相。顧言其面某部位隱起殺紋，直透眉際，將遭獄訟之厄，且云不出三日，若不驗，此後亦不再相人矣。其言過切直，觸陶怒，突起揮一拳，不意適中要害，隨擊而斃。隣人縶陶送縣，獄成，果擬抵。

相戴文節家人

印梅大師，楚人，年六十餘，廣顙長髯，住杭州報先寺。嘗自言入定，頓悟相地、相人諸術。偏相戴文節公家人，咸驗，非世俗相法也。文節時方四歲，出見，師曰：「此非常兒，宜爲吾弟子。」遂度爲沙彌，題名妙元。八歲，六月，冒暑訪文節之尊人，語之曰：「翼日乞詣寺，然不可攜吾弟子來。」再四屬，卒不言何事。詣，則已沐浴更衣坐化矣。衆檀越悉在。蓋豫知時至，約送入龕，又不欲小弟子見自相也。

相村夫牧豎

道、咸間，長沙某甲研究麻衣柳莊之法，垂十餘稔。一日，忽語人曰：「比年以來，所見村夫牧豎，多文武大吏狀貌，安得如許官職位置若輩？」遂自疑其術，舉所有書籍，付之一炬。未幾，粤寇亂起，楚軍、湘軍興，薦剡纍纍，三湘子弟居其十九，人始知其術之不盡謬也。

凌厚堂以相人術自負

凌厚堂廣文堃頗以相人術自負，謂一望卽可決其貴賤壽夭。何桂清撫浙時，凌以教職考驗。何語凌曰：「君昔相我之言，今已皆驗，請再視異日如何？」凌曰：「公今留下部髯，於法當斬首。」何怒，揮之出。越六年，何果以失守罪伏法。

曾文正好相術

曾文正公國藩好相術，嘗云昔年求觀人之法，作一口訣云：「邪正看眼鼻，真假看嘴脣。功名看氣概，富貴看精神。主意看指爪，風波看脚筋。若要看條理，全在語言中。」又云：「端莊厚重是貴相，謙卑含容是貴相。事有歸着是富相，心存濟物是富相。」

文正官京師時，郭筠仙侍郎嵩燾主其家，亦喜談相。文正謂之曰：「君好談相，相人乎？自相乎？」捻寇初平，淮軍駐徐州，文正往閱操，諸將入謁，中一人形貌魁梧，衣冠整潔，注視良久，入謂幕客曰：「某弁體氣充實，無夭折之理。時方承平，無戰事，何其神氣若將死之人乎？」後不十日，某弁果以墜馬殞命。

相官文恭

大興汪星槎司獄瑾善風鑑，嘗相官文恭公文，謂其前生爲苦行僧，今世當享厚禄。及被曾忠襄所劾，朝廷遣使往勘，或以此詰之，則曰：「無傷也，行入相矣。」已而果然。

騰雲龍論相

騰雲龍，相士也，不詳其姓氏里居。工翰墨，善風鑑，語言嫻雅，有儒者風。壯年從粤寇洪秀全遊，才識邁衆，頗倚之。洪敗，家室遇害，遂隱於相以終老。浪跡江湖，自號曰騰雲龍，蓋自喻也。

騰初至西溪，日賣技鄉村間，所言吉凶禍福，多不期而中，名噪於時。有富商某就之相，或語之曰：「某，封翁也，性慳吝，非面諛不能獲厚報。」相士笑頷之。及某入座，猝然曰：「君壽不踰顔子，能捨家之半行慈善事，或可中壽。」某怏怏去。論者責其戇直，則曰：「相形不如論心，非古語乎？相惡而心術善，無害爲君子；相善而心術惡，終必爲小人。君子之謂吉，小人之謂凶，荀卿之至論也。吾矯某之吝，而使之捨私濟公，相其心耳，流俗人烏足以語此！」時知名士王鑑林耳其言，不類江湖客，揖而叩其術，謙遜不遽答。既而曰：「相人術，古無有也，學者所不道也。世俗稱妖祥休咎，乃誑語欺人耳。以吾粗讀詩書，藉以戒人則可，假以欺人則不可。」王曰：「然則言必有中，何歟？」騰笑曰：「仲尼面如蒙倛，周公身如斷菑，禹跳湯偏，堯舜參牟子，不以貌陋減其志意，而名垂萬古矣。彼桀紂長巨姣美，爲天下之傑，卒至身死國亡，遺臭後世，豈相形者所可以妍媸論耶？」王唯唯，知其爲屈於遇而託於相者。問且造其室，訪問家世，則顧而之他，絕不一言。旋亦去沔溪而他適。越十載，復來，已祝髮爲浮屠，駐錫於杜浦寺。未幾，適有喪親而強之招魂者，固辭不許，鄉人怒而毆之，遂雲遊不知所終。

劉壯肅喜談相

光緒丙戌，劉壯肅撫臺灣，其奏議公牘，雖有幕僚，時亦自爲之。性最輕武人，畜視之。既爲疆吏，則又輕疆吏。獨重京曹官，禮知名士，而喜談相。一日，有相士謁之，謂當秉國鈞。壯肅喟曰：「余，武人也。爲督撫，已破格，安有爲相理！」相士力言法當爾。壯肅曰：「果爾，天下事亦殆矣。」麾之去，命賞五十銀圓，顧曰：「他日果驗，再賞五百圓也。」壯肅嘗自言五十六歲又當革職，六十歲當死，已而果然。

以相術擇人

相士鄭某爲提督紹宗子，當粵寇亂時，粵有兩人起家軍籍，皆爲大將，一方曜，一卽鄭也。鄭有幕友精相術，兼擅一切望氣及奇門六壬之學。當時遊諸將間，卽相鄭提督之面，謂可與終始，因久依之，鄭果傾心相待。其任用偏將，往往聽相者暗中抉擇之言，而所向有功，蓋用徐中山語命將必得有福之人，可倚其福命以相與有成也。鄭子奇其術，因奉爲師。幕友亦盡心教導。既習二三年，茫無頭緒，其師恆令隨目之所見以意斷之，而後由師指授。久之始覺別有門路，越八年，乃盡其奧。

李若農精相法

李若農侍郎文田以精相法聞，嘗相許仙屏中丞振禕，決其官位當撫而不督。時許方任寧藩，旋授河督。許戲云：「我自督而不撫，若農將謂我何？」後調任廣東巡撫，開缺而終。

相同學

光緒庚子，粵中某塾受業者數百人，一生偏相同學曰：「數百人中，不乏科名之士，然今秋獲雋者，竟無一人，何耶？」尋奉諭旨，以拳亂停試。

趙展如知相

趙展如撫蘇時，元和陸鳳石相國潤庠以祭酒丁艱回里，服闋入都，趙餞行於署。酒酣，趙頻顧陸而歎息。陸疑趙心有不愉，堅叩其故，趙慨然曰：「某所以不樂者，以君爲末代宰相耳。」陸憤然曰：「君既知相，自視如何？」趙曰：「此無他，某終不得善終。」及趙內用，任樞要，光緒庚子拳匪之亂，竟列罪魁，恩賜自盡。

相恩藝棠

恩藝棠中丞銘之撫安徽也，陛辭出京時，於正陽門外遇一相士，使相之，則曰：「氣色大佳，然宜防意外之禍。皖中控扼南北，爲江防孔道，必引用識時之士以自輔。」恩謂其不阿，以重金酬之，曰：「世方多難，疆吏盡職，端在練兵。欲練兵，尤在識拔奇才。此去，吾知所以報朝廷矣。」至皖，徐錫麟方以道員待次，每見必獻策，並獻倭刀。恩大器之，命教練新兵，總辦督練公所，卒以巡警學堂畢業日發難，爲徐之手槍轟死。

李半仙相喇嘛

術士游行四方，其能燭幽洞顯者，大抵暗中有人指點，其切口曰忖點，蓋忖度其人之大概而指點之也。然爲之忖點者，須爲土著，始無不中。保定李半仙以相術鳴，宣統時，設硯於京師之東安市場。一日，來一中年人，氣宇軒昂，倩李談相。李極意獻諛，決之爲部員，其人微笑不語。俄而忖點至，急以切口遞消息與李，李不得已而更諛之曰：「以君相言，官品何僅至此，某年當進位督撫，某年當入閣拜相。」既而驟以手摘其冠曰：「大和尚，爾誑我，我亦誑爾，此所謂卽以其人之道還治其人之身也。」言已，大噱，觀者爲之譁然。蓋來相者，乃雍和宮之喇嘛也。而李半仙之名乃益著

看陽宅陰宅

許叔重之釋堪輿二字也，以堪爲天道，輿爲地道，而後世乃稱相地者曰堪輿家，是專就地言之也。且以其相廬舍爲看陽宅，相墳墓爲看陰宅。

大將軍

俗以太歲所在之方，與所食之地，依地支十二字，每年挨移。凡於所在之地，起土興工，則所食之地必有死者。例如太歲在子，歲食於酉，子地興工，則在酉之家必遭其殃。欲免其殃，須用厭勝之法。又所在之地有遷徙者，犯之必遘災，術家謂之大將軍。

世祖知堪輿

世祖嘗校獵遵化，至後爲孝陵之地，停轡四顧，曰：「此山王氣鬱蔥非常，可爲朕壽宮。」因自取佩韘擲之，諭侍臣曰：「韘落處定爲穴，即可因以起工。」後有善青烏者視之，相驚以爲吉壤也。

張曼胥謂王氣在遼左

南昌張曼胥，名儲，明大學士位之弟。醫卜、堪輿、風鑑之術，靡不通曉。明萬曆時，遊遼東歸，語人云："吾觀王氣在遼左。又觀人家葬地，三十年後皆當大富貴，閭巷兒童走卒往往多王侯將相，天下其多事乎？"人以爲狂。既而世祖入關，從龍勳佐，果皆遼左產也。

廖應國精堪輿術

廖應國，與國人，精堪輿術。從其叔覺先徵君北上，依遠祖金精山人之術，覓山水，得密雲一穴，覺先喜曰："葬此，初出三品世襲，後當開府，且有登甲第而司台衡者。"遂以葬郎永清之先人。復命應國尋龍口外，至紅羅山，應國寫其山圖返報覺先，以再得吉兆頓首稱賀。既而應國又出藩王祖墳圖，覺先曰："此冰山也，十年內立見其敗。"已而果然。

閔崑岡通堪輿術

廣濟閔德裕，字崑岡，通堪輿術。嘗衣短後之衣，戴茅蒲之笠，躡芒織之屨，徧走山川原隰，相其陰陽，察其泉脈，而準以龍砂八六之説。其合者，歸而圖其形，識其區，以俟求者，不待指畫口授而可按籍索也。

董華星相宅

董華星，名達存，乾隆壬申進士，精六壬奇門。初，壬申將會試，須僦宅貢院前，趙甌北與約同寓。時趙客汪文端公第，文端爲其賃一宅，趙不敢卻，乃囑妻弟劉敬輿與董偕，董所親擇者也，符天藻亦與焉。二場後，趙詣董，私詢以寓內當中幾人，答曰：「三人俱雋，恐符或失之。蓋夜臥須各按本命定方位，而符懷疑，不我從也。」出榜，董、劉果成進士，趙與符落第。

江蘇巡撫莊有恭嘗延董相衙署，董爲改葺數處。既落成，莊將出堂視事，董止之，爲擇一吉日時而出。屆期，坐甫定，轅門外忽傳鼓報喜，則加宮保之信適至。康方伯基田令昭文時，以家有子弟應秋試，預叩董。董詢其先塋何向，教以塋之某方立一燈竿，子弟之某年生者當發解。已而果然。

長蛇注穴

堪輿家之看地也，輒以某形某像定吉凶。吳門汪廉訪圻少孤露，年二十餘，課徒自給，在陽山教授數年。以父母未葬，出二金，買一瓜山絕頂之地，峻險異常。葬後，遊京師，冒宛平籍，入泮，連捷中進士。不二十年，官至雲南按察使。因思父母墓在山頂，不易祭掃，乃託所親就山下築石路一，蟠曲而上，費至二千金，甚堅固。一日，有形家過其墓曰：「此穴如燕巢梁間，今築甬道，則如長蛇注穴，禍不旋踵矣。」未幾，果以虧空事謫戍，家產入官。此乾隆庚子事也。

周八瘋子爲梁構亭營度居宅

錢塘梁構亭尚書肯堂，初以咸安宮教習得官，揀發直隸，由邑令洊歷至總督，高宗眷禮優渥，錫賚便蕃，爲同時疆吏之冠。嘉慶丙辰正月與千叟宴，有御製、御書之賜，鄉里榮之。後守護裕陵二年，家人意惴惴。有周八瘋子者，精壬遁厭勝之術，故爲耩亭所敬禮。至是，爲營度其里中居宅，曰：「吾必使尚書生入此室也。」未幾，果以原品回籍，至家七日而卒，年八十有五。

王伯舒好青烏家言

仁和王伯舒廣文遲，道光時人。規行矩步，歷爲郡邑記室，無絲毫干請，長吏皆賢之。家在杭州一畝田，背郭面河，門多野趣。歲晚歸來，蕭然一室，人罕接其面。獨好青烏家言，尋山問水，樂而忘倦。

談風水者謂弓去靶

京師賢良門外有河，河有橋，式如弓背。道光時，宣宗閱射，箭鵠設於橋西河邊，射者立橋北，北向而射。每發矢，宣宗右顧，以視中否。歲己亥，橋拆平，鵠於橋南，對寶座設焉。射者立橋北，面西向而射，以免右顧之煩也。談風水者謂此橋架河上，如弓之有靶，今拆平，則弓去靶矣，恐我武不揚也。至明年，遂有英人之擾。

董晉卿治陰陽五行家言

董晉卿副貢士錫好治陰陽五行家言，殫心者數十載，嘗曰：「世之言奇門、六壬、相墓者，皆各自爲學，吾獨求其原於《易》以貫之。然求之愈深，聞者且駭，恐世之卒莫予知也。」

尹和白喜談堪輿

湘潭尹和白，名金陽。喜談堪輿，謂古所傳疑龍、撼龍之經，確有是理。每春秋佳日，輒與友人徒步走數百里，不以爲勞。

塔忠武墓犯鄰墳煞

忠武公塔齊布墓，在蘄州街迤北。萬壽寺西。墓左一碑，鎸御製文；墓右一碑，爲湘紳建立。御製碑文應立墓左，時有堪輿家言，此墓右犯鄰墳煞，碑立其右，即於鄰墳不利；若立左，則於己墳不利。忠武之弟倭什布曰：「利己傷人之心，素爲吾兄所鄙，安能希我利而嫁禍於人，況御碑應立墓左，不可易也。」忠武無子，倭以己子嗣之。未幾，嗣子故，倭亦故，嗣子之孫亦故，祚遂絶。

陳虞耽堪輿術

豫有陳虞者，富人也。生平耽堪輿術，凡精斯道者，無遠近，必延之於家，錦衣而肉食之。且慮僮僕不潔，親滌溺器以奉，門下食客以故恆濟濟焉。

一日，有操南音者，踵門求謁，自稱蘇人許姓，世精斯術，且謂曾文正、李文忠之祖穴皆父所審定。

陳聞之喜，以三千金爲壽。居三月，爲擇地於嵩山之陰，云：「葬此，子孫必位極三公。惟地脈少寒，瘞枯骨無效，倘得生人埋之，則妙難言喻。」陳韙之。越日，集家人而告以故，並執帶自縊。猛憶自經與病死，同一不得温氣，復命工人速穿穴，及成，陳衣冠卧穴內，呼人畚土掩之。其子不忍，工人莫敢先動，陳怒曰：「從父命，孝也；違吾教，即非吾子，何逡巡爲！」其子不得已，號泣從之。須臾墓成，陳死於穴中矣。

挽回杭州府學風水

杭州之科第，甲於他郡。嘉、道而後，漸不如紹；咸、同之際，復不如寧。錢塘丁松生大令丙謂爲府學風水不佳所致；因於光緒乙亥科之前期，請於大府，將門向稍爲修改，又將五魁亭飾而新之。八月初八士子入場之日，適工竣，大令於亭前燃雙響礮三十枚，謂以振文氣也。洎榜發，杭人中式正副榜者恰三十人，松生之姪修甫中翰立誠得亞元。

王莘鋤不信堪輿家言

無錫王莘鋤吏部繂自典閩試還，遭母喪，閉門讀《禮》，急欲營葬。堪輿家言是年風水不利，毅然斥之，謂遲葬非禮也。堪輿家亦侃侃争論，謂苟葬者，不出兩月，君必不可爲諱。家人大懼，潛書「葬」「不葬」二紙，至其母靈几前拈鬮，三鬮皆「不葬」。羣阻之，王一笑置之，剋日興工，自督役。舉窆時，王忽躓地傷足，不良於行，與歸城中，遂患寒疾，竟不及兩月而卒。

堪輿家顛倒竈之方向

鄞有堪輿家設肆於市，一日，有男子在肆中大駡，將用武。衆人環集問故，其人曰：「夏間因人口不安，就彼問卜，彼問竈何向，我對曰南向，彼曰宜改西南，我謹如其言。乃至秋而仍多疾病，又來問卜，彼仍問竈何向，我曰西南，彼曰宜改正西，我亦如其言。今已入冬，病者未愈，加以貿易折耗，無聊之至，姑再卜之。彼問如前，及我告之，則曰宜改南向，是仍復其初矣。自夏徂冬，我奉彼爲蓍龜，乃顛倒如此乎？」衆大笑，爲解勸之而去。

高錫麒相門竈

寶應朱曼伯方伯壽鏞自幼至老，虔奉財禄壽三星，每晨焚香叩頭各八十，凡二百四十。令其孫乳名一虎者，在旁記數，行之數十年。光緒時，開藩汴中，知縣高錫麒以精堪輿家言自薦。朱嘗召之，爲相門竈，雖安一牀、設一几之細，必令高指示方向也。

陰陽生批殃榜

人死有回煞之説，北方謂之出殃。道光時，有常某者，客京師，曾言地安門外，其家有新死者，延陰陽生批殃榜，乃檢查，告以期，且曰：「此殃大異於常，必爲厲，合家徙避，仍恐不免於祟。惟有某鴉番烏克神，卽看街兵也。膽大能敵，當邀至家以禦之。」其家甚恐，至日，訪某，邀之酒食。食畢，告以故。某亦素負其膽，不肯辭。至夜，聞棺蓋作聲，視之，則蓋已離開，棺中人欲起矣。急躍棺上，力按之，相持竟夜。聞雞鳴，棺中始寂然，某仍合其棺。及其家人至，問夜來情景，某不言，但以無事答之而歸。其家乃以無事告陰陽生，生愕然曰：「吾前檢日，誤矣。其實殃之歸，正在今日耳，然其厲不可言狀矣。欲禦之，仍非某不可。」其家復至某處，求其再來。某欲卻，而恐失膽大名；欲去，恐力不敵，姑應之，而心自疑慮。偶至街前，適一拆字者卒然問曰：「爾有何心事，當告我，可爲籌之。」某怪其無因而先知，乃告之故。拆字者曰：「鬼甚厲，爾將不敵，我有爆竹三枚相贈，但至事急時，燃放之。三放，可無事矣。然不可在屋中，當登屋以俟。」某至，如拆字者所指。及夜半，棺蓋裂，聲甚猛，果異於前夜。蓋方裂而尸已出，見無人，卽出院，四望，見某在屋上，躍而登。將及矣，某放一礮，應聲而倒。少頃，復起，如是者三，礮盡而雞鳴，尸不復起矣。其家人至，備悉其狀，舁尸復殯，往告陰陽生。而某已暴死，身若火燃者，硝磺氣猶未散也。後詢知此生素恨某，欲因此殺之，且以神其術也。

方士代人飲食

順治時，新城王李木吏部家中有一方士，能代人飲食，其人自飽，亦往往令人代食，卽溲溺亦如之。

異僧幻術

鄭成功據臺灣時，有粤東異僧泛海至，技擊絶精，袒臂端坐，斫以刃，如中鐵石。又兼通壬遁風角，與論兵，亦娓娓有條理。成功方招延豪傑，甚敬禮之。稍久，漸驕蹇，成功不能堪，且疑爲間諜，欲殺之而憚不克。其大將劉國軒語成功曰：「必欲除之，事在我。」乃詣僧款洽，忽請曰：「師固佛地位人，不知遇摩登迦，還受攝否？」僧曰：「參寥和尚，久心似沾泥絮矣。」劉因戲曰：「欲以劉王大體雙一驗道力，堅我信心，可乎？」乃選孌童、倡女姣麗善淫者十許人，布茵施枕，恣爲媟狎於其側，柔情曼態，極天下之妖惑。僧談笑自若，似無見聞。久忽閉目不視，國軒拔劍一揮，首已欻然落矣。成功詢其故，國軒曰：「此術非有鬼神，特鍊氣自固耳。心定則氣聚，心一動，則氣散矣。此僧心初不動，故敢縱觀。至閉目不窺，余知其心已動而强制，故刃一下而不能禦也。」

朱先生精異術

朱先生者，不知何許人，或曰明宗室也。康熙時，隱於浙，精異術。嘗架箸於几，捕鼠置其中，鼠不得出，貓不得入，名曰諸葛八陣圖。又嘗剪紙爲魚，置之盆中，即遊泳矣。

某術士試幻術

某術士手撮棋子布於几，中間横斜縈帶，不甚可辨，外爲八門，則井然可數。投一小鼠，從生門入，則曲折尋隙而出，從死門入，則盤旋終日不得出。

張菊人習雜技

嘉興張菊人初嘗舉子業，繼而改習雜技。嘗應某室之召，爲營窀穸。既定山向，衆地師乃謂宜改他方，主人惑之。菊人曰：「姑如我言，開穴五尺，如無異物，改向亦可。」乃勼工掘土，果得兩龜。衆地師議欲再開，菊人力爭不得。又尺許，得松脂二，具人形矣。主人大悔，菊人曰：「是殆有命，不可強也。如向葬之，亦保平安，第得福須在百年後耳。」同時又有延請者，其葬日同，菊人弗及兼顧，令其徒代往相度。問擇何時，曰：「視樹頭生魚，卽大吉時也。」屆期，工匠畢集，經營甫定，適有村人上市買雙魚歸，會有葬事，懸魚於樹而來觀。其徒見之，遂召工下窆。

菊人爲人占課決休咎，輒奇中。某撫軍聞其名，以幣招之。時方修葺官廨，爲之定方位。撫軍以其略偏，欲改正向，曰：「是亦無傷，惟不及百年，恐燬於火耳。」撫軍令占課問事，並射覆，均無不驗。一日晨起，令占今日有事否，曰：「今夕有添丁之喜。」問男乎女乎，曰：「男也。」撫軍笑曰：「室中惟老妻，年將花甲，尚得生男乎？」忽閽者入白，公子夫婦同歸，撫軍異之。蓋公子率婦歸寧，因婦翁遠調他省，挈眷言旋，風順潮平，自金陵四晝夜遂抵杭。是夕，果舉男。時有杭人招菊人夜酌者，菊人躊躇至再，乃雇肩輿往。入座，席未終，佯醉，潛至室隅，褫其上下衣褲，赤身登輿而歸，主人以其醉矣。他客歡飲如故。二更後，鄰居不戒於火，延及之，倉卒無有免者。或以問菊人，曰：「我亦數中人也，以衣服代之，乃得幸免於厄耳。」後兩耳皆聾，問答以筆，遂不復爲人占課，菊人自謂爲洩漏天機太多之故也。

紙人爲祟

道光壬辰，義寧居民之育雞者，夜半，有物翦其翅，視之，無異常雞，捉而觀之，翅中必有數翎截去寸許者，亦不全翦也。比户讙噪，不知所云。有一婦置塒床下，備穢物以待。三更，塒中作聲。擲擊之，應而寂。移燈視之，地有紙人長三寸，執紙翦刀。焚之，無他異，月餘乃安。

光緒丙子夏秋之交，吳中盛傳有妖人翦紙爲人，夜入人房闥，絞取男婦辮髻，或壓伏卧者胸部。受壓者遂爲夢魘，苦悶萬狀，氣咻咻然不得醒，醒輒大病。世俗相傳紙上附生人靈性，焚之，其生者便焦灼死。其遣紙人之法，或言令生人卧於地，以紙人置其身，一人從旁誦咒書符，則生者如睡，而真靈附紙人飛出矣。或有言須拜而遣之者。道路傳聞，其説不一。後某令獲其黨數人，嚴鞫之，亦堅不承招，而肆擾頗甚。

蘇垣有衣匠，晨如廁，覺頭上有黑氣一團，良久始滅。初亦不以爲意，比歸，失辮。明日，有人如廁，亦如之。始猶在閶門、胥門一二處，數日而蔓延殆遍。由是相戒無敢登溷，而溷爲之一空。

張姓子甫弱齡，髮亦被翦。母將餘髮剷去，惟留一頂，即以剷下髮置桶中，坐而溺焉。子方卧牀，語母曰：「辮還矣。」問在何所，曰：「牀下。」索之，果然。已而讙曰：「來割勢矣。」且讙且哭。母大驚，囑其以一手握腎，以一手捉之。子如母教，捉其一股，輭亦猶人。急欲遁，握愈固，窘甚，益掙扎欲去，相持間，股忽折，遂逸。衆往視子手中，乃紙翦人股耳，亦投桶中。

某氏有妯娌三人，方刺繡，聞叩門聲甚急。啓視之，寂無人，以爲行道者之相戲也。闔而入，忽門中吱咯作叫聲，似欲掙扎未能而不堪其窘者。索之，見一紙人闔閉門隙中，蠕蠕動。三人驚譁，返身急遁，各相争前奔，跌而入，呼其夫出視。夫取婦溺澆之，遂不動，手襯穢，布捉之，乃五寸許紙人也。頸骨上書一「出」字，兩股皆有硃書符籙，足心左書「飛」字，右書「疾」字，胸前書「藏」字，兩手心書「雷霆」二字，背脊上有「道字五百七十三號」字樣，手執紙翦。家人恐其復爲害，爇火焚之，投之圊。

常州梅姓有二女，以守貞課讀養其母。自言某夕方於燈下治女紅，忽聞門隙微有聲，惶遽間，取案上《周易》一册投之，有紙人飄然墮於地，急夾置書中。遲明檢視，五官四肢咸備，右手執翦刀一柄，投諸火，亦無他異。聞者信之，因譁言《周易》能辟邪。城鄉塾師争咿唔課其徒，男婦老幼，無論識字不識字，每出，咸挾一册以自隨，居則懸於户，坊肆及故書攤所存新舊《周易》，搜購一空。擾攘數月乃已。

至丁酉、戊戌間，大江以南，又盛傳男辮婦髻及小孩陽物、雞翼被翦之事，夜半雞鳴，速傾以穢水，即得寸許白紙作持翦狀之小人，謂爲白蓮教中人所爲也。

郭瑞亭多幻術

郭瑞亭，燕人，多幻術。善豢蛇，日輒以蛇三四條圍之腰，游行市中，人恆以長蟲郭呼之。嘗與友於深夜作葉子戲，無負，餘三人竟夜不能得一籌。衆大駭，問以故，郭微笑曰：「諸君所負之資，如數奉趙可耳。」衆愈疑。窮詰之，始悉已被其用遮掩術愚弄多時矣。蓋郭以此術博笑甚多，而從無染指。某日，與友作竟夜談，時萬籟已寂，忽曰：「君得毋思麥酒乎？」友曰：「君言觸吾嗜，然未悉君備焉否？」郭曰：「君果思飲，吾將沽之於市。」遂以數百錢及壺置於案，蔽以巾，口喃喃作數語。祝畢，縱談如故。少焉，揭巾，則酒已滿貯於壺，且有下酒物。初以爲僞，飲之，無少異。視其錢，已烏有矣。

光緒庚子春，郭以鄰人耿紀五小有觸忤而怒，揮以拳，適傷其目。目暴腫，痛甚。耿固無賴，乃控於南城指揮署。官拘郭質訊，叱之曰：「爾何故傷彼目？」郭辨曰：「我何嘗傷其目耶？渠本一市儈，欲藉詞爲敲詐資。蓋渠知我懦弱，故搆訟，奈何官亦受其欺耶？如以我言爲妄，勘驗可耳。」官允其請，飭吏驗之，乃睛上敷一葡萄膜。亟去之，則黑白宛然，目無少損。官以其欺，隨叱之不理。耿出署，則又腫痛，欲再訟之，則腫痛頓止。如是者三四，不得已，乃罷訟。是年五月，京師拳匪作亂，郭入其黨，後於正陽門城下飲彈死。

苗人退蠱

蠱毒甚於黔南，豢蠱者不能傷人，必自殄其身。其放蠱也，不僅於飲食中，卽兩目注視，其人亦能中蠱。先事豫防之法，相傳以針置帽內，或值欲飲食，及有人注視時，默念此必放蠱以害我者，則蠱不入。有中之者，苗人亦能退之。苗人至室，揮雙刀，往來擊刺，禹步作法，語呶呶不可辨，無何，病者霍然矣。

以木換人手足

木邦，一名孟邦，相傳其人多幻術，能以木換人手足。人初不覺，久之行遠，痛不能勝。有不信其說者，死之日，剖股視之，果木也。又能置汙穢於途，人觸之者，變爲羊豕。以錢贖之，復變爲人。有知之者，易置穢物於他方，則其人乃自變爲異類。

清稗類鈔

迷信類

男女之種種迷信

不辨事理之是非而妄信，曰迷信。國人鮮明科學，誕妄不經之言自易入耳。且藉口於晚近西人之研究靈魂學，哲學家亦頗加以思索，乃不敢直斥其謬，更有引爲談助而資以消遣者。男子且然，何論婦女。特婦女之篤信左道者爲尤多，以至遺毒子孫耳。

迷信足補生計

徐新華曰：「比户之門，上巳插薺菜花，清明插楊柳枝，端午插菖蒲。此雖社會之迷信，無足稱道，然貧民之負販爲生者，即此數日間，於其生計亦小有補助，不必故爲屏棄以絶其生計也。蓋教養之道未至，一旦懸爲厲禁，則强者流爲盜賊，弱者轉於溝壑矣。」

某氏婦多迷信

某氏婦，小家女也。少寡，獨與二子居。素信神怪，既寡，捨鞠育子女外，惟以長齋奉佛爲事。平日所詔其子者，不外迷信一途。如入夕，偶見燈之結蕊，則喜曰：「將得佳音也。」飲茶，見有葉挺立於杯中者，則曰：「客將至矣。」取而嚙之，更入杯，覩其仆否，以卜來者之爲男子爲婦女。聞鵲噪，以爲將得幸福，乃祝其多鳴。聞鴉鳴，以爲將有禍殃，則唾之。兒不解，婦語以故，兒亦雀躍而前，以助其母之祝與唾也。夜中或聞犬吠，兒驚，呼以慰之，曰：「勿聲，彼所吠者，非鬼則空中之神也。」兒恐，遂亦不敢出聲。

新春吉語

每歲元旦，老幼咸頌吉利語，謂一年可定終歲休咎，且有書而黏諸壁者。爲士者常書「元旦發筆，學有其益」等語，爲商者常書「新年提筆，一本萬利」等語是也。

陝人背爺過年

陝人至除夕，必出門，至十字路高呼曰：「爺爺，我背你回去過年。」於是以兩手向後，作負物勢而歸，至中堂所供木主前徐徐放下。再往，背其奶奶，如前狀。往返數四，新鬼故鬼依次背回。爺爺，祖父也；奶奶，祖母也。

讚土地

萍鄉有讚土地之俗，蓋歲首之事也。如某家接新客，女壻初至岳家，謂之接新客。某人逢壽誕，固無論矣。即無此二事，小康之家，或以讚土地爲無謂之慶賀，必先日具帖報告當事者，謂來晚土地，恭賀。於新客則稱恭賀新客，於壽誕則稱慶祝千秋。至次日之暮，鑼鼓爆竹，以一人翻穿皮馬褂，飾爲有鬚，左手持杖，右手執扇，搖其頭，自讚曰：「土地神，土地神，土地原來天上人。」並有種種慶祝之語。讚畢，酒肉徵逐，興盡而散。

竊花得壻

臺灣元夕，女子偷折人家花枝，謂將來可得佳壻，曰竊花。錢塘范九池有詩詠之云：「女郎元夜踏蒼苔，攀折青枝笑落梅。底事含羞伴不采，月明犬吠有人來。」

摸秀軋秀之得壻宜男

科舉時代，江蘇之常州各屬院試，必於江陰。凡賃廡者，一衿既青，門前屋角，必有婦女於暗中牽襟弄裾，名曰摸秀，謂可得佳壻，兆宜男。又或於院試獎賞之日，小家新婦聯袂出遊，故與新秀才摩肩而過，則曰軋秀。

食瓜祈子

中秋夕，衡州有送瓜之俗。凡娶婦而數年不育者，則親友必有送瓜之舉。先數日，於菜園中竊冬瓜一個，須不使園主知，以彩色繪人之面目，衣服裹其上，舉年長者抱之，鳴金放爆，送至其家。年長者置冬瓜於牀，以被覆之，口中念曰：「種瓜得瓜，種豆得豆。」受瓜者設盛筵款之，若喜事然。婦得瓜，即剖食之。

三月初三日曰上巳，若是日適爲清明，江寧婦女之亟望生子者，必以野菜合瓜而煮食之。甚且謂嫠婦、處女食之，亦可得弄璋、弄瓦之喜。上海則異是，所食爲南瓜，且謂必須夫婦同食一瓜也。

撫鐵貓祈子

金陵城北鐵貓場有鐵貓，長四尺許，橫卧水中，古色斑斕，不知爲何代物。相傳婦人撫弄之，可得子。中秋夕，士女如雲，咸集於此。

投石卜男

禹廟在會稽山下，塑像拙陋，惟以較倉頡之四目肉角，已大勝矣。左偏有窆石，爲海內有數之古刻。一及春遊，無賴少年羣集亭上，以小石投之，穿其孔，謂可卜生男。孔，卽當時下窆繫繩之孔也。

占花祈子

廣州祀金華夫人，祈子者以占得白花爲喜。有謠云：「祈子金華，多得白花。三年兩朵，離離成果。」

采青宜男

廣州元夕，婦女偷摘人家蔬菜，謂可宜男，名曰采青。花縣曾曉山照有詩云：「籬頭雨歇溼游塵，弱柳緋桃解媚人。最愛蔬中冬芥好，年年生子及青春。」

竊萵苣生子

廣東婦女之艱嗣續者，往往於夜中竊人家萵苣食之，云能生子。蓋粵人呼萵苣爲生菜也。

賀人生子之奇

汴人喜早婚，尤盼早得子。若生男，必以雞鴨蛋贈戚友，蛋殼畫龜或便壺，以示添丁。戚友受而往賀之，必以五色油塗新兒父之面，且拉之游街，以示四方，謂有子爲榮也。

拂頭摩頂

藏人之謁達賴喇嘛、班禪額爾德尼也，不論官吏平民，皆詣法座前脱帽合掌，伸舌於外，頂禮三度，垂手聚足，鞠躬屏氣。達賴、班禪或以手拂其頭，或以手摩其頂，則以爲至榮。

舐穢水

藏人家庭以夫爲主體，妻敬禮之若君上。夫或有遠行，妻必於前一夕爲夫洗足，即置其穢水於牀下。既行，妻每夜向穢水叩首至再，以指染水而舐之，夫歸始罷。若違此習慣者，鄰里皆目爲不賢。

硃紅染牲毛

青海蒙女之歸寧也，若與壻偕，則必攜有硃紅之染料，徧染牲畜之毛。晝不及，則繼以夜，必染至無一遺，是歲牲畜乃安。婦翁以壻爲能，即以雙羊染紅，送其夫婦歸。

鏡聽

鏡聽不必學而能，非方伎也。古人之爲之者，每於除夕或新歲，先事洒掃，置香燈於竈門，注水滿鐺，置杓於水，虔禮拜祝。撥杓使旋，隨柄所指之方，抱鏡出門，密聽人言，第一句即是卜者之兆。今則惟於除夕出門，在道路中聽人之言以決休咎而已。

黄文僖鏡聽

大學士黄文僖公機，錢塘人。爲秀才時，效鏡聽之舉。嘗於除夕游行里巷，方出門，即聞某家婦詢某姑曰：「家有二雞，一黄雞，一白雞，今日宰白雞乎？宰黄雞乎？」姑曰：「宰黄雞。」杭人俗諺謂殺爲宰，本古義也。黄歸而大喜，頗自負。蓋雞與機同音，宰爲宰相之宰耳。已而果應其言。

徐健庵昆季鏡聽

崑山徐健庵尚書乾學昆季三人，未第時，除夕相約鏡聽。乃翁偵知之，先走匿門外，俟三子之出，揖而前曰：「恭喜弟兄三鼎甲。」三子知翁之戲己也，不顧而走。會有二醉人連臂而來，甲拍乙之肩而言曰：「癡兒子，你老子的話是不錯的。」蓋以俳語相戲也。已而果應其言。

兄弟鏡聽

益都鄭氏兄弟皆文學士，大鄭早知名，父母過愛之。二鄭落拓，不甚爲父母所喜，遂惡次婦。後次婦望二鄭捷，竊於除夕以鏡聽卜之。有二人初起，相推爲戲，云：「汝也涼涼去。」是科鄭兄弟皆捷。

又有兄弟二人，將於翌年春應童試，先於除夕鏡聽。牆畔植一梯，升梯，可遥聽鄰家人語。其兄先登，囑弟勿遽上。弟不得已，於梯下徘徊。鄰家適作佛事，道場散後，羣兒喧嚷於佛座旁。一婦將獻佛之果，爲羣兒分之。兒有不及待而躍至桌上攘取者，婦大呼曰：「先上來者不得，在下者有之。」兄聞之，怏喪而下，弟亦懵然罔覺也。其後弟獲售，兄被黜。

竈卦

廣東永安縣除夕守歲，婦人祝竈，置鹽米於竈上，以碗覆之，視鹽米之聚散，卜年歲之豐歉。男子則置水一碗於鍋旁，黏「東西南北」字，中浮小木。祝竈者視木端所向，聽其有何聲響以占休咎，名曰竈卦，亦古人鏡聽之類也。

擲珓

擲珓，一作擲筊，以兩蚌殼投空擲地，觀其俯仰以斷休咎。亦有以竹或木，略斲削使如蛤形爲之者。盡人可能，非方伎家也。

求籤

神廟有削竹爲籤者，編列號數，貯以筒。祈禱時，持筒簸之，則籤落，驗其號數，以紙印成之詩語決休咎，謂之籤詩，並有解釋，又或印有藥方。五代盧多遜幼時，就雲陽道觀讀書，見廢壇上有古籤一筒，競往抽取。是知以抽籤爲卜，古已然矣。

王文簡求籤

京師前門甕城之關廟籤，夙稱奇驗。順治己亥，王文簡公士禎方在都謁選，往祈籤。初得籤云：「君今庚甲未亨通，且向江頭作釣翁。玉兔重生應發跡，萬人頭上逞英雄。」又云：「玉兔重生當得意，恰如枯木再逢春。」爾時殊不解。是年十月，得揚州推官，以明年庚子之任。在揚五年，以康熙甲辰十月內遷禮部郎。所謂庚甲者，蓋合始終而言之。揚郡瀕江，故曰江頭也。然終未悟後二句之所指。至庚申閏八月，擢國子監祭酒，乃悟玉兔重生之義。

韓文懿求籤

長洲韓文懿公菼未第時，嘗祈籤於蘇州之靈巖山寺，有「功名須到五門知」句，不解所謂。及鄉試，策題之「問」字，皆誤作「門」，自不覺也。是科中式。康熙癸丑，成進士，魁天下，歷官至禮部尚書，頗存綸閣之想。會直省解鄉試卷至，閱所對策，率多蕪濫。私念少時闈作，將毋類此，因命吏檢視，見五「門」字，不禁啞然，且悟籤語，無遠志矣。

徐逸少求籤

康熙己未，徐逸少編修方與計偕，瀕行，禱於大乘庵，得一籤，其後二語云：「今日杏園沈醉後，聲聲報道狀元歸。」徐大喜，意謂必當掄元也。及榜發，則是科一甲一名，乃常熟歸允肅也。然徐亦捷南宮，授庶吉士。

王雲錦求籤

金匱王殿撰雲錦，嘗於康熙庚午舉南闈。至丙戌，以年已五十，不欲與計偕，乃求籤於關帝廟以決之。籤有「五十功名志已灰，誰知富貴逼人來」二句，大喜，乃北上，遂捷南宮，大魁天下。

秦澗泉求籤

秦澗泉殿撰大士將散館時，求關帝籤，得「靜來好把此心捫」之句，意鬱鬱不樂，以爲神嗤其有虧心事也。已而試「松柏有心」賦，限「心」字爲韻，終篇忘點「心」字，閱卷者仍以高等上。高宗閱之，問「心」字韻何以不明押，秦俯首謝罪，而閱卷者亦俱拜謝。上笑曰：「狀元有無心之賦，主司無有眼之人。」

蔣景求籤

嘉慶甲子，江南鄉試，長洲蔣廣文景曾於關帝廟求得一籤，有句云：「自南自北自西東。」及入場，首題爲「謹權量至四方之政行焉。」其文之後比，即用此句，對股以「無黨無偏無反側」七字儷之。主考以經語現成，密圈批中。

畢秋帆籤讖

畢秋帆制軍沅於乾隆庚辰會試前，詣正陽門關帝廟求籤，見首句「君今庚甲未亨通」，頗不悦，然竟以第一人及第。蓋「君今庚甲」四字，已示先機也。

酆小山毛養梧求籤

關聖帝君籤有「前三三與後三三」之句，酆小山教授雲倬爲諸生時，嘗祈得之。乾隆癸卯鄉試，中三名。閲十年，爲癸丑，會試，中九名。毛養梧主政繡虎亦於嘉慶己酉鄉試祈得之，是科中三十三名。道光壬午會試中式，亦三十三名。未幾，歿於京邸，年三十三歲。又一士子祈得是籤，則中六十六名。

張惕齋求籤

錢塘張惕齋太守興仁款慧媚學，道光辛丑成進士，入詞垣。改刑部，擢御史，出典廣東鄉試。京察一等，授建昌守。履任半載，以繳照遲延，部議鐫級。大吏奏留，以勞績復官，檄攝袁郡。將之任，病歿，年五十有九。惕齋於散館前，在正陽門關帝廟求籤，有云：「常把他人比自己，管須日後勝今朝。」以爲可留館也。及改刑部主事，始悟「常把他人」，蓋庶常屬他人，刑爲比部，屬諸己也。編檢七品，而主事則六品，「勝今朝」亦驗矣。

恩藝棠求籤

恩藝棠中丞銘出撫安徽，瀕行，求籤於正陽門之關帝廟，得一籤，有「舟中敵國笑中刀」句，方審視，忽憶葉名琛督粤時，亦得此，乃曰：「吾其死於疆場乎？」已而爲道員徐錫麟轟以手槍，遂斃。錫麟爲恩之屬吏，是舟中敵國也。錫麟夙爲恩所契，事恩惟謹，是笑中刀也。

儒醮

湘中士子仿傚僧道之誦經，以孔、孟之書編而誦之，曰儒醮。

誦太陽經

三月十九日，固明思宗殉難日也，當時諱之，而謂之曰日誕，於是迷信者皆沿之。是日，有齋沐者，輒凌晨而起，誦《太陽經》。若是日天晴，則曰神喜而受人之祝也；或陰晦，則曰神胡不喜，乃卻人齋供也。

香客求福

凡詣廟燒香之男女，俗曰香客，各省皆有之。今姑言江、浙，則江寧之清涼山，有所謂磕頭香客者，行三步，磕一頭，必入廟而後已。句容之茅山，淮揚徐海之人且皆至；杭州之天竺，寧波之普陀，嘉興、湖州、蘇州、松江、常州之人且皆至，固無不以求福免禍爲祈禱也。

假喫三官素

俗傳三官菩薩有大量，持齋者不忌葷腥，但須不食特殺之物，故有假喫三官素之諺。

拜愿

宣化府人於五月十三日，爲父母妻子或己身疾病，具香紙牲醴於城隍廟拜禱。自其家門且行且拜，至廟乃止，謂之拜愿。

蒙人轉經

蒙人奉佛惟謹，木輪中貫鐵樞，可轉動，集梵經輪間，大者支木架，以手推之，小者持而搖之，旋轉如風，謂一轉有一功德也。

藏人以經典爲護符

藏人之護符，以絲束經典一頁，或置之金屬小匣，藏諸懷。其旅行者，以馬及金剛繫犬兩種畫品替之。遇猛犬，謂攜金剛繫犬圖可免；遇暴風雨，謂飛散畫馬之紙可免。又有咒語。且有藏護符於家者，以佛像之衣服，或所持孔雀羽，包以魔紙，纏以毛線，以狗毛、山羊毛或羊毛捻成。更以鼷鼠皮包其全部，謂可祈家族之興隆也。

藏人周行騰吉里湖

西藏有騰吉里湖，在拉薩西北。藏人以周行此湖爲哥拉，謂易消滅罪障。雖犯殺人罪者，以哥拉二回得贖之，雖殺父母者，以三回得爲無罪。一周此湖，當費八日，多或十二日。每歲各方信徒結羣過拜者，絡繹不絶。

轉格欄

拉薩宮殿之廊壁，悉繪佛像，瞻仰者輒以頭摩之，故黑而生光。宮殿内外道路皆石砌，信徒匍匐過之，以頭貼地爲最敬，是以石膩如油。宮殿周七里，巡行一周，曰轉格欄，謂可祈福除災。婦女輒於午後，羣向轉格欄一周。每行三步，即伏地，口誦經語，叉手於頂，右手持牛骨，向頭上一畫。起行三步，復如前，數日方一週。積計之，有三十餘里。

熬茶

蒙人重佛教，嘗遣人赴西藏禮達賴喇嘛，謂之熬茶。

轉世錢

青海有所謂轉世錢者，不論家產多少，以其半爲佈施，輸送本族之僧寺，餽貽過境之高僧，且遠投西藏之大寺。喇嘛不敢卻，代藏之，其人曰：「喇嘛有天賜之衣食，不屑用俗人財帛，來世仍還本人，絲毫不差。寄少者來世錢少，寄多者來世錢多，不寄者來世爲貧民，佛爺鄙其人，不顧若也。」若病故，則又分家產爲三，一供本族僧寺，一施各僧諷經追薦，而以其一留遺子孫。不如是，則同類鄙夷之。

賽會

具儀仗雜戲迎神，以輿舁之出巡，曰賽會，各省皆有之。其儀仗之大概，前導金鼓二，即大鑼也，而銜牌、繖、扇、旗、紅帽、黑帽、香亭及陳設各物之亭繼之，中雜以樂隊、騎隊。神輿將至，則先之以提鑪，而僧道及善男信女則隨於後，有繫鐵鍊於手足者，有服赭衣而背插斬條者，有裸上體而懸香鑪於臂者，皆先期許願，至是還願之人也。

天津娘娘會

天津有娘娘會，娘娘卽天后也，旗幟鹵簿，寶玩珍奇，無不備具。復有所謂中旛者，前導小旛數十對，最後爲大旛，高五六丈，用上等梁棟材爲杆，飾以龍頭，懸旛於吻，錦繡瓔珞，垂垂及地。杆首以長繩數條，四圍擫之，恐其攲側。中一人持杆而行，重可數百斤，力向上擲之，或承以額，或接以口鼻耳目，或受以肘背肩腹。一擊糜爛，屢擲屢擊，體無完膚，絶不爲怪，觀者交口羨贊。其同儕恐其勝亡也，競奪而擲，至有爭毆而釀命案者。

江寧爐會

江寧迎神者有爐會，始僅數人擎爐，爇檀降香而已，道光辛卯以後遂大盛。廟中僧道及首事舁神出巡，名曰大會，先示出會日期。別立香棚，備儀仗，或龍舟，或鳳輦，或煖轎，或顯輿，空舁之，以待神之易坐，且製新袍以待神之易著。招致紈袴少年數十人擎爐，名曰爐會。別立天保、九如等名號，其裝束服飾，每對皆取其同，冠袍帶韡，無不華靡，日凡三易。而佩帶者爲古玉翡翠，鏗鏘腰際。於其中擇精者先導，後則以次而行。每爐一對，間以荷旗者二，即擎爐人之僕，衣履亦必華贍。所擎之爐，以精銅鑄造。承爐之座若盤，皆檀梨鏤刻而成，繞盤圍以寸許寬之繡圍而綴鬚焉，備極人巧，而不甚重，取其便於捧持也。

凡入會擎爐者，衣飾之外，亦須費十金八金不等。先是，每年神會僅三四起，自有爐會，增至十起。及辛丑，江寧守李某惡其華侈，禁之，遂止。

吴人有解餉會

蘇州之迎神遊市者，不一而足。清明、中元、十月朔，則府縣城隍及各坊土地，皆至厲壇，率鬼享祭。若有瘟疫，則迎瘟神。

道光時，有所謂解餉會者，尤可笑。蓋土地各分坊市，每歲，廟祝推一車，擊小鑼，周行轄境，沿户斂錢，謂之完天餉。斂畢，乃市紙鏹，舁神，親解至穹窿山。山有玉皇殿，道士住持之。神至，供偏殿，先送紙鏹，次則廟祝與道士議私費，歲有定額。鏹費俱如數，則無事，盈餘則加級，不足則降級，甚至有鎖閉神像，勒令補足者。餉解訖，乃朝帝。是日，神易九梁冠、大項圈，朝服朱履，執圭坐軒，去長扛，舁至殿下，設大紅拜墊於地。廟祝伏神旁，代唱聖壽無疆者三。殿上鐘鼓齊鳴，一道士立丹墀，贊，五拜三叩首。舁者隨所贊，升椅以應之。禮畢回城，然不遽歸廟，必賃屋暫宿。次日，復至元妙觀玉皇殿謝恩，禮亦如之，乃回廟。如過他神廟，則停輿，而以帖入廟，候起居，廟神亦以帖答之。

恩壽命蘇人賽會

光緒辛丑，滿洲恩壽撫吴，閱明年，大疫，恩謂民禱神不誠，天降之譴，乃於城隍廟集道士四十九人，建醮四十九日。醮畢，復舁城隍、土地各像爲前驅，備楮帛無算，令羽士鼓鈸徒行，逐瘟鬼於胥江，自謂爲民祈福也。

吴江有夫人會

吴江有夫人會，恒於八月二十六日之夜行之。會所過之處，商店人家輒以紙花送夫人，喜娘即爲之插帶。明日，取花送還，謂可壓邪，則又得犒資矣。

香案迎神

道光時，豫章五月賽會，比户設香案。神至，行禮畢，即放花爆，必向神身及舁神者而爇。神身先以水浸之，行數里，復浸而前，懼其燬也。舁神者皆赤體而迎，無所苦，視之亦無燒灼痕。

大暑船

同治時，臨海縣民以頻歲有癘，過大暑不瘳，乃爲送船之會。船與常舶無異，用具如桌椅床榻衾枕，食物如雞豚魚蝦，甚且刀矛鎗礮之足以備盜者亦有之。别有盛米之袋，小僅可受一升，而數以萬計，皆村民所施也。大暑前數日，建道場，至大暑送之，俗呼爲大暑船。夜有海盜遇之，以爲賈人船也，向之放礮，大暑船亦放礮禦之，至天明始知，大驚而去。

盂蘭盆會

盂蘭盆，梵語也，本作烏蘭，謂以盆貯百味，供養諸佛，藉救衆生倒懸之苦也。昔目連之母入地獄，食物入口，即化爲烈火，佛教作此以度其難。世俗於七月之中元，延僧結盂蘭盆會，誦經施食，義起於此，俗謂之放燄口。

花會之降童

閩人之設花會廠者，必奉本村社主、土地、山神及其他著名之種種仙佛，香烟紙錁，終日燃燒不絕。每當日入，則焚草鞋三十四雙，以給花會之鬼，且祝而告之曰：「汝等此去，當至各村運動，夢中示人以翌日之花會名，富者誑之，貧者實之。」祝畢，旋又焚錁。而村民亦往往夜中得夢，晨輒告人以求解者，於是一般趨利之徒，禱神問卜者有之，求夢者有之，以花會名單入深山萬塚之中，罔兩出沒之所，而求鬼魅之指點者亦有之。而最奇者，則又莫如降童。降童云者，「謂能令鬼神附降於童子之身，即謂之曰童身。其法，畫符字於水碗，令一童子飲之。不移時，童子神昏心迷，倏而距躍曲踊者無數，已而就案高坐，乃斷續而言曰：「汝等求吾何爲者？」時則數人匍匐於地，囁嚅應之曰：「弟子願求小財，乞大神查掛筒之花會中爲何名。如中，謹備三牲幣帛以酬。」曰：「若是乎？但看爾福。姑從汝請，不中，無我怨。」神呻吟移時，執筆寫一字於求者之手，令求者自解之，然實似字而非字。求者以己意附會之，各執一見，故亦或中或不中。酬對既畢，童倒地，則退壇矣。

花會之供偶像

閩人之赴花會者，必供一偶像於家，旦夕祈禱，以圖默佑。勝則享酒醴牲牢之奉，若敗，則潑以便溺，甚且痛詈而斲削之，或抉目，或劓鼻，或截腰，或斫手足，棄之於圊，蓋憤其無靈而虚享血食也。其他迷信者，乃復從圜中出之，洗滌而送諸土地祠，排列於神案之旁。

點花會

浙江義烏之押花會者，必覓一死尸之頭以蒸之，稱之曰點花會，謂可百發百中也。

坐庚申

道家每擇庚申日默坐誦經，謂之守庚申。道光時，有某者，非道士也，亦習爲之。其初兩月一舉，越數年，則每夜箕踞静坐，雙目時閉，萬慮俱寂。功行既深，有二寸人從頂中出，門外之事不問自知。一夕，壽數將盡，先知之，走出一小人，躲入三世佛耳中。見無常鬼來，彼即閉目，静窺鬼去，而目仍開。如是者數次，謂可倖免無常句攝之禍而成地仙。

閩人多喜守庚申，處女尤信之。咸豐時，福州城南李某有二妹二女，妹曰瓊，曰瑶，女曰韻卿，曰桂英，皆未字。好讀佛老書，日必市楮帛香燭，深夜焚化。兼修庚申之術，刻意爲之。不及一年，寢食鋭減，形銷骨立。某歸，見四人狀，大駭，疑有病。詢之妻林氏，始知其詳，亟爲議婚。遂以瓊婚於邑之陳氏子，以瑶婚於皖之某商。親迎有日矣，韻卿乃謂桂英曰：「兩姑皆將嫁矣，婚姻之議，恐將及我，宜早自爲計，勿蹈其覆轍也。」韻卿旋謂桂英曰：「事亟矣，妹好自圖之。」桂英曰：「將如何？」韻卿曰：「舍死無他策足以保全清白之身也，妹甘之乎？」桂英曰：「固所願也。」翌日，二人皆投繯死。

食物投鐵貓口

番禺之沙灣茭塘，有老鼠山，其地向爲盜藪。李制府瑚患之，鑄大鐵貓於山頂以鎮之。貓張口撑爪，高而鉅。劉月農巡尹陰棠嘗往緝捕，親登以覩。而游人往往以食物巾扇等投入貓口，謂果其腹也。

浴貓狗

江浙六月六日浴貓狗，廣東之澄海則以五月五日浴之。

天開眼

天開眼，卽黄道光也。天空所現奇異之光輝，以近黄道，故名，俗謂之天開眼。於日落之後，日出以前，可見之。其形尖錐或成圓錐，色清淡，近地處微紅，能遮掩小恒星之光。天文學家謂流星之質，散布地球軌道內外，因爲日光所照，成爲繞日之大光綫。在南北温帶之處，多現於春暮秋朝，若在熱帶，則四時皆可見，不足爲異也。

康熙辛未四月陰晦之夕，藍田有瞿修齡者，從其主人勘地至一山，時方二更，豁然天曙，紅光浮嶺，朗照林谷。行三四里許，仍復昏黑。此卽俗所稱之天開眼也。

祈晴

久不雨，出紙翦作人形者五六，佐以鼓一，鐘一，梯一，舉而黏之於廊，且祝之。偶或大雨滂沱，則翦人物如前，而益以作女子狀者一，且持一帚曰：「我將以祈晴也。」蓋謂天空之雲，皆爲彼女之帚掃卻矣。

倪氏兒懼雷聲

倪氏兒以父母溺愛故，未入校。一日，至戚串家，與羣兒戲於庭。羣兒既已卒業於小學矣。午餐後，忽黑雲如墨，挾風而行。俄頃，幕遍天空，羣兒以氣爽大快，欲登城以當風，邀兒往。兒逡巡曰：「雷將至矣，奈何復出？」衆曰：「雷何傷，所畏者雨耳。」強之行，弗從，乃捨之。既而雷雨急至，羣兒遄歸，覓兒不得，詫甚。繼聞觳觫聲，乃見其蹲居廳事之一隅，以屏自障，方跪而祈禱，口呼「神勿擊我」也。挽之起，不可。雨止，乃興焉。

木郎祈雨咒

同治庚午夏，有人自滇南至京師，以手鈔《木郎咒》一帙，示漢軍宗嘯吾司馬山，蓋楚漢祈雨多持此咒也。

祈雨須分四時。春旱祈雨，設壇東門外，東向。其三時亦如之。壇設神位三，左書風雲雷雨尊神之位，中書木郎太乙三仙行雨神仙之位，右書紫清白祖仙師之位。祀品以元酒、清酒、粢盛、脯果。爲祈雨疏文一通，焚之城隍神前。誠心誦咒，每日三次，或四五次，每次四十九遍。三日無雨，五日；五日無雨，至七日，則謂必大獲甘霖矣。謝雨時，祀品仍照前。

咒云：「乾晶瑶輝玉池東，盟威聖者命青童。擲火萬里坎震宮，雨騎迅發來太濛。木郎太乙三山雄，霹靂破石泉源通。坤震巽上皓靈翁，猛馬四張剡火衝。流精鬱光奔祝融，巨靈太華登雲中。壘旛皂纛揚虛空，掩曦蒸雨比雲濃。閼伯撼動崑崙峯，幽靈翻海玄冥同。馮夷鼓舞長呼風，蓬萊弱水與都功。龍鷹捷疾先禦兕，朱髮巨翅雙目彤。雷電吐毒驅五龍，四溟霧霴羅陰容。一聲四海改昏蒙，雨陣所至川流洪。金光流精斬旱虹，洞陽幽靈召豐隆。玉雷浩師變崆峒，虛皇泰華掃妖爞。羣梁玄黃號前鋒，祠泉忞蜃威天公。欻火律令翻穹窿，鞭擊妖魅驅蛇蟲。勾婁吉利炎赫縱，登僧澤頤悉聽從。織女四歌心公忠，轉我救旱助勛隆。赤雞紫鵝飛無窮，攝虐縛崇送北豐。救紫虛元君降攝，急急如火鈴大師律令。」

曾忠襄祈雨

光緒丁丑春，曾忠襄公國荃撫山西，時大旱，八月至二月不雨。前督某懼生變，稱疾引去。忠襄之官，徒步祈雨，逾月不應。麥枯，豆不可種，民餓死者百萬計，忠襄憂甚。三月乙丑，下令城中，官自知縣以上，紳自庠生以上，皆集玉皇閣祈雨。旦日衆至，則闔門積薪草火藥於庭，忠襄爲文告天曰：「天地生人，使其立極，無人則天地亦虚。今山西之民將盡，而天不赦，誠吏不良，所由致譴。更三日不雨，事無可爲，請皆自焚，以塞殃咎，庶回天怒，甦此殘黎。」祝已，與衆跪薪上，兩日夜不食飲不眠。戊辰旦初，日將出，油雲敷舒。衆方瞻候，見雲際神龍蜿蜒，鱗鬐隱現，灼若電光，龍尾黑雲如帶。方共驚愕，雲漸合，日漸晦，雷隱遠空。須臾，大雨滂沱，至已巳乃止。民大懽，焚香鼓吹，迎忠襄歸。

月忌

月忌爲初五、十四、二十三，世俗相沿久矣，有「初五、十四、二十三，太上老君不煉丹」之諺。術家謂爲廉貞獨火，故以爲忌。其説不經，實爲洛書九宫數耳。宫數起於一，初一一宫，初二二宫，初三三宫，初四四宫，初五則入中宫。中宫爲星位之極，專制時代以爲至尊之地，臣民所當避忌，故曰月忌。初六六宫，初七七宫，初八八宫，初九九宫，而宫數盡。至初十，復至一宫。循環數之，十四日又入中宫，二十三日又入中宫，是以初五、十四、二十三爲月忌，非有所謂不祥者在也。

移居上任之忌

官吏上任及人民移家，每忌正、五、九月。蓋亦以專制時代，視此數月當至尊之位，人臣宜避耳，非有所謂不祥也。

都人忌罵

都人忌罵，與夫走卒之酬對，亦絶少江南惡口吻。而於辱及祖宗父母之醜辭，尤深惡而痛嫉之，苟有犯者，立攘臂與鬬，甚且白刃相加，决諸生死。京東諸郡縣如之。

都人忌言龜兔

京師忌諱，莫如「龜」「兔」二字。然其土著，亦以此類爲多。嘗有人定梨園花榜，一鬚生以李龜年相喻。翌日，鬚生覓定榜者而毆之。又有在鄉會場中，以試帖詩用「兔魄」二字，致遭擯棄者。

都門各衙署之禁忌

都門各衙署，舊有小禁忌。内閣大堂有泥硯一方，相傳爲嚴嵩物，胥役人等搬弄無妨，惟官僚切忌入手。新到閣者，前輩輒申誡焉。翰林院衙門，大門外有壘培，高不踰尋，環栅以衞之，置隸以守之。相傳中有土彈，形如卵，能自爲增減，適符闔署史公之數。或損壞其一，則謂必有一史公赴天上修文之召者。又有井名劉井，新到館之庶常，或俛而照影，則謂必無留館之望。刑部衙門有「順天無縫，直隸不直」之説。順天司中門終年扃閉，司務廳日必以紙黏之，如稍漏縫，則謂印稿必獲處分。直隸司嚮不設公座，設則必與大獄。又刑部大堂爲白雲亭，亭前影壁有一方孔，每早晚司務必躬自掃除之，則謂其中或留纖芥，必不利於堂官。又刑部當月司員，監箝堂司各印，印各緘縢，相戒不得啓視，否則謂必有監犯病斃。

忌門

寧古塔人有疾病，輒以草一束懸於門，曰忌門。雖戚友省視，僅於門外問安，不入門也。

鄉試忌出大學題

浙江鄉試，例不出《大學》題，謂其不利也。廣東亦然。或有犯者，非貢院被火，則主司有禍，而尤忌聖經一章。

蘭人忌食鴿

蘭州多鴿，盈城皆是也，常飛入糧食肆啄米麥，肆主輒聽之。蓋蘭人不食鴿，謂食之必有災。

鼈爲老爺

南昌人畏黿與鼈，呼之爲老爺。南康府附近有老爺廟，所祀爲黿老爺。相傳明太祖與陳友諒戰時，曾救御舟出險。贛人祀之甚虔，且相戒不食黿鼈，恐犯老爺之怒也。

新婦忌入人家

江寧之新嫁娘，非於一月以後不能入人家，如或誤犯，必責令齋百怪以祓除不祥。齋百怪者，須備香燭、紙馬、牲牢、酒醴以往，且必男著女衣，女著男衣，夫婦雙雙頂禮，齋畢偕歸。

鄂婦妊忌

湖北婦人妊子，避忌最甚。有所謂換胎者，言所見之物入其腹中，換去其本來之胎也。故婦人妊子，凡房中所有人物畫像，藏之棄之，或以鍼刺其目，云其目破卽不爲患矣。有一婦臥室懸一美女像，及生子，厥狀肖焉。美女屈右臂，伸三指作指物狀，此子亦屈右臂伸三指，終身如此。又一婦偶觀傀，及生子，頭上有肉隆起，如戴高冠，兩耳旁各有肉一片下垂，如以巾冪之者然。因憶觀優時，有優人之冠如是，爲其換胎矣。其地每有遊僧擔荷衣裝，乞食村落，擔上有彌勒像，此尤爲所忌，孕婦見之，謂生子必肖彌勒像矣。故此僧所至，村人輒噪而逐之。孕婦或不及避，猝與相遇，必坐於地，自解其履，以左履換至右足，右履換至左足。此僧亦必將所荷之擔，從右肩換至左肩，從左肩換至右肩，如此相持。及人衆咸集，逐此僧去，乃得無事。

驅賊神

鄞縣居民遇竊盜之後，必有驅賊神之舉。驅賊神者，乃紮一草人，置於被竊之室中，焚香化楮而祭之。祭畢，一人持竹板，一人持草人。持竹板者厲聲問曰：「汝在此何爲？」持草人者曰：「無所事事，以迷途誤至此耳，姑恕我初犯乎？」持竹板者曰：「姑饒汝，去否？」持草人者曰：「去，惟不知道路，奈何？」持竹板者曰：「既不知道路，待我送汝去。」遂迫持草人者前行，已則持竹板隨之，且行且問曰：「出去否？」持草人者答如前。凡穿門過户，必一一問答。既出大門，持草人者卽放步狂奔，持竹板者尾之急追。追至厠所，持草人者急以草人抛厠中，始返室大呼曰：「賊神去矣。」

目瞤黏麥草

王氏婦偶於右目黏一麥草，或駭而問之，則曰：「右目肉瞤，則將得殃。我頃右目瞤，故爲此以厭勝也。」

泰山石敢當

石敢當，立石於里巷之口以禁壓不祥者也。此三字，始見於漢史游《急就篇》。顏師古曰：「敢當，言所當無敵也。」顏謂《急就》之例，首陳諸姓，其名字或是新搆義理，非實相配屬，真有其人。是石敢當云者，亦虛搆二字，與石姓相配成文耳。後人乃鐫諸石，爲禁壓之用。宋慶曆中，張緯宰莆田，再新縣治，得一石銘，其文曰：「石敢當，鎮百鬼，厭災殃。官吏福，百姓康。風教盛，禮樂張。唐大曆五年，縣令鄭押字記。」後有加「泰山」二字於上者，曰泰山石敢當。

姜太公在此

乾隆時，江浙間之烹豚魚也，皆和以醬。當三伏時，有自製之者，取其便也。製時，必書「姜太公在此」五字於門，爲壓勝之具。或問袁子才曰：「何義？」袁笑曰：「此太公不善將兵而善將醬，蓋戲語耳。」然顔師古《急就章》云：「醬者，百味之將帥，醬領百味而行。」久之而門窗皆有此五字，且有加「百無禁忌」四字者，不專在製醬時矣。

一善

某家有門，適對鄰樹，術者謂爲不祥，議伐之，而鄰不允。有人教以用紅柬書「一善」二字，冬至日於門上對樹貼之者，謂樹可自此而萎也。

懸鏡

人家之門有與鄰樹或其他之高建築物相對者，輒懸鏡以壓之。

排衙大吉

地方衙門通例，凡遇不吉之事，如驗尸、監斬等類，官回衙時，必先行排衙之舉。臬司之排衙也，在大堂降輿，卽升坐暖閣，執事者站立兩旁。維時正門掩閉，僅啓左右角門，堂上起鼓三通，差役手持水火棍，分作兩班，向左右角門魚貫而出，旋卽疾趨而入。鼓聲愈急，差役益竭力奔馳，至堂上轉旋，復馳下堂去。再出角門，疾趨而入。如是者三，乃一律向案前半跪。差役首領口中朗誦「欽命某某等處提刑按察使司按察使爲某事排衙大吉」。誦時，每二字作一小斷續，纍纍然如貫珠。復白云：「稟大人，公事已畢。」於是起鼓傳點退堂，官卽返身入內，而爆竹聲大起。州縣各官亦復類是。且此舉自升堂以至退堂，官端坐不動，不發一言也。排衙，一曰排堂。

礮之賞罰

八旗各軍之出征也，必攜帶大小各礮以隨，如龍子母、威遠、靖遠、紅衣等者，一一皆備。至駐軍之地，尅日攻城，或擊陣，必於前一夕出各礮於帳前，陳牲酹酒，軍主親詣三揖以釁之。明日獲勝，則披紅鼓吹迎之歸，隨拜摺奏請賞給神威將軍、神威無敵大將軍、天佑助威將軍、天佑助威大將軍、武成永固大將軍諸封號。敗則牽之以回營，每礮棍責一百或八十，多至八百一千。卽諸礮受封後，再出戰敗，杖責亦如前。

杖鐘

乾隆某年，車駕南巡至松江，辦差官吏欲運方塔下大鐘以至杭州行宮。行至石橋，不能過，乃命杖此鐘二百，棄之寺後。

易字宜雨

光緒時，高州大旱，民咎地方官吏姓名之不能致雨。蓋守高州者楊子晴太守霽，以爲晴霽皆不雨之義也。鎮道縣諸官姓名，又多晴霽不雨之意。諸官以名不易更，相率易其字爲宜雨之意，以冀甘霖立沛。楊性最倔強，顧以衆怒難犯，乃易子晴爲子和。

娼家魘術

娼家魘術，在在有之。北方妓家必供白眉神，又名祅神，朝夕禱之。至朔望，則用手帕蒙神首，刺神面，視子弟奸猾者，佯怒之，撒帕着子弟面，將墜於地，令拾之，則悦而無他意矣。

木匠厭勝

凡傭匠築室者，必厚遇之，禮貌必優厚，飲食必豐腆。否則將爲所暗算，恐其有厭勝之術也。

吴錫孺衣冠拜火

宜興吴錫孺司李晉剡所居之巷失火，時已夜闌，將延燒其宅。吴起視從容，還内，取朝衣冠帶，整東而出，於光啖燭天中鞠躬四頓首焉。

塞某散晦氣

侍郎塞某性拘忌，每遇人談有死喪二字，必作噴噓以啐散之。出行遇柩，即往戚友家解衣帽，撲散數次，以爲將晦氣散於他人之家，與己無與矣。

大人高陞

某將軍過盛京，副都統某爲設燕，酒半，將上燒烤。依故事，管廚人帶大帽，手擎托盤，盛燒豬至將軍前，行半跪禮，已而置盤高呼曰：「大人高陞。」卽持刀砍豬頭使落。將軍惡之，大怒，推翻筵席而起，酒饌碗碟一時迸碎，賓主盡失色，將軍遂拂衣登轎去。

撤城發科

曾文正駐軍祁門，議撤城之半爲碉，以資守禦，與情不協，文正批其牘曰：「撤盡東南城，永遠發科名。西北留一截，科名永不絕。」衆乃翕然。劉霞仙與人書，嘗譏曾伯涵文正原字。銳志功名，意氣自豪。文正爲人作墓銘，亦喜道人家科第事。如科名賡續等語，常見之於文字中。爲其子姪命名，亦以「甲科鼎盛」四字排列。而其弟忠襄公統領安慶全軍，猶稟請銷差回籍應試也。

繼祿求免天墜

光緒乙巳夏，有言六月十九日天將下墜者。語聞於內務府大臣繼祿，繼憂之。六月初，即分送傳單云，屆時速念《高王經》，庶免斯厄，否則人類必絶。十六日，繼告誡家人，令悉茹素，更延僧道至邸，晝夜誦經，謂爲衆生解免災難，已而叩首無算。及過期無恙，猶自謂善禱所致也。

諏吉登臺

譚鑫培每歲新正演劇，必諏吉日登臺，且必先演《定軍山》一劇。以他劇皆由左出場，謂之上場門。獨此劇由右出場，右爲東方，主生氣者也。所飾戲中之黄忠，又着絳甲，色近紅，北人以紅爲祥，故歲首必演此劇。

打天齋

萍鄉居民設偶有皮膚之病，如跌打，如損傷，如腫痛，如糜爛，以及種種之關於外科者，若至旬日不愈，即請親朋提一筐，背一袋，沿户乞米粒，多者一升，少者一碟一甌不等，此外線香若干，視貧富以分多寡。如是者多日，積至米粒三四擔，以至十餘擔，即以其半或三分之二磨粉，製成湯圓，置之鍋中，稍煮至半生半熟時，藏於竹具，擇壯有力者數人，立於屋上，向四面抛擲，附近之男女羣來搶拾，謂之搶天齋。擲完，一鬨而散，謂病者從此可慶再生矣。當搶拾時，如精神疲倦者，不敢插身人叢中，則所得甚少，其數不滿二五以上，必又存而抛棄之，謂得之反足以招病，稱之曰打天齋。

打菩薩

萍鄉居民如有感冒以至嘔吐、頭痛、頭暈、四肢畏寒、遍體發熱，以及口中譫語、面目紅腫經數日不愈者，即於寺觀迎楊四將軍像至家，置廳事。又請一道士，花衣紗帽，口念齊東集，跪而叩首。如是者半日。日暮，以壯有力者二人，肩負將軍左右簸動，任意播弄，口中作牛鳴，呼呼不已。此外雜以銅鑼聲，並攜一小水缸，徒步出門，至水畔有枯樹之處，道士對缸作法。當火光燭天時，凡見有飛蛾蟲蟻等來，即捕拿一二，置缸中，謂爲病者之魂魄。既畢，仍喧嚷返家，但相戒同往之人不得回顧，謂回顧則魂魄來而復去也。稱之曰打菩薩。

鷄蛋卜疾病

安徽太湖之人有疾病，則以鷄蛋三枚問卜，以定吉凶，吉則醫之，凶則聽之。

採藥招魂

採藥之風，盛行於懷寧之石碑。無論貧富之人，一經染病，不先延醫，但舁木偶至藥肆採藥。藥肆略詰病源，遂將藥名一一報告。木偶一動，卽隱示需用此藥。歸而悉煎之，不問藥性。間有因此而戕身者，轉諉之於命數。如不效，則至夕又舁木偶於途，明火狂奔，鳴鑼高喊以招魂。

與將死之人換衣

京師習慣對於將死之人，每不待其氣絶，卽爲之換衣，左支右撑，使病者求生不得，求死不能。問其故，則曰：「不如是，則不能衣，將裸體以見閻羅老子矣。」

草人

黑龍江之達呼爾人，家中父子兄弟有若干，其西壁草人亦若干，微具眉目，囊其半身，死則去之，生則增之，謂祖宗也。巴爾呼人亦然。最忌動揺，觸之則主人病。病則祭以肉，舉家分肥。故餽者恆陰撼壁上草人，冀以得食。

喊夜

湘中有喊夜之俗，喊夜者每言某夜見何鬼，以何法制之，某夜見何怪，以何法制之。於是迷信者，咸願出資求其驅除鬼怪。某鄉此風尤盛，需索甚苛，而某甲思有以試之。某夜，於路旁竹叢中紮一草人，以長數丈之繩，一端繫草人上，一端立而自持之。候喊夜者過，將繩猛拉之，喊夜者聞竹叢振振作聲，又隱一物，似人非人，似鬼非鬼，乃大聲叱曰：「何物妖魔，還不速去，行將使翦刀法矣。」某拉如故。喊夜者曰：「爾豈真不畏耶？行將使飛刀法矣。」某拉之仍如故。喊夜者懼而急奔。某知其無術也，乃作鬼聲狂逐之。喊夜者大號，狂奔數里，某乃止。翌日，遇喊夜者，某故問其夜來何所見，喊夜者曰：「見一竹子鬼，已下翦刀法制之矣。」某甲笑曰：「此鬼却未死，然汝已將跑死矣。」喊夜者知受其愚，乃哀求勿聲張。某甲狂笑，遍告鄉鄰，自是喊夜者不敢如前需索矣。

京諺

京諺：「雨木架，達官怕。」蓋謂雪積林木，結冰如架也。相傳順治甲申春，曾有此異，明社以屋。光緒庚子春亦然，遂兆拳匪之亂。宣統庚戌冬，雪深數尺，都中居人又見此異。辛亥春，即患鼠疫，而滿洲、蒙古、雲南又有強敵進兵，官民惶駭。《漢書·五行志》：「長老名木冰爲木介。介者甲，甲，兵之象也。」諺之木架，實木介之誤也。

湘中童謠

湘有童謠，傳自明季，其辭曰：「張打鐵，李打鐵，打把翦刀送姊姊。姊姊留我歇，我不歇，我要回去學打鐵。打鐵一，蘇州羊毛好做筆。打鐵兩，兩個娃娃拍巴掌。打鐵三，三兩銀子換布衫。打鐵四，四口花針好挑刺。打鐵五，五個糉子過端午。打鐵六，六月不見早禾熟。打鐵七，七個果子甜蜜蜜。

打鐵八，八個娃娃砌寶塔。打鐵九，後花園裏好飲酒。打鐵十，十個癩子戴斗笠。打鐵十一年，拾個破銅錢。娘要打酒喫，仔要還船錢。」仔，小兒也。或曰，張、李者，卽獻忠、自成之讖。其打鐵一以下，均暗兆順治以後年號，然乎？

江寧童謡

道、咸間，江寧童謡有「蝴蝶飛過牆，江南作戰場」之語。又曰：「太平天子朝元日，南北分疆作戰場。」至咸、同間粤寇之亂，而語悉驗。

駱文忠平石達開之童謡

粤寇石達開之擾四川也，朝命兩湖總督駱文忠公秉章督師援剿。穆宗登極，調文忠督四川。時方攜湘兵隨征，而以記名道黄忠壯公醇熙、記名按察使蕭壯果公啓江分統之。忠壯、壯果先後陣亡。文忠率所部以同治壬戌四月擒達開於紫打，蜀亂始平。先是，蜀中謡云：「四川地土薄，硝磺用不著。若要太平時，除非馬生角。」「蕭」俗書作「肖」，蕭、黄同剿石逆，猶加二字於「石」旁也。治賊無效，故曰用不著。「角」「各」音近，馬生角，「馬」旁「各」字，指文忠之姓也。

京師多童謡

光緒乙酉、丙戌間，京師多童謡。時侍郎王文錦密陳於兩宫，謂將有西狩之兆。文錦固夙精天文家言也，且請移蹕西苑以禳之，遂詔修儀鸞殿而遷居焉。然庚子之變，文錦已前死，不及見矣。

石碑迴文詩

寶山石甕者，東莞八景之一也。在東莞常平鄉，距寶山三里，有地名胡口潤。宣統朝，築廣九鐵路，道此，鑿山，發見石碑。碑有文，每行十字。文云：「道本無涯際人愈好愈奇，人思維繫入扣算要知除，有邊日期口急須莫佛金，處半隄木金水合改子丹，據字垂大願人火人還九，憑會柳誓嘻笑八也西轉，證赴楊洪嘻笑九把方爲，引華著刧齊同九刀八立，少中趙歸璧完乃提面妙，移來濟船免巽離眼著玄，不點半字上會同合丁機。」

掘地者以碑送邑署，有研究之者得其讀法，蓋螺旋文之六字詩也。每句末一字，與下句連成，讀末一字之半。茲譯其語如下：

大道本無涯際，示人愈好愈奇。可知金丹九轉，專爲五妙玄機。幾個合同會上，一字半點不移。多少引證憑據，處處有人思維。絲絲入除扣算，莫要佛子還西。四方八面著根，艮離巽兑船濟。齊來中華赴會，二字半邊日期。其口急急莫改，文人也把刀提。是乃完璧歸趙，甫著楊柳垂堤。是木金水合火，八八九九同齊。齊刼洪誓大願，原人笑笑嘻嘻。

其語似謡似讖，可解而不可解。然有釋之者曰：「五妙，謂漢、滿、蒙、回、藏五族也。合同會，謂三合會、同盟會也。中華，謂改帝國爲中華民國。革命志士初在海外，至是乃相率而歸也。文人提刀，謂宣統辛亥革命，從軍者多文人也。完璧歸趙，謂隆裕后率宣統帝以政權還之漢族也。」

古讖應今事

古讖云「天羅地網」，上有電線，下有鐵道也。「一條路上來，一條路上去」，電車也，鐵道也。「只聽見説話，勿看見人」，電話、留聲機器也。「日行千里，夜走八百」，捷駛快車也。「自説自話」，演説家也。「讓你着天飛」，飛艇也。「順風耳朵」，無線電也。「高帽子」，朝冠也。「千里眼」，望遠鏡也。「放吸相」，放大照相也。「人舉人」，選舉也。「像煞是個人」，蠟人也。

天安門之讖

京師天安門，卽明之承天門。李闖入京時，拔箭射「天」字不中，投弓大詾。左右慰之曰：「有天命者任自爲。」李大怒，欲殺之。蓋其時本朝在滿洲，國號後金，年號天命，闖誤以爲指本朝也。後果成讖語，故易「承天」爲「天安」焉。

王亶望聯讖

順、康間，蘇妓有卿憐者，以色藝著稱。及笄，爲浙撫王亶望所得，嬖之甚。繡闥中懸一聯曰：「色卽是空空卽色，卿須憐我我憐卿。」王後以貪敗，或謂爲色空空色之讖也。

吹簫不用竹之讖

大兵入關，張獻忠爲肅武親王豪格所殪。相傳獻忠曾於塔中拆出一碑，文曰：「造者余化龍，拆者張獻忠。吹簫不用竹，一箭貫當胸。」獻忠覩之，怏不悅。一日，乘馬巡行，王望見之，援弧一發，獻忠應聲而落，其徒亟奔救，死矣。人始悟所謂「吹簫不用竹者」，蓋肅武親王之「肅」也。

廿釐錢之讖

康熙時鑄錢，輪廓最闊，質純而肉好。時沿用順治圜法，其背右刊滿文，左刊漢文。文爲地名，錢爲某地所鑄，即刊某地名一字於背。如江蘇爲蘇字，省名也；宣化爲宣字，府名也。雍正以後，始全用滿文。其後，民間有集其錢以爲廿釐錢者。蓋錢背有漢文地名，而其數最多者，厥惟康熙時，都凡二十種。復次其文，綴爲五言四句，以音韻諧之，曰：「同福臨東江，宣原蘇薊昌，寧河南廣浙，臺桂陝雲漳。」有以第一句之「福臨」，謂指開國而言者，蓋此二字爲世祖御名也。第二句首以「宣」字，隱指國運至宣統而終。第三句有「河南」二字，第四句終以「漳」字，爲隆裕后率宣統帝退位以組織政府，全權授與袁世凱，爲其興於河南漳水之兆也。

王用和字讖

王鼎，字用和，丹麓子。器度端重，聰慧性成。喜讀書，師與講習，便了了，行文亦時露新穎。八歲學吟詩，有「無情風雨過，花落不成春」之句。客有談及紅顔薄命者，則舉《大學》集注中「夭夭，少好貌」一語爲證，以爲「夭」字讀作上聲，即殀義也。十二歲即殤，識者謂爲讖焉。

丁飛濤詩讖

少年詩必避蕭瑟語，丁飛濤儀部澎嘗詠蝶云：「愛爾飄揚意，依人冉冉飛。高低惜芳草，浩蕩弄春暉。有夢長爲客，無家尚憶歸。故園風物變，楊柳未應稀。」五六二句，羣歎其有神采。柴紹炳見之，愀然曰：「飛濤少年登第，風雲路闊，忽作此酸楚語，當非佳祥。」已而果被謫出塞。久之歸里，故宅已售之他人，百物更變，惟垂柳數株，翳緑如昔，人謂爲詩讖也。

田玉娥詩讖

童筠，山陰人。遊毛西河之門，工詩文。幼聘姑女田玉娥，未婚，而童以事北上。田送之，詩曰：「錢塘相送遠，過此是杭州。月杵春鄉夢，霜砧搗客愁。渡頭千樹老，江上一帆秋。無限臨歧意，東西水自流。」後童竟不歸，田亦夭亡。

賀希白語讖

獲嘉賀希白孝廉行素，於康熙甲辰下第歸，乃搜家藏廿一史、十三經暨諸子百氏之書，羅列几案，寢饋其中，嘗累數日不出。乙巳夏，避暑城東亦在園，偶感風露，急入城，遂歿。月前，忽書於壁曰：「出生平所讀書，再一披閱，與之作別。」不謂遂成語讖也。生平嗜讀，卒用以老。嘗自言人當多識古賢豪行事，稍知趨向，庶不汩没流俗。

尚之信字讖

康熙丙辰二月，尚之信約衆謀逆，送僞印於吴三桂，自稱暫管輔德將軍。丁巳五月，反正歸朝，自稱暫管平南親王。識者謂其前後兩銜，俱以「暫」字冠首，於義爲斬頭，禍形已兆矣。

高宗詩讖

乾隆庚辰，高宗親製《歲朝圖》，御題詩有「榑木初輝少海紅」句。又識云：「庚辰元旦試筆，得長律二首，書之幀端，以迓新韶嘉慶。」是年十月，仁宗誕生，於是「少海初輝」句已成佳讖。迨乙卯正位青宫，丙辰内禪受璽，兩字紀元，適名嘉慶，可謂巧矣。

癡和尚語讖

癡和尚，不知所從來，或云沈姓，或云孫姓。冬夏一衲，與人言，無莊語，間且謾駡，然事後多奇驗。不飲酒，惟好食肉，無多寡皆盡。張大木耽禪悦，多方外交，樂與晉接。時聖祖春秋高，理密親王再廢，主鬯未卜，意和尚前知，作禪語探之曰：「佛將成道，誰能受衣盋者？」瞪目曰：「何問爲！衣盋久已付汝。」未幾，世宗登極，計其時，御名已藏正大光明殿扁後矣。

王少宰母蔣太君尤重之，供養宅中。一日忽曰：「今夕我欲卧太夫人床上。」告之，太夫人曰：「和尚放顛，必有所爲。」卽遷别室，讓榻與之。夜半，棟折榱崩，舉室驚起。太夫人曰：「吾有壓厄，和尚感我恩，故以身代。」方搶攘間，和尚從瓦礫堆中闖然出曰：「誰作惡劇，妬我卧此，竟拆屋去矣。我夢未醒，無已，當另覓一覺耳。」

和尚旋居松江西林寺之萬佛閣，衲外無他物，惟挾一竹笥，緘之甚固，每出，必告常住曰：「愼視我篋，勿私啓。」後有一遊方僧來，聞其語，竊發之，僅一敝衲，包一小狗，目尚未瞬，似初出腹，急緘之。和尚歸，卽怒罵曰：「戒若等勿啟，今違之，此地不可居矣。」卽躍秀野橋湍流中。視之，死矣。三日不流，亦不仆，第四日不知所在。復啓笥審之，并小狗亦渺。羣謂狗乃畜生道中得悟者也。

黄仲則詩讖

武進黄仲則少尹景仁，風儀俊爽，秀冠江東，客死安邑。人傳其過平遥絶句云：「疑是晉卿魂未泯，九原風雨逐人來。」詞雖警絶，信爲詩讖。

董耕雲畫讖

董耕雲，名椿，爲青浦五峯太史之子。工畫山水，及入都，又受其宗人文恭公誥之指授，藝益進。

纂修四庫館書成，議敘，得縣尉，分發陝西。旋署某縣事，卒於官。生平酷愛三秦風景，楮墨間時及之，不意竟終於陝，人謂爲畫讖也。

洪稚存字讖

洪稚存太史亮吉遣戍時，一日，自巴里坤赴伊犂，行至一地，馬忽掣韁奔逸，從削崖陡下，雙輪齊覆，轅馬壓身幾死。歷一小時許，始遇救得甦。及抵前汛，問失事處地名，則蘇吉也。歎曰：「落鳳、柏人，類皆前定，乃竟不爽如此。」

趙雲崧口頭讖

趙雲崧觀察翼與洪稚存生同里，長同官京師，晚年同致仕。歸陽湖，居密邇，朝夕過從，固極相得也。趙嘗戲語洪曰：「君他日當爲吾誌墓。」洪曰：「如此，則君當早逝，待吾下筆。」趙笑曰：「遲余死，正以延君壽，反相促耶？」後洪果先卒。趙深悔失言，常舉以告人，謂爲口頭讖。

江秋史碑讖

揚州江秋史侍御爲安慶守恂子，乾隆庚子進士，博雅能詩，嗜古碑帖，凡周、秦、兩漢、魏、晉、六朝、唐、宋、元、明之金石文字，搜羅殆遍。乾隆壬子，金匱錢梅溪在京師，與之過從。時秋史方奉父諱，一日，以高二三寸許之青田石一塊，琢爲漢碑式，極古雅，上刻云：「君諱德量，字量殊，江都人，太守君之元子也。舉進士，官御史。世精古文，金石竹素，靡不甄綜。乃於乾隆五十七年霜月之靈，刊兹嘉石，以傳億載」云云。其明年癸丑，秋史將服闋，卒於京師，知之者咸以爲碑讖也。

失隆慶之讖

嘉慶丙辰，秦蓉莊都轉購得族人舊宅，曰寶仁堂。土中掘得一小碣，上有六字，曰：「得隆慶，失隆慶。」此屋蓋建於明隆慶初，至乾隆乙卯冬，始有成議，至嘉慶丙辰交價，故曰「失隆慶」也。

畢秋帆語讖

畢秋帆爲兩湖總督八年，忽以事降山東巡撫，心轉喜之。未幾，復任兩湖，乃愀然不樂，謂人曰：「吾將終老於斯乎？」已而苗匪起事，領兵堵禦，歿於當陽。

紅羊刼讖

粵西某邑令賈某，在粵寇洪秀全家，搜獲邪教書二本，入教人名册十九本，命書一張。洪生於嘉慶辛未八月十六日未時，未屬羊，正應紅羊刼之讖。

包裕詩讖

臨桂陳繼昌，初字哲臣，嘉慶癸酉以第一人舉於鄉，名守叡。古文「叡」字。迨庚辰春，以夢更名繼昌，字蓮史。凡科捷會狀，蓋三試皆元也。邑故因山爲城，東北曰伏波門，有山曰伏波，山下有洞，瀕江，曰還珠。明正德丁卯，雲南按察司副使包裕有石刻詩云：「巖中石合狀元徵，此語分明自昔聞。巢鳳山鍾王世則，飛鸞峯毓趙觀文。應知奎聚開昌運，會見臚傳現慶雲。天子聖神賢哲出，廟廊繼步策華勛。」後注云：「伏波巖即還珠洞。有石如柱，向離石二尺許，讖云：『巖石連，出狀元。』」陳大魁之歲，石果將連，蓋滴乳積漸黏屬也。陳名與字之四字，見於包詩後四句者凡三，亦奇。其初應童子試，縣府院試亦皆第一，時謂之大小三元。

道光宇宙之讖

陳蓮史應嘉慶庚辰科會狀時，其廷試策首頌揚處，有「道光宇宙」字，逾年而宣宗登極，紀元曰道光。

蔡二梅賦讖

蔡二梅上舍壽昌甫成童，以《白桃花賦》得名。旋貢太學，即往粵東尋親。比歸，而喬梓相繼殂。

有一子，亦殀。二梅嘗自謂出牆枝開最先，其受風霜也早，花亦易隕。此言竟成讖語。

耆英字讖

耆英性豪侈，家有園，曰成趣。其廳事悉以奇石嵌壁，引水自屋角出，散注四隅，四時作瀑布聲。承塵皆名人詩畫，縱横點綴。園有巨石，高可三丈，上鐫「介於石不終日」六字，爲耆所自書，曰：「此石得之西城某王府，鐫資且數千金。」未旬日，耆即以《江寧條約》被譴。

咸豐年號之讖

粤寇洪秀全起事於廣西桂平縣之金田村，時道光庚戌之六月也。其後蔓延十六省，陷六百餘城，爲禍甚烈。至同治朝始平，蓋歷十五年之久矣。當文宗即位改元咸豐之時，有童謡云：「一人一口起干戈，二主爭山打破頭。」

粤寇僭號之讖

咸豐壬子，江南鄉試題爲「道之以政」一章。有某生於是科中式，其文收束處作頌揚體云：「行見德禮之化，聲教四訖。東西南北，來享來王；俊秀造選，汝爲汝翼，稽首而上太平天子之頌也。」是時粤寇之難初萌，而彼中之國號、王號等字樣，均已一一見於文中。

同治年號之讖

穆宗登極，改元同治，雖僅御宇十三年，卒成中興之盛。當改元時，有紀其事之詩，中有云：「一國干戈浄，三台氣象新。」蓋上句指「同」字，下句指「治」也。

女字之讖

同治朝，太監安得海之至德州也，呵斥官吏，索供張無厭。其在舟中，品竹傳歌，連宵達旦，且敢陳設龍衣，招摇震炫，兩岸觀者如堵。及自泰安逮捕至省，有候補令何某伴送之，在逆旅中，按牙譜曲，讌飲甚歡，並言回京後當令超遷不次。又言曾求帝御書，帝書「女」字與之。「女」乃「安」字無頭，意者非佳讖耶，而不知卽應於目前也。果不久而爲丁文誠公寶楨奏請就地正法矣。

王濤賦讖

寶應王濤，幼聰慧，爲文恆不起草。同治甲子中秋夕，挈奴掉舟遊射湖，月鏡當空，湖光如雪，酌酒臨流，興致閒適，婆娑月中，口哦所賦詩。奴忽見其行水上，如履平地，漸遠，不知所之，蓋已隨屈大夫游矣。其兄泓哭之慟。一日，檢遺篋，得《歸濤賦》一篇，中有曰：「喜溢流之茫洋，悲康衢之陂陀。追伍公於胥江，招屈子於汨羅。署陽侯而擊鼓，導洛女以放歌。路漫漫兮浩淼，天不旦兮奈何！」蓋早爲之讖矣。

館會閒雲之讖

京師有松江會館，在前門外大蔣家胡同，初名雲閒會館。道、咸以來之僦居其中者，自鄉會試士子外，類皆閒曹旅宦、寄居眷屬。或曰：「雲閒會館四字，逆讀之，則爲館會閒雲，殆皆無心出岫之閒雲乎？」因改「雲閒」爲「松江」。自是不十載，卽稍稍有致身通顯者矣。

楊叔嶠聯語詩鐘之讖

楊叔嶠京卿鋭爲光緒戊戌被難六君子之一。初以其兄病歿京師，北上運匶，因與康廣仁等五人諸，後遂及於難。其所居大門有聯曰：「月中漸見山河影，天上新承雨露恩。」上句爲宋蘇東坡《八月十三玩月》詩，「漸」字乃三點水加一「斬」字，而楊竟於八月十三日棄市。

叔嶠初官内閣侍讀，嘗與同僚結社，爲詩鐘。一日，以鶴膝格詠「來」「霸」二字。叔嶠得句云：「抽刃我思來叔壯，拔山人笑霸王愚。」其後戊戌之難，上下兩句皆應，殆語讖也。

林暾谷詩讖

侯官林暾谷京卿旭爲光緒戊戌被難六君子之一。初頗事冶游，歡場中時有身世之感，有《與陳石遺丈大興里飲罷過宿有歎》詩云：「往日矜夸一任謾，遠來共醉事殊難。高樓罷酒天初雨，短榻挑燈夜向闌。流落傾城同一歎，忖量終歲得多歡。此懷恐逐晨鐘盡，留遺回腸報答看。」是夜座中所述，矜奇似詭，足悽斷也。又有《戊戌元日江亭卽事》云：「倚闌雲起亂鴉呼，黯黯西山望未無。乍入閶虛催夕景，還連風色落平蕪。主憂避殿當元日，臣職操兵見嗇夫。如我閒官神所笑，何祥欲問自疑迂。」此以是年元旦日蝕，偕友詣江亭觀音大士問籤而作。相傳籤詩中有「巴蜀湘閩」等字，含有四章京被禍語意，當時固不覺。而詩中「主憂避殿」、「臣職操兵」各語，詩讖分明，已見圍攻頤和園、孝欽后訓政、德宗禁處瀛臺諸兆矣。又《直夜》云：「鳳城六月微涼夜，省宿無眠思欲殫。月轉觚棱成曙色，風搖燭影作清寒。依違難述平生好，寂寞差欣咎眚寬。身鎖千門心萬里，清輝爲照倚闌干。」呈《太姨丈》云：「聞命書思旣竭才，池亭起早獨徘徊。寒生曉夢知方雨，雷轉秋陰喜漸開。救僞未妨行督責，乘時自合仗雄才。先生平日吾師事，試問如何區畫來？」此二詩，爲參與新政時所作，去被逮不及十日，暾谷爲章京纔十日而難作也。詩意清悽，似《雲栖謁蓮池大師塔》之作，而踧踖不寧處過之，曰「無眠」，曰「思欲殫」，曰「依違」，曰「差欣咎眚寬」，曰「旣竭力」，曰「猶徘徊」，曰「如何區畫」，其自知力小任重，自憂自危者至，而終不得脫也。「身鎖」二句思其婦，「寒生」二句尚望事機可轉。言爲心聲，哀哉！

李連櫻之讖

京師某園有李樹一，與櫻樹相隔尋丈，忽枝幹交插，兩樹合抱。都人呼之曰李連櫻，咸謂若不斬此，國無太平之日。未幾，而遂有權閹李蓮英用事矣。

王上有白之讖

醇賢親王墓近萬壽山，山勢環抱，墓如坐椅中，泉水繞前，後有銀杏樹兩株，高矗如蓋。俗謂銀杏爲白果，或造讖語曰：「王上有白，乃皇字也，當數世爲天子。」時光緒戊戌，孝欽后正以囹頣和园事惡德宗，聆此言，思有以破壞之，遣人督木工鋸銀杏，其中多蛇，悉被傷毁。旋有一蛇出，長尺許，金色紅頭，又有一稍大，亦紅頭，均昂然不動。焚香祝之，始去。至庚子，拳亂作，其人固頭戴紅巾，而口誦符咒者也。

紅燈照之讖

自光緒甲午中日之役後，某邑北鄉濬河獲殘碑一，字漫漶不可辨，惟二十字可讀，文曰：「這苦不算苦，二四加一五。紅燈照滿街，那時纔算苦。」至庚子，拳匪作亂，其徒黨有女子曰紅燈照者出，乃始悟爲讖也。

徐小雲語讖

光緒庚子春，海鹽徐小雲尚書與錢塘汪柳門侍郎鳴鑾同在朝。侍郎一日與尚書宴飲，談及時事，輟箸太息，謂將決意告退，當避暑於西湖。並述且過「子游子」「棄甲曳兵而」二句，蓋謂過夏即走也。洎八月，拳匪難作，尚書被誅，而讖應矣。

劉可毅名讖

武進劉葆楨檢討可毅，光緒戊子會元，於會試前自更此名，同人莫之知也。及榜發首捷，報錄至青廠武陽會館，館人曰：「吾武陽無此劉可殺也。」由是人輒以可殺戲呼之，劉每忽忽不樂，常攬鏡自照曰：「吾名詎真成讖耶？」庚子拳匪亂作，葆楨先已出京，俄復折回，亂後，蹤跡杳如，傳聞於通州遇害矣。

張文襄語讖

張文襄枋政時，一日以尚未叫起，在退值室閒坐。某親王曰：「我今日手甚冷。」文襄曰：「王爺手冷，即應烘。」「烘」與「薨」同音。王猶不知其爲戲語也。一章京適以白事入内，聞而微笑，王頓悟曰：「我命值班蘇拉取一火盆來，大家烘，可好？」文襄曰：「我不烘。」王笑曰：「中堂年高，自然讓中堂先烘。」文襄果於是年薨，成讖語矣。

陋室銘之讖

唐劉禹錫任和州刺史，作《陋室銘》。光緒季年，德馨此與撫江西之德馨爲二人。牧和州，其名與《陋室銘」中語恰合。

馬薦葵詩讖

馬照臨，字薦葵，性倜儻，嗜吟詠。某年冬，應郡試，居淝城甚久。一夕，詣包孝肅祠坐月，得句云：「浩氣空隨流水去，娟娟寒月照何人？」次日，攜稿呈其師。師見之，驚曰：「子其欲騎長鯨以追青蓮乎？何敗興乃爾！」立命筆，易「空隨」爲「不隨」。薦葵猶作豪語以應之曰：「信如是，某之願也。」未幾，試畢歸，渡巢湖，中流遇風，舟覆，果落水死，此詩讖也。

金川門碑讖

江寧金川門歷久閉塞，粵寇未亂時，將軍某曾一開之，旋閉塞如故。光緒戊申，端忠愍開府兩江，倡築寧省鐵路，由此門以達督署。闢門後，在門外開溝築路，濬泥至七尺許，發現石碑，四旁剥蝕，長可六尺，闊四尺。諦視之，石有二，上下對合。匠人以鐵鑱劈開，下方石面刊有隸字云：「此路變成鐵，大清江山滅。」旁有「諸葛武侯書」五字。時南匯黄芷安在旁親睹之，同觀者皆愕然。或以省垣龐雜之地，易起謠言，遂舁入督署祕其事。

宣統年號之讖

宣統帝嗣位，年號既定，有引以爲憂者，曰：「日宣三德，曆算三統，皆暗含「三」字。日月星爲三光，「光」字下似「九」字，三三爲九。且「統」字偏旁之「充」，遠視之幾與「色」字相類。今之天下，危機四伏，窺竊神器者所在皆有，統治全國之期，恐至三年而將不臘也。」

城門名讖

京師於元爲上都，明與國朝因之。或於正東西三門之命名，作一解云：「曰正陽，曰崇文，曰宣武，皆昔時舊稱。而元之亡也，年號至正，則爲正門之占驗焉。明社之亡，年在崇禎。今者國祚之移，號曰宣統。蓋崇禎時以文臣庸闇而亡，宣統時以發難於武人而亡也。」

端忠愍詩讖

長白鍾子英郎中靈嘗客端忠愍幕，嘗爲人言忠愍督兩江時，一日晝寢，夢中得句云：「天津橋上杜鵑啼，啼罷樓頭日已西。千載不消亡國恨，夢魂長繞蜀山陂。」一時不解所謂，忠愍亦自恐其不祥。及宣統辛亥秋蜀中亂事起，忠愍奉命入蜀，爲亂兵所戕，詩乃成讖。子英又述忠愍之斷句，如「碧梧葉落天如洗，黃菊花殘雁始歸」，「驚心寒北新寒早，回首江南舊夢非」，「野花爛漫春三月，芳草芊綿貉一邱」，「天意蒼茫憑氣數，詩心哀怨誌温柔」，多係蕭瑟之音，不類開府兼圻者之口脗。言爲心聲，宜不得其死也。

陸文烈文讖

陸韜厂爲陸文烈公鍾琦之子，光緒某年，蹈海死，文烈自爲文以祭之，中有云：「汝與汝弟光熙書，謂汝處前日之苦境則生，處今日之樂境則死。汝真以我今日之境爲樂境乎，抑恐汝父他日之死於樂境而故爲是説乎？」宣統辛亥，革命事起，文烈果殉義於山西巡撫任所。

並頭花之兆

宫中所蒔之花，凡開並頭者，宫人羣以爲瑞，相戒不折，以爲得幸之兆。

尚書大學士之兆

進士釋褐，有授翰林院庶吉士者，必入庶常館肄習。到館日，人各持《尚書》一部、《大學》一部以進，由教習庶吉士以硃筆標月日於簡端，俾各挾以歸，若蒙童入塾受書狀，爲將來得以尚書晉大學士之吉兆也。

王文簡詩兆

順治己亥，王文簡客京師，聽劉體仁吏部操琴，贈以詩云：「與君更作他年約，黄鵠山中訪戴行。」及壬寅，竟相遇於宋戴顒故居之京口黄鵠山，始悟前詩之兆。

旗竿被焚之兆

康熙甲寅二月，兩廣總督轅門前之旗竿，白晝飛火，忽焚其右，焦灼過半。是年孫延齡叛，竊踞桂林，大軍攻之，屢爲所挫。

梅着花之兆

康熙己未，施愚山侍講家寄雲樓下之老梅，忽著花四枝，兩枝指城南，一枝指南隣，一枝向宅中。是年，愚山以少參政改侍講，同薦者，高詠則爲其南隣，孫編修卓、茅編修薦馨則皆居城中也。詠，字阮懷。

包穀李樹蟾蜍之兆

西藏及苗匪邪教未起事之前，川中所種包穀，根下宛如人首，眉目畢具，李樹忽生刀豆。一日早起，成都北門忽閉不得開，視之，有大蟾蜍百萬填塞，日高始散。

潮過唯亭之兆

蘇州城東三十里，有唯亭鎮，海潮過此，預卜大魁，諺云：「潮過唯亭出狀元。」彭尚書芝庭居唯亭，門臨葑溪。雍正丁未，有人於溪頭晒上得一石首魚，魚爲海產，蓋乘潮而至也。是年，彭果大魁天下。

蟲荒之兆

乾隆乙亥，江以南蟲荒，四府不登。其冬，蘇州葑門、盤門外紅燈四集，有人馬之聲。次年春，瘟疫大作，死者枕藉。

槐樹鵲巢之兆

每會試年，內閣大堂西槐樹，鵲結一巢，則中書得鼎甲一人。乾隆乙未，結數巢，狀元吴錫齡，榜眼汪鏞，探花沈清藻，會元嚴福，果皆由中書通籍。

福文襄死兆

福文襄王康安將薨前一日，發兵之際，大霧迷漫。王怒，命以槍礮轟之，頃刻霧開天朗，無纖雲點綴，空中震雷忽起，擊營前大石如粉。王不懌，次日遂薨。駐兵之地，名背子坡，前爲打狗河。「背子」與「貝子」同音，王本命又屬戌也。

齊息園死兆

天台齊息園宗伯召南主講杭州敷文書院時，每當山雨欲來，雲氣滃起，必識其處。及霽，使僮往劚之，輒得一石，上有古篆「雲」字，積久至盈篋。最後得一石，上有「天台丈人」四字，狀若雕刻。自此遂不復見，而齊亦不久歸道山矣。其後山長馬秋藥履泰課士，嘗以雲起石爲題，令詠其事。

蔣礪堂重至會經堂之兆

蔣礪堂相國以乾隆戊戌入泮，時方十齡。後入翰林，道光乙酉大拜。偶於舊簏檢得童試卷之浮簽，有「蔣攸銛，年十歲，廂藍旗金文淵佐領下，身小，面白無鬚，習《易經》，坐東文場餘字第二號」三十三字。此號在聚奎堂後會經堂席舍中也。次年丙戌，典試禮闈，復至會經堂。此紙之出，若爲之先兆。相國因令順天學官將是年滿洲、蒙古、漢軍入泮諸生姓名注明旗籍，彙爲一冊，裝池而什襲之，而乞曹盧英諸相題以詩。

雪中榴開之兆

寶應卞頌臣制軍寶第，幼年讀書於南門城樓，早出暮歸，率以爲常。城樓有寺曰觀音樓。老僧湛圖憐其貧，時餡以虀粥。太夫人賃屋城隅，紡績以佐中饋，又爲人澣衣。庭側有石榴一株，久不著花，是年冬，嚴寒，積雪旬日，忽絳英照人，則石榴花吐豔也。里人大駭，以爲不祥，制軍亦竊竊憂之。太夫人顧而笑曰：「吾家衰落，至汝輩而已極，縱有不祥，更無有不祥如今日者。吾聞土旺則木滋榮，意者汝將光大門閭乎？」次年，制軍舉於鄉。及貴，太夫人特命於里第建一廳，顏曰榴瑞堂，以示不忘。

早立登基之兆

咸豐癸丑三月，粵寇破揚州，將北窺淮海，東竄裏下河一帶。淮安、山陽、鹽城之民倡以棗、栗、燈籠、雞子犒寇，蓋寓「早立登基」之意以諛之也。

烽烟太平之兆

江寧城中火星廟有鐵鑪一座，上有「烽烟太平」四字。粵寇洪秀全據江寧時，侈爲祥瑞，令數百人舁之，徧行城中，然後取以入府。

伐椒之兆

寶應城東門有屋一區，故劉氏產也。王文勤公凱泰幼時讀書其家，偶食椒，見其青葱可愛，因以一枝插地上曰：「若吾他年讀書有成，則此枝當活。」閱三十餘年，高過屋檐。文勤以道光丙午登賢書，庚戌成進士，同治時由編修擢浙臬，俄移粵藩，遂遷閩撫，而此屋亦爲其所有，其樹更盛。久之，或言椒不留子，苞一啓，子即墮落，恐不利於子孫，乃議伐之。其次媳爲俞曲園之長女，力阻之，不可。未及二年，文勤自臺灣歸，卒於福州，妻劉夫人則先文勤二月而卒。

豬頭落地之兆

富陽宋紹唐，乾隆時富人也，僕從以百計。至光緒初，其宅附近屠肆之架，所懸豬頭忽落地，跳而行。市人逐之，亦不顧，直入徐門而止。於是徐姓衰落，今且饔飧不繼矣。

留辮之兆

吳興有廖北江者，曾游學日本。瀕行，翦髮辮以與妻，謂可作紀念。既二年，以肺疾死於醫院。院中人懼傳染，火葬之。其友攜其遺篋及臨終之函以歸。妻痛甚，取衣冠與遺髮，招魂葬之，人稱之爲髮塚。廖喜讀鄞人周齊曾囊雲《髮塚銘》，其文爲乾隆時鈔本，鄞志中亦載之，第起訖不完，廖嘗就皇父鵬九架上所藏舊本鈔之。死後，或檢其遺篋，則此文尚存，且有文書後，中有云：「斬除煩惱絲，笑我亦髡頂。」是語竟成讖也。

秦聲之兆

內廷向演崑曲，光緒時則尚秦聲，即梆子腔也，說者知有六飛西幸之事矣。

帝王樹之兆

京西有潭柘寺，中有銀杏一株，數百年物也，俗以帝王樹呼之。每易一朝，則生一幹。咸豐時所生者，爲旁簷所礙，止而不長。同治時所生者，忽爲大風吹折其梢。旋於折梢之一幹旁，復生一枝一幹，兩歧並出，適符光緒、宣統兩朝入繼大統之兆。

失街亭洪羊洞碰碑之兆

宣統辛亥八月十九日武昌兵變，翌日，都人始知之。而西安市場某戲園，適於二十、二十一、二十二三日，邀譚鑫培至園奏技，觀客雲集，後至者不得座，雜立人叢中，闐咽無容足地。其所演劇目爲《失街亭》、《洪羊洞》、《碰碑》。或曰：「此非佳兆也。」

李肯堂生平逢九數

李繩武，字肯堂，廣東韶州人。本窶人子，以居積起家，至暮年而素封矣。生平所值，多是九數。蓋其父於四十九歲生繩武，至六十九歲而卒。繩武十九歲始出學賈。五十九歲歸老於家。生九子九女。六十九歲時，其繼室年三十九，又生一子。未幾，其第四子卒，仍爲九子。子各娶一婦，無娶妾者，女之夫亦無娶妾者。九子九婦，九女九壻，有孫十九人，外孫男女二十九人。光緒乙亥正月初九日，其九十生日也。

吉夢惡夢

睡時依身體内外之刺激，感覺中惹起半意識之狀態，曰夢。古代東西各國，多視爲不可思議之神權。近依哲學及生理學之條件推測，謂夢之成立，由感覺中樞之神經細胞因睡停止作用，蓄積勢力，故腦髓之一部分興奮甚强，影響於血管，使血液集於其處，而成幻象及錯覺也。

《周禮·占夢》，季冬聘王夢，獻吉夢於王，王拜而受之。鄭注："聘，問也。"俞曲園謂聘猶《月令》聘名士之聘，曰禮來之也。下文云："乃舍萌於四方以贈惡夢。"注曰："贈，送也。"惡夢可以贈之使去，則吉夢亦可聘之使來。

太宗翔鳳樓之夢

崇德丙子六月，太宗御翔鳳樓，偶假寐，夢人請曰："和碩穎親王薩哈璘乞賜一牛。"如是者再。寤，以問希福等，皆奏曰："此皇上悼念所致。"上曰："不然，當别有故。"於是希福檢會典，凡親王薨，初祭，例賜一牛，穎親王初祭未用牛也。上乃命致祭如禮。薩，爲太祖孫，禮烈親王代善第三子也。

俞望屺母夢魁光

餘杭俞望屺大令生時，其母夢有魁光繞屋，因名魁，後改名甡。宰長沙，有吏才。一日，指空中曰：「有魁光引我，吾逝矣。」未幾卒。

趙函乙夢兜鍪神人

趙函乙，合肥人，順治丁亥進士。督學江西，一日，行洪州道上，夢有冠兜鍪之神人，引至一敗廟，指黃幕中而語曰：「此君前身也。」次日，至追賢坪，見道側有古廟，已頹落，入視之，宛如夢中。土人云：「是宋時密都統廟。都統名佑，合肥人，與元將血戰死，廟食三百年矣。」趙嗟異，因重新其廟，自爲之記。

陸麗京因夢尋太和山

陸麗京嘗游嶺南，時前進士知臨清州事金堡遯跡浮屠，南雄陸太守世楷爲闢丹崖精舍，緪鐵鎖以上，麗京依之。一夕，夢至琳宮，丹梯碧瓦中，有神建龜蛇之旐。寤，對寺僧言狀。僧，楚産也，乃曰：「此太和山也。」麗京遂易道士衣，往訪，竟不知所終。

陸次山詩夢

仁和陸次山刺史璣嘗仕蜀，及歸之前夕，夢一麗人搴帷入，曰：「仰君名久矣，今將南旋，有詩，請續之。」誦云：「空山期故人，花落滿牀雨。」次山曰：「此不可續者也，敢謝不敏。」固請，應聲曰：「我將渡巴江，歸心一春苦。」其人曰：「可矣。」問其姓氏，俯首不答，微頷而去。次山寤，乃語人曰：「明朝盧刺史爾惇之女，色藝雙絶，後隨父殉張獻忠難，埋玉城西，豈其人耶？」

笪重光夢其父

順治朝，句容笪重光將應鄉試，夢其父告曰：「汝科名在朝天宮羽士某筆頭也，盍訂交焉。」及醒，不解所謂。逾日，夢如前。異之，乃詣宮投刺。一見，歡若平生，棋酒琴詩，往還無虛日。及九月寫榜，執筆者即朝天宮羽士也。唱名至笪重光，羽士應聲落筆。監臨蹙額，怪其姓之音與「韃」同，觸本朝忌，請易之，使者亦以爲然。羽士曰：「其名已繕榜矣。」監臨叱曰：「汝知笪字作何寫？」曰：「竹旦耳。」衆曰：「命也！」逾年，成進士，後官侍御。

鄧肯堂夢神示字

鄧林梓，字肯堂，常熟人。順治丁酉，將赴省試，祈夢於韋蘇州廟。夢示以「中式力田」四字。肯堂竊意是科可中，但當從此知止，歸老田間，無望甲科矣。迨榜發，邑中中陳溯潢。溯潢父名式，「力田」者，合之爲「男」字，言中者式男，鄧無分也。

喬夢蛟童試前之夢

喬進士夢蛟年十四五時，將應童試，忽夢一人如俗畫張仙像者，謂之曰：「汝欲登第，須與董含同榜。」驚寤，遂識於簡端。喬長董一紀，時董雖生，尚未命名也。後每試，必檢董名，不可得。及董入泮，喜曰：「果有是名，有是人矣。」順治辛卯，喬中式，戊戌成進士，董於甲午鄉薦，疑夢不足據。及辛丑，喬補殿試，董適於是科捷禮闈，遂與之同赴殿試焉。

管世俊夢中狀元

遂寧李如石，名實。令長洲時，有賢聲。明亡，隱於上清江，子靜從之，教授生徒，躬耕自給。村人管世俊方弱冠，往受業焉。一日，世俊對靜大笑，實問之，世俊曰：「我夜夢大哥中榜眼，我中狀元，故笑。」實勸勉之。未幾，世俊死，以爲前夢不驗。順治辛卯，靜舉於鄉，又十年辛丑，成進士，廷試果第二。是科狀元乃溧陽馬世俊。既而世俊之父來賀，實言及前夢，則曰：「亡子原爲馬姓，隨母來者。」實益異之。然不三四年，而溧陽馬世俊亦死。

周計百夢金聖歎

周計百司李某郡，讀才子書，慕金聖歎之爲人，遣使賫舟車費往迎之。聖歎適爲唐詩選，未赴也，然已心許之。至明年，計百夢一人，披髮跣足，聳身案上，蒙面而泣曰：「我聖歎也。」晨起，謂客曰：「聖歎休矣。」遣使再至吴門，始知夢中之夕，卽聖歎絶命之晨，時爲順治辛丑也。獄具，聖歎與十七人俱傅會逆案坐斬，家產籍没入官。

蔣伊兩夢

順治進士蔣伊求嗣於蘇州之雲巖，夢有僧指執錫杖之二童爲之子，因舉長子，名之曰陳錫。後爲雲貴總督。晚年嘗曰：「吾命中尚應得一子。」久之，夢其中堂曝錦被，有龍蟠於中。適佃户曹某送租，并攜其女至，甫十餘歲，裹舊錦衣而嬉笑。見之大驚，遂留納之，生文肅公。

毛癱子夢中足直

天長有養濟院，留養羣丐，毛癱子實主之。毛有妻有妾，某歲除夕，妻妾置酒飲之。毛夜半睡熟，夢一金甲者攫其衣領起曰：「上帝直汝矣。憐爾一廢人，能脱三人死。」乃又以一手曳其足，曰：「直。」毛大驚，循牆走。妻驚起，以火視，曰：「誰耶？」曰：「我。」曰：「何爲走也？」乃告之夢。曰：「走猶夢乎？」曰：「醒也。」曰：「何時活三人者？」曰：「昨也。」

先是，毛於除日乞市例錢而歸，大雨雪，而負之行者凍且憊。路過一舖遞所，稍休，乃坐毛於几而拂雪。毛忽訝曰：「此中何有呵呵聲，鬼嘯耶？」命一匄入視之。出，曰：「穴窺一室，有三人。一老者，僵卧息絶，一微喘；呵呵者，一壯者也。」曰：「何爲？」曰：「以小事而訟，縣役索錢，寘於此。」於是毛命匄曰：「疾與酒。」匄從穴進酒，毛令之曰：「壯者先飲。」又令曰：「壯者食，喘者倚。」而二人倚酒起矣。又令曰：「二起者挾息絶者而微飲之。」頃之，鼻有聲，亦起而坐。於是匄欲負毛以歸，曰：「未也。」又問三人者曰：「室能炊乎？」曰：「無薪。」毛又出所乞之米與錢，爲買薪數束，納於穴而歸。歸而遂有夢之異。時毛方語夢於妻，未幾而天曙，羣匄到門，相顧大驚，遂擁毛入市。而毛則揚揚步出里巷門，過市廛，一市大驚，因語夢於市。

王丹麓試夢

王丹麓一日檢書，得同夢方。時念張廣平處京師，特千里致書，相期試夢。聞者笑之。

吴子雲夢誦文

康熙初，桐城秀才吴子雲方於春夜玩月，夢空中有人聲曰：「今年鄉試，吴子雲當中四十九名。」誦其文，琅琅然，題爲「君子之於天下也」二章。吴雖不甚記憶，而覺其文甚佳，因預作此題文以備試。乃入場，果此題，因書宿搆。放榜，果中如其數。旋中進士，入翰林。

張文端夢竹竿

桐城張文端公英得子遲，祈夢於京師前門之關帝廟。夢關帝以竹竿與之，旁無枝葉，頗不喜。有解者賀曰：「公得二子矣。」問何故，曰：「孤竹君之二子，此傳記也。破「竹」字爲兩「个」字，此字法也。」已而果然。

陳香泉夢游園

康熙時，陳香泉太守奕禧時夢游園林，水竹山石，極幽雅之致，牆外有寺有塔，心甚樂之，如是者有年。比守南安，則衙齋正如夢境，遂卒於官。

陳香泉夢至一樓

陳香泉頗以書名，其幼時夢至一樓，滿貯隃糜，一神人謂之曰：「供爾一生揮灑。」自是書學大進。

佟國相夢關羽

佟國相撫甘肅，以事出巡，按站行。至伏羌縣，夢神呼云：「速走，速去！」佟不以爲意。次晚，夢如初，且云：「欲報我恩，但記「荆波宛在」四字可耳。」佟驚起，亟走，三日而伏羌縣沉爲湖，卒不解救者爲何神。後至建昌，野渡，有關羽廟，上書「荆波宛在」四字。佟入拜謁，爲修葺之。

汪山樵夢楊貴妃

康熙時，蘇州有汪山樵者，名俊，選授陝西興平縣。宿馬嵬驛，夢一女子容貌絶世，明璫翠羽，投牒而言曰：「妾有墓地爲人所侵，幸明府哀而察之。」汪驚醒，詢土人，則曰：「此間惟有楊娘娘墓道，唐時改葬後，基址原有數十畝，宋、明以來爲樵牧所侵，漸無餘地。」汪爲清理之，果有舊碑記，存墓側土中，題「大唐貴妃楊氏墓」。乃爲別置界石，並買樹百株植其上，春秋設二祭焉。

張芹沚屢夢其妾

萊蕪張四教，字芹沚，順治丙戌進士。以部郎居京師，買一婢，年十四，姿首甚麗。詢家世，曰：「東鄉艾氏女也。」適簡山西提學，因納爲妾，攜之行。至一驛，晚步驛圃中，有雉起草間，感之而孕。到官十月，張以試事將按他郡，妾泣告曰：「弱質託體君子，今將娩矣。君事畢，當速歸，冀可相見。」張慰之而去。去數日，妾生一子而歿。預留書，與張爲訣，詞極哀豔，多非人世語。又自畫小像一幀，留奩箱中。張歸，見之，惋歎而已。

自是，夜必見夢於張，休咎必以告。又時時來，自乳其子。張懸像別室，食必親薦。一日，羹汙其上，夜夢妾怒，詰曰：「奈何汙我？」旦視之，畫已失，張悵怏彌日。致畫師數輩，爲言姿態曲折，彷彿追寫，卒不肖。偶謁中丞，見屏風畫美人絶肖，屢目之。中丞曰：「頗愛此乎？」張因自言其故，中丞卽贈焉。攜歸，食薦如常，見夢亦如昔矣。常語張曰：「君不利宦途，稍遷，卽宜爲退休計。」及秩滿，遷榆林道參議，遂乞歸。

陳雲起夢其弟

杭州陳雲起，名之櫰，與弟丹雨同學。而丹雨才更優，文名噪甚，雲起不及也。丹雨早死。康熙癸卯，雲起入棘闈，文思艱澀，比午，不能成一藝。忽昏睡，夢丹雨進席舍，促之曰：「速起，吾爲兄搆此七藝。」雲起強執筆，不假思索，俄頃完卷。謄真時猶覺丹雨在側，忘其死也。是秋得售。甲辰會試，丹雨復至如前，遂得聯捷。雲起每爲人言之，不諱也。

顏敏夢乘官舫

康熙丁巳，寧藩缺出，或勸裁缺布政司顏敏夤緣。顏曰：「吾十年前在西秦時，元旦假寐，夢乘官舫，舫有『月臨波作案，雲倚樹爲屏』一聯。出覩兩岸，紳士稠雜，皆云迎方伯公者，行已至廣西界矣。」時當補粵藩，他非所望也。」閱二載，以舊例引見，果開藩粵西，尋没於任。

張光豸夢白帽子

康熙戊午，南宮張光豸赴鄉試，初以父病不欲往，強之乃行。至旅店，夢有人贈以白帽子，心惡之，決歸計。未行而父書至，病良已，猶以爲慰已，乃勉終場，遂不及榜出而徑歸，父果大愈。已而捷報至，則領鄉解矣。明晨，賀客麕至，一客忽云：「邑中自明兵部尚書白圭領解後，久無繼者。君能繼之，故見之夢兆。」光豸始恍然。

湯文正夢登高山

湯文正公斌於官左春坊左庶子時，夜夢登高山，已陟其半，忽一人自後越之，先登。文正鼓勇繼之，遂至山巔。有一室，空無所有，惟壁懸《麻姑仙壇記》，既覺，不知所謂。康熙癸亥臘月，閣學出缺，特用右坊王庶子鴻緒。甲子二月，閣學復出缺，文正遂繼擢。子官日，適某督撫疏内有蔡姓名經者，宛平王文靖公熙笑云：「蔡京，宋奸臣，胡同其音。」高陽李文勤公霨曰：「此《麻姑仙壇記》中所云蔡經耳。」文正聞之竦然。

陸淳夫夢易名

陸祖禹，字淳夫，年十八，爲諸生，旋以餼滿邀歲薦。康熙庚午，主司已取中，欲魁其經，以姓名稍涉嫌疑，抑置副榜。先是，淳夫嘗夢人告之曰：「易而名，則得中式。」至是，夢果驗。

陸清獻夢楊忠愍

康熙時，平湖陸清獻公隴其罷嘉定令，里居。一日，坐書室，似夢非夢，見責衣二隸持刺相邀，視之，乃明楊忠愍公繼盛帖也，大驚而醒。頃之，假寐，神魂飄蕩，見二隸在前引路，至一處，宫殿巍奂。隸入稟，忠愍出，肅入，分賓主禮坐定。忠愍極贊清獻之居官清正。茶罷，忠愍忽云：「有嘉定治民張某，訟公枉法受銀十二兩，請公對簿。」清獻卽起立，隸引至法堂。頃之，忠愍升殿，喝隸拘張某至。張堅稱老爺在任，曾受民銀十二兩，清獻辯爲無。張云：「康熙某年，兒子援例求老爺出結，某引兒子拜門生，送二杯二緞，用銀十二兩。」清獻云：「杯緞有之，乃贄也，何得云贓？」忠愍乃謂清獻云：「朝廷尚收其俊秀捐銀，知縣自應出結。雖云贄禮，亦不爲贓。公以銀兩送還，此案便結。」清獻允之。忠愍乃起，揖之曰：「公清廉正直，爲人所擠，上帝憫之，此位不久屬公矣。」命二隸仍送之還。清獻醒，爲人道其事。不踰年，果卒。

蔣退庵夢羅漢

康熙癸酉冬十一月，金壇蔣退庵上舍進夢登樓梯之半，力竭，而暗中有人挈之。既上，見月明如晝，左右皆佛像。母孫宜人素衣挾蒲團立，見之，詫曰：「兒何爲來此？」佛前兩羅漢侍，拜其左。右以手招之曰：「彼粥飯僧耳，何足爲汝師！」乃拜其右，禱曰：「某半生落拓。」禱未竟，忽旁一人答曰：「五載爲郎。」退庵默思曰：「我未爲郎也。」復自續一語云：「萬事在心。」羅漢乃命檢一蒲團，隨宜人去。既寤，意忽忽不懌，作佛前自讖詩五章。十二月二十五日赴友人宴，暮歸，與同寓友飲酒甚歡，賦詩數首。漏三下就寢，忽嘔穢，不能語，黎明，卒矣。

胡任輿夢人授詩

康熙辛酉，朱竹垞檢討主試江南，領解者爲胡任輿。胡嘗夢一人授以詩，有「手弄雙丸小天下」之句，而久困公車。至甲戌會試，題爲「孔子登東山而小魯，登泰山而小天下」章。試後，謁其房師趙恆夫於寄園，恆夫曰：「子必大魁也。」及廷對，果第一。

鄭集闈中得夢

蘭谿鄭孝廉集有舊疾，康熙戊子，入闈復發，倦甚，夢中聞人語云：「子中式，須待一千五百年。」醒而大恚。明早，得《孟子》題，乃「由堯舜至於湯」三節也。大喜，揮毫如意，是科遂與鄉薦。

徐文穆夢抉目

錢塘徐文穆公本少祈夢於西湖之于墳，見于忠肅命武士抉其一目，慦之柱石，遂驚寤。後入相，方悟「目」配「木」，乃「相」字也。

閔夏聲夢其父

閔夏聲大令望爲孝廉瑋之子，屢躓小試。瑋歿後，已無意科舉矣。康熙癸巳春，忽夢瑋告曰：「爾今科當中。某題文字三篇，不可不熟讀也。」覺而異之。卽檢書篋，果得瑋遺稿，遂日夕誦之。屆期，借范某監照録科，是秋竟捷，選浙之富陽令。時又值鄉舉，調入簾。閔自思此事久廢，恐屈人才，乃請同里名士朱東村飾爲僕從入，代閱卷。主考喜閔卷不妄薦。榜發，惟閔房得人最盛，元卷亦出其房。揭曉後，新貴謝師，閔備述所以，令與朱相見。

王企靖夢至一湖

雄縣王少司寇企靖嘗夢月夜至一湖，四岸皆若琉璃所築，中亙獨木橋，橋上立一少年，朗吟一律云：「若要西歸亦不難，何須抵死夢邯鄲。休誇肘後黃金印，試認囊中白雪丹。五嶺風煙迷去就，三吳羽檄報平安。波濤轉眼琉璃界，只許今宵月下看。」時康熙丁酉九月朔也。

李文貞夢神贈詩

李文貞公光地未貴時，祈夢於九龍灘廟神，贈詩一聯云：「富貴無心想，功名兩不成。」意頗惡之。後中康熙戊戌進士，而大拜，方知「戊戌」兩字，皆似「成」而非「成」，「想」字去「心」，恰成「相」字。

錢禹侯夢人贈兒

仁和錢禹侯，名世英，璵沙方伯琦之祖也。嘗載米十餘艘過巢湖，已泊矣，而大風起，湖中他客舟盡覆。禹侯募人拯一生者，予米十石，一死者，予五石。聞者皆踴躍，全活無算，而舟中米爲之空。一日，鄰婦劉氏夢有大官張軒蓋，抱一兒，傳呼入室，啃曰：「誤矣，尚在左壁。」人喧馬騰，爭往錢氏屋。及旦，婦來告夢異，語未竟而嶼沙生。

范浣浦夢齊第五

雍正癸卯，世宗登極，連開鄉會恩科。先一歲，范浣浦咸夢見泥金捷報，有「齊第五」三字。及鄉試，題乃「子華使於齊」一節；會試，乃「道之以德，齊之以禮」一節，皆「齊」字在第五也。遂聯捷入翰林。

香虞臣夢賈似道侍女

香虞臣都護格曾任杭州鑲白旗協領，署在畚箕兜，相傳爲賈似道别墅。一日，午睡，見一女子跪榻前，呼大人曰：「妾乃故宋賈平章侍女梅姬也，久淹於此，如見憐，乞焚楮帛，呼賤名，送出湧金門外，始得逍遥自在，感德莫名。今大人將遠行，故敢昧瀆。」揮之不去，遂覺。虞臣不信，夜復夢如故，遂依言送之。旋擢廣州副都統。

顧俠君選元詩有夢

長洲顧俠君，名嗣立。康熙壬辰進士，授翰林院庶吉士，築堂於宅之北，閭邱坊之南。壘石爲山，望之平遠也，捎溝爲池，卽之蘊淪也。登者免攀陟之勞，居者無塵𡏖之患。於是插架以儲書，叉竿以立畫，置酒以娛賓客，極朋友昆弟之樂。暇取元一代之詩甄綜之，得百家焉，業布之通都矣，俠君乃夢有客愉愉，有客瞿瞿，一一十十，容色則殊，或俛而拜，或立而盱。覺而曰：「是其爲元人之徒歟？將林有遺材而淵有遺珠歟？」乃借鈔於藏書者，復得百家焉。未已也，博觀乎書畫，旁搜乎碑碣，眞文梵夾，靡勿攷稽，又不下百家，而元人之詩乃大備矣。

康康山夢童子授如意

乾隆時，杭州北郭有康康山者，名燾，讀書勵行，以孝聞，絕意進取。畫人物山水，皆師法元人。年三十，禱於于忠肅公祠，夢童子授一如意，背篆「石舟」二字而寤，遂更字石舟焉。後館廣陵巨室，遇黃山老僧，熟視康山久，叩姓名，神色愕眙。康山詰之再，則曰：「曩有石舟禪師，視予年齒較長，工詩善畫，結茅黃山蓮蕊峯下，有石如舟形，師因以自號，化去幾四十年矣。先生狀貌酷似，字又同，得毋前生爲吾石舟師乎？」又問康山生年月日，則石舟涅槃之日也。相與嗟異。所夢至是乃驗，因灑然有出世之想。黃山僧別去，康山攜瓢笠親訪其處。土人導之往，指所謂石舟者，語良是。佛龕久毀，無有知石舟師名字者。向所識之黃山僧，不可蹤跡矣。康山凡三至，無所遇，倦而歸，遂終老於北郭。

陳魯齋夢人贈句

乾隆時，錢塘陳魯齋太守士璠出守瑞州，將啓行，夢人贈句云："路回碧落三千里，筆瀉銀河十二時。"醒而不解。抵瑞州，則郡廨後有碧落山，而京師距江右正三千里，是年太歲在亥，十二時，亥也。旋卒於官。

姚氏二女見夢於其兄

鄞縣民姚精者，爲叛夷所殺，掠其二女。二女見夢於其兄，當以明日自沈江中，喪後日當至，可候之。果如所夢，得二女之尸於水。

童二樹夢道士

山陰童二樹布衣鈺，晚年以與修《甘泉縣志》，客死揚州。初，二樹少時嘗卧病，夢一道士相招，卻之，乃去。及病於甘泉志館，則夢其人又來，爲著五銖衣，牽白鶴，使騎之。及寤，遂自知病不可愈矣，然猶强起畫梅，未就而卒。

全謝山夢陸茶塢

全謝山之交陸茶塢也，馬嶰谷爲之介，一見即傾倒。茶塢嘗曰："謝山無終老山林之理。"謝山遊嶺外，一病幾死，病中夢過茶塢之水木明瑟園，與之坐紫藤花下，啜蒪羹。茶塢復以酒觴之飲，謝山曰：「此伏波曳足壺頭時，不復與君抗也。」醒而異之，以爲僥倖生還，一踐此景，而茶塢乃竟先謝山而卒。

齊息園有三夢

齊息園平生不多作夢，每夢則必有異。

一，應鄉舉時，嘗游西湖，至于忠肅祠，倦而憩於廊下，見若有隸役者，執刺相迓，遂入中庭。忠肅出位揖之，使就賓位。有頃，忽謂之曰：「爾之事在我，我之事在爾。」息園因請曰：「公在明景泰時，專聽獨任，千載無兩，而易儲之事，默不一諫，何也？」忠肅曰：「耿耿此心，淹没數百載，微子問，余固將有言。子他日第詳檢皇史宬，便知我心跡耳。」言訖而寤。及乾隆丙辰入翰林，修《明史》綱目，英、代兩宗之事，實任纂述，因請開皇史宬，盡取諸書疏閱之。乃著《易儲十論》，以暴忠肅之冤。

一，在上書房時，一日，面忽發赤，如中酒狀。其夜，夢游天台，與司馬承禎談玄甚久，寤而不知其所謂。越三日，暮，出禁門，馬逸不止，顛焉，腦裂而殞，賴蒙古太醫治之，始得甦。既思夢中遇承禎之地，乃墜馬坡也。

一，乾隆丁丑春，將赴杭，渡江之夕，夢至天竺，觀音大士遺侍者乞題額，口占二語應之。覺而猶記其辭，書之，藏諸篋。既至萬松嶺，將軍富德來謁，曰：「余有求於先生，其許我乎？」息園曰：「諾。」富曰：「某一子，疾甚劇，家人禱於天竺，始得生。今將往祭，諸物備矣，獨缺聯句，願得先生之筆以爲重。」息園遂取所藏者示之，富大驚愕。自是每晤，必致敬禮，稱爲老佛焉。

梁文定解夢

會稽梁文定公國治病篤時，夢至一處，宮殿巍峨，坐客皆不識。談久，忽思吸烟，苦無火，或指一殿曰：「此中有火。」中坐一神招文定曰：「且緩吸烟，我有一聯，君對之。」因書「三代之英汝繼泰」七字。文定驚而醒，召諸門生來視病，爲解之，皆辭不能。良久曰：「我不起矣。『三』者，三中堂寶也；『英』者，英中堂廉也；『泰』者，伍中堂彌泰也。三人官與我同而俱死矣，我其繼之乎？速辦後事可也。」越三日而果薨。

錢文敏夢墨兩丸

武進錢文敏公維城，嘗於乾隆戊午應順天鄉試，至都，場前夢至正陽門外，見一人貌岸然，支布帳，陳墨若干於其下。先有一髯買墨，文敏亦就而買之。售墨者熟視文敏，予墨兩丸，繼予髯一丸，遂醒。後謁座主孫文定公嘉淦，則儼然售墨者也。次一同年來謁，則髯至焉，是爲無錫李時乘。蓋墨兩丸者，兩榜，李則以一榜終於東平州牧也。

錢文敏夢天榜

錢文敏公初名辛來，以其尊人夢辛棄疾而生故也。改名後，乃字幼安，號稼軒，以識其夢。乾隆乙丑春闈前四月，夢行天榜，狀元爲李某，己爲探花，榜眼不著姓名。後榜發，文敏果爲狀元，官至刑部左侍郎，贈尚書，而李某則在二甲，以知縣用。

錢文敏夢哀哀哀

錢文敏公以少司寇丁艱歸，夢見一大碑，上書「哀哀哀」三字，心甚惡之，語其弟竹初明府。竹初曰：「三口爲品，兄將來當著一品衣耳。」未幾卒，詔贈尚書銜，賜葬立碑，其夢乃驗。

周立五夢易頭

宜興儲同人，名欣。崇拜周立五備至，謂其德足以敦天下之鄙，其學足以正天下之詖，其文章足以起天下之衰。立五，名啓嵩，亦宜興人。弱冠時顴未高，兩頤逼而禿，面有槁色，鄉人笑之曰：「此黃冠相耳。」立五若勿聞也。年三十二，猶困童子試，偕其父旅荆南，宿南城外倉橋側，夢中見一雉冠絳衣人，右手操刀，左手提一人頭，鬚髯如戟，至榻前易頭去，以手所提頭函其頸。大驚，持父足疾呼。及舉手摩之，頭如故，凛凛者累日。未幾，顴漸高，兩頤骨漸豐，鬚鬑鬑然日益長。越年餘，又夢一白鬚老者，冠緇冠，執長尾麈，隨一金甲人，語曰：「吾來易而腹。」語訖，金甲人抽所佩刀啓其腹，出其臟腑，滌而復納之。既納，以方竹笠覆於腹，復取釘椎釘四角，而夢中聞響聲丁丁，竊怪其無痛也。釘畢，白鬚老者揮麈拂而祝曰：「清虚似鏡，原本無塵。」忽釘與笠豁然有聲，遂寤。自是文學日進，歷試兩闈皆獲售，官至侍講學士。

夢于忠肅示字

有三人祈夢於于忠肅祠，兩人無夢，一人夢忠肅謂曰：「汝往觀廟外照牆，則知之。」其人醒，告二人。二人妒其有夢，僞溲焉者，卽於夜間取筆，向牆上書「不中」二字。天尚未明，寫「不」字不甚連接。次晨，三人同往視之，乃「一个中」三字，果得夢者中矣。

周某夢于忠肅

宜興周某，少時至于忠肅祠祈夢，夜夢一皂隸來摸其臀，與之狎，憤怒，大叫而醒。以爲忠肅不能御下，何足敬也，遍告親友。後成進士，選湖南龍陽縣令，十餘年，卒於任所。

陳某夢于忠肅

海寧秀才陳某嘗祈夢於于忠肅祠，夢忠肅開正門延之。陳逡巡，忠肅曰：「汝異日爲我門生，例宜正門入。」坐未定，侍者啓湯溪縣城隍稟見，卽見一神峨冠來，忠肅命陳與抗禮，曰：「渠屬吏，汝門生，汝宜上坐。」陳皇恐而坐。聞城隍神與忠肅語甚細，不可辨，但聞「死在廣西，中在湯溪，南山頑石，一活萬年」十六字。城隍神告退，忠肅命陳送之至門，城隍曰：「向與于公之言，君頗聞乎？」曰：「但聞十六字。」神曰：「志之，異日當有驗也。」入見忠肅，言亦如之。驚而醒，以夢語人，咸莫解其故。

陳家貧，其表弟李實選廣西某府通判，欲與偕，陳不可，曰：「夢中神言死在廣西，若同行，恐不祥。」通判解之曰：「神言始在廣西，乃始終之始，非死生之死也。若既死在廣西矣，又安得中在湯溪乎？」陳以爲然，偕至廣西。通判署有西廂房，封鎖甚祕，人莫敢開。陳開之，中有園亭花石，遂移榻焉，月餘無恙。中秋，在園酣飲而醉，歌曰：「月明如水照樓臺。」聞空中有人拊掌笑曰：「月明如水浸樓臺。易『照』字，更不佳？」陳大駭。仰視之，有一老翁，白藤帽，葛衣，坐梧桐枝上。陳悸，急趨臥室。翁下地，以手持之，曰：「無怖，世有風雅之鬼如我者乎？」問翁何神，曰：「勿言，吾且與汝論詩。」陳見其鬚眉古樸，不異常人，意漸解。入室，互相唱和。翁所作字皆蝌蚪形，不能盡識。問之，曰：「吾少年時俗尚此種筆畫，今頗欲以楷法易之。緣手熟，一時未能驟改。」所云少年時，乃媧皇前也。自此每夜輒來，情甚狎。通判之僮常見陳持杯向空處對飲，急白通判。通判亦覺陳神氣恍惚，責曰：「汝染邪氣，恐死在廣西之言驗矣。」陳大悟，與通判謀，歸家避之。甫登舟，翁先在，旁人莫見也。經江西，翁謂之曰：「明日將入浙境，吾與汝緣盡矣，不得不傾吐一言。吾修道一萬年，未成正果，以少檀香三千斤刻一元女像耳，今向汝乞之，否則將借汝之心肺。」陳大驚，問翁修何道，曰：「斤車大道。」陳悟「斤車」二字，合成一「斬」字，愈駭，曰：「俟歸家商之。」同至海寧，告其親友，皆曰：「忠肅所謂南山頑石者，得毋此怪耶？」次日，翁至，陳曰：「翁家可住南山乎？」翁變色罵曰：「此非汝所能言，必有惡人教汝。」陳以其語語友，友曰：「然則曳之入忠肅祠可也。」如其言。將至，翁失色反走。陳兩手挾持之，強掖以入。翁長嘯一聲，沖天去，自此怪遂絶。後陳冒籍湯溪，竟成進士，會試之房師乃狀元于振也。

趙笠亭夢于忠肅

趙笠亭祈夢於于忠肅祠，夢見忠肅憑几坐，几燃燭二枝，上有緑字，書「冠冕通南極，文章列上臺」二句，以爲大吉兆。後竟以疾亡。將殯，其門人相率臨奠，設筵告祭，筵前燭二枝，緑字所書即此二句。

張文和夢其父

乾隆丙辰正月元日，大學士張文和公廷玉夢其父文端公英獨坐室中，手持一卷。文和問爺看何書，曰：「新科狀元録。」問狀元何名，舉左手示文和，文端曰：「汝來此，吾告汝。」文和至左，曰：「汝已知之矣，何必多言。」文和驚醒，卒不解。及殿試揭曉，則狀元爲金德瑛，蓋移「玉」字至「英」字之左，驗矣。

梁兆榜甲名定於夢中

廣東梁觀察兆榜有族叔素奉佛，其妻方娠，夢觀音大士語之云：「汝生子可名兆榜，將來爲三甲第八名進士。」驚醒，果生一男，夫婦甚喜，以兆榜名之，即爲之捐監，以待入場。及年長，頑蠢異常，不能識字，留監照無用，乃以與族姪，使下場，卽觀察也，果於乾隆庚午、辛未連捷。觀察會試出侍郎雙某門。將殿試，雙欲爲送表聯於讀卷官，觀察辭曰：「門生先有夢兆，已定爲三甲第八名進士，殿試前列，似難以人謀也。」雙不信。及殿試榜發，則二甲六十八名，雙愈笑其誕，觀察亦疑夢之不足憑矣。是科進呈十卷，第一名爲某相國之子，上改拔杭州吳鴻爲狀元。嫌二甲八十名太多，命分二十卷置三甲，於是觀察仍爲三甲第八名進士。雙歎曰：「《易》稱『聖人先天而天不違』，斯言信矣。」

王介眉夢陳壽

錢塘王介眉侍講延嘗夢至一室，有一叟，身短髮白，坐於榻。一人頎而黑，揖而語曰：「余陳壽也，黜劉帝魏，遂貽口實。」指榻上人曰：「賴彥威先生以《漢晉春秋》正之。汝爲先生後身，勉而成之，毋廢乃業。」時介眉方撰編年紀事一書也。因有紀夢詩云：「慚無《漢晉春秋》筆，敢道前身是彥威。」卽指此事。及書成，乃名之曰《補通鑑紀事本末》。

鮑倚雲夢爲人作書賦詩

鮑倚雲生平屢有夢，乾隆甲戌之早春，病中夢爲人書榜聯，中有「文章麗萁笙鏞日」之句。放筆作大字，紙盡，落「日」字。四月初五夜，夢至一顯者家，飛樓邃宇，丹碧隱現，賓客多海內知名士，華筵高會，燈月交輝。主人出吳綾數尺，命作詩。飽成七言長歌二十餘韻，中有「面隔桃花人外嬌，晝衣舞破春風媚」二語，爲座客所稱賞。頃之，有女郎含羞來謝，意態嫻婉，至可念也。

薩載夢判兩囚

乾隆丙子，蘇州府前石碑忽倒，觀者如堵。蓋兩童拋球，誤出碑上，一童爬取，碑倒，一壓死，一折左腿，老婦負之歸。時蘇守薩載公出，回署知其事，傳書役謂之曰：「昨夜本府夢上官委余用硃筆判兩囚罪，一囚判『斬』字，再判一囚，有老婦再四哀求，乃判減等。茲聞老婦負之歸，則與夢悉符矣。」此童滕姓，乃疳藥之裔。及壯，恣行不法，人呼之曰海鬼。以母控忤逆發遣，適合減等之意。薩後官至江督。

吳香亭夢金牌

吳香亭玉綸中乾隆辛巳進士。先於戊寅除夕，夢竈神引至一處，列坐十神，而九神起立，開鐵櫃，示以金牌，中有古篆二十餘字可辨。送吳登舟，岸上鳴金伐鼓，見波濤洶湧中，一蛇緣楫而上，一蛇從空而降。寤，以告其兄玉衡。玉衡謂其必中，意謂蛇者巳也，金屬辛，其歲適萬壽開科，乃取金牌中字改名玉綸。辛巳，遂報捷。

崔鳳集夢草橋

乾隆庚辰，寧河崔鳳集將赴鄉試，祈夢，夢見一詩，有「功名祇在草橋頭」句。醒而不解。及啓程，行至草橋，時方演《紅梨記》趙解元故事，是科果領解。

紀文達夢遞文書

紀文達公昀謫戍塞外，見兵役遞文書，而翌日對人言：「夢中遞文書，恐誤時刻，鞭馬狂奔，今日髀肉尚痛。」衆皆粲然。文達作詩云：「一笑揮鞭馬似飛，夢中馳去夢中歸。人生事事無痕過，蕉鹿何須問是非。」

周玉井夢入雲棲丈室

周蓮，號玉井，海寧人，乾隆乙酉舉人，官中書。嘗夢入雲棲丈室，見壞衣斷拂之老僧數百，皆在室中，惟一座尚虛，中有一人顧之曰：「後四十年，君當來此。」遂寤。歿後，有以其時考之者，良合。

德某夢子中解元

乾隆癸卯江西鄉試，首題爲「學而優則仕」二節。周力堂制軍之文甚古奧，房考張某苦不能句讀，怒而批抹之，黜之矣。至夕，歸寢，張忽囈語不止，自披其頰曰：「如此佳文，而汝不知，尚忝然作房考乎？」因自罵自擊不止。僕以爲中風，急請衆房考來檢視。得所抹周卷，讀之，俱不甚解，乃曰：「試薦之。」正主考爲禮部侍郎任蘭枝，閱而驚曰：「此奇文，通場所無，可冠多士。」副主考德某閱文而倦，假寐於几。伺其醒，告之，德問何字號，任曰：「男字第三號。」德曰：「不必閱文，竟定爲解元可也。」任問故，曰：「我寢方酣，忽見金甲神向我賀，曰：『汝第三兒子中解元矣。』今得男字三號之卷，非其驗耶？」言畢，閱文，亦大加歎賞，遂定爲第一。

程在山夢古衣冠

吴縣程在山有逸園在西磧山下，居二十餘載矣。晚年嘗夢古衣冠者相訪，自言爲崑山城隍，任滿將去，欲薦君自代。既醒，笑以語家人。已而自悔失言，謂妖夢不足憑，誡勿妄傳。久之，衆亦忘矣。迨疾革，處分後事畢，將瞑，忽張目曰：「吾此時魂魄已離身矣，所見仍爲山中風景，固無章服加身，亦無鬼役相迓，可知吾未嘗爲冥官，爾等勿爲吾之前夢所惑也。」乃一笑而逝。

羅兩峯夢入花之寺

羅遯夫，名聘，號兩峯。好游，足跡半天下，所至輒與其賢豪長者相結合。又好釋氏書，通禪理。嘗夢入一寺，榜曰花之寺，髣髴前生即其主僧，後遂號花之寺僧，且鐫印識之。

龔定庵夢龍首人身

龔孝拱爲定庵子，生而有異徵，相傳爲嘉興三塔寺前之潭中毒龍降世。寺未建時，潭廣袤可百畝，歲溺人無算。有高僧過其處，設壇誦經三日，潭水無風而浪，夜見夢於僧，曰：「大師何故見苦？」僧言：「汝害人多，吾當爲民除害。」再四哀求，則云：「汝能使潭水立涸，吾可建寺其上，導汝皈依佛法。」龍頷之而去。翌日，大風晝晦，塵沙蔽目，潭水果涸。僧乃募建此寺，門內塑韋馱像，狀猙獰可怖，即龍也。

定庵夫人何氏嘗入寺求子，初入寺，見韋馱向身直撲，驚踣於地，後遂有孕。定庵客揚州，亦夢一男子龍首人身，排闥而入。燭之，無所見。未幾，得家書，報生一子。其墮地時，啼聲甚厲。有皮蒙其面，揭之，始見眉目。生數日，有一僧叩門求見，家人不可，僧曰：「抱新公子出，吾有語語之。否則吾將盜之去，如聶隱娘故事。」老僕白主母，謂此僧欲一視公子，非惡意，盍抱以出示。及見，僧與之耳語，云：「生非其時，出非其地，可憐可憐。異日慎勿游三塔寺可也。」語畢，掉臂而去。

佛行方夢神促之起

佛行方，名智，杭州之滿洲駐防也，由協頌遷成都副都統。乾隆戊申，征廓爾喀，調駐藏大臣。嘉慶丙辰，調哈密吐魯番辦事大臣。以老告休，回杭，年八十餘矣。先是，鞔鼓橋下有一小神堂，行方奉差，清曉過之，倦而熟睡，夢神促醒之。及貴，因創建爲香火院。

張古餘監試得夢

徐少鶴侍郎少負博洽名，作文喜用僻書難字。嘉慶甲子舉於鄉，題爲「謹權量」四句，文中所用之字，讀者多結舌不能下。相傳是科内監試張古餘太守於第二場夢神告之曰：「此卷所用者，乃《爾雅》注疏，君記之。」既醒，自笑以爲監試官向不閲卷，何有斯夢。次日方送薦卷入，忽聞二主考相語曰：「卷中出比所用，乃《山海經》；對比，則杜撰矣，當黜之。」古餘聞之，忽悟，乃前白曰：「恐是《爾雅》注疏。」因述夢中所聞。繙《爾雅》閲之，信，遂中式。

高封翁夢大將軍

嘉慶戊辰，高翰卿鹺尹寶森赴金陵鄉試，封翁期之切，入闈日，虔祀梓潼神。旋與二三老友飲福酒，微醺而卧，一人謂曰：「爾欲令郎中式耶？非大將軍不可。」醒而意索然。及報捷，始悟，蓋是科典試爲帥仙舟中丞也。

葉維庚夢中玩月

秀水葉太史維庚，嘉慶甲戌進士，由翰林出宰江左。己卯秋試，調入簾。八月十五夜，夢有人邀至一處玩月，示以東坡催試官考校之作及《水調歌頭》詞，俾和之。和畢，復引至一官署，游覽殆徧。問其地，曰：「澄江。」亦不知其在何省也。遂醒。後丁内艱，由寶應令量移江陰，忽憶前夢，蓋江陰一名澄江也。故其《留別寶應紳士》詩中有「料得下車圓舊夢，澄江真個月分明」之句。次年，卒於澄江。

蔣以暄夢四十一

蘇州蔣以暄嘗於韋蘇州廟祈夢，夢至一巨第，門首牆上有真草隸篆四行，每行三字相同，乃四十一也。真書一行下，旁註「悲」字；草書一行下，旁註「去」字；隸書一行下，旁註「存」字；篆書一行下，旁註「喜」字。醒後不解何義。未幾，其父容齋歿，時爲乾隆丙申，丙申乃四十一年也，真書一行乃驗。服甫闋，以暄亦歿，年四十一歲，至是而草書一行又驗。以暄生前耽吟詠，多散佚。歿後，友人檢其遺稿，僅存四十一首，至是而隸書一行又驗。嘉慶庚辰，以暄胞姪泰堦由起居注主事，加三級，恭遇覃恩，貤贈以暄朝議大夫，距以暄歿已四十一載，至是而篆書一行又驗矣。

劉孟塗入某之夢

桐城劉開，字孟塗。嘗游浙，過某邑，有人候於途，卒然問曰：「君得非桐城劉先生耶？」要至家，具盛饌。酒半，告以有母孀且老，前夕夢其父語之曰：「三日，有桐城劉先生過吾門，非先生文不能傳爾母，當固請之。」既復與游山，見一古墓，有碑，題曰「宋處士劉開之墓」，孟塗乃憮然自失。

黎襄勤夢帝錫銅符

黎襄勤公治河十三年，安瀾無事。道光甲申春，薨於位。先於癸未冬，得夢甚異，有詩紀之。將卒時，坐而假寐，白氣彌空，家無餘財，衆目所覩，咸以爲襄勤之清節，生天必矣。其詩之序云：「道光三年，歲在癸未嘉平月二十一日封篆之期，予方苦病，纏繞數月，夜臥多不成寐。是夕忽睡著，夢帝錫予銅符，篆文如古錢形，長約三寸許，寬約二寸。夢中讀之，不甚記憶，上有『天雷』二字，下有『不但千金』四字，餘字不甚了了。」

光朝魁夢榜上有名

桐城光律元布政聰諧有弟朝魁，本名聰訥，應嘉慶丙子順天鄉試獲售。道光乙酉春，忽貽律元書於京師，言夢見春榜第二十二名者爲光朝魁，欲改名以應之。以其屢困春闈也，重違其意，遂代爲請改。次年丙戌，以第六十六名進士殿試二甲，即用知縣。律元亦以爲適然，且名次固未合也。後爲鄂撫楊懋恬言之，楊曰：「夢境迷離，安知不視六爲二？且草寫『六』字，下二筆連鋒，尤與『二』似，不然，何重兩字而不誤也？」

程春海夢中懷硯

郴州五蓋山至峻，巔有峯尤高，戴龍湫，湫下坎，産石若端溪。郴人取而礪，不知可爲硯材也。刺史曾鉦識而寶之，以爲勝端溪下巖。道光丁亥秋，程春海侍御在長沙，一夕，忽夢造曾室，室盡硯，邀賞之，遂懷一去。覺而寓書於曾以爲笑，時絶不知有得硯事也。曾答書，則謂果得硯，故且詫我夢，我亦自詫。其臘小除，曾餉硯二，啓視之，皆夢中所見也。曾有詩至，乃賦長歌答之。

何子貞夢食饅頭

何子貞太史少嘗夢至一處，見案以盤盂盛饅頭甚多，卽取一食之。又取其一，忽有人攘臂奪之，遂不得食。視其人，不識也。及嘉慶庚辰，陳蓮史以己卯解元中式第一名貢士魁天下，子貞晤之，卽夢中所見也，悵然曰：「吾其不能與此人爭乎！」道光乙未，子貞以第一人領解，次年成進士，則會狀皆非元也。

何子貞夢弟僧服

道光己亥，何子貞典閩試，歸途，於行館中夢其仲弟子毅言別，留之不可，視其身，已僧服矣。覺而泣曰：「吾弟其不幸乎？」於是朝暮哭。及入都覆命，馳詣其父文安公私第。時子毅果前卒，家人以其遠歸，不卽告，而子貞已哭失聲，遂不能祕。問何以知之，乃言所夢。

鄭修樓信夢

鄭修樓，名天爵。道光乙酉拔貢，朝考一等，用知縣，分發江蘇一載矣。同僚有小故忤上官者，皆被議。鄭懼得罪，乃改教職歸。旋中道光丁酉科第四名舉人，歷任平和學教諭。洊升延平府學教授，不赴。是時家居，粵寇將至，家人請偕往，曰：「吾不往也。」生平恬靜寡慾，以書名家，素信夢，屢有夢徵。任平和時，將府試，預有夢，告假歸里，同寅異之。未幾，漳州失守。升教授時，離家僅百里，亦不往。未幾，延平被圍。晚年兼學畫，畫甚工，益杜門謝客，惟外邑諸生始一見之。

王立齋夢羊

道光丁酉江南鄉試，唐黼卿再與分校，所居左經房，與王立齋比鄰。一日，立齋忽喘息來，謂黼卿曰：「君所閱有羊字號卷耶？可速檢呈。」詢其故，則曰：「此卷當得元。」問何以知之，曰：「頃疲倦，隱几假寐，恍惚過君門，庭户一新，巍然若大廟。既入，聞櫃内有聲甚厲，驀然一羊跳出，龍變化之象也，意元卷必爲君得之。」黼卿亟覓薦卷底簿，果有羊字號卷，已先日呈進，然猶疑信參半。及填榜拆封，解元爲江陰鄭經，果即羊字號卷也。經，字守庭。

趙季淵夢惲某

趙季淵官獨石口，道光庚子，其子枚生捷京兆，得信喜甚。翌年爲辛丑，夜夢其業師惲某，問曰：「小兒幸徼一第，尚能捷南宫否？」惲曰：「子何不詳讀《聊齋誌異》。」及醒，隨手取閱，適見一條云：「湯公名聘，辛丑進士。」是科，枚生果聯捷。

魏芸閣夢觀天榜

魏芸閣初名然乙，道光辛巳舉行恩科鄉試，魏於是年正月，夢觀天榜，其第一名則仁和魏士龍也。寤而求之仁和學籍，無其人，乃自改名士龍以應之。是科不中。至甲辰恩科鄉試，果以第一人中式，距得夢之歲二十四年矣。

曹文正夢桂文敏

桂文敏公芳以少司農、軍機大臣奉命出外鞫案，中途授漕督，因即赴任。行至荊州，患病。其大父嘗督兩湖，父嘗官湖北督糧道，皆没於楚。都人聞其病，皆危之，以其先人於楚不利也。

文敏在都時，與曹文正公同掌翰林院事，而彼此過訪，未嘗登堂。病時，文正夢文敏來訪，坐廳事，告云：「吾物化矣。吾祖父俱不利於楚，何故也？」文正曰：「君尊人豈官楚乎？」文敏曰：「吾曾有家書煩君攜寄，乃忘之耶？」言已，復曰：「吾今約君往履安寺，彼地絶佳，可樂矣。」文正不欲往，文敏起坐，牽其衣。文正堅退，文敏曰：「可相待二十年。」文正驚寤。次日，文敏之凶問至。因追憶寄書事，乃典試湖北時，嘗爲文敏寄家書，事不誣也。後文正没，恰符二十年之數。

湯貞愍夢點名

湯貞愍公貽汾嘗權浙江三江營守備，方卸事，欲回省，夜夢一騎持文書以呈，請速往攝篆，問何地，曰：「至自知之。」旋有人控馬至，扶策而上。有藍旗二，跨刀之卒四，前導。約半日程，見數千人跪迎於道左，類皆斷頭折足者。旋抵一署，武士林立。升公座，一吏捧册唱名，其人即跪道旁者。點畢退堂，而煖閣以後皆牆壁，無旋身處。顧見旁一老吏，似曾相識，因問此何所。吏方欲言，而前騎吏已白新任到矣。霍然而醒，細思老吏狀貌，乃督院兵房某也。

陳右銘夢爲神所戲

義寧陳右銘中丞寶箴倜儻負才略，遭世多故，慨然有澄清之志。嘗應禮部試，祈夢神祠，夜夢隨李愬入蔡，雪月交映，旌旆飛揚，立馬指揮，意氣閒俊。醒而大喜。及下第歸，至上蔡，風雪大作，夜二鼓，始投逆旅，委頓殊甚。自是雪濘連旬，資糧皆盡，典衣鬻馬，僅得南還，乃知爲神所戲，不復談兵矣。

左文襄功名符夢

左文襄未遇時，嘗得一夢，則領解也，春闈報罷也，參戎幕也，典兵權也，膺方面也，得封爵也，平邊亂也，復提兵萬里，掃蕩邊氛，返故鎮也。及蘧然而覺，乃知爲夢。是歲秋試舉於鄉，其後入幕治兵，凡所經歷，皆與夢中所見，若合符節。

鄒鳴鶴夢洪水

鄒中丞鳴鶴未遇時，夢至一處，如衙署。有人自内出，乃同學某也，云在此掌禄籍。鄒請代查禄壽，某入内良久，出以片紙書「官居四品，洪水爲災」八字付之。道光辛丑，任開封府知府，中牟決口，黄水灌城，危在頃刻。因舉前夢告人，自恐不免，然竟獲無恙。後任粵撫，被劾而歸。粵寇擾江左，在江寧辦理團練，城破殉難，照道員例贈卹。人始知四品乃道員，洪水，洪秀全也。

余見韋夢王十朋

上海余見韋，名文棨。晚年登第，夢王十朋以侍生帖來謁。時年已老，私念他日豈能得鼎甲乎。後列三甲，除知縣，又夢十朋以治生帖來拜，不解其故。旋選授樂清令，始悟前夢。至縣，修其墓，訪其子孫，又夢十朋來謝。未幾，獵人以虎皮送至，云是十朋墓所獲也。

樊蕚樓夢其妾

湖北樊希棣，字蕚樓。死而復蘇。有妾姚氏，素婉孌，善事其嫡。平日嘗言：「婦人嫁爲人妻，則事舅姑如事父母，禮也。今我爲人妾，不敢侵主婦之職，則惟有事主父主母如事父母耳。」以故蕚樓夫婦極愛憐之。蕚樓仕黔中，以寇盜磐互，寄其孥於蜀，姚亦從焉。俄而病死，蕚樓在黔，未知也。一夕，見姚冉冉至户外，欲入，又不敢入，卽於户外扱地而拜。視其衣，則袿裳鮮明，訝曰：「汝何得衣此？」遂無所見。越數日而家書至，姚死矣。其後黔亂粗定，家人自蜀還黔，蕚樓語其妻曰：「姚死，汝以盛服斂之，非禮也。」妻曰：「不然。」蕚樓笑曰：「汝毋我誑。」因歷言其簪珥袿裳。妻不能隱，乃曰：「吾痛之甚，故稍假之耳，君何從知此？」蕚樓乃告以夢中所見焉。

章采南夢焦袁熹

同治時，粵東學使以章鋆爲最著。章文名素盛，極廉潔，卒於任所。或曰，實署中人不便其所爲，害之，卒亦莫能明也。相傳章試海南，甫至，夢有自稱焦袁熹者，謂之曰：「汝場中宜出「去三年不返」題。」醒頗惡之，後果驗。蓋焦氏「去三年不返」文，人頗熟誦，而焦亦爲廣東學使，卒於海南，又此語恰可爲學使卒任所之唁辭，章竟應之也。章，字采南，鄞縣人。

陳宰臣夢授書

安陸陳宰臣學博與山陰施望雲善，未識時，宰臣夢人授書一册，題曰《望雲詩草》。醒而僅記「杈樓」二字，明日，萬藻卿寄望雲詩往，乃知果有望雲者，宰臣異之。

丁士彬夢觀榜

同治乙丑會試，蘄州李士彬中第三名進士。榜前有丁士彬者，夢觀榜於禮部門外，己名在第三，惟「丁」字獨小，且較他人略低半字，不解其故。榜發，竟落第。越十餘日，入城，經禮部門，榜猶在，趨近觀之，則第三名「李」字之上半爲雨所淋，僅存其下半之似「丁」者矣，乃大駭。丁與李故不相識，次日，乃尋至李寓所，以夢告之，相與歎詫不置。

譚繼洵夢皂衣人

譚嗣同幼時嘗與羣兒戲，失足墮池。其父繼洵方晝寢，忽一皂衣人促之起曰：「星君有難，汝速起。」繼洵驚寤。嗣同載沉載浮，瀕於危矣。因援之起，字曰復生。甫總角，繼洵嘗挈之遊衡山，一羽士諦視之，謂繼洵曰：「是兒骨相不凡，惟他日歟歷仕途，宜外官，不宜京曹。過三品，則京外胥宜矣，否則必有大禍。」嗣同長，繼洵卽爲納粟，以知府官江蘇。光緒戊戌春，奉召入都。繼洵時撫鄂，馳書令掛冠。嗣同覆書備言事君致身、見危授命之義。書成，又以父命難違，疑不敢發。適康有爲過其居，告之故，康曰：「斯人不出，如蒼生何！君達人，詎容以此介介？」嗣同聞之，意決，遂北上，卒及於難。

王壬秋夢其女

王壬秋多女，其次第五者曰幃，小名萸芳，既夭而忽見夢，問物性之靈蠢。壬秋戲告以螘子最靈，人最蠢。覺而賦小詩以記其異，詩曰：「幻影重相見，提攜問物靈。衣單垂手瘦，髮覆兩眉青。泉下年難長，秋來夢易醒。忘情仍有妄，非汝未遺形。」

姚夫人夢其舅

俞祖綏，字履卿，爲曲園之猶子。光緒丙子舉於鄉，距其大父之登嘉慶丙子賢書，適花甲一周矣。出榜前一日，曲園之婦姚夫人於吴下春在堂夢其舅自外至，七品冠服，如生時。迎問之，曰：「吾將謝恩，向汝姑借朝珠耳。」時曲園之母猶在堂也。姚夫人寤，喜曰：「履卿中矣。」

趙撝叔説夢

趙撝叔湛深經術，語雜莊諧，嘗自言曰：「光緒庚辰春，猝病咳，自二月至四月不愈，藥之彌甚，終夜危坐。忽夢出門，行大道邊，遠望江湖，浩淼無極。遇村民問途，言此前進爲鶴山，仙人之所都也。上行則山内，下行則山外，大道迂遠，有捷徑，可導以行。至某處，昏黑若眢井，余謝不能，願迂道。久之，不見人。得一人，問鶴山，不答。畫掌示以字，摇首去。後者至，改『靍』字問之。其人視余良久，爲指一隅。依以行，突見壁立百仞，上鑿二大字，曰：『貔山』，始悟前失，然不知其義。又捫壁行里許，有老者合眼坐茅舍中，二豎曰：『君非此類也。山外地近，明當引君游，可宿檐下。』次日辨色，豎來，掖余走。

過一山，前有大溪，清光澈上下。余欲緣溪行，豎不可，趨山腰，立磐石上，但聞空中大聲獵獵如烈風。仰視，則羣鶴翔舞而出，羽翼蔽天日。因問鶴數，豎言：「山外鶴，不知其萬億兆也，此皆膺籙者，近已一千七百二十有九矣。」已而清唳間發，變異殊甚，齊飛過前溪。偶俯瞰，則水中影，鵁鶄雞鳧皆有之，且雜蠵、螳、蝱、蜣螂、螇、蠮螉之屬，其爲鶴者百不一焉。余指問豎，豎曰：「毋多言，此爲地鏡，不與君緣溪行，以是也。」余強豎往視。自視，人也；視豎，渺小成一環，因拍其肩曰：「脈望脈望。」豎曰：「知我視君又作何狀？彼自視，亦皆鶴也。察見淵魚不祥，不如忘之。」余欲歸，遂循途返。老者拱手俟，因謁而求術焉。告余曰：「不鄙非仁，無仁斯辱；不媚非智，無智斯卑。」余仍不知解也。周視舍側，有書亂疊，疑可得祕文。發之，不可開；開之，無字，疑愈甚。老者言：「三十年舊約忘之耶？天下事待君者，僅有此耳。君家元叔有言，且各守爾分，力所窮時，巨將不勝，輕則易舉。」余曰：「然，奈余病。」老者言東壁下有丹篆二十四，記之當瘳，人誦一過，能洞見鬼物。其文曰：「奇己鴿，大復豕。翳纖兒，作是子。鳥所躑，弓則弛。伎止斯，吾憐爾。」讀甫竟，聞大呼「知否」？遂驚寤。剔鐙濡筆爲之記，四月二十四日也。」

趙星杉夢于忠肅

光緒某科鄉試，丹徒趙星杉先期求夢於于忠肅祠，夢一神啓其帳，呵令起。遂出門，則神已杳，惟見一牆，有童子，方以兩手叉牆而立。及入闈，則頭場首題爲「小子何莫學乎詩」至「其猶正牆面而立也歟」，乃始悟夢之示題也。

朱葆賢夢于忠肅

趙星杉之同學朱葆賢以教授爲生，其年穀不登，鮮有延童子師者，遂落拓無所就。將屆秋賦，乞夢於于忠肅祠，則夢見一題紙，首題爲「子曰賢哉回也，一簞飲，一瓢飲，在陋巷，人不堪其憂，回也不改其樂。賢哉回也！」榜發落第，且仍不得館，始悟忠肅呼其名而告以不必在外，可即歸耳，非示以題也。

王某夢于忠肅

無錫王某有父子同應秋試者，其子往于忠肅祠祈夢，夢行於曠野，遇一擔糞者，詢之曰：「今年我中否？」擔糞者匆遽欲行，厭其煩，詈之曰：「肏你娘的中。」及榜發，則其父捷矣。

朱蓉笙夢其父

朱承芳，字蓉笙，錢塘人，大勛女，徐珂室，有《紫薇花館詩草》。蓉笙家吳山麓，有七層樓，江湖在目。㚢後惟重建樂山草堂，月夕風晨，徘徊其上，微吟密詠，佳句夥頤。年十九，嬪於珂，篝鐙佐讀，益肆力於詩，旋得咯血疾。一夕，夢其父硯臣提舉大勛語之曰：「兒盍來伴我乎？」次夕，又夢至一室，中列鼎彝甚富，階下花爛然。方玩憩間，父自外入，曰：「此間兒樂否？歸期不遠矣。」旋以光緒丁酉浴佛日歿，年僅二十有二。

姚壽侯夢自牆隙出

如皋姚彭年，字壽侯。性好潔，齋舍無纖塵。光緒辛卯，舉於鄉。壬辰春闈不第，留京待再試，爲武進費念慈太史課子，主賓甚相得。一夕，忽自夢身衣禮服，從費宅旁舍之牆隙，步行而出，醒而告人。未幾，攖小疾，遽不起，人始悟其將死也。蓋俗例人死，非本宅之家屬，其出殯，不得以柩自正門行，必壞牆而出之也。

吳清卿夢大鵬鳥

光緒甲午，吳清卿中丞大澂慷慨從戎。或謂其於此實有三故：一，日者決其有封侯之相；二，元旦夢大鵬鳥從天而下，今敵人適有大鳥介圭之號；三，所練洋槍極準。汪柳門侍郎鳴鑾聞其事，笑而語人曰：「清卿此舉，知之者以爲瘋，不知者以爲忠也。」

陳仲容夢至明思宗陵

陳石遺有女兄名芷洲，字仲容，爲沈瑋慶之繼室，其生平之夢皆奇驗。卒前數年，嘗夢至明思宗陵，見穹碑宛然，以爲異日當自經死，孰知乃卒於光緒甲申十二月也。

顧某夢崔聘臣書挽聯

光緒時，開經濟特科，徵碩學通儒。静海崔聘臣徵君朝慶以精疇人術，爲宗室溥玉岑尚書所荐。崔之婦顧氏有叔某方官部曹，聞崔將入都，預除館舍，然久而未至。一日午倦，假寐寢室，隱約覺己之軀殼在牀上，未幾而又似在書舍，一人方據案坐，伸紙疾書「天上有長生之藥，人間無不散之筵」十四字。審其上款，知爲輓己者。寫訖，擲筆起，其人蓋聘臣也。與之語，不答，至是，始悟己已死矣，遂大哭。家人奔視呼救始醒，乃自知爲夢，而心之惡之，因誡閽者以崔至毋納。久之，崔至都，往謁，果爲閽者所拒。再三往，不得入，遂絶跡。試畢即出都。

越兩載，崔以有事神機營，重至春明，蓋溥之弟所招也。一日，驅車過顧宅，顧方負手門外。崔見之，亟下車趨語。翌日，顧置酒邸中，招崔飲。酒半，顧以欠伸欲寐，遂入内。俄而哭聲自内作，崔大駭，詢其僕，則顧假寐未久而氣絶矣。後崔贈以挽聯，其文即前十四字也。

袁忠節夢于忠肅

光緒庚子拳禍作，桐廬袁忠節公昶及於難。袁平日自言少年時在杭州，祈夢於于忠肅祠，夢忠肅下堦與語。至曉，夢覺，則所言悉已忘之，但記忠肅言「爾之終身，殆與我同」云云。及庚子之役，果以直言授命，其友人作輓歌者，或引此事以弔之。

蔣觀雲夢清溪

諸暨蔣觀雲大令智由嘗夢至一處，花香草暖，春午曛人，而旁見清溪一碧，流水滔滔，因詠「流水無情草自春」句。醒乃續爲一絶曰：「花香日午暖醺人，流水無情草自春。一别桃源真夢境，更從何處問初津？」

余允夢老人

宣統辛亥，粤人余允居漢陽，八月十七夜，夢一老人挈數皂衣者昂然入，笑問曰：「年幾何矣？」曰：「三十有七。」老者卽於袋中探簿籍，微頷曰：「明日行矣。」旋以筆抹其袖。驚而寤，視袖，果有硃色，惡其不祥。晨起，將移居而未果，及夕，中流彈死。

張壘爲鬼神所弄

雍正丙午江南鄉試，聘近省在籍進士司分校，皆少年英俊。有張壘者，科分既久，自居前輩，性迂滯，每夕必焚香祝天，曰：「壘年衰學荒，慮不稱閲文之任，恐試卷中有佳文及其祖宗有陰德者，求神於明暗中加以提撕。」衆房考笑其癡，相與戲弄之，折一細竿，伺其燈下閲卷有所棄擲時，卽於窗紙外穿入，挑其冠。如是者三，張大驚，以爲鬼神果相詔也，卽具衣冠向空拜，又祝曰：「某卷文實不佳，而神明提我，當有陰德。果然，乞再如前指示。」衆房考愈笑之，俟其將棄此卷，復挑以竿，張遂不覆閱，直捧此卷上堂。而兩主司已就寢矣，乃扣門求見，告以深夜神明提醒之故。正主考沈端恪公近思閱其卷曰：「文甚佳，取中有餘，何必以神道設教耶！」衆房考噤口不敢言。及榜發，知此卷已取中矣，相與譁笑，告張曰：「我輩弄君。」張正色曰：「此非我爲君等所弄，乃君等爲鬼神所弄耳。」

走無常

走無常，謂以生人攝鬼卒事，而旬攝生人使之歸冥者也。

西藏活鬼

關外有活鬼，非鬼之能與活人相接，乃鬼之附於孱弱婦女之體。然婦女雖爲所附，不自知也。其動作亦如常人，惟精神異於前。凡有與之衝突者，皆病不離身。人知其爲鬼所附，故以活鬼名之。然更有驗者，爲鬼所附之婦女，每夜眠時，魂卽出，其形貌亦如平時，人多遇之。或有能識認者，彼此亦交言，初不知爲鬼也。久之乃知爲活鬼，或試之，俟眠時以塵洒於鞋内，伺其旁以覩動靜。則其人酣眠自若，終夜未興，至晨，燭視足底，則塵滿灰印，人以是知所遇者實活鬼也。活鬼能致人貧病，土人云：「活鬼過多，喇嘛必收之，然於所附婦女之身體仍無傷也。」

晚近以來，西人盛倡有鬼之論，略言肉體以外，別有一依達Ether體，肉體死而依達體不死。依達體者，鬼之代名詞也。自此説出，而攝影家攝取鬼影之事遂時有所聞矣。

山前鬼王

京西三山有「山前鬼王，山後魔王」之諺。山前鬼王者，爲寶珠洞之海岫禪師。明末流賊陷京師，山前死人甚多，僧皆逃，海岫獨留。每夜静，人卽聞梵音喃喃，爲諸魂超度。世祖入關，嘉其功行，加封賜紫。及圓寂，檀越爲塑金身，土人因呼爲山前鬼王也。

林四娘與陳緑崖親狎

晉江陳寶鑰，字緑崖。康熙癸卯，任山東青州道僉事，夜輒聞傳桶中有敲擊聲，問之，則寂無應者。其僕不勝擾，持槍往伺，欲刺之。是夜但聞怒詈聲，已而推中門突入，則見有鬼青面獠牙，赤體挺立，頭及屋簷。僕震駭，失槍仆地。陳急出，訶之曰：「此朝廷公署，汝何方妖魅，敢擅至此？」鬼笑曰：「聞尊僕欲見刺，特來受槍耳。」陳怒，思檄兵格之。甫起念，鬼笑曰：「檄兵格我，計何疎也！」陳愈怒。遲明，調標兵二千守門。抵夜，鬼從牆角出，長可三尺許，頭大如輪，口張如箕，雙眸開合有光，蹩躠於地，冷氣襲人。兵大呼發礮矢，礮火不燃，檢韔中矢，又無一存者。鬼乃持弓回射，矢如雨集，向衆兵頭面而掠，亦不之傷。兵懼，遂奔潰。

陳又延神巫作法驅遣，夜宿署中。時臘月嚴寒，陳甫就寢，鬼直詣巫臥所，攫其衾氈衣褌。巫窘急呼救，陳不得已，出爲哀祈。鬼笑曰：「聞此神巫乃有法者也，技止此乎？」遂擲還所攫。次日，巫慚懼辭去。自後署中飛礮擲瓦，晨昏不寧，或見牆覆棟崩，急避之，仍無他故，陳患焉。

有劉望齡者赴都，取道青州，詢知其故，謂陳曰：「君自取患耳。天下之理，有陽則有陰，若不急驅，亦未擾擾至此。」語未竟，鬼出謝之。劉視其獰惡可畏，勸令改易頭面。鬼卽辭入暗室，少選復出，則一國色麗人，雲翹靚妝，嬝嬝婷婷而至。其衣皆鮫綃霧縠，無縫綴之迹，香氣飄揚，莫可名狀。自稱爲林四娘，攜一僕名實道，一婢名東姑，皆有影無形，惟四娘則與生人無異。陳日與歡飲賦詩，親狎備至，惟不及亂而已。凡署中文牒，多出其手，遇久年疑獄，則爲訪其始末，陳一訊皆服，觀風試士，衡文甲乙悉當，名譽大振，皆得四娘之助也。

先是，陳需次燕邸，貸京商錢二千緡。商急去，不能應，議償其半，不允。四娘出，責之曰：「陳公豈負債者，顧一時力不及耳。若必取盈，陷其圖利敗檢，於汝安乎？我鬼也，不從吾言，力能禍汝。」商素不信鬼，笑曰：「汝麗人，乃以鬼怖我。果鬼也，當知我在京之廬舍、職業。」四娘曰：「廬舍、職業，何難詳道。汝近日於某處行一負心事，言之恐就死耳。」商大駭，辭去。陳密叩商之所爲，終不洩。

四娘耽吟詠，所著詩多感慨淒楚之音，人不忍讀。閩有訪陳者必與狎飲，臨別輒贈詩，其中庚詞日後多驗。有一士人悦其姿容，偶起淫念，四娘怒曰：「此獠何得無禮！」喝令杖責。士人忽仆地，號痛哀求，兩臂杖痕周匝。衆爲之請，乃呼東姑持藥飲之，了無痛苦，仍與懽飲如初。陳叩其爲神始末，答曰：「我莆田人也，明崇禎時，父爲江寧府庫官，逋帑下獄。我與表兄某悉力營救，同卧起半載，實無私情。

父出獄而疑不釋，我因投繯以明無他，烈魂不散耳。與君有桑梓之誼而來，非偶然也。」許在署十有八月而別，別後陳每思慕不置。

韓文懿卻退縊鬼

韓文懿公貌陋，髯如蝟，年逾四十，領鄉薦，計偕北上，襆被徒行。偶日暮失路，宿人家簷下。少間，一叟籠燭至，問誰何，因具告邦族。叟矍然曰：「慕廬先生耶？向讀大文，嚮慕已久，今不知惠臨，褻慢勿罪。」乃謙詞致謝。叟叩門肅入，爲具酒食，就廳事西偏設榻。廳供祖先木主，殘燈尚明，請文懿安寢。甫就枕，時正月中旬，月明如晝，忽聞窸窣作聲，一女從門隙入，徑至木主前，伏地拜。已，出一物置香爐下，冉冉復由門隙入。文懿知有異，悄起於爐下摸索得一物，就燈下諦視，類篾絲，上纏紅線一，腥臭刺鼻。乃攜壓枕下，倚枕假寐以覘之。無何，又聞窸窣聲，前女從門隙出，後隨一女，相將至木主前，伏地交拜。前女索爐下物不得，意惶急。後女立待良久，乃由門隙入內。前女至榻前，問曰：「頃爐下一物，見之否？」文懿披衣起坐曰：「良有之，汝需此何爲者？」女曰：「實告公，妾乃縊鬼也。今夕得替投生，非此物無以爲信，乞公憐而賜還爲幸。」文懿冷笑曰：「若然，汝利人之死，以圖己之生，我實不願遂汝之生，而不救人之死。物固在此，吾決不汝還矣。」女再三哀之，則瞪目拈髯，冷笑不答。女變色曰：「公不畏鬼耶？如再不還，將現變相矣。」文懿笑曰：「縱現變相，亦本來面目，吾何畏！」女長袖一拂，蓬髮垢面，舌出脣外，長尺有咫，怒目相向。文懿笑曰：「技止此乎？試亦觀我變相。」時文懿宿酲未解，酒氣尚醺，急起赤足，索得隻履，躨躍而前，鬚髯怒張，盛氣向女面一噓。女悲嘯撲地，頃刻澌滅。文懿急叩內室門，叟出，備告所以。

先是，叟有子出外，婦不得於姑，日間適以小事勃谿。叟聞文懿言，知有變，急入告媼，相與破婦闥門，果見婦懸於梁，氣尚未絕。解繯，以水灌之，頓蘇。天明，文懿出爐下物火之，並將灰投之圊，以絕其患。

劉雲山死而爲醫

劉雲山，常州醫也。康熙丙午，杭州有巨室子某病亟，忽有一醫到門，曰：「我毘陵人劉雲山也。」投一匕而霍然。贈之金，不受，曰：「他日尋我於毘陵之司徒廟巷。」逾月，某至常，詢於人，廟側有老叟，曰：「雲山死三十七年矣。顧其生時篤信鬼神，曾授夢於是廟之神，募地以廣祠宇，因自爲像於神旁，尚可識其形容也。」某驚愕，入拜其像，宛然，乃哭祭而去。

小人厝棺

長山李宅多妖異，嘗見廈有春機，肉紅色，甚修潤。主人故以無此物，近撫之，隨手而曲，殆如肉耎，駭而卻走。旋回視，則四足移動，漸入壁中。又見壁倚白梃，潔澤修長，近扶之，膩然而倒，委蛇入壁，移時始沒。康熙戊午，王俊升設帳其家，日暮，燈火初張，王著履臥於榻，忽見小人長三寸許，自外入，略一盤旋，卽復去。少頃，荷二小櫬設堂中，宛如小兒輩用粱藍心所製者。又頃之，二小人舁一棺入，長四寸許，停置於櫬。安厝未已，一女子率厮婢數人來，率細小如前狀。女著衰衣，麻絰束腰際，布裹首，以袖掩口，嚶嚶而哭，聲類巨蠅。王睨睥良久，毛森立，如霜被於體。因大呼，遽走，顛牀下，摇戰莫能起。館中人聞聲畢集，堂中人物杳然矣。

報羅

報羅之説，唐人謂進士放榜，須有一人謝世，名曰報羅使，言報大羅天也。又謂羅玠於貞元中及第，開宴曲江，泛舟，玠溺死。後有開試前卒者，謂之報羅。山陽阮葵生謂每科皆有之。而尤異者，涇縣葉沃若，康熙辛未會試中式。既揭曉，葵生趨往賀之，至其家，則哭聲大震，先一夕殞矣。計闈中填榜之際，正屬纊時也。

王文簡聞咿啞聲

康熙辛巳，王文簡公典試楚南歸，道經鄂垣，館於貢院，距楚北闈事竣，已再旬矣。是夜陰雲布合，冬雨淒其。夜半，聞後山咿啞聲，若鬼車之鳴。然唱和相隨，僅隔一牆。乃起，挑燈啓户，咳唾而示之，遂寂。

鬼書浄業庵三字

揚州倉聖祠在姜家墩路西。蜀僧大嵒自巴州得倉聖像，供奉入江南，居樂善庵，乾隆己酉，遷於是祠。是秋堦下生芝草，大如掌，赤色。有浄業庵在倉聖祠旁。康熙朝，有富室女通佛典，善刺繡，所繡佛像至多。一夕，閉户將就寢，忽見一僧持錫杖，戴斗笠，方額長髯，來前禮拜。女驚問之，不答，叱之，不退走，則張袖遮之。欲呼，口噤不出，倒地昏死。移時復蘇，視之，見僧坐於牀，方脱笠解衣褌，坐已被中。良久，放帳幔。復起，披衣立案前，滅火。復啓帳，放帳，帳鈎叮鐺有聲，牀笫咿啞，如不勝載。少頃，齁鼾然鼻息出入，聲如巨雷，或咥唔，或夢笑。良久，轉身泠泠若溺，溺畢復睡，良久杳然。時天漸明，女股栗，大呼。家人往救之，牀幔安貼如故，惟帳幔有淡墨横寫「浄業庵」三字。拭之，如灰而滅。迨四十年後，女之夫子皆亡，薙髮爲尼，乃於姜家墩路南建庵自居，遂名曰浄業。女死，惟一女冠子守之。乾隆己酉，即庵屋改建史公祠焉。

談胖索債

康熙壬辰，蘇伶談胖嘗以三百金託倪子九爲子捐官，子九没之。乾隆庚申，子九以幼子生囊癰，不樂，集戚友作博戲以消遣。羣不逞訟之，費三百金完案。子九謂其子曰：「爲汝生瘍，致有此事。」子笑曰：「我談胖也。」一言而瞑。

鬼畏鄂文端

鄂文端公未遇時，家甚貧，夫婦嘗卧病，不舉火三日矣。一日晨，忽有一人似公差者，叩門入，驚曰：「此鄂中堂也。」急趨出。少頃，鄰家聞哭聲矣，蓋無常也。

袁子才論殭尸

俗傳人死既久，因暴露或别故，屍變爲厲，能出害人，謂之殭尸。袁子才且言殭尸久而能飛，不復藏於棺，遍身毛皆長尺餘，毿毿披垂，出入有光。又久，則成飛天夜叉，非雷擊不死，惟鳥槍可斃之。閩中山民每每遇此，則羣呼獵者分踞樹杪擊之。其物力大如熊，每夜出，則攫人損稼。

飛天夜叉

紀文達公戍烏魯木齊時，把總蔡良棟告以其地初定時，嘗巡瞭至南山深處，薄暮，似見隔澗有人影，疑爲盜，伏叢莽中密偵之。則見一人戎裝坐磐石上，數卒侍立，貌皆猙獰，其語稍遠不以辨。惟見指揮一卒，自石洞中呼六女子出，並姣麗白晳，所衣皆繒綵，各反縛其手，觳觫俛首跪。以次引至坐者前，褫下裳，伏地鞭之，流血，號呼悽慘，聲徹林谷。鞭訖，徑去，六女戰慄跪送，望不見影，乃嗚咽歸洞。其地一矢可射，而澗深崖陡，無路可通，乃使弓力强者攢射對崖之樹，有兩矢著之，用以爲識，明日，迂回數十里，尋至其處，則洞口塵封。秉炬而入，至曲折，約四丈許，絕無行跡，不知昨所遇者何神，其所鞭者又何物。或曰：「此飛天夜叉化爲女子者也。」

姚泰庵死而出現

姚孝廉伯驥，號泰庵。性誠樸，好學不倦。晚登賢書，未幾疾卒。卒之夜，里人某赴飲歸，過牆下，見牆内光中一人赤身獨立，諦視，即泰庵也。光散，人亦不見。方驚異，旋聞内哭聲起，始知所見者殆其魂也。

蓡洞之鬼

嘉慶時，吉林有人放山，入山採蓡，俗名放山。至天池，見峯下之石洞口多登臺、二角，小蓡爲登臺，爲二角。念洞中必有佳者。伏入數十步，黑暗不得進。意欲返，忽有光，因匍匐以入。未幾而豁然開朗，遙見數里外，有茅屋兩三間。就之，一老者出，衣冠皆古，不類近世。揖與語，不解，老者以手指西，似揮其去者。放山者識其意，西行十餘里，遇深澗，岸有採花、狼頭、公鷄，皆蓡花名。色鮮妍，蓡苗滿地，多四五六披葉者，皆老山，不似山子。採置背夾，尚未滿，而龍爪、跨海、牛尾、菱角、金蟾、鬭蝦、雀頭、單跨、雙胎各種俱全，獨少似人者，意猶不足。扶石入溝，見溝底紅朵纍纍，莖高如樹，大可盈把。心驚喜，仍向前採之，忽一少女自溝中出，怒曰：「青天白日，竊我園中物。背夾將滿，猶得隴望蜀，是無饜也。」以手撮沙潑之，迷目不能視。知非凡人，跪而哀之。女曰：「我不殺汝，汝速行！倘遇吾母，生還不得也。」放山者起，目亦愈，視之，女不見。急奔數里，聞水聲潺潺，鳥語蟲鳴，身已在石澗中，攀松扶石而上，蓋梯子河之仙人橋也，計程已五十餘里矣。視背夾，蔘尚在，喜而返。後偕數人往尋，不能入。

方芭田死而現靈

南匯新場鎮方芭田茂才鵬運有二子，以病廢舉業。次納粟爲監，而酷嗜鴉片烟，芭田以是常鬱鬱，咸豐甲寅夏病卒。至十一月某日之夜半，次子亦病篤，仍吸鴉片，連吸，終不進斗，即大呼，作芭田聲呼曰：「吾令汝戒烟，終不聽，今猶吸乎？速去之！」語次，即自毁烟具。又呼長子訓之，又呼其壻沈某曰：「吾老，吾婦屢受汝惠，今又須資助次兒買妾。然汝亦應納簉室，吾女若有言，自有吾在，可無慮。世方大亂，勿居川沙，惟新場永爲樂土，可挈眷以來。天下大勢，難以逆料，吾轉輪後，托生陝西鍾姓。再二十年，可成進士，爲湖北博陵縣知縣。壻他日可來吾署爲司閽，藉補不足。」又呼姪孫觀峯曰：「汝今秋募鄉勇保衞一方，亦佳，惟當存心公正，即遇災患，自邀天佑。吾子雖於爾爲叔，然長者有過，不妨力爭。族中汝年最長，諸事幸勿作壁上觀也。」

適園之鬼

江寧有明中山王徐達之邸，明社既墟，徐祀亦斬，邸析而爲二，東爲儲廨，西爲薇垣。兩衙衡宇相望，又各闢小園，略因其舊，道署曰適園，藩署曰瞻園。粵寇之酋曾據之。酋，粵人，故海盜，蓄姬十數，夏夜恆裸逐園中，爲迷藏戲。被持者就露草淫之，一夜徧數十人，日以爲常。一夕，酋與某姬狎，聞他姬有媟褻聲，大怒，奮起逐之。其人與己面同身同，聲音亦同，迷離撲朔，兩相格鬬，姬亦助毆。已而天將曉，僞者厲聲曰：「汝逼人太甚，翌午相見於金柱、玉谿間可耳。」

金柱關、玉谿口，蕪湖之近港，距金陵百里而强。詰旦，酋被命，登城禦官軍。日逾午矣，竊幸無事。薄暮歸，亦無他變，然亦稍稍斂迹。越數日，又值登陴，瞀然自南來一物，大如車輪，張如雨繖。酋當之，被攝去，落玉谿口。時猶未晡，身徧鱗傷，而不死。遇一黑頭陀，爲披薙，隨之走五嶽間。亂既定，黑頭陀亦化去。酋承其衣鉢，潛入石城。一日，遇故姬某於秦淮曲巷，蓋已隸娼籍矣。姬見而憐之，因爲蓄髮，棲留妓院。一日，爲老湘軍某所詗，執送營務處，訊明斬之。刑時，姬賄左右，往求遺囑。酋曰：「葬我園東隅太湖石筍側足矣。」姬因出重資，購太湖石所在地於糧署吏而葬之，詭言亂前本民家地，應許民家贖也，旋得官許。今其地爲民家所有，在四福巷左近。

汪某死而復生

有漕官汪某者，病劇，似有人引之去，覺路甚窄，左右牆皆甚高，履處甚熱。至一處，入殿，有官南面坐，見汪來，因向內呼曰：「請三姑娘來。」俄見一青衣女抱貓出，項托長帶，見汪，諦視曰：「非也。」遽入。官怒引者曰：「此豈小事，乃誤事如此！」杖之，命更引歸，見道皆平坦，異來時。歸家復生，數日愈。適漕督生辰，汪往賀，坐中有問其病狀者，汪縷言之。忽同坐一人亦汪姓，且與同官，問三姑娘何狀，汪爲述之。其人聞之，忽朝珠中斷，仆地死。

程長庚死後往戒壇寺

戒壇景物幽邃，爲京師西山勝地，程長庚嘗數數游之。長庚佞佛，篤信佛説，亦頗知禪機，故戒壇寺方丈至器重之，談玄説理，往往歡洽無間。厥後長庚卒於京師，而疾終之次日，戒壇寺方丈卽奔至其家，詔其家人，謂長庚無恙，昨夜已往戒壇，諸君無傷悼也。

駱文忠薨時有靈風

川督駱文忠之薨也，先數日，寢疾。華陽王廉訪秉必之居，距督府僅咫尺，某夕深坐，忽聞靈風颯然，聲振屋瓦，若龍陣之驟驚也。頃之，聞節轅鳴礮九，知驂鸞騰天矣。

郜錫霖魂送貢寶楨

丹陽有貢寶楨者，教授鄉里。光緒初，年六十餘矣。及門者夥，與郜錫霖尤契。郜早世，貢哭之慟，久而不忘，每飯必別具杯箸於案，虛左以待，而舉以相讓曰：「錫霖，汝飲此乎？汝食此乎？」時或與郜談藝，郜且有語聲也。如是者年餘，郜別貢而寧家，則與其婦同卧起，有所語，家人悉聞之。一日出游，訪其同學之族人某，曰：「君生前假吾之《尚書》，尚未見還，亦憶之否？」郜歸，乃語其婦曰：「齋中第幾架第幾層，有《尚書》若干册，可爲取之。」其婦依言檢書，陳於几。明日，某聞叩門聲，若有人言曰：「頃以君之《尚書》送還，在門外矣。」某啓門視之，則《尚書》八册固赫然在也。

郜魂之歸，逾二載矣。貢時年八十餘，已輟教，聞其死而猶生也，亟至其家訪之，則與貢笑語如在塾時，流連十餘日。貢歸，乘車行，車以一人推一人挽，設兩座。坐者貢一人，而兩方之重量均。行十餘里，重量頓殺，蓋郜送貢至中途而返矣。其在車時，語貢曰：「弟子今爲師薦一館。」問何所，曰：「東嶽廟也。」貢至家，不兩月而卒。

長小巖魂歸

光緒乙亥二月，上海招商局輪船名福星者，覆於黑水洋，江蘇海運委員死者二十一人，滿洲長小巖大令懋與焉。其眷屬居蘇州，猶未知也。一日薄暮，其妻見小巖自外入，倏不見，驚告於人。忽仆地作小巖口音，泣述死狀，並邀其鄉人恆月坡司馬坦至，託以後事。未幾，凶問至，果如所言，月坡乃爲經理其喪。

朱雲甫魂歸

朱雲甫，名其昂，浙江候補道，寶山人，僑居上海。其家世以沙船爲業，諳悉海道。上海之有招商局，自朱創之也。購汽船，往來南北洋，而江浙之漕糧，卽附其船以達，朱實專司之。光緒戊寅，在大沽分局，偶感時疾，旬日而亡，年未五十。亡之次日，由汽船寄信其家。船甫至，信猶未達也。其家一婢忽仆地，作朱語，告家人以死期，且云：「本尚可活十二年，爲醫藥所誤，今附某船南歸，至矣。」舉家方共惶駭，而船中之信至。

陶阿尼見鬼

蘇人陶阿尼性好博而博屢負，橐罄矣，計無復之，踽之獨行，將告貸於所識者。忽有人自後拍其肩曰：「阿尼輸矣乎？」回視，則其已死之友朱大也。陶大恐，朱曰：「吾非禍君者，君能葬我骨，我當助君博。」陶諾之。朱乃出巨金一錠，曰：「持此入博場，壓白虎門，必勝。再以所得者盡壓白虎門，又勝。四度而止，勿過貪也。」陶從其教，果大得彩。比曉，腰纏纍纍矣。視其中，有紙錠一枚，乃朱所假之原注也。訪諸野，得其棺，買地而葬之。

鬼索朱曼君命

朱銘盤，字曼君，泰興人。記誦淵雅，文詞典贍。光緒癸巳舉孝廉，肄業江陰南菁書院。吳武壯公聞其名，聘爲記室，與張季直殿撰同掌機要，武壯賓師之，不以屬吏待也。光緒甲午，武壯卒，所部有欠餉未放者，朱代領萬金舁至舟，待發矣。蓋朱又爲駐旅順淮軍將領張某所聘，亦武壯舊部也。盜偵知之，亦附其所乘之船以行。見其舁銀至家，遂往約他盜夜刦之。及朱舁至家，忽轉念不如舁往軍中爲妥，盜不知也。至夜，盜十餘人破扉入，覓銀，無有，詢朱，朱曰：「此軍餉也，已至營矣。」一盜將刃之，前隨之盜曰：「不可。我輩與朱某無仇，何必血刃！」遂刦其衣物少許而去。次晨，朱報張緝之，獲七人，前隨之盜亦在其中，蓋亦武壯革退之兵也，直承不諱，並云：「我輩最忌空過，故刦其少許物，計不值百金，當不至死。且我尚有德於爾，爾亦當以德報。」張回顧朱曰：「如何？」朱曰：「君按軍法辦理可也，何必問。」張不得已，駢斬之。

未幾，朱妾生子，彌月之期，大開湯餅宴，賓衆雜沓。朱抱子出，示衆賓，時朱年已逾四十，始得子也。抱而入，甫至廳事後，忽聞朱狂呼曰：「勿傷吾兒！」旋聞兒亦狂啼一聲，戛然而止。衆趨入視，朱僵於地，兩目直視，歷敍殺盜事，又云：「我錯，我錯，乞恕我子。」須臾氣絶。更視其子，亦死矣。

徐蔭軒未死出魂

京師內城新開路一帶，光緒庚子八國聯軍入京時，爲德軍轄境。居民有正藍旗漢軍某甲者，一夕斃於途，距其宅不數武。眷皆走，其友某乙見之，商於僧，斂以薄櫬，停寺中。僧夙與甲善，爲唪經超度。忽有呻吟聲自櫬中出，僧大駭，糾衆啓視，則已甦矣。以手拊股，呼痛不已。自言：「前夕出外大便，遇洋兵勒令以手捧去。不允，即以槍上刺刀軋我股，痛極暈絶，今何在此？」僧告之故，且詢何以復甦，某言：「余被軋後，恍惚至一處，如衙署然。門外木栅東西排列，分十餘處，有外人，有我國人，皆焦頭爛額，狀至可怖。極東一處，又有我國人十餘，衣履稍整，余素識之蔭老即徐蔭軒。亦在焉，頸繫紅繩。心甚異之，卽上前請安，欲詰其由。彼不顧，余漸退。過外人栅旁，遭其叱咤，遂驚寤。」計其時，已七日矣。後聞徐先三日縊死於寶文靖公舊宅花園，一時卿貳橫死者不下十數人。

無頭人織竹籃

光緖庚子之役，京師東交民巷拳匪死者，巷爲之塞。旋聞天津之楊柳集有一人，獨坐破屋中，終日不飲食，惟織竹籃。遠近相傳，乃一無頭者。有見之者，謂其人頸血猶殷，能微動，其首已不知何往。欲取篾片，仍能於側屋取之，亦無少誤，未幾而死。此殆佛經所謂神境通者耶？

内閣藏骷髏

内閣圖籍之移入圖書館也，中書曹元忠實司其事。時長汀江瀚典圖書館事，曹語人云：「閣有一黄綾裱糊之長木箱，外用黄色繩韜捆縛。啓視之，中爲骷髏一具，莫辨男女，亦不知爲何時物也。」

孝欽后現形

光緖戊申孝欽后之崩，與德宗賓天僅隔一夕。世多疑詞，有謂孝欽病革，不欲先德宗而升遐，令親信太監縊殺德宗者；有謂德宗既崩，親臣中恐后復臨朝稱制而毒殺之者；有謂孝欽晚年自恨失德，見德宗之崩，頗懷慘戚，因而自縊者。宮庭事祕，莫得而詳。要之變生不測，母子繼逝，實爲非常之事，當時蜚語之來，固非無因也。

孝欽既崩，宮眷因畏生疑，時於宮中見鬼，隆裕后亦嘗謂親見之。某日，李蓮英晚臨，忽見孝欽之影，冉冉自靈幃中閃入，大驚。自是諸閹及宮眷，至夕輒不敢入孝欽崩御之室。

猴附楊氏婦

光緒季年，鹽山令錢塘史某之庖人楊大有童養媳，年十五矣，未婚。一日，覺有人同卧，始尚隱約，繼更近暱。詢其姓氏，答曰：「我侯氏女銀針也。汝三世前邵姓，爲錢塘令。其時我亦士人女，以見惡於寶花媪，彼遂誣予不貞，壻家聞之，遽退婚。父不服，訴之官。官受媪賄，誣予非貞體，予遂自盡。此雍正時事。予死後，閻王憫予屈死，命轉世爲男子，富且貴。予不願，但思報仇。閻王謂邵令已墮畜生道，爾恨可洩矣，不如轉世爲佳也。乃投生中州貴人家。既長，迷失本性，無惡不作，及壯而夭。閻王怒，謂亦當墮畜生道。予大哭，但求復仇，遂轉世爲牝猴。予父母皆修練成道去。予同胞有一弟一妹，皆能修練，先予得尸解以去。惟予以心懷復仇故，道念不及弟妹之堅，遲之數十年，亦得尸解。遍覓仇人，知爾今生爲楊氏婦，故來覓爾。然吾母與妹皆常來防守，不令我索爾命，以爲寃宜解不宜結也。」自是附婦體不去，闔署之人皆暱之。

王無爲聞鬼誦詞

宣統己酉七月，王無爲居濬水城南，夜有叩扉聲甚急。闢之，霜月澄清，四無人迹，而隱約有朗吟聲，聆二語云：「平林漠漠烟如織，寒山一帶傷心碧。」心異之。及闔扉就寢，夢中微覺几案有裂紙聲。晨視之，几上書太白詞一闋，字迹潦草，僅可辨識，宵來所聆二語，宛然紙上也。

陳小鳳死後吟詩

宣統庚戌，長沙唐煜客杭州。夏夕，載酒西湖，聞鄰舟有女曼吟云：「挂棹趁荷風，花香入夜濃。」久之無嗣響，因爲屬云：「芙蕖空有色，何似妾顏紅？」吟已，枕櫂欲臥。忽一麗者翩然入室，眉黛烟青，粉脂花暈，絶色也。自言陳小鳳，爲院中人。問年，才十七。强與爲歡，不可，且笑曰：「以君風雅士，故一至耳。」煜曰：「卿爲院中人，若訪妝閣，亦將見拒耶？」笑不答。見几上有棋局，遂請爲手談，相對甚樂，煜佯負以悦之。中宵，鳳欲别，煜詢隸籍甚悉，始縱還舟。翌日，如言往訪，果有其人，然死已六閱月矣。

鬼爲電氣

鬼之一事，討論者多，率不得其端倪。惟宋儒二氣良能一語，最爲鞭辟入裏。常廉綱研究神鬼學，曾語人一事，絶奇，可與二氣良能及近日西人鬼爲電氣一語，互相發明。其言云：西鄰一宅，幽窅深黑，相傳多鬼，無人敢居。而時有人至其間自刎自經者，計已十數。常請於屋主，假之爲柴倉。一日，媪至屋搬柴作晚餐，時當酉末，已昏黑不辨，惟東廂有光一縷，從園中斜照進者，瞥見有黑影團團。細審之，髣髴有衣冠者、布衣草履者二三人。媪夙聞是室爲魑魅出没之所，亦不怖，謫其爲怨厲餘魂，因屏縮以待之。俄衣冠者身上有火光迸裂，如掣電，即轟然一聲，彷彿霹靂。其布衣草履者見之，亦作戰慄狀，而衣冠者已不見矣。媪不解，徑自負柴出，以告人，但詫爲異事而已。常好奇，聞之，次日昏暮，持槍至柴倉，屏息以待。少選而黑影三五復至，惟不見衣冠者。繼而布衣草履者身上亦有火光迸裂，轟然霹靂，一如昨日，且有硫磺氣。自後或三四日，或五六日，隔牆見火光，聞轟聲，往往若先所見者。衆聞之，亦欲入屋一覩，然枯坐至天曉，毫無變端。自經是次擾攘後，乃並無一鬼在矣。常曰：「此殆所謂鬼爲電氣者耶？蓋鬼爲電氣所結，故尚能游行存在。而鬼身所含之電，殆亦有正負二種，遇二氣搏擊時，鬼身自能炸裂而化爲烏有。是屋之鬼，其致死之因，非自刎即自經，幽怨凝聚，爲陰濕之氣所蒸鬱，致陰陽電互相感觸，其不致爆烈者幾希！所謂無明斷盡，境象皆滅者是也。」

煤山有白髮鬼

京師有煤山，爲明思宗自縊之所。自入國朝，每於帝后崩御之前一二月，必有一古裝之白髮老人，於更深人静時，在山之上下左右，或遠或近，嗚嗚而哭。或徧行於宮殿，且行且泣，若斷若續，語音約略可辨。宮中人每於月白風清時目擊其狀。有好事者尾追之，或操杖持械逐之，則其行如飛，頃刻不見。約五分時，哭如故，或更厲焉。老人之衣爲白色，則帝崩；爲紅色，則后崩也。

江永春見鬼

宣統辛亥秋，岳陽江永春登岳陽樓，時暮靄四飛，烟凝棟宇，忽覩一綠燈自樓外斜入，轉瞬化爲巨人。江倉遽下樓，覺後有躡者，至地而蹶。歸家病數日不起，病時囈語間作，若覩鬼物。

官與城隍神較品秩

國初，陝人魏某官某省巡道，迷信神鬼，無所不至。然其所以迷信者，斤斤與神較量品秩，分析權限，與尋常僅事諂媚者異。初抵省，具職名手版晉謁省城隍，行庭參禮畢，有所稟白，唯唯諾諾，如面謁上官，肅然而退。洎蒞任，書吏援故事請謁城隍，魏曰：「府城隍，吾屬僚也，烏可先施。」乃使司祝持城隍手版，詣轅稱賀。踰日，始往答拜。禮畢，置座於神左，口喃喃有勗於神，岸然出，曰：「幽明雖殊，名分不容紊也。」所屬某縣有土匪揭竿，檄縣城隍使平之。及城破，怒神失職，撤城隍任，檄令聽候詳請省城隍參辦，而以他縣城隍代之，限以收復之期。

城隍神救上海民

順治癸巳秋，海寇再犯上海，蘇州總兵王燝督戰辱師，民聚而詬。巡撫周國柱統兵按臨，燝恐民暴其走遁失機狀，反誣合縣通賊，自浦南迄静安寺界，欲盡屠之。時海宇新造，兵革未靖，國柱頗惑其說。邑令閻紹慶、遂安令曹垂燦願以百口保之，弗許，將俟黎明下令縱殺。是夕，城隍神降於官廨，朱袍象簡，儼立階下，直視搖首者再，遂釋不屠。

城隍神誅李司鑑

李司鑑，永年舉人也。康熙乙巳九月二十八日，打死妻李氏，上憲行縣查審。司鑑在府前，忽於肉架下攜屠刀奔入城隍廟，登戲臺，對神而跪，自言：「神責我不當聽信奸人，在鄉黨顛倒是非，著我割耳。」遂將左耳割落，拋臺下。又言：「神責我不應騙人銀錢，著我剁指。」遂將左指剁去。又言：「神責我不當姦淫婦女，使我割腎。」遂自閹，昏迷僵仆。時總督朱勷愍公昌祚題參褫革究擬，已奉諭旨，而司鑑已伏冥誅矣。

葛子堅降壇驅蝗

康熙壬子，有神降於溧陽民家，曰：「吾金壇葛子堅也。今年旱蝗爲虐，帝命我驅之，我能使不犯禾稼，一莖不傷。」民且信且疑，而蝗大至，瀰漫林莽，始大懼，裂楮大書曰「驅蝗葛公之神」，争出雞酒祀之，蝗乃去。葛，名維屏，以順治壬辰進士爲蘭陽令。康熙丙午秋闈，爲受卷官，愛惜諸生試卷，不肯輕貼，爲監臨所詬詈，因憤恨自經死。

呂祖望爲東嶽神

呂少卿祖望，滄洲人，順治進士。康熙乙巳冬病亟，夢天帝召爲東嶽之神，力辭不獲，因訂後期，遂引疾歸里。舟過張家灣，忽沐浴更衣，曰：「時至，吾去矣。」遂瞑。舟中人隱隱見其騶從甚盛也。

李某信喜神方

薛生白嘗往侍郎李某家診病，清晨往，至日午，侍郎始出，則以面向內，背向外，兩公子扶之而行。坐定診脈，口述病源，終不回顧。薛大駭，疑其面有惡疾，故不向客。問其家人，則曰：「主人面甚豐滿，無惡疾。所以然者，以某日喜神方在東，故不欲背之而出。且以是日辰巳有衝，故必正午始出耳。」

裘文達爲水神

裘文達公曰修臨卒時，語家人曰：「我乃燕子磯水神，今將復位。死後，汝等送靈柩還江西，必過此磯，有關帝廟，可往求籤。如係上上第三籤，我仍爲水神，否則或有譴謫，不能復位矣。」言畢而逝。家人聞之，疑信參半。蒼頭某信之獨堅，曰：「公爲主太夫人所生，太夫人本籍江寧，渡江時，曾求子於燕子磯水神廟，夜夢袍笏者來，曰：『與汝兒，并與汝一好兒。』逾年，果生公。」文達妻熊夫人挈柩歸，至燕子磯，如其言，卜於關帝廟，果得上上第三籤。舉家遂大哭，燒紙錢蔽江，立木主於廟。袁子才往蘇州，阻風於此，乃揖主而題壁曰：「燕子磯邊泊，黄公墟下過。摩挲舊碑碣，惆悵此山河。短鬢皤皤雪，長江渺渺波。江神如識我，應送好風多。」

城隍神治高吕之罪

乾隆丁亥，鎮江修城隍廟，董其事者有嚴、高、吕三姓，設簿募貲。一日晨雨，有婦肩輿來，袖出銀一封，交嚴曰：「此修廟銀五十兩，煩登簿。」嚴詢姓氏府居，謂須登記，婦曰：「些微小善，何必留名，但記明銀數可也。」語畢去。高、吕二人至，嚴述其故，並商登寫之法。吕笑曰：「登簿何爲？此時無人知之，三人分得，似亦無害。」高曰：「善。」嚴以爲非理，急止之。二人不聽，嚴不得已而去，高、吕遂平分之。

越八年爲乙未，高死；丙申，吕繼亡，嚴固未以告人也。戊戌春，患疾，見二差持票謂嚴曰：「有一婦在城隍案下告君，我等奉差拘質。」問所告何事，差以不知對。嚴與同行，至廟門外，氣象森嚴，不復有平日算命起課者在矣。門内兩旁舊爲居人，此時所見，悉差役班房。過仙橋，至二門，見一荷枷之囚，呼曰：「嚴兄來耶？」視之，高也，向嚴泣曰：「弟自乙未辭世，迄今四載受苦，率爲陽世罪譴。近届枷滿，可託生，不料又因侵蝕修廟銀一案發覺，拘此審訊。」嚴曰：「此事隔十數年，何忽發覺，豈彼婦告發耶？」高曰：「非也。彼婦今年二月壽終，凡鬼，無論善惡，俱解城隍府，彼婦乃善人，與行善者解來，過堂，城隍神問之曰：『爾一生聞善卽趨，上年本府修署，爾獨惜費，何耶？』婦曰：『當年六月二十日，送銀五十兩至公所，乃一嚴姓生員所收。自覺些微小善，册不留名，故爲尊神所未知。」神隨命癉惡司詳查原委，不覺和盤託出。以兄有勸阻之言，故拘兄來對質。」嚴問吕兄今在何處，高歎曰：「渠生前罪重，已在無間獄中，不止爲分銀一事也。」語未畢，忽二差至，曰：「老爺陞座矣。」嚴、高遂隨差立階下。有二童持彩幢，引一婦上殿，又牽一枷犯至，吕也。城隍神謂嚴曰：「善婦之銀，交汝手乎？」嚴具述之。乃謂判官曰：「事干修理衙署，非我擅專，宜申詳東嶽大帝定案，可速備文申送。」仍令二童送婦歸，二差押嚴及高、吕出廟。過西門，一路見有男著女服者，女著男服者，有頭罩鹽蒲包者，有身披羊狗皮者，聞人語曰：「乾隆三十六年儀徵火燒鹽船一案，凡燒死溺死者，今日孽滿，可轉生。」二差謂嚴曰：「難得大帝升殿，可速投文。」已而疾走呼曰：「文書已投，可各上前聽點。」嚴等急趨之，立未定，聞殿上判曰：「所解高某，竊分善婦之銀，罪尚小，應照該城隍所擬，枷責發落。吕某生前包攬詞訟，坑害良民，其罪甚大，除照擬枷責外，應命火神焚毁其尸。嚴某，君子也，陽禄未終，宜速送還陽。」嚴聽畢，驚醒，則身卧於牀，家人已易喪服，曰：「相公已死三日矣。以胸次未冷，故相守。」嚴一一言之，家人未信。後一年八月夜，吕家失火，柩果遭焚。

披麻星見王西莊而逸

嘉定王西莊光禄未貴時，有至戚某家娶婦，邀請同觀花燭。時適微雨，意將卻之。因再三相請，遂著屐往。某戚所居本幽僻，路過曠野，見一婦女身穿麻衣，如新寡者，蹣跚中途。王訝之，急足迅走，卒不能及，乃叱之止，始駐足焉。王問以泥塗不憚跋涉，意欲何之，曰：「將之某家。」王又言：「某家有喜事，汝凶服在身，宜謹避之。」婦乃號咷而逸。及至戚某家，晤主人，告以所見，主人曰：「此披麻星也。」遂邀術者至，責以擇吉不慎。術者曰：「吾固知之，惟是日雖星值披麻，然有文曲星勝之，故無咎。」於是人皆謂光禄後必大貴。

蟂磯夫人赦顧杏園

蘇州顧杏園太守鴻逵以部郎出守潯州，自瓜州口浮江西上，泊舟蟂磯。磯有蟂磯夫人廟，蓋祀蜀漢孫夫人也。嘉慶丁巳，封崇節惠利靈澤夫人。磯在蕪湖北岸，無高岡，遥望之，一亂石堆耳。相傳泊此者多不利，故遊賈官客必越而過之。太守之舟，以日暮遇風，不得已而泊焉。是夜，舟人夢入廟，見儀仗森嚴，執事者奔走雜遝。夫人翠羽明璫，端肅高坐。一古衣冠狀如判官者，前稟曰：「今夕泊舟之人，將貽誤大局，害數千百萬生靈之命，不如就此溺之，以救無辜之民。」夫人笑曰：「汝意固善，然此等大刦，雖上帝亦祇聽其自然，豈我輩所可挽回耶！」遽揮之出。舟人驚醒，太守竟無恙，抵任視事。不數月，粤寇起事於金田。其徒黨之被逮繫獄者，顧承桂撫鄭夢白中丞祖琛意旨，而諭桂平令縱之矣。

行疫使者

嘉慶乙丑，毛小癡客四川之中壩巡司署。三月初五日晨，喧傳市中彈有墨線痕。往觀之，自大堂暖閣至頭門百餘步之甬道，貫墨線一條。詢之居民，咸稱街巷皆然，成都、龍安、嘉定皆同日彈有墨線，不知何異也。至立夏後，疫病大作，四五月尤甚。成都各城門，日各出棺千餘具。先是，三月初，簡州刺史徐鼎奉檄赴嘉定催銅，夜夢五人從東來，自稱行疫使者，將赴成都。問以何時可回，答云：「過年看龍燈方回也。」徐旋省，適瘟疫流行，憶及夢中語，卽告制軍，議以五月朔爲元月，曉諭人民，大張燈火，延僧道誦經禮懺，紮龍燈，放花爆，民間亦助結燈綵。每夜火光燭天，金鼓之聲不絕，自錦江門直至鹽市口，男女紛沓，歌曲滿街，卽每歲元宵，亦無此盛也。如是半月，而疫亦止。

白石土地

白石土地，在蜀棧中。祈者、報者輒刊一二尺許短碑，嵌山脊，鱗次櫛比，不知其幾千百也。

土地神應禱而改門向

方悔軒比部性純孝，其母夫人之塋前舊有土地祠，其祠向與塋地之山向相左。嘉慶己卯春，悔軒將北上應京兆試，瀕行，禱於祠，求神祐。是夜，忽大雷電以風。詰朝，村人譁言祠之門忽轉而向太夫人宅兆，視之果然。悔軒遂以是年領鄉薦。

土地神佑婦女

有孔某者，爲吳竹莊中丞之友，咸豐時，粤寇由楚犯豫章，中丞浼孔送其眷赴蕪湖，猝遇敗寇，蟻屯兩岸，舟不能進。孔思舍舟避之，率衆行半里許，見一老人策杖而前曰：「四面皆賊，君偕婦女行，得毋有戒心乎？」孔曰：「欲覓避寇之所。」老人曰：「前村有土神祠，可避寇。」孔如其言。行不數武，果見祠兩楹，姑止焉。吳之眷居於內，孔率二親兵居神堂。但聞門外馬蹄聲，絡繹不絶，門隙火光，照耀如白晝，衆駭甚。四更後，始寂然。孔出食，分啖衆人畢。天嚮明，寇蹤已遠，遂出祠登舟。回顧所宿祠，卑陋不能容一人，始知爲神所佑，相與膜拜而去。厥後吳以皖藩權巡撫篆，詣祠謝，大葺之。

湯伯雄爲城隍神

武進湯伯雄大令敏中以大興籍登賢書，屢上春官，不第，以大挑知縣，試用河工，權知盱眙縣事，兼攝泗州篆。時粤寇東竄，江、皖土匪聞風而起，伯雄嚴防之，寇不得逞。六合朱卧雲比部奉命至皖治團練，駐軍王姑廟。會與土兵有隙，遂內訌，團卧雲軍數匝。大府聞之，檄伯雄解其圍。單騎宵征，幾爲所害。重圍中突有大呼者曰：「湯知縣，好官也，不可加刃。此來必有以撫吾輩，吾輩宜聽其指揮。」於是圍立解。

時江寧已陷於寇，羽書絡繹，征調不絶於途。伯雄具糗糧，備芻茭，事必躬親之，故卒無擾。日坐堂皇判獄，年將六十，自辰至午，無倦容。直月朔謁廟歸，甫升堂，吏持卷請判，忽連書「到新任」三字，書之不已。吏知有異，亟掖之退，遂不言不食，端坐至日晡而逝。當其升堂也，有小吏倦卧於堂下，見伯雄衣冠登輿，鹵簿呵殿而出，前列天長縣正堂牌，徑趨縣治前土阜之上。方訝其甫歸復何往，耳中聞人譁言官病，遽醒，蓋伯雄已爲天長縣城隍矣。

火神斃粤寇

咸豐癸丑，粤寇陷江寧，分股擾六合。時大兵甫抵鍾山，壁壘未定，不及往援。温壯勇公紹原率民團守禦，勢岌岌，寇環城占民居，爲久攻計。城外有火神廟，甚宏敞，酋將踞之，率衆往舁神像。數十人舉之不動，刀斫不入，穴後壁，以巨木撞之，亦不仆，懼而止。是夕微雨，衆酣卧，陡然火起，凡所踞之屋，悉成灰燼，火光燭天。羣疑官兵所爲，大駭狂奔，自相踐踏而死者無數。壯勇乘間出師襲之，大有斬獲，寇千餘人，逃去者十僅二三，率皆焦頭爛額。自是膽落，兩年餘不敢犯六合。迨戊午，大營兵潰，寇勢蔓延，壯勇知不可爲，乃縱民使徙，己則以身殉之。城破之日，居民已空，無一罹鋒鏑者。兵退月餘，壁穴宛然。神像高七尺許，微有刀斫痕，泥采少剥，竟不入木。火焚之迹，延及二里餘，有連燬十餘家獨存一二家者，有十餘家完好獨燬一二家者，復有前存後燬、左存右燬者。

桂丹盟爲神

桂丹盟廉訪超萬政蹟，左文襄公嘗請以宣付史館。廉訪晚年以避粤寇至閩，徐清惠公樹人檄署福建按察使，蓋諗其方廉彊直，破格舉之也。既任事，綱紀大張，百僚畏懾，惜年已篤老，遽以疾終。方大漸，親起握筆，馳書文襄嚴州營次，滔滔千百言，皆吏治、兵事之要。並云軍中疾疫繁興，當請於上帝，暫爲神荼，啖食厲鬼。其遺書字體端勁，無一懈筆。訃至之日，果陰霾烈風，山鳴潮立，隱隱若有大冠絳衣乘雲氣而東走，僉曰廉訪桂公之靈也。

城隍神爲左文襄所責

左文襄駐軍甘肅時，見其地多狼，食人畜，遂命出隊圍獵，而終日不獲一。軍官某獻言曰：「聞狼之爲物，冥冥中有神管轄，故非人力所能驅除。」文襄大怒，命舁其地城隍神至，褫其冠冕袍笏，責四十軍棍，枷於營門外。

沈叔和死爲城隍神

沈仲復中丞秉成有弟名熹，字叔和，初令順義。及牧霸州，丁所生母憂去官。服闋，以候缺久居京師。喜爲詩，又善飲酒，酒朋詩友，坐上恆滿。臨終前數日，猶與客飲酒賦詩，甚樂也。次日，忽語客曰：「行與諸君永別矣。」客驚問故，曰：「吾昨夢順義縣城隍言將受代，代之者即我，我意不欲，神曰：『君久當爲神，徒以有老母故，稍緩之耳。母壽終，豈得不赴！』我曰：『我尚無子。』神曰：『有子無子，細事耳，何足論！』其言如是，故知不免也。」客以妖夢解之。然自是日漸委頓，至卒之日，沐浴剃髮，易衣而卧，問曰：「已齊集未？」俄又曰：「既齊集矣，我即去。」言已，遂瞑目而逝。後數年，直隸大無，朝廷發金振之，順天府所屬一縣令乾没入己，事發畏罪，仰藥死。時有某，亦縣令之候缺者也，以生人爲冥官，至是，語人曰：「昨日會諸神鞫某縣令，順天府所屬六州二十二縣城隍神咸在，我識其一人，順義縣城隍沈叔和也。」某素不知沈臨終之語，而其言乃與之符。

蠻三旺

西藏神話，以蠻三旺爲最古，謂中古時，妖怪横行，民受其害，劉備、關羽、張飛出而治之，戰數十年，各不相下，遂鼎峙焉。蠻三旺之名，蓋以此也。妖之尤者名杜，三頭六臂，能變化，雖數百家之村落，皆能吞之。杜眠時，鼻孔出長蛇一條，爲人所害，蛇卽入杜鼻孔，杜遂驚覺。故杜之横行，人莫能制。劉、關、張中，惟關之神行亦能變化。每與杜戰，則劉、張守營。劉、張不能堅守，往往爲杜所襲，甚且擄關之妻子。後爲關所奪回，怒妻無恥，欲殺之，將妻髮繫馬尾以拖死。馬不前進，鞭之，亦然，痛鞭之，馬遂作人語曰：「夫人罪不當死，雖殺我，亦不走也。」關不得已，遂將妻子同載而歸。後杜益驕横，關變爲牛屎，被杜家人拾作柴料，關始入杜家。關又變爲爐中扛炭，遂近杜身，杜不知也。杜眠時，蛇出，關先殺蛇，後斬杜，妖患遂平。蠻民感其德，至今猶供奉之。

孫文定遇鬼狐

益都孫文定公廷銓世居顔神鎮，爲童子時，常於五鼓入塾，道遇一長人如方相狀，目睢盱可畏，直前欲搏之。文定方悚懼，自覺身驟長，與之等，且搏且卻，至孝水西岸玉皇宫，其物忽不見。又嘗讀書齋中，有狐貽金豆數枚而去，其家遂築金豆山房。

達基之母爲狐

參領達基之父某，嘗獵於山中，會日暮，歸途遇少婦，年可二十，姿容絶世，告以迷途求附載。某心念山僻安能有此婦，得非狐乎。嘗聞人血可制鬼狐，使不得遁形，將試其術，遂許同車。日漸暝，潛破鼻出血，塗其額。婦皇急罵曰：「黑心郎不畏死耶？」然卒不得遁，遂與俱歸，遍爲伉儷。逾年，生達基。婦遇家人有禮，舉家亦不諱，見者驚其豔而忘其爲狐也。達基嘗謂人曰：「吾母一切服食，無異常人，惟頂心常戴一紗笠，寒暑不去，蓋其頂中空，窺見臟腑故也。」及卒後，衆驗之，果然。

周封翁救狐

桐鄉周蓮史太史士炳之封翁，慷慨好施。其戚黨居吴縣洞庭山，有樓一楹，久爲狐所據，延術士驅之不去。一日，來獵户數十人，云能捕狐，謂先熏以藥物，使之現形，然後火鎗矢彈齊發，可聚而殲旃。主人從之，將舉火矣，翁適至，力阻之，親詣樓下，大聲語狐曰：「汝占居主人屋，將罹滅族之禍，我爲請於主人貸汝，限汝三日，速遷去，毋貽後悔。」次日，樓上果寂然。不數日，天大雷雨，封翁坐静室中，召諸子列坐左右。俄而金蛇繞屋，霹靂轟擊不已，衆咸失色。有見翁座下蹲黑物，大如犬，亟請起視，翁叱之曰：「安得有此，毋忘言！」須臾，雨霽，翁始告其家人曰：「當雷聲初起，卽見有物伏座下，知爲避雷，我故堅坐，且令汝輩環坐以護之，俾其免於此劫耳。」

道光庚子，蓮史偕其兄鐵霞中翰士烱同赴秋闈，揭曉之前一日，翁期望甚殷，夜不成寐，恍惚間見一白髮老人入室，道賀曰：「兩郎君皆中矣。翁之厚德深仁，蔭庇甚遠，兒孫科第聯翩，兹乃發軔之始也。」天明，果報捷。鐵霞往謁房師，詰之曰：「君家有何陰德，抑子近日方結善緣？予初得子卷，不甚許可，置之卷箱中，忽又在案上，如是者三次，因薦於主司，子盍明以告我。」鐵霞平日受翁教，不敢言其事，唯唯而出。厥後蓮史乙巳成進士，入詞館，鐵霞考取內閣中書，其子亦膺鄉薦。

鄭夢白入覲遇狐

鄭夢白中丞曾以某省按察使任滿入覲，北上，止宿長新店。甫入室，有客求見，視名刺，故人也，欣然延入，久談而去。未幾，外報客又求見，意尚有未盡之辭，復出見之，則殊無所言，又坐良久而去。鄭倚隱囊，方謀小憩，而外報客又至，厭而辭之，則固請，不得已，又見之。語之曰：「君數來，將何以教我耶？」客曰：「君視我，誰也？」諦視之，則竟非前客，癯而髯，悚然異之，不知所云。客曰：「第一次所見者某，第二次卽僕。僕欲有言，故幻形以求見。又自惟交淺言深，故欲言而仍止。退而思之，此事關繫甚大，不敢不言，故又來求見也。」問將何言，客曰：「僕乃天狐也。竊聞天曹之議，世間刼運將至，君此次入都，不久卽膺節鉞，將來數百萬生靈之命，皆在君手，千萬留意。」言已不見。

是歲，鄭拜桂藩之命，俄擢廣西巡撫，而粵寇洪秀全之亂起。方其萌芽之始，猶可撲滅，鄭思客言，不敢輕舉，遂以因循釀禍，毒流海内。

老狐復仇

同治庚午三月初五日，浙江嵊縣知縣嚴思忠被戕。嚴，丹徒人，治嵊有聲。有櫛工龐某設肆縣城，而其子某習技於新昌。會清明，某由新昌回，至中途，忽發瘋。櫛工赴鄉省墓，俾徒與某居肆。夜將半，某忽放火自焚其屋。鄰人奔救，火滅，而某不見，人皆謂其懷慚自遁，未之覓也。時縣令無廨，僦民室以居。某竊菜刀置之懷，徑趨縣令公館，登館後土山，壞後門以入，館中人皆不覺，倏入令之正寢。寢室凡七間，皆有簾帷，無門户。令與妾居東，其女與傭媪居西。某先遇一媪，斫之，負傷仆地。遂趨令卧牀，遽斫之。妾聞聲呼救，復趨斫之，皆在牀呻吟。某見牀後花裙一條，取而自束之。復趨西室，見令之女，斫之數十下，負重傷，未死。仍入東室，斫殺令。女聞聲，匍匐往救。某出遇之，復被斫以死。令與其女皆受七十餘刃，面目模糊不可辨。某取印佩之，開箱取寶銀一，出後門而去。天既明，有豆腐店翁方開門，忽見一人滿身血汙，腰束花裙，執刀來撲。翁以門板禦之，墜其印及刀於地。某挾銀而遁。居民拾印刀來叩令公館，則大門猶未啟也。既知令已死，遂報典史相驗，發捕役嚴緝兇手。某泅伏水中，執訊之，若茫然不自知前事者。令之妾逾一日亦死，乃置某於極典。

或曰，令少時，父爲山東博山令，令讀書學宮之魁星閣。閣凡三層，令居中層。其上爲人迹所罕到，而令每若見有人憑欄眺望，知爲狐也。陰戒其僕蹤跡之，知其窟在數里外之古墓中，歸而告其母曰：「某處有狐窟，兒將召獵户，殲彼醜類。」其母先一夕夢一老人來見曰：「吾族與郎君夙無嫌怨，兩不相侵。郎君居心陰很，吾族刦數已到，恐遭毒害，然吾必有以報之。」其母既感是夢，乃叱止之，曰：「彼雖異物，然無害於人，何必殲之。敢若此，非吾子也。」令重違母教，數月未發。後卒遣其僕陰購火藥，藏之墓中，乘夜以引線發之。清晨往觀，則死狐枕藉於穴。人有知其事者，以爲瘋子之案，狐爲之也。且令被戕之歲，元旦，館中階石忽裂爲二，血痕殷然。自占一課，謂縣中當有逆倫重案。亟召其吏役敎誡之，俾各慎厥職，而不知其身自當之也。

狐辦闈差

錢塘伊某，娶妻楊氏，光緒己卯鄉試之前，楊忽得疾，百治不瘳。一日，操江西語而言曰：「予自貴谿奉真人府文牒，來浙辦闈差，與汝有緣，故寄居於此，饑矣，速具食。」家人知其爲狐也，置瓜果焉。即剖一大西瓜，食之而盡，又食他果，亦盡，仍索飯。飯至，盡數器。問之，則曰：「下咽即消，不覺其多也。」家人患之而無如何。亦時見其形，則一少年婦也，習見之不爲怪。

時學使者方録送遺才，伊患不取，問於楊。楊曰：「必取，但不高耳。」已而果然。伊又問：「場中題目可預知乎？」曰：「不能。」再三問，則曰：「君無憂焉，吾亦當入闈，必相助。」及入闈，無他異，文機頗不蹇澀。既出，責其不助，曰：「已助君矣。」問中式否，曰：「恐未必也。」有虞某、李某，伊之友也，以闈中文質之，曰：「虞君文中之豪，李君文中之禪也。」問中否，謝不知。及榜發，皆不售。伊以告楊，曰：「余早知之矣。」榜後蹤跡稍疏，至第三日辭去，自此遂絶，而楊之疾亦瘳。

狐擕人以行

江西某甲以夜每爲狐所魘，頗苦之。一夕，卧後，潛藏短棒於衣底，俟狐沿足而上時，亟持棒擊之。狐逃，某乘勢躍起，急追，直出大門，狐已不知所往。返身欲歸寢，始知門都未開，不知己身何以得出也，乃大呼家人起開門，始得入

狐攫銀幣

吴江同里有嚴翁者，富室也。或謂其先世有老狐，指示以藏鏹之所，遂以起家。家有狐仙木主，子孫世祀之。一日，爲翁子生孫彌月之期，乃大張筵席，而木主之前，亦特設一席以饗之。故事，賓客飲者，必以禮物壽主人。一客飲而醉，大呼曰：「余輩之得食，各有禮物以表祝。彼仙人者，食而不禮，無乃吝乎？」言未畢，鏘然一聲，有物由屋頂墜，擊言者之頭，轉落於地。驚而視之，銀幣十枚也，於是客又皆議仙之知禮矣。乃不片刻而内室大呼失竊，詢之，知主婦櫃中之銀幣不翼而飛，衆客乃以狐所贈者視之，則原璧也。

狐祟趙星杉

丹徒趙星杉，名葆森，瑞侯明經玉森之兄也。光緒中葉，館揚州孝廉佘某家。某所居爲鹾賈舊宅，廣廈也，而羣言有狐。趙居之不信，亦無覩。一夕，漏三下而寢。明晨，則見插架之書籍，悉陳於地，案上獨有《周易》一部。大愕，謂深夜人寢，是誰惡作劇者，尋悟爲狐之祟。自是而衣褌時有焦灼痕，蓋亦狐所爲也。不數月，遂辭歸。

狐祟顧晴谷

陝西宜君縣署故有狐，設木主以祀之。新令尹至，必參謁如禮。顧晴谷大令曾煊之蒞任也則否。一夕，就寢矣，忽眼前有障礙物，視之，則頂棚下移而至案。大怒，呵之，固赫然在上也。其明夕，燈忽沿壁而走，又呵之，燈即屹立於案。

狐欲嘔人

陽曲大盂鎮之三鎮村王熾庵家有一宅，恆見怪異，王一峯與之爲鄰。光緒庚子，孝欽后西狩，八月十四日至太原。先二日，護衛隊毅軍、甘軍駐大盂鎮，其帥雖嚴約束，亦頗騷擾。是夕，一峯回盂，在熾庵家寄頓衣物。而義順合錢肆亦有衣物寄存，二夥送之至，留居焉。一日，一峯歸，二夥方坐話，忽聞一峯屋中櫃響，門隨之開，見一老翁直入屋，怒目而言曰：「余久居於此，何物惡奴，竟溷乃公！」二夥長跪哀之曰：「長者幸相容，我輩明日去矣。」時廚中煮粥將熟，而鍋碗均毁。次日日午，門未啓，主人訝之，抉門入，見二夥臥地，口吐白沫，昏不知人。救之醒，遂行。適一峯亦自家至，備聞其異。至夕，一峯睡屋中，欲覘其異而杳然。至十六日夜半，月色如晝，置劍牀上以備之。忽聞廳事有聲響，即啓門而出，見一大白狐在南偏房廊下徐行。一峯疾前，以劍擊之，未中，即縱上高樓，不知所在。

虎幻人

錢塘孔某，從軍入閩，大軍先行，孔偕胡某率兵士及僕從十餘人殿其後。閩故多山，行至一嶺，萬木蔽天，峻且險。山口有旅店，胡欲投宿。孔曰：「日未晡，過嶺不遲。」館人止之曰：「山多猛獸，居人相戒，恆以亭午結伴持械行。今時已晏，可休矣。」孔盛氣語之曰：「予從軍久，手刃賊不下數百人，何畏此區區者！爾不過利吾投宿耳。儻有異物，吾以劍殺之，勿煩爾慮。」遂行。

時值深秋，滿山黄葉亂飛，霜風怒吼，大霧迷漫，白日無色。策車行十里許，度嶺之半，瞥見山凹有茅屋數椽，日將夕，率衆止焉。入其門，有椎髻婦人二，貌頗妍麗，見客來，曰：「我家男子外出未歸，家固非旅店，然日已西下，諸客艱於度嶺，盍姑止此，幸勿嫌其湫隘也。」孔自居中楹，以外廂處兵從，炊食秣馬，衆皆罷矣。孔年少，喜詼諧，笑謂婦人曰：「爾夫遠出，可借榻以眠孤客否？」婦人頷之。孔私意必以色餌人者，孰知吾爲魯男子哉。飯畢，復伴申前約，婦人正色曰：「君指日騰驤雲路，吾不敢與君較。若他人，則無死所矣。」相與一笑而罷。夜半，孔眠未熟，聞鼾聲如雷，張目視之，有光如椽燭，自房中射出。從隙窺之，斑然兩虎臥於榻，其光乃目睛也。孔大駭，潛呼胡醒，告之。胡恐甚，孔告以婦人語，曰：「吾輩可無恐，第恐兵從必有羅虎刦者。」乃危坐，候村雞鳴，趣衆啟行，失兵二馬二。回顧宿處，榛莽叢雜，無室廬，始信館人之言不謬。孔嘗詡詡然誇於同輩曰：「予從虎穴中來也。」

羊出游

同治時，上海城隍廟有放生綿羊數十，有數十年、十餘年或數年者。其年久者，往往出游城鄉各處，人皆知爲邑廟中羊，不敢驅逐，任其所之。又能往附航船，至乍浦、海鹽游歷。數日，仍附原船回。其將附船也，先至泊所，俟解維，始跳入，眠於隙處，船主驅之亦不去。至其地，即上岸，且能附此船出，附彼船回，船主習以爲常，任其附載。

沈文肅見冢怪

沈文肅公生平雅不喜説鬼。道光某科北上，應禮部試，道出河南某縣。是日公車至者甚夥，旅舍爲滿，文肅後至，無可插足。然夜深，且旁靡所適，不得已，商之逆旅主人，謂得一下榻地，少息行李，天明便去，卽迫仄，所不計也。主人始猶堅辭，繼則曰：「旅舍實無餘地，必欲覓宿處，某廂一屋，以中有鬼故，扃閉久矣，公果不畏者，請暫屈一宵。夜中倘有所逢，勿怪不先告。」文肅毅然解裝止焉。

文肅以主人言，不能無所備，乃炳燭假寐，以覘其異。初乃晏然，夜將半，見牀下有物自地中出，巨黑類豕。既出地，乃背負文肅所卧牀。牀被抵，岌岌作勢，若將崩。文肅巍然不動，以一手力按之。黑物受按，若不勝重，隨手縮入地，而地中有聲作豕鳴。文肅於是整衣起，危坐牀側，待覩其竟，而物亦不復出。

神獒噬人

京師宣武門外有神獒，每出，必於夜，千百犬隨之而行，人或遇之，輒爲所噬，相傳久矣。儲惺甫農部於冬夜飲友人所，醉而歸，持鐙獨行，過菜市口。是日適決囚，遺血在地，有巨犬俯而舐之，正當大路。惺甫叱之。犬一舉首，則雙目如炬，有異常犬，俄騰空而去，蓋卽俗所謂神獒者是也。惺甫大駭，歸卽卧病，遂不起。

犬量牀

雅州府某縣有巨紳家，廚藏肉品，率失去，終莫得主名。一日，其西席某自外歸，忽覩所蓄巨犬，齒嚙高几，以前足承之，人行過庭，至堦側曝魚處，置几其下，一躍升几，以足攫魚數頭，委之地。既移几庭隅，乃將魚去。主人旋以失魚撻婢，某具述所覩，爲婢解説，犬聞之而遁。其夜，某寢樓中，忽門闢，而犬啣竹竿入，以度其牀之短長，度畢逕去。某大駭，堅扃寢門。次晨，向主人備述其狀。主人遣奴四覓，見犬於後山中，以足掘地，置竿其旁，蓋將爲坎而瘞某於此也。奴大呼狂逐，犬始遁。

野貓爲祟

徽州有被野貓所祟者，速或一年，緩則三載，尫羸牀簀，醫藥罔效，終於不起，無倖脫者。其至也，恣情縱慾，各如其願，投以所好，男女不論老幼，雖至彌留，心知之而口不欲言。夜卧後，常有毛蒙茸落於衾褥。殷富之家，恒集什伯人，坐室中，燃炬火，通宵不寐，亦偶有見其形者。

貓鬼爲祟

陽春縣修衙署，方築牆。一日，匠未飯，有貓來，竊食其飯及羹。匠大憤，捕得之，活築牆腹以死。工竣，署中人皆不安，兒童僕從率多病亡。因就巫占之，云貓鬼爲祟，在某方牆中。於是拆牆，果得死貓。遂用巫者言，奠以香錠，遠葬荒野，自是合署泰然。此道光丙申事也。

三脚貓爲祟

道光丙午夏秋間，浙之杭、紹、寧、台一帶，傳有物祟，稱爲三脚貓者。每日薄暮，有腥風一陣，輒覺有物入人家以魅人。於是家各懸鑼於室，伺風至，奮力鳴擊。物畏鑼聲，即遁。如是者數月始絕。

貓生狗雞窩出貓

嘉慶辛未，河南白蓮教匪林清煽亂，蔓延數省。是時中州人家有貓生狗、雞窩出貓之異。

貓作人言

新城王文簡公之後裔，咸豐時尚繁盛，舊第猶在。有一貓，能作人言。一日，貓眠於榻，或問其能言否，貓對云：「我能言，何關汝事！」遂不見。

江西某總戎署有兩貓對談，爲總戎所偶見，欲擒之。一貓躍上屋去，獨擒其一，曰：「我活十二年，恐人驚怪不敢言。公能恕我，卽大德也。」遂放之。

道光時，某公子宦筆帖式，愛貓，常畜十餘隻。一日，其夫人呼婢，不應，忽窗外有代喚者，聲甚異。公子出視，寂無人，惟一貍奴踞窗上，回視公子，有笑容。駭告衆人，令同視之，因問：「適間喚人者汝耶？」貓曰：「然。」衆乃大譁，以爲不祥，棄之。

永野亭黃門之戚串家有貓，忽作人言，大駭，縛而撻之，求其故。貓曰：「貓無有不能言者，但犯忌，故不敢耳。若牝貓，則未有能言者。」因再縛牡貓撻之，果亦作人言求免，其家人始信而縱之。

光、宣間，通州郭季庭家居，聞州人某畜一通靈老貓，能爲人語，初不信，試往覘之。甫至門，卽聞貓呼曰：「郭季庭，不信貓能作人語乎？」郭大駭，因就詢之。貓自云壽已千餘，遼、金時事，猶昨日也。

郭問何所服食，長壽乃爾，貓云：「吾於人間物，所嗜惟酒耳。」郭因取佳釀與共酬酢，飲乃無算，以此遂成莫逆交。

白鼠作畫

道光戊申十一月，閩縣某廣文爲其婦寫照，紙墨筆硯，紫紅紺綠，已具備矣。偶如廁，復歸房，則遥見一書生與一大白鼠對語。某不敢入，窺於門後。白鼠潤毫伸紙，走筆亂畫，書生點首，遂擱筆，鼠與書生倏不見。某怖甚，呼家人，入視，則一幅戰事圖也。圖中有大城一，四面衆山環抱，城下死尸無數，河水殷紅，一黄馬衵紅頂花翎者方策騎，手提人頭三，血猶涔涔然。某夙知術數，見之，大哭不已，知亂事卽在目前。因焚其圖，挈眷遁海島。越二年，果有粵寇於金田、花洲、六川、博白、白沙石諸地，同日發難。

鼠供蜈蚣食

成都周副將兆熊，嘗於咸豐時勦粵寇而自戕。其官副將時，署有蜈蚣食鼠一事，至奇。某歲，署之後園土有血跡者數日，聞家人言之，初不信。一夕，自往覘，則見衆鼠奔赴有火光處，匍匐不動，爲隱身而頭大斗許之蜈蚣所齧，嗍其血至盡者，可十餘，餘二鼠乃舁鼠尸去。蜈蚣隱，二鼠復爲之掩土。如是者，前後十餘日。周以告幕僚，偕之往觀者二夕，無所見。乃於一日日當午，命人發土覘之，掘三尺許，得石板，以十餘人起之，下深窅，長廣各五尺許，又下則有坑，旁通一穴。乃依穴掘之三丈餘，見蜈蚣，則身長五尺餘也，遂擊斃而焚之。

鼠建樓閣

鹽城有何姓者，其家主人自以子爲本命肖鼠也，乃不畜貓，見鼠，輒禁人捕。久之，鼠大蕃息，日跳梁出入，不畏人。又久之，屋主死，屋改售他姓，惡鼠之横，畜貓，鼠稍戢，顧其貓不數日輒死，如是者數。家置飯盂，以飼貓也，偶檢之，有阿芙蓉氣，乃知貓爲所毒也。又數失釵珥等件，姑婦相疑，不能安居，乃遷去。

至是而屋遂更歷數姓，最後梁姓者，以賤價得其屋。不半載，會夏雨漲溢，水積庭中深尺許，有鼠數十百餘，首尾相銜，自南接北，如橋然。末後一大鼠長六七寸，徐步之而過，入東廊壁下。雨止，梁以沸湯沃之，啾啾有聲，良久不動。發之，中有樓閣二層，以竹箸爲柱，榱桷之屬悉備，延袤八九尺，寬亦可三四尺許，玲瓏工巧。地上鋪木片，藉以鳥毛細草，皆妥貼如人爲者。中間最寬，有大鼠死其中。所獲鼠盈石。其家毀壁以示人，惟觀一次，需數十錢，一日觀者數百。有往觀者，云完整者才十之三四，其餘殆皆鼠爲沸湯所澆，跳盪致毀矣。其鄰人云，梁所得首飾尚多，然秘而不言。

鼠建塚

開封負郭之居，有鄭姓者，其家有大鼠，長盈尺，時出嚙物，貓不敢捕。後以機獲之，擊斃，棄於園。

是夜聞園中羣鼠啾啾有聲，質明視之，成一塚，廣輪二尺許，其側且植一小樹。

雄雞生卵

康熙甲戌十二月，松江吴南林中翰家雄雞生卵，大如鴿蛋，殼甚堅厚。以椎椎破之，亦具黄白，白如凝脂不散，黄帶赤色。

雞作人言

乾隆乙丑，崑山之黄渡有勞姓家，畜一雄雞，忽作人言云：「大家要活命。」其家以爲妖而殺之。未幾，以訟獄破家。

鴉報喜

康熙某科鄉試，華亭董含出闈後，返里。一日，忽有羣鴉數千頭，飛繞其居宅，曉夜屯宿，聲喳喳，驅之不去。家人咸以爲不祥，村夫輩且謂鴉噪主凶徵也。如是者五日，及捷報至，鴉始散，人言亦息，羣又言其爲報喜也。

鴉爲神兵

湖南之清浪灘有伏波廟，廟多鴉，行舟過，輒飛布空中，行十餘里始絶。舟人以飯顆或豆腐乾等物拋以飼之，鴉能俯仰啄食，或飛集桅檣蓬背，啞啞乞食。舟人謂之爲神兵，不敢慢也。

蛇祟婦

長沙李浣士，十二三歲時，讀書村塾。塾師性方正，子婦忽遭魔魅，百計驅之，屢爲所侮，殊沮喪。一日，有遊僧過，請治之。布壇設法，忽見有物如帶狀，旋舞室中，速如奔電，十數人持梃擊之，均不能近，其物亦若求出不得者。僧云：「此蛇妖也。」急持禁咒，其物遂隱，婦亦尋愈。僧云：「再來當不可治。」師因徙宅避之。數月，果來，據婦不去。師鬱恨以死，家亦不振，而其婦卒無恙。

蛇血滴銀幣

瑞安蔣叔南，幼時習聞鄉人不經之傳説，云蛇類中有雙尾四脚者，名曰順，捕之，用眞金刀刺取其兩尾之血，分滴於兩銀幣，合置一處，經七日夜，用其一，入夜，自能飛回。東外谷石佛寺僧某因借某姓所畜之順，取血過多，致死，因以涉訟。光緒壬寅春，叔南之尊人謀築室於三折瀑下之龍遊洞，方舖土築基，基中有一石横卧，重可五六百斤，集數工，移而之他。石下之土，其色異他處，中有小穴，工人剖而視之，則一雙尾四脚蛇在焉，其色金黄，極美麗。諸工大喜悦，以爲順也，如獲至寶，捕而置諸茶桶，急擕以報叔南，且致賀云：「君家大福，天錫至寶，取血滴銀，一生喫着不盡矣。」叔南開桶，覩厥狀，亦大奇異。蛇之雙尾如燕翦，長可四寸許，其全體共長尺餘，澄黃光耀，目爲之炫。時有一温嶺人張姓者，業裝裱，並能符籙，素與叔南善，聞之，走告刺血之法，俟旭日東升時，焚香禱祝，且畫符五道，焚於蛇之四圍，蛇果伏不動。乃以金針刺其尾，取血分滴二銀幣上，合置一處。經七日，分置各室，未見回復，旋分置於兩屜中，亦不驗，乃知俗傳之妄。

鼈寶納人臂中

世傳西域賈人能識寶，以有鼈寶也。某鉅公在伊犂，曾見其人，知其法。其法，遇鼈寶，與之約，相隨十年或八年。其物大若豆，喜食物，亦與之約，每日食血若干釐，不及分也。黎明，即以小刀劃臂，納之臂中，自此即能識寶，過期，物自去矣。

蝦蟆作雹

某官嘗參喇嘛章嘉師，適雨雹，問雹何以成，師漫應曰：「蝦蟆所作耳。」某意其誕。師曰：「姑誌之，異日見之，當信耳。」後某以事西出嘉峪關，天昏，欲雨，止野廟中，見土人聚觀河上，問何故，曰：「視蝦蟆作雹。」某頓憶師語，近觀之，見蝦蟆千萬，銜岸土少許，復飲水河中，已，張口岸上，口中皆雹也，大者成大雹，小者成小雹，須臾吐之，風捲而去。

蠍王挾暴風以至

河南之禹州盛產蠍，以可爲祛瘋之藥，漢口人輒往購之。人僅一度，逾此，則往往遇害。蠍產於山，有王長其羣，王大而最毒。同治末，粤寇亂粗定，鄂商至禹採蠍者益多，恆致巨富。有某者頗疑之，逾年復來，止於旅舍，滿載欲歸。是夜二鼓，忽暴風至，沙石爲飛，蠍直撲旅館，壞垣而入，土人羣謂蠍王至矣。某大震，急以巨缸自覆，藏其中。蠍王繞缸三匝，迺出，風沙亦驟止。羣起視之，缸已瓦解，某已殪於其中，若被火者。

蜘蛛戲弄海舶

馬耳山瞰海州城，有蜘蛛宅焉，不知幾何年物也。亦往來雲臺、伊蘆、大伊諸山，人往往見之。或如寒月嵌霄，倏忽上下，大小不常，蓋其珠也。間遊於海，戲弄海舶。或離水昇空，已復在水，而舶中器具略不搖撼，人亦習之。嘉慶時，有吳某經其地，見西林黝黑一障，而光可鑑。漸近，覺沙石撲面，急伏地，乃聞驟風怒雹，浮身而過。及起視西林，黑光東矣。人曰：「此蜘蛛過也。」視吳面，則色如傅靛，洗之乃去，而水不加藍。又海州城内常有大風寒晦，而城外暄旭，草木不摇，或亦以爲蜘蛛所爲也。

蝶弔德文莊喪

太常寺署有蝶，色褐，有一翅微缺，人皆以老道稱之。偶飛來，或伸手祝之曰：「老道，吾輩欲一見顏色，請少住。」蝶即飛落手中。若人有戲之之意，祝之，不往也。德文莊公官大宗伯，兼管太常寺甚久，蝶常往來院中。文莊卒，蝶忽旋轉於殯宮前，意若來弔者，依依不置，久之乃去。

大老妖

光緒甲午三月，京師宣武門外南下窪陶然亭畔葦潭中，忽有怪聲如牛鳴，其聲嗚嗚然，人名之曰大老妖。福文慎公錕時爲步軍統領，調兵窮搜，莫得端倪。內務府召僧道設壇諷經以禳之，越數月，始寂然。張豫荃有詩詠之云：「右安城門當晝晴，野畦淺水蘆葦平。忽有怪物如牛鳴，路人千萬皆聞聲。喧傳遠近草木腥，街衢入夜無人行。或圖其狀如鮫鯨，似虎搖尾龍轉睛。巨鱗脩鬣腹彭亨，罔兩罔象莫識名，日午健兒敲銅鉦，戈矛森立車衝輣。擊以巨礮雷霆訇，如臨大敵心怦怦。登刀蹈火道侶迎，敕召六甲與六丁。呼星喚鬼與怪爭，怪殊不懼反自矜。若鳴得意聲無停，健兒咋舌雙目瞠。拖泥帶水如履冰，道人執劍走野亭。護身符咒嗟無靈，我亦隨衆來郊坰。鳳城景物爭春榮，麥芒漸綠柳眼青。輕風轉蕙晚照明，鶯歌燕舞調鳳笙。萬人如海身伶仃，枳籬薤隴側耳聽。鳴蛙噪蚓集衆蠅，心知其誕笑語傾。嗟哉危坐高官形，柳陰歧路支涼棚。藉資彈壓列衆兵，更欲紛調神機營。舉國若狂誰使令，解人難索繫我情。石言蛇鬭傳所稱，妖不自作由人興。見怪不怪真典型，諸公袞袞來槐廳。紛披宮錦帶雀翎，口蜜腹劍利是征。誤人家國傾人城，此真怪物是咎徵。災祥在德天所憑，反德爲亂妖災生。嘻嘻出出鬧於庭，我欲射之弓陰弸。檮杌饕餮服上刑，天爲一笑河爲清。人妖既除邦乃寧，物妖有象禹鼎呈。何至妖異喧神京，無乃小怪作大驚。」

徐遠心驅怪

長山徐遠心，明諸生也。明亡，棄儒訪道，稍稍學劾勒之術，遠近多耳其名。某邑有鉅公，具幣款書致誠，招之以騎。徐問召某何意，僕辭以不知，謂第囑小人務屈降臨耳。徐乃行。至則設盛宴，禮遇甚恭，然終不道其所以致迎之旨。徐問曰：「實欲何爲？」主人輒言無他也，但勸酒。未幾，日暮矣，邀徐飲於園。園中竹樹蒙翳，雜花叢叢，半没草萊中。抵一閣，覆板上懸蛛錯綴，大小上下，不可以數。酒數行，天色曛黑，命燭復飲。徐辭不勝酒，主人即罷酒呼茶，諸僕倉皇撤具，盡納閣之左室几上。茶啜未半，主人託故竟去。僕便持燭引宿於左室，燭置案，遽返身去，頗草草。徐疑或攜襆被來伴，久之，殊杳，即自起，扃户寢。窗外月光入室，夜鳥秋蟲，一時啾唧，怛然不成寢。頃之，板上橐橐似踏蹴聲，甚厲，俄下護梯，俄近寢門。徐駭，毛髮蝟立，急引被覆首，而門已豁然開。徐展被角微伺之，則有物獸首人身，毛周其體，長如馬鬣，深黑色，牙粲羣峯，目炯雙炬。及几，伏餂器中殘肴，舌一過，連數器，輒如掃。已而，趨近榻，嗅徐被。徐驟起，翻被羃怪頭，按之狂喊。怪出不意，驚脱，啓外户，竄去。徐披衣起遁，則園門外扃，不可出，緣牆而走，擇短垣踰之，則馬廐也。廐人驚，徐告以故，就乞宿。將旦，主人使伺徐，失所在，大駭，已而得之廐中。徐出，大恨，怒曰：「我不慣作驅怪術，君遣我，又祕不一言，我橐中蓄如意鉤一，又不送達寢所，是死我也。」主人謝曰：「擬即相告，慮君難之，初亦不知橐有藏鉤，幸宥十死。」徐終怏怏，索騎歸，自是而怪遂絕。主人宴集園中，輒笑向客曰：「我不忘徐生功也。」

孔興訓見物於鄱陽湖

康熙時，南安守孔興訓，曲阜聖裔也。一日，渡鄱陽湖，見有物，長可數里，身有兩翼，自空飛入湖，黑質黃文，掉尾波上，行數里，猶彷彿於水中見之。時風日晴霽，舟亦無恙。

湯文正木主鎮祟

蔣澤山孝廉嘗至崇明縣勸校試卷，事畢，觀於文廟，見兩廡先儒中湯文正公之位闕焉，問之學官，學官曰：「此地舊有五通神爲祟，民間被五通之祟者，輒向學署門斗言明，將文正之位私自請去，供奉於家，則自去，相沿如此。吾儕職司學校，每十餘日，必來審視，如文正之位久而不歸，則向門斗催取而已，不能禁止也。」澤山，名學溥，光緒時之海寧人。

律畢香

徽州有怪，能與人應答，善盜財物，婦女微有姿色，皆被淫。當其來，如夢魘然。或詢其名，曰：「我律畢香也。」郡守患之，遣使乞張眞人符籙，然仍不能絕也。

山魈

池州于某善吹笛，家居山中，夜必撅笛數弄。一夕，方撫節間，忽見人影在窗，驚視，有物蹲屋脊，絶似人而氄毛被其體。知爲怪，不敢逐，聽之，良久自去。明日不復吹，物仍至，坐屋脊下顧，意態甚惡，須臾跳而下，將搏人。于畏之，復取笛吹，欲止，則物卽前撲，遂不敢止。天明物去。于大苦之，乃以重金招獵户二人，荷鎗爲衛。其友武孝廉某好勇，聞之，亦來一覘其異。是夜，于與一獵人居室中，孝廉偕一人匿門外。二鼓，物又至，于故吹笛誘之。室中獵人舉鎗一擊，物墮牆。孝廉猝起砍之，物負痛一躍，孝廉幾爲之仆，血濺滿地，自是不復至。此物皖之山中常見之，土人不敢犯，呼爲山魈，實狒狒、蜼、狙之屬也。

或曰，嶺南所在有之，狀爲獨足反踵，手足三歧。其牝好傅脂粉。於大樹空中作巢，有木屏風，帳幔，食物甚備。南人山行者，多持鉛粉及錢以自隨。雄者謂之山公，必求金錢。遇雌者，謂之山姑，必求脂粉。與之者則相隨而更爲之保護。有人夜行山中，宿大樹下，見山姑，以脂粉與之，山姑曰：「安卧無慮也。」中夜，有二虎欲至其所，山姑撫虎曰：「斑子，我客在，宜速去。」二虎遂去。

山魈擲石

由陜州至三門，中有仄徑，旅行之輿夫必齊聲呐喊，疾趨而過。蓋山上時有人抛石，零星如雨，不吶喊，必中其顱。回首視之，略無人影。石積河邊盈尺，累之，儼然城郭，殆山魈所爲耶？

甕平

餘姚時有甕平爲祟，其至人家也，輒與婦女合。及去，則毛落枕席間矣。

秧哥塔什

烏什萬山中有白石峯，皎然玉立，如淡妝美人，翹首有所盼。問之土人，曰：「此秧哥塔什也。」回語婦人曰秧哥，石曰塔什。相傳乾隆間，兆文毅公惠平西域時，有某部酋子被俘入關，其妻思之，日佇立山頭，以望其返，後遂化爲石也。

清稗類鈔

方外類

高宗不欲沙汰僧道

高宗御製詩云：「有以沙汰僧道爲請者，朕謂沙汰何難，即盡去之，不過一紙之頒，天下有不奉行者乎？但今之僧道，實不比昔日之横恣，有賴於儒氏辭而闢之。蓋彼教已式微，且藉以養民。分田授井之制，既不可行，將此數千百萬無衣無食、游手好閒之人，置之何處？故爲詩以見意云。頹波日下豈能迴，二氏於今亦可哀。何必闢邪猶泥古，留資畫景與詩材。」

大冶爲宗門獅象

虎邱禪師大冶，四川富順人。受法於墊江龍蟠寺敏樹，敏樹受法於破山。順治乙酉，大冶避亂至遵義，初住禹門側石頭山，旋受郡南西坪人所請。有丈雪者，與之書云：「石頭山中，柴水方便，而又折蘆他往，開門破户，恐難安頓，是所慮耶？」然竟往西坪，一住十有四年，茅就壞，四衆不聽其去，乃開土創剎，即虎邱寺也。後終於寺。丈雪常稱大冶爲宗門獅象，鐵脊道人謂其言如牆壁，默若雷霆，山立風飛，無禪和氣，無如來氣，無祖師氣，淵源自合，迥異學人。

雪嶠不蓄一弟子

青獅翁者，法名圓信，字雪庭，更字雪嶠。年二十九，棄家，縛茅雙髻峯。自參龍池傳和尚，得法，後還徑山千指庵，出居廬山開先，又移禾之東塔，晚主越中雲門寺。於順治丁亥八月十九日染微疾，次日封鐘板，親書一紙示衆云：「小兒曹，生死路上須逍遥。皎月冰霜曉，喫杯茶，坐脱了。」二十六日酉時，果索茶飲，口唱「雪花飛」之句，奄然坐逝。

雪嶠造詣淵微，與天童悟禪師同爲禹門法嗣。悟禪師以巾拂付弟子十二人，再傳登獅座者多至六百七十八人，而在家居士不與焉。雪嶠則不蓄一弟子。

尺木臨死留偈

尺木禪師，名性休，明宗室也。受戒於崆峒天鼓，得法於漢陽，居沁州永慶寺。順治癸巳正月二十三日，早齋罷，忽問院主曰：「十王殿前那塊地，是我底，捨底麼？」院主曰：「捨底。」遂趺坐而逝。夜半復醒，書偈云：「莫笑尺老，師風大行，不得回來轉金經，方入三摩地。」至二月二日出定，沐浴，削鬚髮，持杖，侍者扶至塔前，化老比邱相，説偈云：「思不來，想不來，自己打墓自己擡。也奇哉，也怪哉，臨濟兒孫善活埋。咄者是什麼所在？説死説活。」擲杖而化。又嘗題《漁父圖》云：「東西南北任遨遊，萬里長江一葉舟。夢裏不知身是客，醒來天水一般秋。」所著有《銅鞮語録》。

本月蒙世祖賜聯

松江僧本月曾受知於世祖，特書「天上無雙月，人間衹一僧」十大字以賜之。

玹水蒙世祖賜紫

玹水，名超杲。主慈雲、廣濟，寂儀徵千佛寺。其遊京師時，世祖聞其名而召之，遂蒙顧問，賜紫衣。

木陳之機緣奏對

順治己亥九月十七日，世祖命備車馬，迎臨濟僧木陳字道忞者入京，卽宏覺國師也。

二十二日，召見於萬善殿，免禮賜坐。慰勞畢，問以年臘得法元由，師詳敍始末。上曰：「最初開堂何處？」師曰：「繼席於浙江寧波之天童。」上曰：「得法弟子幾人？」師曰：「二十五人。」「得法隨侍幾人？」師曰：「六人。」上旋曰：「朕敦請老和尚遠來，本爲宏揚佛法，況天氣嚴寒，且結冬制，俟春日還山何如？」師曰：「遵旨。」上卽諭以萬善、愍忠、廣濟三處結冬，仍諭上堂日，諸禪者皆進萬善殿聽法。

二十三日辰時，世祖率當時之學士王文靖公熙、馮文毅公溥、曹本榮、狀元孫承恩、徐元文等至方丈，賜坐，命學士問：「老和尚來自天童，如何是天童得力句？」師曰：「奉皇上敕書，特特到此。」問：「如何是正法眼藏？」師豎拳曰：「突出難辨。」問：「如何是觀自在？」師鼓掌曰：「還聞麽？」問：「大學之道在明明德，朱子云：『明，明之也。』如何是明之底道理？」師曰：「問取朱文公去。」學士無語，上笑。上曰：「老和尚於何歲參見天童先和尚？」師曰：「三十一歲。」上曰：「初參何人？」師曰：「自初行脚，曾見黄檗、無念和尚。」上曰：「無念和尚，誰之法嗣？」師曰：「念師於七尖峯大休和尚言句下起疑得悟，實未見休也。」上曰：「是甚言句？」師曰：「僧問如何是祖師西來意，休云黄瓜茄子。」上曰：「老和尚因甚機緣悟道？」師曰：「長疑産難因緣，後來有個會處。」學士曰：「大慧也從此打失布袋者公案，畢竟作麽生？」師曰：「明破卽不堪。」又問女子出定公案，請老和尚下一轉語。師曰：「任從滄海變，終不爲君通。」學士曰：「婆子請趙州轉藏經，只轉得半藏，那半藏作麽生轉？」師曰：「學士起身禮拜皇上。」又問：「發心參禪卽是善，如何又說不思善，不思惡。既善惡都不思，當何處著力？」師曰：「善惡總從心生，心若不生，善惡何著？」師震威一喝，上曰：「纔涉思惟，總成意識邊事。」師曰：「大哉王言！」上問：「如何是悟後底事？」師曰：「待皇上悟後卽知。」學士進云：「悟卽不問。」師曰：「問卽不悟。」上首肯。又問：「有禪師教人參念佛底，是誰作麽生參？」師曰：「畢竟念佛底是誰，但恁麽看。」上提起案頭數珠云：「和尚喚者個作甚麽？」師曰：「請陛下放下著。」上放下數珠，師曰：「是甚麽？」上問：「參禪悟後，人還有喜怒哀樂否？」師曰：「逆之則怒，順之則歡。」上欣然，復曰：「大都此事甚難。」師曰：「也不難。不見龐公云難難，千石油麻樹上攤；龐婆云易易，百草頭上祖師意。靈照云：『也不難，也不易，饑來喫飯困來睡。』」上曰：「卻是靈照超過龐公。」師曰：「非父不生其子。」上問：「壽昌無明和尚、雲門湛然和尚曾參見何人？果是真實悟道，善知識麽？」師曰：「二老悟不由師，特印心於曹洞宗人，而真知行卓，無可遺議者。」卽舉壽昌偈云：「冒雨衝風去，披星帶月歸。不知身是苦，惟慮行門虧。」「至若湛師，則雲流天空，事過卽忘，尤稱無心道人。」上嘉羨不已，復諭學士不須更問公案，但請老和尚開示做工夫。學士問：「做工夫只是多間斷。」師曰：「間斷不問斷，總不要管。若是怕間斷，卽加一番隔礙。但遇事來卽應，事後卽單提正念，如王臨宇秉靈鋒寶劍，凜凜神威，一切魔外誰敢近旁。做工夫須是恁麽始得。」學士問：「做工夫還是看甚麽話頭。」師曰：「話頭之説，無有定法，但是去不得處，便是話頭。古人於後學初機，無處著力，不得已，教他看一無意味話，如萬法歸一、一歸何處之類。著令鮫嚼不破，橫不得，豎不得，如一座鐵壁銀山，頓在面前，孜孜汲汲，廢寢忘餐。有朝一日，撞透銀山鐵壁，方是得力處。」學士曰：「如何得到廢寢忘餐田地？」師曰：「廢寢忘餐，非是勉強。如學士有一急切事在心，不知不覺廢寢忘餐，蓋欲罷自不能耳。」又問：「世情濃厚，如何得輕去？」師曰：「道念若重，則世念自輕。譬如秤物一般，頭重則尾輕，頭輕則尾重矣。」上笑曰：「朕向亦曾如此過來，用心真切，則塵緣不覺自輕。」學士曰：「我輩措大家多學文字，未免涉理障，恐難悟入。」師曰：「文字亦須有個悟頭，方是超卓。如東坡是五祖戒後身，故下筆清空靈妙，但轉過頭來，卻於己事生疎，然亦暫時歧路。」因舉潙山與寒山、拾得相見機緣，拾云：「休，休，他三生曾做國王來，一總忘卻了也。」「古人多有隔陰之迷，惟皇上果位中人，雖現身爲生民主，而念念不忘此事，誠過古人遠矣。」上問：「有個雪嶠和尚，聞渠真率不事事，末後示寂，甚超脫，老和尚可知其人及曾親近否？」師曰：「先法叔住開先時，曾受西堂之職。及示寂雲門，遺命主其後事。」乃述雪嶠於丁亥年八月十九日示微疾，次日封鐘版，卽親書一紙以示衆云：「小兒曹，生死路上須逍遥。皎月冰霜曉，喫杯茶，坐脫了。」至二十六日酉時，果索茶飲，口唱「雪華飛」之句，奄然坐逝。「然近代如林皋和尚之陞堂告衆，箬菴和尚之預定逝期，其事詳載塔銘，皆忞所撰，則又不止一雪嶠和尚也。」上曰：「學道須是恁麽方好？」師曰：「此中亦有誵譌。如真點胸乃一代大知識，臨示寂，展轉痛苦。侍者云：『和尚終日訶佛罵祖，而今卻恁般漏逗。』真云：『你作者般見解。』遂起身趺坐而逝。古來尊宿如此不一，儘有人不識修行，不聞佛法，也能預知時至，無疾而終。所以此事貴在眼明，眼若不明，卽坐脫立亡，未足多也。」上問：「先天童和尚示滅如何？」師曰：「示現微疾，臨期，按行工築，歸方丈，吉祥而逝。」問：「有個熊開元曾見老和尚否？」師曰：「曾見。」上曰：「渠出家參禪，有悟處麽？」師曰：「覺得胸次未能灑然，但人品極是高卓，數爲靈嵒分衞供衆。」上問：「靈嵒何人？」師曰：「法姪宏儲，爲漢月藏和尚之嗣。」是日，上自辰至午，坐談十餘刻，始回宫。

庚子三月十五日，上駕至方丈。上曰：「幾日在宫，多看語録，見有上堂、晚參、小參、示衆之不同，何也？」師曰：「先德叢林，凡遇爲國開堂及聖節、元旦，皆陞座拈香祝聖，其餘三八朔望垂示，俱名上堂。所謂晚參者，古來學者，朝參暮請，善知識亦爲之，暮而陞堂，卽上堂之異名也。小參者，所謂家教是也，與示衆均名，隨宜開導。雖立名不同，要皆時時刻刻以此事提撕學者耳。」上乃命王文靖問：「有句無句，如藤倚樹，意旨如何？」師曰：「有句無句且置，樹倒藤枯，畢竟句歸何處？」王曰：「求老和尚分明開導。」師曰：「事不如此，欲求老僧分明開導，卽誤賺居士了也。」上問：「向上一路，千聖不傳，如何是不傳底事？」師良久問上曰：「陛下會麽？」上曰：「不會。」師曰：「只者不會底，是個甚麽？是何境界？作何體段？皇上但恁麽翻覆自看，看來看去，忽若桶子底脱，自然了辦。」上曰：「老和尚更下一語看。」師曰：「無毛鐵鷂過新羅。」上問：「如何做工夫，始與此事相應？」旁侍之茆溪云：「皇上當謝絶諸緣，閉門靜坐，饑來喫飯，困來打眠，如大死人相似始得。」師曰：「此話在我禪和家卽得，皇上日應萬幾，若一日稍不勵精，則諸務叢脞矣。」上曰：「畢竟如何用心卽得？」師曰：「先德有言，但能於心無事，於事無心，則虚而靈，寂而妙。皇上但遇大小事務，不妨隨時支應，事後返觀，向來酬應底，畢竟從甚麽處起，從甚麽處滅，刻刻提撕，念念不捨，自然打成一片，事事無礙。」上曰：「恐有間斷時如何？」師曰：「參禪無別訣，祇要生死切。皇上果生死切時，如孝子喪卻父母，卽欲不哀痛，不可得也。」上曰：「生死心切，誠如老和尚所説。但見聞覺知，昔人所訶，今欲用心參禪，未免落他見聞覺知。」師曰：「譬如大火，聚觸之，卽燎人，然道火何曾燒卻口。不見古人道，卽此見聞非見聞，無餘聲色可呈君，個中若了全無事，體用何妨分不分。」上曰：「參禪悟道後，還入輪迴麽？」師曰：「惟悟明生死底人，正可入他輪迴。譬如皇上尊居黄閣，忞與羣臣何由得望恩光？皇上惟屈尊就卑，故忞等乃得共天語，聞法要。所以八地菩薩當證真之後，如夢斯覺，上無佛道可成，下無衆生可度，卽欲入般涅槃。十方諸佛同聲勸請，善男子，爾雖證此法門，然而衆生没在諸苦，我諸佛等不以證此，便爲究竟，不妨示如幻之法門，覺如夢之衆生。從此起大功行，較前所修，日劫相倍焉。」上曰：「老、莊悟處，與佛祖悟處，爲同爲别？」師曰：「此中大有誵謂。佛祖明心見性，老、莊所説，未免心外有法，所以古人判他爲無因，濫同外道。」上曰：「孔、孟之學，又且如何？」師曰：「《中庸》説心性，而歸之天命，與老、莊所見大段皆同。然佛祖隨機示現，或爲外道，或爲天人。遠公有言，諸王君子，不知爲誰。如陛下身爲帝王，乾乾留心此道，即不可以帝王定陛下品位也。非但帝王，即如來示現成佛，亦是脱珍御服，著敝垢衣，佛亦不住佛位也。」上歡然首肯。師曰：「忞望七之年，耳目昏重，不便常侍天顔。兼之近有執事僧從天童來，言山中大衆望忞不回，俱有散去之意。恐叢林荒廢，乞皇上速賜還山。」上曰：「趨風日久，得承謦欬，何忍遽令老和尚别去。」語畢潸然。師曰：「忞受天恩，兼之皇情眷注，亦何忍遠離。但前所奏請，皆萬不得已。」上曰：「老和尚到處利生，京師禪道佛法寂然無聞者，百有餘年，須得老和尚久久闡揚，始有向往之者。老和尚即不久留，亦須三年。」師曰：「忞道德涼儉，曷能副皇上之盛心？皇上以佛心天子，徵書四出，詔求四海知識，此風徧聞天下，億兆蒼生，莫不知有參禪學道之事。皇上已爲他下了般若種子，卽不能當下行持，譬如丈夫食少，金剛要當穿皮而出，況般若正因乎？」上曰：「朕亦不敢強留，違老和尚意，畢竟寬住幾時，得以時時請益可也。」是日，上自午至酉，始回宫。

四月初一日巳時，上率兩學士至方丈，命王文靖問：「如何是三界唯心，萬法唯識？」師曰：「一字兩頭垂。」上曰：「三教歸一，一歸何處？」師曰：「大家在者裏。」學士問：「善知識師是佛祖，兒孫因甚卻要殺佛殺祖？」師曰：「有了你，没了我；有了我，没了你。」上以手指點而曰：「《中庸》道天命之謂性，作麽生是性？」師曰：「不離皇上舉手處。」復問：「僧問雪峯古澗寒泉話，與趙州所答，爲同爲别？」師曰：「二俱作家，一一俱瞎漢。忞時常出醜上前，今日拈則公案，亦請皇上下語。」乃舉婆子燒庵因緣畢，遂云：「設抱定皇上云，正恁麽時如何作麽生下一語，免得婆子趨出燒卻庵。」上曰：「朕從來不曾留心，焉敢在老和尚面前指東道西。」師曰：「乞皇上畢竟下一語。」上又推辭。師曰：「皇上既下不得，決須發起勇猛心，著實參究。究到無可究處，忽然囦地一聲，自然七通八達，得大自在。」上極稱善。是日，及暮回宫。漏下三鼓，猶命内臣傳語抄録婆子機緣入宫，詳加體究。

五月某日，上曰：「南泉斬貓，意旨如何？」師曰：「直逼生蛇立化龍。」上曰：「趙州當日頂草鞋出去，南泉許爲救得貓兒，若問老和尚合作麽生下語？」師曰：「老凍膿爲他閒事，長無明作麽？」又一日，上手書「大學之道在明明德」，拈以示師曰：「請老和尚下一轉語。」師曰：「日輪正卓午。」又一日，上曰：「梁武帝見達摩，問如何是聖諦第一義。摩云，廓然無聖。意旨如何？」師曰：「鯀包特石。」上曰：「帝云，對朕者誰。摩云，不識。又作麽生？」師曰：「鐵裹泥團。」上曰：「如何是聖諦第一義？」師曰：「天無二日，民無二王。」上曰：「對朕者誰聻？」師曰：「卽日恭惟皇上聖躬萬福。」又一日，世祖展际雪嶠和尚之自贊，有云：「者漢奇怪。」隨曰：「請老和尚下轉語。」師曰：「寶弄不少。」又一日，上慨歎場屋中士子，多有學寡而成名，才高而淹抑者。如新狀元徐元文業師尤侗，極善作文字，僅以鄉貢選推官。在九王攝政時，復爲按臣參黜，豈非時命大謬之故耶？師曰：「忞聞之，君相能造命，士之有才，患皇上不知耳。上既知矣，何不擢之高位？」上曰：「亦有此念。」因命侍臣取其文集來，内有「臨去秋波那一轉」時藝，上與師共讀之，至篇末云：「更請諸公下一轉語看。」上忽掩卷曰：「請老和尚下。」師曰：「不是山僧境界。」

時昇首座在席，世祖曰：「天岸何如？」昇曰：「不風流處也風流。」上爲之大笑。

世祖出亡爲僧

玉琳禪師，與木陳上人齊名，皆順、康間具善知識者，二人均嘗承世祖召，談禪宮掖。順治庚子秋冬間，玉琳復奉詔入都，蓋世祖秋獮熱河，馬上忽若有悟，因遣人馳驛召玉琳。玉琳趨行在，世祖見之甚懽，參悟之際，機鋒契合。一日，世祖忽謂玉琳曰：「朕念釋迦、達摩皆以王子之尊出家求道，自時厥後，夐絕無繼。朕欲奮起，遠紹前徽，師以爲何如？」玉琳皇恐對曰：「釋迦、達摩，不過遐陬小國王子，豈足比我國之大，萬乘之主！且陛下一念之堅，生生世世，爲天下人主，護持佛法，其功德無量，尤不在成佛作祖下也。」世祖頷之。翌年，而有出走之事，蓋其機已早動矣。

或曰，峨嵋山高峯，明季有老僧，結茅庵居焉。終歲不下山，不食不飲，惟默坐蒲團，一小徒從之。徒日下山，買米作炊，如是者十餘年。一日，僧謂徒曰：「汝善居此，我明日行矣。」徒不忍師去，牽衣大哭。僧曰：「汝勿然。」袖中出畫一軸，僧像也，口鼻耳目悉具，惟無眉，曰：「我去後，越十二年，汝下山尋我，見人，輒出畫示之。有爲汝畫眉者，我也。」遂去。既而張獻忠入川，殺戮殆盡，徒潛於山，得免。厥後世祖入關，徒乃下山，遍覓天下不得，展轉十餘年，乞食都中。會世祖出獵郊外，徒不知爲帝，遽言所以。侍衞欲執送有司，世祖止之，命出畫觀，詫曰：「此人何無眉？」援筆添之。徒痛哭，伏地稱師，具道僧囑。世祖恍然悟，尋與徒遁之普陀深岩中云。

或曰，聖祖六巡江南，蓋探訪世祖蹤迹也。

或曰，世祖有妃，爲冒辟疆之姬人董小宛。世祖悼妃之薨，厭棄人世，誓入山學佛，因出亡至京西五十里之天台寺爲僧，以吴梅村有清涼山讚佛詩，隱用雙成故事爲證，詩云：「我本西方一衲子，黄袍換御紫袈裟。」且憤太后之下嫁攝政王也。今寺有蠟製僧裝之世祖像，戴寶冠，披黄龍袍，大如人體，其面目骨格與大内所藏世祖畫像略同。像左有碑，鐫「天地不朽」四字。聖祖屢幸天台寺，或錫扁額，或錫金帛，可知此寺實爲世祖遁迹之所也。

或曰，杭州西湖羅漢堂塑像中，有一黄蓋黄袍者，即世祖像，爲聖祖南巡時所塑。且世祖出家，王大臣亦皆知之。當初出宫時，曾謂鰲拜曰：「他日新君踐祚，朕必歸而觀禮也。」

或曰，世祖出走之際，親書遺詔，以常御玉班指鎮於案。遺詔以十事自罪，謂不足以君臨天下也。

或曰，世祖以順治辛丑正月初一日出走，而忌辰遲至初七日者，以初一日出走後，仍密令四出尋覓，至初七，卒不可得，乃發喪。

或曰，某家藏有欽天監刊刻之順治二十五六年時憲書。殆以世祖出亡，頒布國中之時憲書雖用康熙年號，而宫中猶用順治年號者，示不忍改元之意也。

通琳心眼平等

釋通琳嘗云：「吾心眼頗平等，然因指見箕尾，甚喜；觀水中荇藻，亦喜；縱目空碧，亦喜；獨對清狂不慧人，刀刁魚魯，殊不耐。」

浮山一鉢蕭然

平湖雲林寺僧聖濬，字師林，號浮山，其母見紫衣僧入室而生。幼卽茹素，年十八，脱白。旋受靈隱寺碩公戒，歸住鹿苑，竹溪聲光，頓出諸老上。歷游雲門、天童諸名刹，繼參碧露和尚於金粟。一夕如廁，有得，卽呈一偈，碧露笑頷之。歸而一鉢蕭然，杜門養母。年七十餘，示寂於德藏寺之妙嚴山房。

静山宣經闡教

静山，法名静淵。脱白於嘉興之石佛寺，受息乾禪師付法，爲石車老人孫。初爲應付，撐持常住，得置飯僧田數十畝。繼主楞嚴寺講席，宣經闡教，名振祇林。又住金粟祖亭，與天岸和尚問答，頗警捷。投老於海鹽之隱庵，粥魚茶版之餘，惟日以吟詠爲事。

顛和尚蹤跡詭異

顛和尚者，長安人，蹤跡詭異。蜀按察某迎之至成都，禮拜甚恭，然往往面斥之，無忌憚。嘗食犬肉，帽簷插花一枝，引羣丐行於市。入昭覺寺，見丈雪禪師，詼嘲不已，禪師頗敬憚焉。一旦，騎馬出城數里，語廨吏曰：「吾歸矣。」徑舍騎徒步去。按察追贐之，不受。往來秦、蜀棧中，所至輒畫達摩像以施人。及歸長安，數日即坐化。

髡殘少時自剪其髮

髡殘，號石谿，又號白禿，亦自稱殘道者，武陵人。少時自剪其髮，投龍三三家庵。旋游諸名山參悟。後往金陵，受衣鉢於浪杖人。住牛首。

懸崖爲牧雲和尚付法弟子

懸崖，法名行筏，嘉興人，俗姓陸，爲牧雲和尚付法弟子　選地於古南西北百武，築精舍，三面臨流，最爲幽勝，牧雲名之曰觀瀾。其後主古南院數年，退歸西溪之上，終焉。

羅漢僧雪中裸浴

王文簡嘗客海陵，曾見毘盧國僧羅漢，自言明英宗時土木之變始來華，能於風雪中裸體而浴。一日，會食，席上有胡桃，羅漢以齒碎之，凡數十枚。舊住通州之軍山，以遷濱海界，徙居海陵。高郵牧某之祖傳有小像一軸，有一老僧相向坐，自記此僧名羅漢，毘盧國人。一日，牧聞軍山有毘盧僧，心疑即其人，試往謁，乃與畫上之像了無差別，蓋已閲三世，百年矣。

法天與盤山終始五十年

法天師名雲恆，自號藏山，平谷人。九歲，薙髮於盤山萬松寺。年二十餘，修白業於西甘澗，遂不出山，與盤相終始者五十年，彼之徒以爲固，不顧也。貌枯槁，訥語言，其在山，木彊而已。然而妙性內明，行之以真，天獨童師，而師乃童諸一切，無容心焉。性喜詩，無事即微吟，藁成輒毁之，世無得而傳者。蓄琴一，明處士李孔昭之遺也。不甚工，嘗撫之以寄意。與廣座中言笑無間，默則睡相對，無一奇，而去輒令人思，以故無忤於物，而古處者樂與之接。人或問之曰：「師何以益人？」曰：「損之乎，夫何益！吁，《易》所謂弗損益之之謂乎？」澗東有石屏，師愛之，爲生藏其下。同好者襄厥事，而漢軍李鐵君處士鍇爲之銘曰：「無身無患，損盡身全。藏真茲塔，享彼大年。物無成毁，草木在山。安所樂終，乃完其天。天不鑿師，師完自然。維屏之陽，日月其便。」

紫石說偈辭衆

紫石，不知何許人。康熙甲辰至遵義，不挂錫，不投舍，晝夜響板鳴聲，不息口，僅稱念佛二字，隨意趺坐於街。人以其所持丐飯鉢若紫石然，因號之曰紫石。後入北門淨土庵。城市食齋者奇之，羣議輪供食。近三載，忽告衆云：「明旦作別。」至次日，入一居士家，坐中堂，說偈辭衆。偈云：「三十六年作客，清風無枝無葉。了了分明歸去，一任東西南北。」遂逝。衆火葬之。後有人遇之於桐梓三坡，寄聲致謝諸姓焉。

遠峯走十日謁浮石

行溗，字法音，號遠峯。嘗聞天童、浮石兩老人爲宗門領袖，時當大雪，走十日謁浮石。及歸，主建隆寺。所著有《續指月録》。

半月爲本色衲子

常涵，字半月，四川鄰水張氏子。居遵義禹門寺，爲丈雪禪師法嗣。丈雪自順治庚子歸昭覺寺，棒喝寂然。康熙己酉，乃遣半月自昭覺來禹門，復整法幢，月浦汀聲，又振廣長矣。戎州宋肄樟序其語録云：「半月主席時，惟作本色衲子，受用實地風光，一粒一粟，取之耕雲，行住坐卧，不染纖垢，則誠丈雪止禮三拜者也。」

退翁爲浮屠中之逸民

南嶽和尚退翁者，名宏緒，字繼起，興化人，俗姓李氏。早歲出家，師事三峯，爲其高弟。其後，十坐道場，而於蘇之靈岩最久。

其父嘉兆，志士也。明亡，寓書退翁曰：「吾始祖咎繇爲理官，子孫固氏理。其後以音同，亦氏李。

今先皇帝死社稷，而賊乃李氏，吾忍與賊同姓乎，吾子孫尚復姓理氏。」先是，中州李嵒和寒石恥與賊同姓，請改理氏，嘉兆未之知也，而適與之合，天下傳爲二理。退翁雖出家，然感嘉兆之大節，時時思所以繼之。順治丙戌以後，東南之士，濡首没項於焦原者，相尋無已，而吴中爲最衡，退翁皆與相結納，從之者如市。

退翁才厚重不洩，其爲人，排大難最多，世不盡知也。辛卯，竟被連染，諸義士争救之。久而得脱，好事如故。或以前事戒之，則曰：「吾苟自返無愧，即有意外風波，久當自定。」又曰：「道人得力，正於不如意中求之。」又曰：「使憂患得其宜，湯火亦樂國矣。」吴中高士徐枋歎曰：「彼真以忠孝作佛事者也。」枋所居草堂，適當靈岩之麓，生平少所可，寧耐飢寒，不肯納人一絲一粟之饋，顧獨於退翁有深契，自稱白衣弟子。退翁時其急而周之，無不受，嘗曰：「退翁是竺國中所謂大人者也。」故儀部周之璵，亦吴之良也，臨終脱然，談笑而逝。退翁獨沈吟曰：「是恐非故國遺臣所宜。」聞者瞿然。禾人吴鉏雅有大志，一見退翁，歎曰：「軍持中有此老，吾輩寧不愧死！」一日，登堂説法，忽發問曰：「今日山河大地，又是一度否？」衆莫敢對，退翁乃潸然而下。

退翁既久居於吴，明發之慕，老而不衰，乃築報慈堂於堯峰，以祀嘉兆。同人爲上私謚曰孝敏。晚以南嶽之請，主講福岩寺。吴人惟恐失之，復迎之以歸。康熙壬子卒，年六十九，其僧臘爲四十。所著有《靈岩樹泉集》、《孝經箋説》。

退翁之在沙門也，宏暢宗風，篤好人物，大類三峰，海内皆能道之。而枋曰：「是非退翁之精微，但觀其每年三月十九日，素服焚香，北面揮涕，二十八年如一日，是何爲者？」退翁本明未亡以前之浮屠，而耿耿别有至性，遂爲浮屠中之逸民，以收拾殘山賸水之局，奇矣。

赤松常趺坐誦經

赤松，名道領，潼川人，貴陽黔靈山宏福寺開山第一祖也。深於浄業，能文章，四方名士多與之游。常趺坐誦經，有白鹿馴於榻側，花曉亭詩所謂「白鹿已隨僧老去」者是也。

元志圓機慧辨

元志爲鹽城孫氏子，字碩揆，號借巢。其父陞，任俠，爲惡少所害。手利劍數年，卒刃其仇。既祭告父墓，遂出家。依具德禮，參究禪理，有省，圓機慧辨，孤行側出，歷主禪智、寶輪、三峯、徑山、靈隱、祖庭。聖祖駕幸靈隱，賜雲林寺額。既歿，賜謚浄慧。

了幻闡提宗旨

休休老人者，字了幻，一字師巖，綏陽周氏子。自少薙髮，能詩，善畫山水。常攜杖鉢遊楚、蜀間，遍參名宿。四十年始歸，結庵綏陽之西山絶頂，榜曰親雲禪院，闡提宗旨，從者甚盛。後自刻一木像，造一塔成，入其中，趺坐而逝。陳中榮之尊人素與善，一日，夢休休來，入内室。往視之，已死，競言中榮爲其後身焉。

喻子更爲顛僧

喻全易，字子更，世聚族南昌。早歲失怙恃，伥伥無所依，因皈依乾竺，從之薙髮，稱弟子焉。然雖受具持戒，而獨磊落嶔崎，英發不可制。遇人紛難，力排解之，見有不平，輒怒髮揚眉，脱所衣方袍，以其身代犄角，人皆呼爲顛僧。

蛤庵爲小湖廣

蛤庵禪師名本圜，自言無姓。年十六，謁戒行僧明然，削髮空門。久之，參報恩禪師。會報恩應朝廷召，攜之入京，從侍萬善殿。每問答，師微言承應，輒合帝意，日見親幸。時報恩之侍者多湖廣人，師年最少，世祖以小湖廣呼之，出入宫禁。康熙乙丑，聖祖幸柘潭，召見於玉泉，賜茶飯，並撤所薦含桃食之。及卒，命侍臣奠茶酒。臨終偈云：「屙了喫，喫了屙，百萬人天嗅不多。香臭十分原有價，莫教後代有淆訛。」

于宋卓錫磐山

明文文肅公有家曾孫曰于宋者，名本光，生即茹齋。五歲，搦管作大士像。年二十，皈依靈巖繼起和尚。後游京師，卓錫磐山禪院，前後起建精舍數十楹。

雪悟蒙聖祖賜金

泰州僧上思，字雨山，號雪悟，嘗主天寧寺。聖祖南巡，駐蹕本山，從殿堂以至後苑，直入卧内，惟敝幃布被而已，大悦，乃御書「蕭閑」二字扁其閣，復賜以金。

借山晚節頽放

元璟，字借山，號紅椒，又號晚香，平湖人，棲心寺僧。本農家子，性椎魯，乞記功，每稽首慈雲，默祈智慧。一日，坐蒲團，假寐，夢大士以楊枝水灌其頂，遂覺五内空靈，一覽成誦。康熙癸未，聖祖南巡，詣吴門接駕，跪獻迎鑾詩十章，有旨來京供奉。及入都，詩名大噪，公卿皆與訂交。性故驕傲，爲一鄉貴所扼，留滯蕭寺，逾年始得召見。敕賜棲心寺額，及砥石硯一方。晚節頽放，同里俞嶔崎秀才遺書規之，置不省。

石庭蒙聖祖賜經

元弘，字石庭，會稽人，姓姚氏。孝子曰崇明者，弘六世祖也。母嚴氏，夢服金伽衣僧而娠。十七，祝髮大善寺，爲盟石息法嗣。越七年，遍參諸方，熟精内典，若爲則範寒泉晝諸耆臘，皆自謂弗及也。康熙庚辰，孝子墓爲勢家所占，弘杖錫上京師，力謀復之。安郡王及弟紅蘭主人延之主彌陀寺席。霽崙永法師薦入内廷，召對暢春園，賦《初春瑞雪應制》詩稱旨。丁亥，掛瓢天津之海光，與湘南衡鍵關結夏，箋疏《楞嚴》全部。乙酉，聖祖南巡，召對杭州之西湖行宫，賜御書《心經》。

成衡蒙聖祖賜紫

成衡，字湘南，嘉興錢氏子。幼躭禪悦，薙染後，力參上乘。康熙丙戌，天津總兵藍理建普陀寺於城南，延之爲主席。己亥，謁聖祖於西淀，御書海光寺額給之，尋賜紫衣。

王克章爲僧

康熙時，有大盜王克章者，慓迅有神力，往來荆楚，劫行客，而徒衆絶夥，縱横出伏無定所，故官府亦無從防範之。克章有膽略，善口辯，其行劫也，有三不取，一不取辛苦財，二不取獨身客，三不取婦孺。故其所劫，半皆不義之財，且取亦不盡，必略餘財物，俾得爲生。克章復不忌人，常至人家，流連終日，終不加害，人莫不識之，亦不能得其蹤迹，如是者有年矣。

一日，有某大府過，囊銀纍纍，輜重十數車。懼克章之盜之也，特以兵百人爲衛。宿某站，曉起，則百人者皆昏迷，行裝失泰半。大驚，知遇盜，偵騎四出，嚴檄地方官，務獲贓盜。數日，無所得。忽有人報近山某庵無故火燼。庵固荒廢，一月前，忽聞人聲，樵者往窺，則有老僧坐蒲團諷經。既大火，鄉人爭集觀，均竊竊爲是僧危，顧終不見其出。比熄，撥灰尋視，亦無尸，始驚異報官，以爲僧必與刦案有連，因懸賞募能得僧者。不久，僧忽來，求見大府，自云：「老僧非行刦者，以弟子王克章怙惡不悛，特來伏之。老朽世外人，塵事都非所問。今克章已悔過，吾事畢，今且永不與世人接矣。尊物在某谷中，可往取也。」言已而去，人亦莫敢留之。乃使人往某谷探視，則深潭萬丈，下隱隱似有物，終莫得取之。大府知無可爲，乃怏怏去。然自是克章遂寂然無聞，人亦漸忘之矣。

越數十年，黄蘗山某石洞忽有一衲，面目黧黑，默坐於枯枝敗葉上，不言不食。人喧傳黑和尚之神異。數日，聚觀者無數，叩姓名，不答，予食，不食，兩眼下垂，沉沉然。有惡少某度其可欺，折稻草刺其鼻，忽張目曰：「毋然。吾，王克章也，今且去。」言已，復閉其目，則玉筯雙垂，已圓寂矣。旁有老者歎曰：「是若耶？」因言其事，並謂：「某大府遇盜時，吾年方十餘耳，今吾已八十餘，克章殆過百歲矣。」因募捐，欲爲擇地而葬。明日往視，則尸已不見，石壁上大書一「去」字，人以爲尸解也。

八喇嘛爲年羹堯所殺

撫遠大將軍年羹堯之平青海也，嘗駐軍於西寧塔爾寺，查首逆應戮者，有大喇嘛十人，臨刑，問之曰：「爾等號稱活佛，自與凡骨不同。聞佛教能知過去未來，信乎？」喇嘛同聲應曰：「然。」年乃先問其一曰：「然則汝知今日死乎？」曰：「不知。」年笑，命殺之。又問其一，觳觫對曰：「不死。」年曰：「吾卽今日死汝。」又殺之。其一大呼曰：「今日必死。」意以爲彼言不死而見殺，我言必死或可生。年笑曰：「卽送汝至西方。」又殺之。其一曰：「死則佛法不靈，不死則王法不行。」年叱曰：「鼠子，佛法安敢與王法並論！」叱左右速殺之。其一曰：「死亦數，不死亦數。」年笑曰：「汝之信佛必不誠，尚可僧可俗者也。」又二人惟稽首乞恩，無言可答，命駢戮之，其言數之一人亦與焉。已戮至七矣，其下之一忽仰視曰：「今日可以死，可以不死。」年推案而起曰：「汝真首鼠兩端者也。當羅卜藏丹津弄兵時，爾輩私議向背，汝必倡議，視大軍進止，大軍至則內附，大軍未至則從匪。衆人以汝之兩可而先降，致罹今日斷頭之禍。」訊之旁僧，果不謬，曰：「負國爲不忠，負同族爲不義，罪惡之尤，當寸磔。」拔劍手刃之。指下所餘二人曰：「逆種難留，速殺速殺！」二人惟引頸就刃，不敢置喙。年忽問曰：「汝等亦應有一言而死，汝意云何？」其一對曰：「今日可以死，可以不死。」所語與第八人正同。年愈怒曰：「彼以是死，而汝猶是，賊徒不畏死耶？」曰：「死爲將軍之法，不死爲將軍之恩。」年大笑，擲劍，命停刑，其後一人遂置不問，因是而亦釋焉。迄今塔爾寺前有八塔屹然，卽八僧之藏骨處也。而青海東科寺前亦有之，意者所戮八人之中，亦有東科寺之祖歟？

了凡爲世宗所誅

康熙末，諸阿哥蓄謀爭位，各養死士，樹黨援，以智術材力相角逐，而以世宗藩邸得人爲最盛。相傳當時攀鱗附翼之豪傑以千數，其中首領凡十三人，而以陝僧了凡爲巨擘。了凡少時卓錫天童，其寺之主僧曰大化者，爲密雲派下法藏宏忍之一支，稱三峯宗派，徒黨甚衆。了凡思取而代之，以參研大乘奧義爲名，設壇講演，互相辨駁。不能勝，改與角力。大化本非了凡敵，乃爲其徒黨陰謀所中，乘醉中刔其一目，逃而免。世宗即位，了凡以翊戴功稱最，愬之世宗，必欲雪舊恨。乃爲降諭，令各省督撫查明大化所在，削去支派，永不許復入祖庭。

了凡後居嵩山，世宗一日以密旨寄田文鏡，中無一語，僅畫一幀，上畫高山一座，古寺踞其巔，不得其解。幕客某進曰：「帝意所在，殆爲此間嵩山某寺老僧乎？僧爲著名大俠，非可以力致者，如屈節求之，或有濟。」文鏡如其言，單騎往，匍匐階下。了凡張目曰：「子來何故？」曰：「皇帝命文鏡爲師起居。」了凡吁氣曰：「吾知其如此也。子在外廂稍待，吾爲子了之。」文鏡久候不得報，比入視，則了凡已自剄，留函於几，謂「可持吾首及後院鐵柱中物還報皇帝」。文鏡發之，中皆帝手諭，類隱祕不可究詰之事也。文鏡悚然，亟奏報訖。不久，某幕客亦飾辭乞退矣。

某僧一絲不掛

世宗在潛邸時，與某寺僧有隙。既登極，令捕主僧及徒衆十餘人入大內，軟禁於一室。如是者年餘，僧固屢思遁，以徒衆多，度必不能脱，不忍舍去，遂亦留。一日，語徒曰：「吾今得一法，可逃矣。」衆問故，僧令諸徒各脱盡上下衣，赤體臥於地，隨地作滾。徒如其言，於是衆僧皆滾。內監急報世宗，世宗曰：「可聽其去。」僧等遂脱。徒衆詢其故，僧曰：「我一絲不掛，五蘊皆空，表示吾等無礙之行動耳。」衆乃悟。

老僧臨死留偈

益都顏神鎭善慶庵，孫文定公嘉淦之香火院也。有住持老僧，年八十餘，一日晨起沐浴，既畢事，呼侍者曰：「好語主人，吾生矣。」遂升座而寂。壁間留偈云：「者個臭皮囊，撇下無罣礙。洪爐烈燄中，明月清風在。」

緇流爲高宗所禁勅

高宗諭旨嘗云：「朕崇敬佛法，秉信夙深，參悟實功，仰蒙皇考嘉奬，許以當今法會中契超無上者，朕爲第一。」然高宗自登極後，卽禁勅緇流，凡有偶見天顏，借端誇耀，或造作言辭，招搖不法，在國典爲匪類，在佛教爲罪人，必按國法佛法加倍治罪。又以披剃太衆，品類混淆，仍復給發度牒方准出家之例。

去息憑几獨坐

明蘇州王伯穀之孫有爲僧者，法名居溟，字去息，出家陞尉，參靈巖儲禪師，主祥符摩碣、保安寶華庵。後斷靈巖祖席，退居錫山，塔於梁溪開原之青山，嘗語學者曰：「參禪要知静坐。」又曰：「空卻此心，譬諸器用，中空則能受物。」居常憑几獨坐，亦不閉目跏趺，人莫測其所爲也。

山茨爲四衆所歸

通際，字山茨，號鈍叟，通州人，俗姓李。受戒於密祖，得法於天童，後結茅於煙霞峯嶺，曰繼隱。熟精内典，爲四衆所歸，著有《禪燈會刻》、《正法眼藏書》。全謝山嘗曰：「明亡後，有人問其俗姓者，答曰姓季，蓋自恨與李自成同姓也。」

蒼雪貫穿教典

蒼雪，名讀徹，呈貢趙氏子，長洲中峯僧。初從雞足水月道人爲沙彌，年十九，受戒雲棲，參雪浪於望亭，復依一雨潤於鐵山，與明河皆爲入室弟子。嘗夜誦《楞嚴》，月明如水，忽語侍者曰：「庭心有明萬曆大錢一枚，可往檢取。」視之，果然。平日貫穿教典，尤以詩名。

古音精佛典

古音，名祖琴，安東僧也。精佛典，兼通風雅。住山數十年，雲影江聲，與爲晨夕，論者以爲在遠公、皎然之間。汪扶蒼與之最契。

石泉蒙高宗賜紫

雍正乙卯，無錫惠山聽松庵之僧成瑩，嘗應詔，選入覺生寺參禪。乾隆辛未春，高宗南巡，迎鑾召對稱旨，賜紫袈裟。成鎣，字寶林，號石泉，梅基顧氏子也。

嘯巖蒙高宗賜紫

杭州西湖浄慈寺有僧曰明中號嘯巖者，俗姓施，桐鄉人。幼薙染於嘉興之楞嚴寺。雍正甲寅，就京師法源寺進具，詔入大內，了明本分，出住聖因寺。尋攝越中之乾峰，移上天竺，轉主浄慈寺。乾隆丁丑，高宗南巡，幸寺，蒙賜紫衣。

烎虚蒙高宗賜紫賜詩

明中字大恆，號烎虚，石門人。七歲投楞嚴寺。嘗侍世宗講禪學，雍正乙卯放還。久住揚州，晚居杭州浄慈寺。乾隆乙酉，高宗南巡，賜紫賜詩。

普照寺僧爲張鑑所窘

張鑑，字明遠，華亭人。性迂怪。高宗南巡，以其爲文敏公照之孫，得召見。詢出身，以監生對，高宗御製詩賜之，題爲欽賜監生張鑑，蓋欽賜與監生張鑑也。人以上四字連讀，例以欽賜舉人，以爲欽賜監生也，輒呼之曰大頭監生。

普照寺爲茸城古刹，主僧玉林精通内典，高宗敬禮之，時召入都談禪，寺僧數百人頗倚勢驕横，鑑嫉之。某年夏，家有冥壽，特延僧諷經。僧衣夏布袈裟，無襯衣，膚肉隱隱可見。鑑詰以僧宜知禮，何褻體乃爾？僧言今誦《羅漢經》，例宜單衣。鑑大笑稱善，一一詢其法號，筆之於册，且厚給儭資。及冬，風雪嚴寒，鑑又招僧諷經，蓋皆按前此所記法號以求之者，仍請誦《羅漢經》，並謂宜衣夏布單袈裟。誦七晝夜，僧大窘，叩首求免始已，自是諸僧亦稍稍斂迹。

御飛從其父爲僧

平湖獅吼庵僧宗龍，字御飛，以其父茂滋晚年薙髮於邑之獅吼庵，遂以父爲師，亦脱白焉。尋依雪川老人印證爲嗣，與天台教觀第八世，開法於禾之白蓮寺。次移漏澤寺，晚居皋亭之崇光終焉。

雪樵勞苦其身

嘉興白蓮寺主僧際一，號雪樵，又號田衣生，海鹽人，俗姓印。初生時，其母就蓐，見老僧入户，乃産。三歲，即能隨母誦藥師佛號。年十六，從南院大山師剃度。十九，詣杭州西湖之聖因寺荻虛和尚，受菩薩戒。二十，主白蓮、漏澤、皋亭、景光諸寺。又嘗汎海，謁洛伽聖迹；詣鄮山，瞻拜佛舍利；上天竺，掃密祖塔，以勞苦其身，傷氣患咳，及歸而卒。

白⿰牜藏老人究心章疏

白⿰牜藏老人者，法名一訥，字西能，號琴嘯頭陀。性恬淡，能詩詞，卓然名家。平生承事台宗，究心章疏。嘗擔簦徧歷諸方。會紫松禪師倡道於邗上之天寧寺，素稱孤峻，曾延白巘分座。首僧知其不可以落落座主同日而語也，優禮之。

白巘久依東麓老人授天台教觀，開法於杭州之崇光。晚歲興漏澤寺，禾人目爲顧庵和尚再來，蓋以其能嗣和尚之振舉也。

雪廬翛然自遠

乾隆壬辰，蔣心餘太史士銓至揚州，聞建隆寺僧雪廬名，偕其同年生金棕亭教授兆燕訪之。鐘魚佛語，吟聲滿林。雪廬方伏几，手披口授，以訓兩僧雛，讀書臨帖，呫嗶如學究，心餘竊異之。棕亭曰：「此靈山二童子者，曰巨超，曰道揆，其孫行也。詞氣既接，儒雅浸流，以視動容於宰官富人者，翛然遠矣。」雪廬俗家爲桐鄉張氏，名復顯，字夢因。

納些有楊歧風穴之目

一超，號納些。性孤僻，有楊歧風穴之目。爲紫松章禪師法嗣，尋受天台宗崇光龍法師屬付，開法於邗江之天寧寺。以事引去，走京師，欲結茅匡廬，未果。晚歸，退居嘉興新篁里之太平寺，示寂焉。

東悟長而祝髮

明修，字可尚，號東悟，常熟高氏子。其生時，母夢神語，云有夙根。長而祝髮維摩寺，得戒於吴門超源中興五泉寺。歷遊峨嵋、普陀、五臺諸山。所著書爲《鑒雲留跡》。

練塘爲懶僧

達瑛，字慧超，號練塘。初主席棲霞，後習静於萸灣精舍，罕與人接，洪稚存太史亮吉呼之爲懶僧。

語峯有語録

自禪門有不立語言文字之説，盲師邪種，得以飾其昏愚固陋，一切掃除。孰知佛祖之闡教也，以文字説法。慈氏之演瑜珈，龍樹之釋般若，其最初者。及大道東流，遁、遠濬發於南，什、肇弘演於北。隋、唐以來，天台清涼永明之文，如日麗天，如水行地。有宋之世，教廣而文字愈繁，不能悉數。其最著者，三家鐔津以孤亢崇教，其文裁而辨；石門以通敏扶宗，其文奥而麗；徑山以弘廣應機，其文明而肆，是皆所謂語言文字者也。然則不立語言文字之説，非乎？曰，唯唯，否否。慨自剽竊之惡習流行，庸妄狂禪，勦襲數十則公案，開堂頌古，棒喝交馳，鋪張於眉目脣吻之間，號善知識，此鳩摩羅什所云嚼飯與人，非徒失味，又令嘔噦者也。如是而語言文字之不足立，固其宜矣。黎平南泉寺語峯禪師負穎慧之質，幼從空門，受付囑，有感於盲禪固陋之習，遍參尊宿，歸而讀書賦詩，沈潛探索。如是者十餘年，人士欽崇，俾主南泉法席。胡奉衡曾閲其所刻《語峰語録》，謂其幽閒恬淡，氣暢筆老也。

小顛無些子蔬筍氣

杭州西湖浄慈寺有著稱於時之主僧曰小顛者，名禪一，字心舟，桐鄉人。其出家處爲杭州靈隱寺之萬峯山房。喜飲酒，工偈頌，嘻嘻旭旭，遇人傲弄，無所屈。嘗言吾日游杭城，惟糞擔與官，不能不避。一日，遇梁山舟，退語人曰：「梁公何矜貴乃爾！伊恃能書耶？我亦能書，惟不若彼工耳。」又嘗與客共飲，逢縣尉來，方剥蟹，忘起立，尉作蛙怒，遽呼隸。幸吴旃園嘉照肘蹋之使去，得免挫辱。識者皆謂其瀟灑無些子蔬筍氣也。

漱冰行脚名山

嘉善幽瀾禪院僧本白，字楚蘅，號漱冰。幼祝髮於幽瀾禪院，稍長，行脚名山，徧參叢席，晚歸幽瀾。圓寂時，屬其徒以放生念佛爲務。啓其篋，衣鉢外，僅存詩稿一册。

蓮筏解禪理

京師萬壽寺僧蓮筏，長洲人。爲住持十數年，白髮清癯，頗解禪理。與章嘉國師論經典，每至竟日，國師深服其博。蓮謂人曰：「章嘉經典雖諳熟，然未解阿羅漢道下乘學也。」詩饒有别趣，與韓旭亭、法時帆唱和，有虎溪三笑之風。其圓寂前數日，至鄭王邸盤桓，曰：「七寶池邊已促吾行，此後不復參謁王矣。」

某氏子訪坐棚和尚

浙之名山，率有枯坐之僧，以把茅蓋之，謂之坐棚。某氏子幼而孤，有厭世想，無昆季，母爲聘名家女，以婚期將屆而遁。行一日夜，至一山，見有坐棚者，篠棘穿其身，瞑目不語，氣若絶。曰：「是吾師也。」跪而求爲弟子。日將晡矣，坐棚者忽語曰：「汝當速歸，否則雨且至。」訝其能言，益喜，跪求如故，且曰：「某重繭至此，幸遇真師，安肯歸。」日已夕，果大雨如注。雨止，又語曰：「汝當早去，否則虎且至。」某仍跪其旁不去。至夜半，忽聞大風起，兩虎咆哮至，拜舞畢，搖尾去。頃之，諸獼猻絡繹來拜。既盡，天且明，坐棚者語曰：「汝求出世，心頗誠，但仙佛要從忠孝做起。以世法論，不孝有三，無後爲大。汝當速歸，完婚生子，以繼宗祧，再尋師未晚也。否則雖遇師，亦不能有所得。」某乃拜受命。曰：「汝飢乎？」曰：「飢。」曰：「棚後几磚下有麥飯，汝以罌中水吞之，可不飢。」某食畢，告辭下山。復行二日，乃抵家，腹猶果然，不思食者數日。既婚而生子，後葬其母，仍去，不知所之。

闞和尚洗甕

妙常寺闞和尚，一日，偶於寺前水次洗甕。鄰人某素相狎，戲之曰：「師大辛苦，何不反而洗之？」

闞笑應曰：「諾。」隨手擧之，如反布囊然。甫及半，某大驚詫，鄰人咸集。闞遽起入內，趺坐示寂。時有從嘉善歸者，遇闞於途，謂之曰：「天將雨，可速歸。頗寄語弟子，余有敝鞋曝於屋簷，亟收之。」曰：「師何往？」曰：「不遠耳。」其人抵家，果雨，急詣寺，而闞已先一時化去矣。

僧以書畫博贐儀

道光時，蘇州宋某在湖口，遇一僧，持顯者書，周行各郡縣。僧善書，書學黄山谷，工繪事，而好詼諧。泛扁舟，圖書滿載。然不蓄經卷，不茹素，且無隨行之侍者，惟攜俊童四人，明眸皓齒，髮委地，趨蹌左右，雖善飾俊僕者不能及也。與人交，不作佛家募化語，但以書畫博贐儀而已。有詩集曰《口頭禪》。

大空日參禪理

大空之法名爲隱覺，青縣人，卓錫於楊柳青之白衣庵。性明慧，髫年即落髮，日讀百行。通儒書，遍閱梵典，學爲吟詠。自以文翰爲僧家餘事，不肯炫飾。日參禪理，貧無妄求，人欽重之。

聞法空出世心

在内地之滿洲人，頗有披剃爲僧者，道光時之聞法，其一也，卓錫於天津城南之大悲庵。其未出家時，曰文捷，爲繙譯舉人。工詩詞，有《庵中早秋》詩云：「自隱招提絶訪尋，松楡漸漸種成林。敢云已破浮生夢，暫覺能空出世心。古竹種秋添嫩翠，曉鐘過雨發清音。蒲團坐聽無餘事，花落蒼苔任淺深。」

一朗以詭言惑縣令

粤寇未起事前，洪秀全黨曾被捕，下桂平縣獄。有僧一朗者，於夜間潛謁賈令某，詭言此被捕六人中，其衣青襖者，後必王天下，餘亦大貴，宜縱之爲異日結恩地。賈初聞而色詫，翌晨，入報桂撫鄭夢白中丞祖琛，鄭躊躇不能決，尋以人命至重爲念，竟出之。

鐵㡉返初服

寶山諸生蔣敦復，字劍人，嘗以事披剃爲僧，法名曰鐵㡉。然晨鐘梵唄之暇，時出冶游，頗多綺迹。故善詩詞，集中有「緑酒獻花」一聯，蓋紀實也。其友憐其才，惜其遇，僉曰隱於禪，非計也，乃從其勸，返初服。

超恆戴鑊以行

鐵鑊僧行脚遍天下，法號超恆，以首戴鐵鑊，得名。鐵鑊，其炊具也。所經蘭若，一言不合，即負氣出走，雖已食香積廚中飯，亦必哇而出之，然後已。飢時，即於樹下支兩磚作竈，拾枯枝作柴，下鑊於首，解背上所負囊中米，汲水煮之。飽食後，就石塊作枕，酣眠竟日。或從旁窺之，遽瞋目叱曰：「咄，汝鼠子何不縮頭去，其亟歸家，汝妻方伴和尚宿。」或怒，奮拳毆之，如擊敗絮。僧亦暴吼，旋起與鬬，無不辟易者。夕或宿金剛脚下，寺僧有見而誚之者，曰：「此非我寺中地耶？」則不答，徑趨出，僵卧風雪中，弗顧。嘗詣杭州之西湖，徧歷浄慈、靈隱、天竺、雲棲，無一僧與之立談。日過午，扶杖遊蘇、白兩堤間，行歌自答。有兩女子過僧前，叉手行禮，僧遽操杖擊其一曰：「汝家自有菩薩，何不奉敬，乃來此地燒香耶？今晨與汝母作麽生？罪過，罪過！」蓋女忤其母，詰旦方詬而出也。

時粤寇擾浙，有鐵眷生者，自富陽聞警，倉皇回杭。行倦，休樹下，僧見之，曰：「唉，汝何時又長此煩惱絲耶？今何不歸，左抱虎而右擁豹，與藥叉相對，乃來此作楚囚泣耶？速去，猶可脱也。」且行且笑曰：「恐張騫天外飛槎，來盜支機靈石矣。」時出隱語，中申詈人，惟其人自知之，輒不敢言，隱忍而已，人以是呼爲異僧。後於途中遇寇，指爲奸，搜其身，得一紙，大書曰：「上元甲子，髮逆盡死。」箠楚之，無一語，乃投之火，烈燄騰空，毛髮無損，久而忽曰：「快哉！汝衆看一朵青蓮花升天矣。」

了元和尚不言不語

丁涇擁翠庵住持了元，茅氏子也。母柴氏，夢有持念珠狀如釋迦佛者，入寢室，驚而寤，遂産。了元少穎異，父母亡，投延祥寺，求出家。年十九，薙度受衣鉢，誦持《法華》，習天台正觀。寺後故多樹，羣鴉棲止其上。一日，早起誦經，聞鴉聲，豁然有悟，因賦偈曰：「二十年前紙上尋，尋來尋去轉沈吟。忽然聽得慈鴉叫，始信從前錯用心。」遂廢經不誦，終日趺坐蒲團，不言不語，見人，則微啓其目。

鐵羅漢渾渾噩噩

章水之西，有一峯曰羅漢，多奇松怪石。中有廢寺，相傳有一僧住持於寺數十年，目不識字，常日勞於耕樵。游人至寺，輒奉茶一杯，即擕鉏出門。游人止之曰：「和尚何妨少坐一談。」答云：「不得閒，不得閒。」如是者有年。忽一日，以指畫石成四字，曰：「今日方閒。」寫畢，石爲之開，遂於石中入定。少頃，石復合。居民咸敬是僧，名之曰鐵羅漢，號其石曰定石。古所謂至誠所感，金石爲開者，固如是耶？

僧渾渾噩噩，人或百計欺之，亦坦然，不以爲忤。久之，居民輒私相謂曰：「和尚一味渾厚，我輩不宜再有所戲。」其後獵者驅虎過羅漢峯，虎見定石爲之流涕再拜。獵者繼至，亦再拜。已而虎逕西去，不爲物害。獵者歸有悟，遂改而力田，終身不復獵。

修行四大皆空

長沙地藏庵有一僧，名修行，年將四旬，不誦經，不參禪，不焚香禮佛。人詢之，答曰：「我修行。」性愛浮雲流水，與觀花玩月，尤喜觀劇。人問曰：「和尚何以喜觀劇？」亦答曰：「我修行。」授以職事，辭不受，惟各處遊覽，時或與山門左右之兒童嬉戲。不著鞋襪，不畏寒暑，冬時雖滿天風雪，夏時雖烈日當空，獨跪自在遊行，毫無所苦。及暮年，或勸以何不收納弟子，仍答云：「我自修行。」後年至八旬，一日，臥室門久不啓，衆知有異，開門視之，已端坐圓寂矣。留一偈於紙云：「既云做和尚，四大皆空相。一物一事不能空，此心依舊多魔障。」

闊禪言椽子先爛

光緒初，有闊禪和尚者，卓錫於揚州青蓮巷某庵，百餘歲矣，望之如六十許人。平時一意坐禪。自言昔居終南山，山之峭壁有寺，不知何時所建，頹廢久矣，佛像猶存。每晨往，輒見有香一枚插石爐中，訝之。一夕，乘月明，攀葛而往。夜半，有草衣葛屨者攜燈來，就爐燃香禮佛訖，因起與問訊。時攜壺茗，即以一杯奉之，草衣人亦舉手爲禮，復挈燈向西山叢樹間去。明日再往，又遇之，乃以壺茗相報，飲之，甚清芳。與之語，不甚酬答，顧舉止似有道者，燈影明滅，又從榛莽中没，其行甚速，後不復見。又數年，闊禪居高郵某寺，人問以事，答曰：「出頭椽子先爛。」三問三答，皆如是，人不詳其恉也。

珠明寺和尚之癡

光緒時，蘇州珠明寺有癡和尚者，蓬頭垢面，嬉笑無度，其狀類癡，人因以號之。常數日不食，或一日而食數日之食。冬夏衣一短布衲，不易亦不敝。畜一黑犬，跬步不離。晨必出城，登楓橋，向西方呼吸，良久而返。市中果餌鮭菜，任意攫食。食畢，納其餘於袖。凡經其攫食者，是日利市三倍，故人皆樂之，不責直，和尚亦從不予直也。若強之食，則必如直而償。或卻之，則投其錢而去。好與兒童嬉，袖中物輒分給之，亦有索之而不與者，莫測其意也。

一日，至日昃不起，寺僧異之，窺其户，異香滿室，入視，則圓寂矣。舁之，輕如蟬翼。其所畜黑犬尋亦死。

慧辨爲老法師

天台僧慧辨者，人皆呼爲老法師，相傳生於元末，五六百歲人也。終日面壁卧，不食不飲，冬夏一單布襖，不易亦不垢。有客至，顧見者，有僧爲之通報，老法師謂可見，則引入。客揖之，老法師亦和南，無多談，但示一二隱語，初不解所謂，至後始驗。貌如六七十歲，問其壽，亦不答，但云門前柏樹，爲幼年所植。樹奇古，龍鱗斑駁，兩人圍之不能盡，則其年可想矣。

粤寇擾浙後，東南幾無完土，而天台山獨無恙，各廟及茅篷僧衆，約有五百餘人，漸至乏食，衆議若下山募化，恐攖鋒刃，否則餓且死，不知所從，謀請老法師度之。於是衆跪牀下問計，老法師起立曰：「勿急，汝等尚有三日糧，至四日，自有施主至，可静待之。」衆知其能前知也，皆大歡喜，各散。某鄉巨室張某之太夫人素好佛，夜夢金身羅漢向化糧米，問在何處，曰：「天台山。」驚醒，開目猶見金光一閃。因念山僧甚衆，今四野有烽煙，必大困乏，亟輦運米三百石濟之。適糧盡，衆大悦，知其能化身爲菩薩也。有疾病者問吉凶，仍掉首不答。光緒戊寅秋，忽飲水數斗，端坐合掌，玉柱下垂，示寂而去。

寺僧爲浪蕩子所窘

杭有浪蕩子二人，一日，約諸友游三潭印月。其地故有一寺，沙彌進茶、藕粉、果盒。衆啖畢，擲錢桌上去。沙彌收盒碗，嫌錢少，亟出索增，乃隨意與若干。沙彌曰：「照例，茶每碗當若干，藕粉每碗應若干，果盒又須若干，須照付。」諸人不與。沙彌乃邀數僧出，爭索再四，且曰：「寺鄰有彭大人與吾方丈至好，不愁汝等狡賴。」彭大人者，彭剛直也，居退省庵，與寺鄰。衆聞言，不答逕去。逾數日，忽有二人衣飾華麗，棹小舟至，便入客座。其一人踞坐炕床，若貴介狀，其一若僕人，侍側裝水煙。寺僧等覘知其狀，亟出珍食爲獻，客忽睨僕言曰：「鳳林寺，大寺也，吾捐銀四百圓，似太寒儉。」僧聞言，潛去。頃之，主僧來，修禮甚恭，因持緣簿前曰：「請大檀越發婆心施舍。」客睨僕曰：「亦四百圓，何如？」僕微頷之。客乃大書於簿，謂僧曰：「吾頃以小舟來，大船艤湖心亭，能隨我往取乎？」僧欣然隨往，至則不見大船。客請與同登岸，忽出不意，按其首納置便桶中，大聲問曰：「彭宮保與汝至好，汝何不請其來救？」語畢，急棹舟去。僧頭面盡溺，立湖心亭旁，狂呼久之，始有一瓜皮艇過，呼載回寺。詰僧衆，始知此二人即前浪蕩子也。

寺僧爲屠某所愚

有士人屠某者，嘗寄居武昌某寺，其齋窗俯臨山下。嘗以小故恨僧。一日，武昌守之眷屬遊寺，僧出迎如儀。不意官眷怒，揮令去，僧罔測所以。翌日，守即囑江夏縣逐僧，僧踉蹌出。後乃知實屠瞰知官眷將至，乃戴僧帽探首窗外，作諸般佻達狀，將近則去，官眷疑即僧所爲，故怒，歸愬之守，致被逐也。屠後爲江西知縣。

西蜀國添一如來

長沙東安寺有僧死，衆僧倩某名士爲一輓聯，某提筆書之曰：「東安寺死個和尚。」衆僧譁曰：「死一和尚，誰不知，而煩君呶呶耶？」某曰：「何必急急，且看下聯便知。」因續書曰：「西蜀國添一如來。」衆僧始欣呼而退。

專西爲赤脚活佛

專西，名授心，俗姓毛氏，浙東人。生而茹素，不食葷乳。長而厭惡塵勞，立志出家。年十八，投其邑之城西小靈山戒庵德祖座下披薙，未及受具，德祖疾篤。專西思佛教鴻闡，端賴斯人，我生如朝露，命何足惜。是夜，以檀湯澡浴於三寶龍天前，焚香哀禱，旋至寢室，剖腹割肝，將以調藥而救德祖。痛眩仆地，移時始蘇，匍匐至床，東方已白矣。時長慶靜安和尚爲小師，專西命之調藥，即驚告德祖，遂不果服。德祖乃召之前而撫慰曰：「子雖勇於孝慈，終非比丘正行。況余自知時至，觀念無生，生本無生，何有諸滅，斯皆子妄想之所爲。惟念子之誠，且爲子留數月耳。」及專西至小明因永智發祖座下受具歸，甫一月，德祖已告寂矣。

專西誠孝出於天性，悲慟逾恆。既爲德祖經理喪葬而畢事，未幾，即以院事交其法弟蓮塘，而自出外參學，行頭陀行。冬夏一衲，赤足露頂，堅持戒行，專心淨土。其於禪淨不二之奧，洞徹玄妙，故海內諸善知識無不接許，世所稱爲赤脚活佛者是也。

光緒辛巳秋，專西罷參，歸小靈山。時值亢旱，四鄉之民方皇皇求雨，縣令孫某憂之，朝夕祈禱而未有效。專西以慈悲内熏，直謁孫，慰令毋憂，以祈雨自任。翌日，攜鉢至寒坑求雨，取得一物，狀如守宫，較長數寸，反小靈山，立壇持呪，禮拜六時，第三日寅刻即雨，頃刻復霽。孫遣李肖岩諸人往，求其再禱，專西曰：「不勞諸公憂念，衲以明日爲限，當大致甘霖。」是夜，專西苦切懇求，終宵頂禮，翌日午後，果大雨若注，郊原水足。孫及諸縉紳上山謝雨，執弟子禮甚恭，並手書「鉢龍降澤」四字以頌之，專西亦默默無笑容。孫歎曰：「今而後知僧德淵玄，不可思議及之也。」忻然而歸。自後，無論士夫男女，咸以參謁慈顔，聞一善語爲幸。專西亦以斯爲導善化惡之因緣，有求皆説，咸使歡喜。

專西以少年苦行過度，早見衰頹，因於壬午冬閉關一室，謝絶衆緣，二時功課外，日策彌陀聖號十萬，《大悲心咒》百八遍，觀音、勢至二菩薩名各千聲，本師教主及西方三聖各三十拜，晝夜行道，寒暑無間。並於關中飼養貓犬各一，日爲皈依説戒，貓不捕鼠，犬不穢食。迨三週而功圓，遂於乙酉秋九月十九大士成道日出關，四衆歡迎，蹌蹌濟濟，道德榮譽，斯爲極矣。惟電光易逝，月不常圓，十一月初，即示疾。薄痢數日而痛，惟肢體疲頹，反覺沉重。諸僧侍護，不之許，曰：「出家人各有功課，切勿彼此相惧。若果時至，自當唤汝。」迄月之二十六日戌時，唤徒孫等近榻，曰：「吾今宵西方去也，速備香湯來。」沐浴已，淨髮更衣，跏趺一榻，自舉讚禮西方讚，囑諸僧和之，金石之聲，不減常日。讚畢，諷偈唸佛，至百十句，聲漸低下，忽舉首曰：「吾去矣，汝等珍重。」昂然稱佛一聲，聲振窗屋，泊然而逝。其關中所畜之貓犬，入夜亦化去，人皆謂其隨之往矣。當時合邑緇風爲之一變。專西德臘五十有八，戒夏三十有九，塔於龍山石人峯下。

三喇嘛通俄

三喇嘛者，在東蒙諸旗極驕貴，東郭羅斯王爲其義兄弟，王子爲其義子。王之立，不以正，三喇嘛有力焉，遂干預其事。時俄人初營東清鐵路，三喇嘛與周冕通，先以地押與俄人，已而遂爲俄人得，故三喇嘛甚富。偶游俄妓家，輒以人挾俄帖往。時程德全方爲黑撫，欲殺之。三喇嘛與京朝貴人多往來，程無如何。後檄令赴質哈爾濱，中俄官會審，三喇嘛雖不通漢文，而漢語甚善，辯論滔滔，問官竟不能屈之。

海月寬裕頤持之漁色

江蘇通州治之南，有紫琅山焉。山僧世奉泗洲大聖，靈著江淮間，春秋佳日，士女之入山頂禮者，實繁有徒，歲獲香火錢殆逾萬金，爲衆頭陀所朋分，其寺之富，遂冠絕一時矣。山僧舊有七房，房各十數人。僧平時既不理經誦佛，惟更番供奉香火，往來近村人家，或搆香巢，或設煙寮，村婦以僧富，亦多方媚之。

僧之豔福最著者，首爲海月，又名之爲百鍊金剛。次爲寬裕，近山村婦與之結識者，凡十二人。再次爲願持。皆以漁色聞於光緒時。

願持有山田一方，在舊蒲塘。田爲尹某承佃，願持歲往徵租。尹有女一，貌頗可人。願持涎之甚，因乘收租之便，而與之暗結不解緣。女亦鍾情人，每於夏日，託名禮佛，必登山問訊一次，亦視以爲例。一日，女至山，願持他往。寬裕見之，强曳至佛牀，倣海和尚與潘巧雲故事。迨願持歸，見女鬢釵亂蓬，心知有異，質之女，女堅不承。願持乃以西瓜進，女食之，腹陡痛，歸未數日，香魂一縷，果作九天仙女去矣。願持悔無以報，乃倩寬裕往蒲料理，允女母以歲免租金，更益以香火錢，以爲母贍養費，女母不得已而允之。

越岸自淨爲僧

蘇州閶門外社壇之東，有寶蓮寺，古刹也。光緒某年，有越岸者，止其地，寺遂大興。越岸，名靜海，浙江太平人，俗姓朱。父子榮，母氏盧，生二子，越岸其次也。少孤，伯父某爲闤闠中人，稍有資，無子，欲以越岸爲嗣，命理其業。居肆，鬱鬱不樂，一日，讀《三國志演義》忽大感悟，以爲人才如諸葛、關、張，可謂第一輩流矣，然皆功未成而身先死。吾輩仰希古人，千萬不及一，而欲於世立功名，不亦難哉。

一念之頃，悟出世因，遂欲投身浮屠。母不之許，乃私禱於佛曰：「沈淪五濁，非智也；逃母出家，非孝也。以是二難，計將安出？」虔禱累月，夜夢老人手刳外腎，現象相示，頓悟。詰朝欲試之，手戰而止。次夜，復夢如初，意遂決，持纖刀試之，砉然自解，殊無痛楚。逾月，創合，白母。母大駭，曰：「初止汝者，將望汝成人也，今既自浄，安用汝！行矣，勉之！」

於是越岸往禮天台濟舟大師，披薙爲沙彌，其年十有八也。越三年，受戒於國清寺，遂住禪堂，參究性理。又得蓮舟大師指示，其道益明。年三十三，聞蘇州靈鷲寺講經，杖錫以往。寶蓮寺住持能詮遇之，與語，相洽，欲延入己寺，不允，巡至木瀆鎮，閉關山居，足不入市者三載。無何，能詮西逝，訃書敦促，諸刹尊宿復强之行，乃遂主寶蓮丈席焉。

初，寺遭兵燹，僅存遺址。能詮興建地藏、觀音二殿，越岸繼其後，勤修佛事，内明理觀，苦行過人，檀那信悦，隨喜布施。癸巳，入閩採木，徧歷巖穴，得材無算，關梁節節，備受艱阻。乃親叩閩督，牒求免税，挫折萬狀，久請得許，千尋巨木，沿流東下，順行無阻。以至誠得佛力，故佛齋殿舍，次第落成，規制崇閎，巋然巨刹。兩興戒壇，高德來會，禪規戒律，爲吴中首。道果成就，竟於壬寅六月之望圓寂。

越岸嘗於先數月，夢一世界，浄如琉璃，身處其中，光明無量。自知不久人世，嘗舉以語其弟子。示寂之頃，趺坐禪牀，集諸四衆，爲説涅槃，復與衆訣曰：「一超直入，決定往生，勉旃同學，努力精進！」言訖，誦佛而逝。距生於道光庚子正月十日，世壽六十有三，僧臘四十有五，其戒年，其法紀，則皆未之悉。

越岸狀貌奇偉，聲出丹田，日誦《法華經》七卷，歷三十年不稍懈，並能研求宋儒語録。嘗曰：「仁者見之謂之仁，知者見之謂之知。百姓日用而不知，見之者，蓋見性也；不知者，蓋不知復性也。」又曰：「《中庸》首章言道極深，首言戒慎恐懼，次言喜怒哀樂之未發，竿頭日上，進益加密，惜今世讀者不知體驗耳。」其言粹然，深入至理，蓋以釋而通儒也。

僧有不壞肉身

不壞肉身者，凡佛教中菩薩、羅漢、聲聞以及高僧皆有之。乃由禪定之功，或戒行之力，自然不壞，不藉他力而爲之。此無價值之可言，乃無上之珍，國家之寶也。

河南祥符、中牟間，有水月庵高衲淡如者，俗姓平，年八十五而示寂。先一日，囑其徒曰：「吾死，當歸骨於庵，俟三歲後發之，如體已敗，焚之可也，否則必有爲吾更衣者至，汝識之。」其徒孫寂鳳，亦浮屠之有行者，率其遺教，如期發龕，則淡如端坐於內，衣化塵飛，撫其體，堅過鐵石，扣之，鏗鏗有聲。遠近觀者雲集，中牟令韓某亦至，愕然曰：「師昨入吾夢，乞吾銀五兩有奇，爲一衲，其將欲飾金以示不壞之身乎？」隨召匠來，問其所需，果符夢中所乞之數。後金像卽奉於龕，士女焚禮不絶 有一營卒心疑其僞，潛以刃刺其臂，血縷縷湧出。營卒大懼，投地懺服，急以金塗所剌處，刃口終不可合。庵僧因加扃鐍，遇心意虔誠者，始爲之啓覩。

江蘇興化縣南門外圓通庵，有濟生和尚肉身在焉。濟生於明末，出家京都萬壽賢良寺，賜紫沙門弘量廣禪師爲之剃度。而天性純厚，露頂赤足，日念阿彌陀佛號十萬聲無間斷。康熙某年，示寂於草屋，三年之久，人無知者。其徒雲峯大師雲游歸來，始見得，見其趺坐如生，遂與其地信士集資裝金以供奉之。

安徽銅陵縣大通和悦洲蓮花寺，有德風和尚肉身。德風爲潁州某氏子，以朝禮九華，經和悦洲，爲衆士紳留居於洲上之財神廟。德風以其地爲朝九華必經之地，因改爲蓮花寺，接衆掛單，自此道風遠播。於光緒壬午圓寂。十年，開缸視之，爪長髮生，面貌如故，洲人乃爲裝金供奉於寺。

浙江普陀山獅子洞，有仁光上人肉身在焉。仁光爲建德李氏子，早喪父母，自幼茹素念佛，捨家作觀音堂。晚年，忽悟人生之若夢，至普陀山獅子洞落髮，虔修梵行，科頭赤脚，髮結如角，二十年未出洞門。每仰天禱曰：「願速成菩提，永遠護持觀世音菩薩道場。」光緒戊申八月十五日示寂，世壽八十九歲，僧臘二十餘年。死時，諭其徒曰：「吾當禪坐缸中，三年後可開視，無煩汝等募化，吾自裝金。」又言如何創造，如何佈置之法。囑畢，合掌瞑目，念佛而逝。

他如九華山地藏菩薩肉身，尚在塔内。又九華有百歲宫者，以有百歲老僧肉身坐化，故名。其肉身之一手，高舉齊眉者，則以某年化城寺起火時，此手忽舉起作遥望之狀，而火卽旋滅，手則年久如故矣。

六安歷參知識

傳臨濟正宗之第四十三世江天堂上者，名密傳，字常浮，號六安，鄂人。生於道光丁未三月八日，英姿奇偉，初懷大志。時值粤寇雛作，轉徙邗溝，投卧佛寺薙染。既於海陵光孝受具足戒，遂徧謁名山，歷參知識，叩究向上大事。已悟心空，未踐實地，聞金山觀公鍵椎峻厲，龍象雲從，遂往依焉。

一日，六安侍立次，忽有僧問：「十方無壁落，四百亦無門時，如何？」觀公卽震聲大喝，六安因而契證，羣疑盡釋，遂授記爲法王子。厥後，大定和尚以疾退居，卽推六安主講席。上堂拈香畢，曰：「三藏教典，八千煩惱，諸佛常談，衆生妙用，猶未是楞伽心印在。」如何是楞伽心印？良久云：「妙高臺上月，圓照寺藏山，第一中冷水，源通末後關，臺上月且置。」又如何是中冷水源通末後關？乃以杖畫一圓相曰：「請諸上座隨山僧歸丈室，飲普茶去。」時大徹堂年久朽漏，每風雨，濕侵禪榻，乃矢願募建，六載功成，因勞致疾，遂退養於五峯。

朗然有焚身救世之念

朗然，名常慧，霍山人，出家於青陽九華山淨度寺。光緒乙亥冬，在本山甘露寺受戒。辛卯四月初九日，至常州天寧寺，進念佛堂，歸心淨土，刻苦精勤，十五年如一日。後因年高不能隨衆入堂，遷居寺後之普同塔院，仍一意苦行。寺中時有閉關精修之僧，朗然發願爲護關僧者，亦多期，日誦《法華經》。知藥王有焚身之事，遂時以焚身救世語人。

寄禪作偈示僧衆

寄禪上人，法名敬安，自號八指頭陀，唐貫休之流。鄭蘇堪方伯詩所謂「雄據天童勝」，以詩作佛事者也。宣統己酉結冬日，嘗作偈示僧衆一首云：「空山寂歷孰相尋，枯木龍吟絕賞音。自注：枯木裏龍吟，禪語也。開盡寒花飛盡葉，孤峰迥迥是吾心。」

白菩薩

哲布尊丹巴胡圖克圖之女弟子，俗稱爲白菩薩。

德隱以破家爲尼

德隱，姓趙，原名昭，字子慧，吴縣隱士宧光女，平湖馬班室。精墨翰，能詩文，好葛衫椎髻，不屑世俗裝。會馬氏丁難破家，遂更名入空門爲尼。

無垢焚修於鴻寶堂

通州孫安石家本饒裕，以不善持籌，遂中落。妻陳潔，字石香，能詩。安石以其無子，不相得，遂挈妾婢異居。潔乃歸母家，久之落髮，改名無垢，即居於其祖舊業之所謂鴻寶堂者以事焚修，然不廢吟詠。晚年益貧病，輒數月不起。一日起，覆水窗前，墜樓而死。

自悟大師爲尚可喜女

羊城天井岡有檀度庵，尼所居，平南王尚可喜爲其第十三女所建也。女生而明慧，稍知書，識人事，卽病其父之降本朝，日夕披袈裟，茹素禮佛，不語人間事。可喜不能奪，爲選民間女子數人充侍者，建庵居之。奏諸朝，賜號自悟大師，粤人羣稱之曰王姑。乾隆時，樊上舍封謁庵，以詩弔之云：「一串牟尼出火坑，庸中佼佼鐵錚錚。蒲團不墮紅羊劫，笑彼飄零孔四貞。」四貞，爲定南王孔有德女，於姑爲甥舅行，適孫延齡。康熙初，延齡爲吴三桂所殺，由滇遁歸京師者也。

宋荔裳女少寡爲尼

查愼行《敬業堂集》詩有《中山尼》一首，爲萊陽宋荔裳按察琬之女而作。女以滇亂，與父相失，由少寡而爲尼，由爲尼而被掠，由被掠而漂流，遂無底止。其爲尼在滇亂之時，被掠在滇平以後也。

王二祝髮爲尼

王二，本女子，順天東安人。年十八，父母攜之入京，易男子衣冠，鬻於廂白旗德住家爲奴。康熙甲寅，黔、滇亂，德住南征，挈之往，盡瘁服勞，周旋戎馬之間，凡七載，德住愛其勤。辛酉，滇南平，凱旋，次江黄，而王二病，延醫弗瘳。一夕，氣垂絶，主人爲市棺，易其衣，乃知爲處子也。衆皆色駭然，相與嗟泣。比雞鳴復甦，治之，病愈。王知跡已露，請爲尼，主人許之。滿兵在楚者數萬，聞之，皆傳爲美談，爲醵金作佛事。祝髮之日，送者如雲。

吸鴉片煙始於尼

鴉片之入我國也，殆百餘年，流毒徧各省。其吸食之始，則肇端於乾隆時粤東之富婦。婦年少喪夫，因出家爲尼，其母家爲築庵以居之。鬱鬱數十年，漸得癱瘓之疾，兩腿木强，不能起坐。母家憫其孤苦，乃多方以娱之。家故世族，親交多豪富，時各遺以珍玩。有某者，爲十三行富商之一，贈以西人手執竹製油棍一枝，花露水一瓶，跳舞會所用燈一具，又鴉片膏一器，乃彼時用以爲藥者。尼以無事故，常燃燈帳中。偶拔簪挑鴉片膏，置燈火上，輒發泡甚大。尼見其可喜，因常燃之以爲玩。一日，偶取瓶棍玩弄，忽誤將棍末插瓶中，輒執棍挑瓶摇之，以爲戲。不意瓶觸木，適穿一孔，因燒鴉片膏塗穿處，忽聞香氣刺鼻。戲就燈，以吸旱煙法吸之，則煙入腹中，異常舒泰。吸竟，欲稍轉側，則兩腿忽如常，遂矍然起坐，前患灑然若失。次日病如故，又試吸之，則立時能起，乃遂日日吸之。且出詣戚里，戚訝其病愈之奇，詢其故，以實對，人怪之。戚里中有病氣喘者，發肝氣者，胃脘痛者，試仿服之，無不立愈，於是人知鴉片作藥之靈效，而普徧於天下矣。或曰，初時煙之迷性最重，今漸減，我國自種者則尤減。我國自種之白花者，約得迷性百分中七分，雜色花則十五分，印度及英、法等處煙，乃至二十五分。

智參率婢爲尼

鳳凰廳太平庵尼智參，黔人，俗姓鍾氏，贈中丞傅鼐家之女侍也。中丞有女，適長州徐止峯，鍾媵焉。傅孺人無子，止峯因納鍾爲篷室。翁姥孺人先後卒，鍾侍疾持喪，盡力盡禮。止峯以候補縣丞隨中丞平苗疆，勞績甚著，授麻陽崖門丞，兼管屯務。嘉慶丁丑，積勞致疾，疾亟，語鍾曰：「吾無子，汝少而孀，能死，死之，否則以牀頭金爲歸籍資。」鍾大慟，諾以身殉。及止峯卒，出殯日，鍾盛妝就縊。有趙雨甸者，傅之戚也，破扉入，探之，氣絶矣。繞項帶深入分許，結甚牢。趙操刃斷之，帶斷，膚爲之裂。俄而氣大喘，良久始甦，瞪目長號，顧趙曰：「公誤我矣。」趙屬婢嫗嚴伺之。鍾乘間截約指金吞之，不死；又碎二玉環，吞之，亦不死。計窮，泣曰：「不能踐諾，事主人於地下，天厄之也。然終不可以苟生。」遂翛然有出家念。逾三年，製奩具，嫁孺人所出女，曰：「吾事畢矣。」族子某爲止峯後，不以庶母事鍾。鍾度不能相容，一日，集止峯戚友，哭拜靈座前，操剪髡其髮，雲髻委地，簪飾宛然。形既毁，念益決。

太平庵有老尼，鍾素識也，卽日詣庵，師事之。爲披剃，具戒律，名之曰智參。智參既爲尼，所後子畏人言，至庵，强之歸。智參曰：「我非汝家人矣。」峻絶之。長齋奉佛，誦經梵數千言，出橐金新其庵，並置香火產，像設之陊剥者，重塑焉。止峯有惠於鳳人，鳳人思之，爲祔主於中丞祠。值春秋祀，智參必具麥飯、楮鏹親奠之。黄虎癡廣文本驥與止峯舊好，客鳳時，聞智參名，造庵訪之。未及遇，留詩於壁。智參感焉，屬趙代謝。趙因述詩所未及事，並出止峯所遺冷金牋，屬爲補書，藏之法林，以傳久遠。

初，智參入庵，挾婢以自隨。婢感其義烈，願終身事之，亦披剃爲弟子，曰心道。

張蠻子妻爲尼

張蠻子，清水人也，以力聞，武斷鄉曲，行於道，人皆望而避之，故呼曰蠻子。邑有富人，建樓當通衢，蠻子醉而與人鬬，數人不能解也。富人有女新寡，見而悦之，以告父母，願嫁焉。其父母不可，女懟不食，乃使人往通辭。蠻子以爲侮己也，奪拳欲毆之。力白非誑，則笑曰：「爲我報翁，誤矣。天下安有壻我者？翁異日悔之，將無及。」媒以言報命，女曰：「彼爲斯言，此其所以豪也，必嫁之。」翁不能止，遂成婚，夫婦甚相浹也。女奩資贏千金，奩田亦數百畝，張則貨之鬻之，一歲去其半，女無怨言，翁家皆怪之。三年而赤貧，翁家皆咎女，莫肯助，女亦不恨。一日，女歸寧，聞張殺人於野，握其元，自首於令。死者縣令子也，令大痛憤，方欲嚴訊之，則張已仰藥而來，至案前，寘元於案，咆哮大罵，有若狂易，數十人不能制。須臾，撲地流血死。

先是，女前夫爲諸生，有文名。嘗眷一妓，令子争之不得，乃佯交歡而陰毒焉。生故坦率，不之疑，夜飲歸，覺有物格閡胸次者，遂成病，年餘浸劇。臨没，以告其妻。時令方爲省中大吏所器重，度不能訟其子，乃囑爲陰圖之，勿聲張也。女歸，見父母皆懦無能爲，隱不復言，乃委身於張以求逞。張至死不肯言。女殯殮張訖，始作書以顛末告父母，遂削髮於南山尼庵，曰：「孽障懺除未盡，不敢死。」乃劙面毁容，終身不見人。迄九十，乃死，蓋六十餘年如一日也。

月桂棄妓爲尼

月桂者，欒城妓也。家貧，父母强使爲之，而非其志。燕趙妓多奔走逆旅，媚過客，桂獨否。蜀人劉斗山明經曾昵之，欣然延接，爲竟夕談，如文士，如山人，斗山甚異之。一日，有老尼踵其門，施以錢米，俱不受，願一見。既入，無寒暄語，輒大笑，而桂對之痛哭不已。尼曰：「無過悲。若不忘本來，某日吾遲汝於某所。」桂唯唯。屆期，如尼言，至其處，果得一庵，桂入庵拜佛及尼。已而出剪刀自斷其髮，從之往者驚阻不及，勸之歸，不可，乃還告其父母。越日復往，則庵中闃然，桂與尼俱杳矣。

小芬棄伶爲尼

潮州普濟庵有尼曰妙姑，色相爲南州百八十庵之冠。客之訪妙姑者無虚日，至則輒費數十金，顧其對客殊落落。一日，某紳作功德於庵，夫人愛其黠慧，餽以玄絹，令時至其家，自是遂相往還。紳涎其美，强夫人女之，妙不可，而已爲惡少所偵知，稍稍語曾至普濟庵者。妙聞之，蹙然曰：「生人竟無足與語情字者耶？人生何水與花之不若，而乃必以肌膚之欲爲情耶？」遂不復應客。紳疑妙語爲己設，迫夫人日過庵。時潮守爲湘人某，聆妙名，授意某令，使載之入署，謂果抗違者，將以祕密賣淫罪致之法。令受命往，妙語之曰：「夙慕太守，倘得入署作簽書婢，自當竭力供職。但冀微服一顧，爲庵留一佳話，則惟命是聽耳。」令告守，守欣然至，則紳已先在，相顧愕眙。妙命設齋，殷殷勸酌，又以雙玉斝進，曰：「公等盡此斝，俾獻一言。」二人飲既，妙乃起而言曰：「某實雄而飾雌者。」守愕然顧紳，紳囁嚅曰：「果不得已，太尊當亦諒汝。」妙曰：「某亦知其必能也。」言次，自床頭出像二，一錦衣玉帶，冶容修度，年十三四；一僧衣素履，髮〻覆額。妙指錦衣者曰：「君記當時翠鳳班有小芬其人者乎？」又指僧衣者曰：「光緒庚子，天子有北狩之難，伶人星散，小芬遂爲沙彌矣。」繼又曰：「色欲爲人所不免，今爲尼者，欲以完吾操耳。不日將歸矣，求得一山塘佳人爲拈花侶矣。所以告公等者，俾此事流播人間，將令天下後世人，知無處無色界，無處無情天，亦卽無處無法門也。」守與紳惘然而別。翌日，卽聞妙以嶽麓朝山去矣。

泰山有姑子

泰山姑子，著稱於同、光間。姑子者，尼也，亦天足，而好自修飾，冶游者爭趨之。頂禮泰山之人，下山時亦必一往，謂之開葷。蓋朝山時皆持齋，至此，則享山珍海錯之奉。客至，主庵之老尼先出，妙齡者以次入侍，酒闌，亦可擇一以下榻。光緒末葉，泰安令某飭役查禁，逐其人，使他徙，封其廬爲校舍。久之，學校亦廢，僅有一老尼蕭然獨處矣。

圓明寺尼有佛種子

圓明寺，女尼修行所也。有尼曰解無者，讀《楞嚴經》，見摩登伽以幻術攝阿難，曰：「彼娼妓者流，日日以皮肉作生涯，視金錢之有無爲轉移，不論人格之高下，是謂之淫。否則從一而終，究無減於夫婦之道。」遂與某方丈大和尚相拚識，恆自稱爲摩登伽，而以阿難呼和尚。日久，明珠暗孕，竟產一子，人戲稱之曰真佛種子。

江浙之尼

光、宣間，冶游好奇之士，輒嘖嘖稱江、浙尼庵，蓋於山東泰山尼庵之外，別樹一幟者也。

吳江震澤之女僧，妝束與蘇杭異，略如嘉興。雖亦號稱薙度，惟於頂心薙髮一團，而前後有髮覆於四周。其在後者，適與頸齊，自垂髫時至三十許，莫不如此。衣裙猝襟，固猶俗家裝束，緣飾甚華，惟襟領非圓而爲直耳。至若葷素肴饌，亦有烹飪至精者，頗類吳中之船菜，一席之費，約四五金。以素餐言之，有以豆豉、麵筋幻成魚肉鷄鴨形者，惟妙惟肖，味亦絶佳，香積風味，固著稱於世也。

盛澤一鎮以產綢著，介於江、浙之間，風俗淫靡。比邱尼著稱於時，名流宴會，輒假座禪宇，一席之費，恆數十金。蓋素饌甚精，其製素燕菜、素魚翅、素海參、素鴿蛋也，輒以嫩鷄、火腿熬取清汁，而以形似之物投入其中，浸淫既久，肥膿鮮美，味遠勝於真者。蓋尼庵教育，梵唄而外，烹飪實爲專科，固非五侯鯖中所得有此雋品也。

太湖廳所轄之洞庭山，亦屬吳縣。山分東西，皆有尼庵，東山尤夥。庵尼纏足梳髻，不御道服。崑山風氣淳樸，無聲色之樂，而頗多尼庵。有一種不薙髮而裹足著裙者，亦有薙髮而善自修飾者，大都皆青年妙齡，丰姿楚楚，伊蒲之饌，無不精美。游人亦能設酌其中，但不及亂而已。光緒時，城中某庵之尼卻塵，神清骨秀，風雅宜人，某贈之以詩云：「閒叩禪關訪素娥，醮壇藥院覆松蘿。一庭薝蔔迎人落，滿壁圖書獻佛多。作賦我應慚宋玉，拈花卿合伴維摩。塵心到此都消盡，細味前緣總是魔。」某乃次其韻云：「舊傳奔月數嫦娥，今叩雲房鎖綠蘿。才調玄機應不讓，風懷孫綽覺偏多。誰參半分優婆塞，待悟三乘阿笈摩。何日伊蒲同設饌，清涼世界遣詩魔。」某和之云：「羣花榜上笑痕多，梓里雲房此日過。君自憐才留好句，我曾擊節聽高歌。清陰遠託伽山竹，冷豔低牽茅屋蘿。點綴秋光籬下菊，盡將游思付禪魔。」卻塵善書，藏名人字畫甚富，有楊玉環手書金經一部，最珍重。後爲匪騙去，遂致憤鬱以死。

無錫惠泉山風景絶佳，山麓多尼庵，庵舍精雅，其門題牓，或有或無，間有以某某山莊數字揭櫫於門楹者。庵尼多俗家裝束，無異句欄，舞衫歌扇，且亦纏足，肴饌精美，海陸紛陳，亦略似船菜也。惟至光緒末而盡矣。

杭州女尼，惟城外者率披薙。城中有木庵，屋宇宏深，結搆精雅，洞房曲室，有類迷樓。

嘉興女尼，自昔著稱，效摩登伽攝阿難故事者不少。元之慧秀，明之娟娘、惠容，皆以能詩善畫聞。五百年來，流風未沬。鴛鴦湖畔，禪宇頗多，禾俗七夕，煙雨樓游人，挾妓之外，有挈尼而游者。其著稱於城中者，曰觀音堂，曰送子庵。

烏程縣治之南潯鎮，多富室，有九牛、十二虎、百二十閹狗之諺，喻富人之多也。其致富者，或以貿絲，或以業鹺，有擁資逾千萬者。紈袴子弟，所恣爲嬉游之地者，尼庵亦其一也。尼庵院宇深邃，陳設華麗。幼尼梳攏，須數千金，費亦鉅矣。名流雅集，飲博皆宜。善治饌，餅餌尤精美適口。若其酬應周至，卽上海房老亦不及也。

雪水真人作諜

國初，南昌有雪水真人者，道士也，常弄玄虛惑人。大兵圍南昌日，明新建大學士姜曰廣守城，信雪水言，以爲有天兵來助，禁城中飲酒殺生，而日久不出戰。及大兵增壘，攻益急，城中人始察知雪水爲某官，僞託黃冠以偵諜軍情者，怒而尸裂之。然是時城已早破，曰廣亦已殉節，雖悔無及矣。

朱沖陽得詹真人法

道士朱太侄，字沖陽，崑山人。嘗主江都之瓊花觀，讀書好古，得詹真人法。筼在辛、諸乾乙樂與之遊，事之如師。問飛昇、黃白之術，卽叱曰：「外道也。」

張斗庵得異人授大法

清陽子者，太倉道士張燦，字斗垣，又字斗庵。年甫十六，多病，感吕仙飛鸞顯化，授頤生術，遂霍然。因創太微仙院，徧延羽流。得異人授大法並金丹道，悉心修鍊，指揮風霆，策役神將，遠近奇之。

賀月軒澹泊寧静

海鹽東嶽廟道士賀炳，字松庵，號月軒。本世家子弟，性超潔，隱於黄冠，能默相天下士，不屑與俗人交。居恆坐一小樓，日讀八大家古文數篇，手摹《黄庭》一二百字，澹泊寧静，不求人知。客至，則瀹茗焚香，以彈琴賦詩爲樂。

郭去勝拂袖白雲

郭長彬，字去勝，平湖松塵山房道士也。母夢吕祖授桃，食之而生。年十三，從邑廟許自修爲道士。及長，受穹窿施諒生正法，游句曲、龍虎山，得五雷法，歷著奇驗。訪道名山，蹤跡徧天下。至京師，棲白鶴道院，院爲邱長春蟬蜕之所。去勝起道場於院中，四十餘日將滿，忽易新衣巾，沐浴焚香，端坐而逝。拜者接踵，豫親王親至瞻禮，爲龕以葬之，題曰「拂袖白雲」。張文貞公玉書顔曰「長春接軌」，未幾，其弟子孫楚鶴迎龕南歸，啟之，顔色如生，乃葬之於松塵山房之後。

婁道人爲真學道者

婁道人，名近垣，江西人。世宗召入京師，以光明殿居之。有妖人賈某爲患，道人爲設醮祈禱，祟立除。又於世宗前結幡招鶴，頗有左驗，特封爲妙應真人。

道人不喜言煉炁修真之法，謂此皆妄人借以謀生，焉有真仙肯向紅塵中度世耶。恭親王延至邸，叩養生術，道人曰：「王錦衣玉食，卽真神仙中人。」時席上有燒豬，道人因笑曰：「今日食燒豬，卽絕好養生術，又奚必外求哉！」王深服其言，曰：「斐公爲眞學道者，始能見及此。」後道人年九十餘始逝。

李不器狂妄不法

康、雍間，陝西有道士李不器者，狂妄不法。至雍正戊申十二月初十日，遂奉世宗嚴詔逮捕，諭云：「據將軍常色禮奏，道士李不器揭報岳鍾琪謀反，甚爲荒謬。李不器向因隆科多薦，在內廷行走。仁皇帝廣大包涵，如喇嘛、西洋人及僧道等類，畜養甚多，其中不肖之人，借供奉名色，在外招搖，而李不器尤爲狂妄。至仁皇帝賓天，朕以李本籍陝西，發回原籍，交年羹堯拘管。詎年將伊送往終南山內，厚加供養。李不器怙惡不悛，肆爲大言，且揑造朕旨，有『只要他在，不要他壞』之語。今春朕問岳鍾琪，鍾琪奏稱李在陝，每年供給，在通省存公銀兩內支給。朕批諭此事當日外結，甚爲錯誤。李爲有罪之人，留其性命，已屬寬典，烏可厚待。隨令岳鍾琪將伊看守。詎李因此懷恨，造爲無根之語，深可痛恨。常色禮容此奉旨拘禁之人，逃入將軍署內，並令乘轎轅門，駭人觀聽。常色禮甚屬無知，著巡撫西琳將李不器嚴加刑訊。」

金丹書受五雷正法

海鹽三元廟道士金鼎，字丹書。工詩善畫，兼精八法，力持戒行。嘗與其邑清風涇之婁真人同游龍虎山上清宮，受五雷正法。

陸濟蒼受五雷正法

自號松間道人之平湖松塵山房道士，爲陸微，字濟蒼。少受五雷正法，精符籙，善治鬼魅。邑宰延禱晴雨，無不立應。性好静，鶴涇晝閒，洞門夜閉，焚香步虚之暇，時撫瑶琴，鼓一曲，聞之者，令人作天際真人想。

張太虚王定乾爲高宗所逐

世宗慈悲覺世，喜召見僧衲。復因久聞外間有爐火修鍊之説，欲觀其術，乃召張太虚、王定乾等數人，使居西苑。及高宗踐阼，始驅逐回籍。

沈雙橋有出塵志

乾隆時，杭州吴山文昌廟有道士沈仁安者，字紉一，號雙橋，石門人。幼而聰明，超然有出塵想，遂至吴山清秀房，受業於王克新。讀書穎悟，間爲韻語，輒工，尤善鼓琴。歲壬午，翠華幸浙，仁安跪迎於嘉禾水次，因倩朱笠亭爲之圖，沈文慤公德潛、錢文端公陳羣、齊次風侍郎召南、傅玉笥，皆題詩紀之。

王野鶴所居幽潔

王聰，字王笈，號野鶴，結茅於天津三汊河之香林院。所居幽潔，老樹古藤，奇花異石，錯置庭户。與張帆齋、龍東溟、周月東諸名士相過從，廊廡户壁，所粘詩箋無隙地。

喬道人言兵家事

乾隆庚戌、辛亥間，有喬道人者，自陝至京師。貌臞，身如鶴立，面微紅，自云數百歲，曾經明末鼎革事。與孫百谷、周忠武交，言皆妄誕，而談兵家事，歷歷如繪。或言其爲年羹堯潰卒，曾經青海戰事，故所言了了，然無左證也。漕督李奕疇崇奉之。喬居一小庵，飲啖如常，毫無他異。嘉慶壬戌五月，卒於旅邸。

道士論自度法

粵東有鉅商，喜學仙，招納方士數十人，轉相神聖，皆曰沖舉可坐致，所費不貲，然亦時時有小驗，故信之益篤。一日，有道士來訪，敝衣破笠，而神意落落，如獨鶴孤松。與之言，微妙玄遠，多出意表。試其法，則驅役鬼神，呼召風雨，如操券也；松鱸台菌，吳橙閩荔，如取攜也；星娥琴竽，玉女歌舞，如僕隸也。握其符，十洲三島可以夢遊。出槖頤之丹，點瓦石爲黄金，百鍊不耗，商大歎服。

諸方士自顧不及，亦稽首稱聖師，皆願爲弟子，求傳道。道士曰：「然，擇日設壇，當一一授汝。」至期，道士登座，衆拜訖。道士問：「爾輩何求？」曰：「求仙。」問：「何以求諸我？」曰：「如是靈異，非真仙而何？」道士軒渠良久，曰：「此術也，非道也。夫道者，沖漠自然，與元氣爲一，烏有如是種種哉！蓋三教之放失久矣，儒之本旨，明體達用而已，文章記誦，非也，談天説性，亦非也。佛之本旨，無生無滅而已，布施供養，非也；機鋒語録，亦非也。道之本旨，清淨沖虛而已，章咒符籙，非也；鑪火服餌，亦非也。爾所見種種，是皆章咒符籙事，去鑪火服餌，尚隔幾塵，況長生乎！然無所徵驗，遽斥其非，爾必謂譽其所能而毁其所不能，徒大言耳。今示以種種能爲，而告以種種不可爲，爾庶幾知返乎？儒家、釋家大僞日增，門徑各别，可勿與辯也。吾疾夫道家之滋僞，故因汝好道，姑一正之。」因指諸方士曰：「爾之不食，辟穀丸也；爾之前知，桃偶人也；爾之燒丹，房中藥也；爾之點金，縮銀法也；爾之入冥，茉莉根也；爾之召仙，攝靈鬼也；爾之返魂，役狐魅也；爾之搬運，五鬼術也；爾之辟兵，鐵布衫也；爾之飛躍，鹿盧蹻也。名曰道流，皆妖人耳。不速解散，雷部且至矣。」振衣欲起。衆牽衣叩額曰：「下士沈迷，已知其罪，幸逢仙駕，是亦前緣，忍不一度脱乎？」道士卻坐，乃顧商曰：「爾曾聞笙歌錦繡之中，有一人揮手飛昇者乎？」顧諸方士曰：「爾曾聞炫術鬻財之輩，有一人脱屣羽化者乎？夫修道者，須謝絶萬緣，堅持一念，使此心寂寂如死而後可不死，使此氣緜緜不停而後可長停，然亦非枯坐事也。仙有仙骨，亦有仙緣。骨非藥物所能換，緣亦非情好所能結。必積功累德而後列名於仙籍，仙骨以生。仙骨既成，真靈自爾感通，仙緣乃湊。此在爾輩之自度，仙家安有度人法乎！」因索紙大書十六字曰：「內絶世緣，外積陰騭。無怪無奇，是真祕密。」投筆於案，聲如霹靂，則已失所在矣。

高雲谿交通宫禁

京華僧道多交接王公，出入宫掖，以故聲價至高。白雲觀方丈高雲谿，名峒元，名動公卿，勢傾一時。有識其身世者，謂爲山左之任城人，幼窶貧，爲商店傭，以失金宵遁，入城西吕仙廟爲道士。店主追之急，乃東奔至某邑白雲岩，棲止數年，乃入京師白雲觀，未久而爲方丈矣。

雲谿嘗交通宫禁，與總管太監李蓮英結異姓兄弟，進神仙之術於孝欽后。孝欽信之，命爲總道教司，賣官鬻爵之事，時介紹之。於是達官貴人之妻妾子女，皆寄名爲義女。

謝寶勝嘗爲道士

謝寶勝，安徽人。以武生從征關隴，爲左文襄公所識拔，積功至偏裨，隸宋慶、馬玉崑部下。光緒甲午中日之役，轉戰遼瀋，屢瀕於危。事平，以撤勇事，致所部譁譟，玉崑譴責之。寶勝謂咎不在己，恚怒，盡焚其衣冠及所得奬札，入某寺，投身爲道士，人咸稱之曰謝老道。既而復出督軍，遂至河南，旋任巡防營分統，駐軍嵩、洛、陝、汝間。汴撫林紹年、吴重熹賞其廉勇，先後列保，遂於宣統己酉擢河北鎮總兵。

女冠廣眞爲朝士所師事母事

都門之三閘，雖在輭紅塵中，饒有水鄉風趣，每值春光明媚，游女如雲。其地有靈官廟，香火稱盛。道光時，住持女冠廣眞者，姿首修嫮，幽扃梵唄，徒侶綦繁。其居室則繡幙文茵，窮極侈麗。往還多達官貴人，而莊王與貝子容某過從尤密，物議頗滋。往往鉅公宅眷，入廟燒香，輒留飫香積，羅列珍羞，咄嗟而辦。尤奇者，其酒易醉，醉必有夢。廟中器具，率爲貝子所捨，相傳有榻名幻仙，機括靈捷殆出鬼工，則醉者憩焉，事祕，弗可得而詳也。廣眞又交通聲氣，賄結權要，朝士熱中干進者，日奔走其門，冀緊援致通顯，或師事母事之，勿恤也。

御史馮某久困烏臺，亦竭蹶措資，屬廣眞爲之道地。某日通謁，適廣眞以事它出，二徒留馮飯，意殊殷懇。酒数行，其一忽愀然言曰：「以君清犀令名，而顧爲是齷齪行，詎倚吾師爲泰山耶？幸不可長，恐冰山弗若耳。」馮愕眙，亟請其説，曰：「君爲言官，寧不能擿奸發伏，以直聲邀主知，致卿相耶？」遂舉廣眞奸伏及賄賂各節，均有記録，悉以付之，且曰：「止此已足，君幸好自爲之，毋瞻顧。幸得當，毋相忘。」馮果幡然變計，卽促駕歸，炳燭屬稿，待旦封奏。事聞，宣宗震怒，有旨派九門提督、順天府尹拏問廣眞，情實，立正典刑。王褫爵，貝子圈禁高牆。馮以直言敢諫，不避親貴，得晉秩，躋九列，亟輾轉爲此二徒者營脱，置少房焉

清稗類鈔

賭博類

上海以總會爲博場

上海商業各幫，皆有總會之設，名爲總會，實則博場也。惟欲設總會，須向租界之自治局領取執照。

紮局弄賭

紮局弄賭者，設陷穽以傾人之博也，京師、天津皆有之，上海尤甚。若輩以此爲生，終歲衣食，恆取給焉。大抵爲楚產也，口捷給，衣華服，能取悦於人，易墮其術，滬人稱之曰翻戲黨。常以茗樓烟館爲其穴，黨羽衆多，見有外來多金之傖父，羣起而誘之，誘之以餌。餌爲何？狎妓也，飲宴也，觀劇也，游園也，務以投其所好，常得聚處爲宗旨。既諳，乃強使同博，則以三人愚傖父矣。而博之術至多，博之具不一，輒因其人而施之。

其初博也，必使傖父勝，此三人者，皆出其現金於囊以與之。至三四次，則傖父有勝亦有負，傖父果勝，三人仍償之，不使其稍有疑也。久之，則三人以獅子搏兔之全力，注於俗父，俗父輒大敗，數必鉅，現金不足，或即席勒寫借據，或至其所居之旅舍，搜括財物，其所得，必較歷次之所失多至倍蓰。其術甚多，略舉之，有翻天印、倒脱靴諸名目。光緒辛丑，山陰王壽卿以服賈至滬，曾爲所愚，不三月，所挈購貨之銀幣三千八百圓蕩然無存矣。

其以船爲家作此生涯者，曰跑底子，與在船行竊之稱謂同。又有於旅館設機關者，曰鋪檯子。非同夥而代覓瘟生者，曰趕猪，俟計賬時，亦可分潤。

其專以摇攤爲事者，滬人謂之押寶。初盛行於虹口，雖經官吏嚴捕，而賭棍仍暗中糾合，抽頭漁利。或廣廈曲闌，或旅館妓院，或僻巷小屋，忽東忽西，難於捉摸。作僞之莊家曰郎中，或以灌鐵骰子吸石，或用翻戲，倒脱靴術，種種欺人。與賭者目爲空子，或阿大，入其彀者，無不傾家蕩産。且若輩交通廣闊，在官人役，大半與之同黨，消息靈通，緝捕雖嚴，終亦無如之何也。

賭博之抽頭

召集博徒於家而飲食之，伺其既勝，或二十取一焉，或十五取一焉，謂之抽頭，俗所謂囊家者是，宋蘇東坡所謂賭錢不輸方也。

博用籌馬

籌馬，以象牙爲之，長如箸形之半，而取其方廣，兩面皆畫彩。如無象牙，剖竹亦便。博徒入局，囊家先給籌馬以代青蚨、白鏹。其製，大小參差，或當千，或當百，或當十，以便隨意出注及轉换之用。局散之後，勝負既分，則較其得失之籌，以取償於阿堵，古所謂點籌者是也。

博時有妓陪侍

飲博摴蒱，妓家所擅，古人每藉以作狹邪之游。唐岑參詩曰：「美人一雙閑且都，紅牙縷馬對摴蒱，玉盤纖手撒作盧。」博場招妓陪侍，妓至，則歌一曲，且有爲客代博者。

花賭

國初，蘇州富商大賈，婦女宴會，輒廣攜白鏹，招邀赴會，謂之花賭。沿至於今，猶未改也。

女總會

光緒末葉，滬上有所謂女總會者，婦女賭博之所也，有似國初吴中之花賭。呼盧喝雉，一擲千金，與此者皆豪家之閨秀。其博也，以夜不以晝。日之夕矣，車馬集於門，不炊許而列炬設席，非徹曉不止也。

賭具作對

有闈入賭館索詐者，博徒以賭具天地人和一二三四八字爲題，令其聯詩。應聲云：「一叢人影三弓地，四面和風二月天。」妙切其時其地，衆遂厚贈之，自是效尤者日多。

闈姓

闈姓者，賭博之事，專行於科舉時代之廣東。每鄉會試或歲科試前，使博者先入資，預卜入彀者之姓氏，各指定若干姓。榜發，視所卜中者之多寡，以第所得之厚薄，往往以百十萬爲博注。姓僻者，則且代之作文，通關節，使之必中而後已。粤民本嗜賭，此尤風行，無富貴貧賤，輒相率爲之，士紳亦於其中分肥，官不之禁。光緒時，且奏抽闈姓捐以助軍餉，後乃禁革。

廣東各種賭博

粤人好賭，出於天性，始則闈姓、白鴿票，繼則番攤、山票，幾於終日沈酣，不知世事。而下流社會中人，嗜之尤甚。此外又有詩票、鋪票者。詩票則用五言八韻詩一首，鋪票則用店鋪名號一百二十名，限猜幾字，其分簿開彩等，與闈姓、白鴿票大同小異。

粤人好賭，故平日有普通忌諱之字，如牛舌則謂之牛利，蓋以舌字粤音近息，與折閱之折字同音，聞之不利，故諱舌爲利，取利市三倍之義。又猪肝謂之猪潤，蓋以肝與乾同音，人苟至於囊橐皆乾，不利孰甚，故諱肝爲潤，取時時潤色之意。其他類此者尚多，不能一一載也。

新會某鄉無賭

粵多盜而賭風盛，故賭爲盜源，欲化盜，必先禁賭。而治粵者，方以獎賭爲理財妙用，全粵久成賭國。獨新會之某鄉，則博簺之具不得入境，蓋梁任公之尊人，於此嫉之甚嚴，而禁之甚周。當初禁時，子弟有不率教者，或於叢箐中闢密室，或匿舟港汊複曲之處，風雨深夜，相聚而嬉，恆踏泥濘，揭沼沚以搜索之。既得，則誨以利害，至於流涕，徹旦不息。雖緣此以犯霜露致疾，而受者亦內疚以自澡雪，卒爲善士。久之而比閭相戒，不忍欺矣。

過百齡得之弈以失之博

國初，無錫過百齡以弈名，每出遊，得數百金，輒盡之博簺。戚黨譙訶之，百齡曰：「吾向者家徒壁立，今得此資，俱以弈耳。得之弈，失之博，庸何憾！且人生貴適意耳，孜孜逐利者何爲？」

霍則白好博

曲周有霍則白者，順治時人。性好博，嘗作博疏，摹寫博事，曲盡其妙。酒闌燈灺，呼聲動天地，常負，負而益博，不以勝敗爲意。

許肇篪酣於博

宜興許肇篪，號二符。與同邑陳維崧、武進董以寧相友善，常與共出入，車騎甚都。久之，偕游吳越間，醉則爲詩，自以曼聲歌之，若《冬青》、《荆卿》、《牧羝》諸曲，聞者皆泣下。既而與博徒遊，從之飲，飲且博，博負數萬緡。友諫曰：「子且無家。」肇篪張目曰：「燕臺何在？石城何在？」則泣下。泣已，復博，數十晝夜乃止。

史菲莪與客博戲

會稽史宗芳，字菲莪，行六。其第四兄曰亮采，字如顯，鰥居無嗣，事之如嚴父。或偶與客博戲，諸孫歸，必敕之曰：「慎勿使四翁知，而翁慚死矣。」

王氏以博失園

康熙時，無錫王氏有巨宅，濱小河，上有魁星閣、重陽閣，閣後有園，園有五老峯。五老峯者，爲太湖石五，嵌空玲瓏，狀若五老人，高逾蘇州留園之冠雲峯。咸、同間，粤寇擾錫，峯燬其四，屹立於荒烟廢沼之畔者，僅一而已。園左有巨室，爲王豐亭大令世濟所築。豐亭宰雩都，四年，以失上官意，解印歸，歸而營此第，堂構煥然。及殁，後人溺於博。時邑中秦氏最強大，兩家爲中表親。秦瞰王宅，王豔秦妾，乃相約以博戲決勝負。王勝，則挾秦妾歸；秦勝，則亦爲王宅之主人翁也。乃一擲而王負，大好園林，遂爲秦氏所有矣。

壽思明以博得婦

宛平周之俊好博，賈於外。有婦李氏美而豔，方少艾。而周恆客遊，歲無一月在家也。鄰村有壽思明者，涎之久，一日薄暮，將入市，經其門，李適倚門立，壽與之通辭，不半月，諧矣，自是遂時相過從。一日，兩人方瀹茗作清談，猝聞叩門聲，啟之，則周方自上海歸也。李倉皇欲遁，周曰：「勿爾，吾輩結鄰久矣，半年不見，正思作情話。且有新購博具，乃得之於申者，盍稍緩須臾，一消遣乎？」李曰：「君初歸，尚未卸裝，不如訂後期。」乃遂訂期明日而別。

及明日，壽訪周，則已肆筵設席，陳牌於几矣。壽家小康，亦好博，博輒負。周意其亦必負也，曰：「君好自爲之。君勝，吾以婦歸君；吾勝，則於博進之外，當以田十畝爲贈。」壽聞之，大喜，以爲娟娟此豸，必爲我有。既定議，遂博。博至日晡，壽勝矣。壽將挈婦行，周悻悻然，壽乃語周曰：「吾如約也，君奚怨！今即作爲君勝，而以田十畝贈君爲聘資，可乎？」周諾之。

某甲以妻作博注

某甲博盡，家無餘物，而興不衰，乃以其妻爲孤注，博徒許之。臨博，再三祝，期以必勝，一擲而北。

遇嚴州人某乙之商於杭者，謀娶妾，以八十金就婚於其家。見故夫，曰：「兄也。」既寢，甲登牀，乙覺，大怒，究其事，甲坦然曰：「固吾妻也。據吾室而反辱我，明當告官治之。」乙大驚，走不返。

宋某延師課子以博

萊陽宋某，荔裳按察琬之族子也。家素封，有二子，癖於博，百計懲戒，弗之聽。因出重幣，訪江、浙之精於博者，延至家，使二子受業。年餘，盡得其祕，自是博必勝，人無與博者，竟絶博而保其家。

何翁延師課子以博

有何翁者，不知其名，江南人。其祖以畀莢起家，積資数十萬，至翁益富。翁四十始生一子，幼溺愛之，有所求，輒許之，長遂不肖，酷嗜賭。初輸不過数十金、百金，已而市上無賴者利其富，百計誘之賭，雖千金，立與無難也。私畜金盡，則典衣，漸竊賣田宅。翁知之，責其改悔，卒不聽，乃閉置空屋中數月，出而賭如故。翁乃揚言曰：「有名師能誨吾子者，當以家產之半酬之，免子賭而盡傾也。」於是老師宿儒爭來教誨，咸曉以大義，或規以古訓，皆無效。一日，有某某三人來，自言能誨公子戒賭。三人者，科頭跣足，衣不蔽體，貌粗鄙，語游滑，門者拒之。中一人曰：「但白汝主，無恐。」始白翁，翁怪其人，曰：「試令入。」既入，問所自來，曰：「自京師。」問何業，曰：「業賭。」翁啞然笑曰：「業賭者，乃能勸人不賭耶？」一人曰：「此所謂以毒治毒也。」曰：「敢問何說？」曰：「吾三人者，博場名手也。居京師數十年，以賭獲財無慮数十萬，無局不贏，贏無不以千金計。後京師人見吾三人來，輒望而去，無樂與賭，吾等前所得財，既應手散去，今無人與賭，即無以爲生。適聞公有是命，故來謁，思以吾等絶技教公子。公子博必贏，自無人敢與賭，則賭不戒自戒，而家可保矣。」翁喜曰：「然，請如命。」令子就學。二人又迫翁立券爲據，許公子絶賭而酬以家産之半，翁立從之。三人居其家，朝夕教公子賭訣。二年，使出與人賭，無敢敵者。公子遂不復賭，三人乃領産而去。

尤展成勸人戒賭

長洲尤展成，名侗，嘗著戒賭文，其言極沈痛。文云：「天下之惡，莫過於賭。牧豬奴戲，陶公所怒。一擲百萬，劉毅何苦！今有甚焉，打馬鬭虎。羣居終日，一班水滸。勢如刼盜，術比貪賈。口哆目張，足蹈手舞。敗固索然，勝亦何取？約有三費，未可枚舉。既卜其晝，又卜其夜。寢尚未遑，食且無暇。不見日斜，寧聞漏下？讙呶辟寒，袒跣消夏。賓客長辭，琴書都罷。是曰費時，寸陰難借。三人合力，以攻一椿。兵不厭詐，敵必用強。殺機潛伏，詭計深藏。左顧右盼，千思萬量。精神恍惚，面目焦黃。是曰費心，終必病狂。一文半文，千貫萬貫。錙銖必較，泥沙無算。贏乃借籌，負或書券。家棄田園，祖遺寶玩。慳者不吝，貪者不倦。是曰費財，困窮立見。始作俑者，公卿大夫。退朝休沐，讌會相娛。點籌狎客，秉燭監奴。間同姬妾，角技氍毹。平章重事，豈在是乎？亦有儒生，厭薄章句。博弈猶賢，詩書没趣。引類呼朋，攤錢争注。赤脚無成，白頭不遇。文鬼誰憐，牌神莫助。富人長者，公子王孫。

珠玉滿室，車馬盈門。呼盧白日，喝采黃昏。千金忽散，一畝無存。墦間乞食，泉下埋魂。至如商旅，間關萬里。競利錐刀，窺窬倍蓰。火伴誘人，牙行弄鬼。囊破吳山，身漂越水。夢斷嬌妻，饑啼稚子。其下市人，肩挑步販。體少完衣，廚無宿飯。脱帽遠牀，投馬翻案。登場醉飽，出門逃竄。賣兒鬻女，盡供撒漫。最恨奴僕，全無心肝。煖衣飽食，游手好閒。酒肴偷釀，房戶牢關。忙中作耍，背後藏奸。狐羣狗黨，非賭不歡。故賭雖百族，惡實一類。天理已絶，人事復廢。蓋以大滅小者不仁，以私害公者不義，式號式呼者無禮，佹得佹失者非智。分無貴賤，四座定位。上攀縉紳，下接皂隸。齒無尊卑，一家弗忌。父子摩肩，弟兄終臂。閨無內外，男女雜次。繡閣抛妻，青樓挾妓。交無親疏，惟利是視。陌路綢繆，故人睚眦。四端喪矣，五倫亡矣。身家蕩矣，子孫殃矣。賭必近盜，對面作賊。戰勝探囊，圖窮鑿壁。賭必誨淫，聚散昏黑。豔婦絶纓，孌童薦席。賭必釁殺，弱肉強食。老拳毒手，性命相逼。戒之戒之，凡戲無益。今有貪夫，開肆抽頭。創立規則，供給珍羞。如張羅網，鳥雀來投。鷸蚌相持，漁利兼收。更有險人，合成毒藥。躡足附耳，暗通線索。彼昏不知，束手就縛。旁觀咨嗟，當局笑樂。人之過也，必藉箴規。惟耽賭癖，陽奉陰違。父師呵叱，妻孥涕洟。勇足拒諫，巧能飾非。貧而無怨，死且不辭。及至悔悟，靡有孑遺。嗚呼哀哉，誰爲爲之？吾聞此風，明末最盛。曰闖曰獻，又曰大順。流賊作亂，其名皆應。相公馬弔，百老阮姓。南渡亡國，不祥先讖。聖王在上，豈容妖氛。敢告司寇，宜制嚴刑。天罡地煞，大盜餘腥。誅不待教，有犯必黥。火其圖譜，殛此頑民。聖人設教，君子反經。慢遊用儆，驕樂當懲。人心禽獸，何去何存？借曰未知，請視斯文。」

郭節與子博

萬安縣賣酒者郭節，好博。無事，則與其三子終日博，諠争無家人禮。或問之，曰：「兒輩嬉，否則博於他人家，敗吾産矣。」

郭節與客博

郭節以長者稱，客或橐重貲於途，大雪，不能行，聞郭名，趨寄宿。雪連日，郭日呼客同博，以贏錢買酒肉相飲噉。客多負，私怏怏曰：「彼乃非長者耶？然吾已負，且大飲噉，酬吾金也。」雪霽，客償博所負，行，郭笑曰：「主人乃取客錢買酒肉耶？天寒甚，不名博，客將不肯大飲噉。」乃取所償之負盡還之。

李恆齋惡博

善化李恆齋，名文炤，惡博，曰：「夫人破家蕩産，皆由於此。」家人有犯之者，必痛懲之。親友或以之娱賓，聞恆齋至，輒屏藏之。

霍亮雅一擲百萬

霍亮雅，曲周人。任俠嗜酒，一擲百萬。卒後，申凫盟爲之作傳。邑人劉津逮輓之曰：「門前債客雁行立，屋内酒人魚貫眠。」

杭堇浦好博

仁和杭堇浦以編修里居時，好博，攜錢數百，與里中少年博於望僊橋下。時武進錢文敏公維城視學浙中，詞館後進也。一日訪杭，前騶過橋下，文敏已從輿中遥見之，披短葛衣，持蕉扇，與諸少年博正酣。文敏遽出輿，揖曰：「前輩在此乎？」時杭方以扇自障，至是，知不可掩，即回面語曰：「已見我耶？」文敏曰：「正詣前輩宅耳。」曰：「我屋舍甚隘，不足容從者。」文敏固欲前，杭固御之，遂别去。諸少年共博者始從橋下出，詫曰：「汝何人，學使見敬若此？」曰：「此吾衙門中後輩耳。」遂不告姓名而去。

顧賓臣得博進十二萬金

嘉慶乙丑，有盛某者殤其獨子，族人輒以立後嬲之，非盛所願也，乃思傾産以絶覬覦。因與狎客縱博半年，博負七萬金。同博者爲之籌畫，十償以六，且準薄田折閱，計捐畝千五百餘。或謂此猶不及乾隆時顧賓臣之一夕十萬也。賓臣爲小厓侍讀八十外所舉幼子，以四庫館謄録寓京師，與輦下諸豪士習，歲首，輒從事於博。自正月至四月百日中，得博進十二萬金，貯卧室高櫃，皆精鏐足兑，無折色，無短平。浴佛日，博徒皆集顧齋，作長夜之戲。是夕，顧獨大負，遂一敗塗地矣。

龔定庵嗜博常負

龔定庵嗜博，尤喜搖攤。嘗於帳頂繪先天象卦，推究門道生死，自以爲極精，而所博必負。時杭州鹽商家，每有宴會，名士巨賈畢集，酒闌，輒於屋後花園作摴蒱戲。有王某者，是日適後至，見龔獨自拂水弄花，昂首觀行雲，有蕭然出塵之概。王趨語云：「想君厭囂，乃獨至此，君真雅人深致哉！」龔笑曰：「陶靖節種菊看山，豈其本意，特無可奈何，始放情於山水，以抒其憂鬱耳。故其所作詩文愈曠達，實爲愈不能忘情於世事之徵，亦猶余今日之拂水弄花，無以異也。」語次，復云：「今日寶路，吾本計算無訛，適以資罄，遂使英雄無用武之地，惜無豪傑之士假我金錢耳。」王本傾慕其文名者，乃解囊贈之。偕入局，每戰輒北，不三五次，資復全沒。龔怒甚，遂狂步出門去。

趙菁衫嗜博常勝

趙菁衫觀察清才碩學，爲道、咸間一代文宗。而嗜博成癖，術亦絶精，常勝不負，人至莫敢與角，則貸錢與之，負則再假，不責償也。一日不博，若荷重負，自幼已然。太夫人憂之，恐將敗行蕩產，以孤幼，未忍峻責。或進曰：「若博而不廢讀，無妨縱之。久之術精，何患便毀家。設術疏而好篤，則爲患烈矣。」因聽其説，遂得博，讀益憤，少年掇高第，產亦得無恙。自言博之道，通乎《詩》、《書》，其要義則在大《易》「變動不居，周流六虚」二語也。

李朝斌博負三百金

咸豐時，粤寇擾湖南，陷長沙城一角。當事者乃傳令，有能搬一磚一石者，賞銀一兩。未幾，填平。時江南提督李朝斌方應募爲兵，以健於奔走，獲賞銀幾三百兩。乃與諸人博，團踞屋簷下，以銅錢擲之，使轉覆於帽下，押其正反。俄而李銀盡，起視，燭猶未跋也。

苗沛霖以萬六千金作孤注

苗沛霖善博，嘗過維揚，訪知一大户作囊家，苗持鉅金入。已博矣，苗以千金作孤注，不中，乃加倍，至以萬六千金作孤注。其人惶急不知所措，苗伸臂謂之曰：「可兒速來！」語竟，而苗果勝矣，掀髯大笑，目光四射，有如發電。其人噤不能聲，摒擋與之，無少缺。自是，無有與苗角者。

姚敦布以賭爲業

步軍統領，俗稱九門提督，以緝捕盜賊、賭博爲專責。然賭博徧九門，輒知之而故縱之，以歲有例規也。果偵有富室貴族在家聚博者，則番役往矣。其往也，恆以夜半，圍其前後門，獲之，械繫至署，閉之於班房，例以明晨候步軍統領涖訊。被繫者輒賄番役，書其數於手條，約期取金。番役至是饗以盛饌，既醉飽，聽其歸。桐城姚敦布曾官湖南巴陵知縣，革職閒居，嗜賭，賭輒勝，乃以賭爲業，日至賭坊，必大獲。坊主懼，願奉金爲壽，止其博。於是姚月得千金，然不賭於坊而賭於宅。一日，番役掩捕貴介，姚在焉。貴介既循例納賄，饗盛筵。姚佯醉而卧，鼾聲起。一役呼之，趣令去，姚曰：「將何之？」役告以彼等皆去，姚曰：「爾固謂明當候審，何釋之也？我必俟堂訊。爾今夜所得，亦當陳於官。」役恫嚇之，姚曰：「爾輩亦知姚四寶爲何如人耶？今敢爾，當俟官至呼寃耳。」役戰慄，求勿聲，姚曰：「非有以慰勞我者不可。」乃挾千金歸。四寶者，姚之咳名也，其字爲賦彤。

駱文忠戒博

駱文忠公秉章，初名駿，花縣人，家南海之佛山。幼孤貧，以授徒爲生。喜冶游，不修褊幅。善歌，每引吭，人謂其得生脚正音，有「小生駿」之號。廣州賭風以佛山爲尤甚，文忠染於汚俗，亦嗜博。又博徒以賂遺紳士者，亦間索陋規於博徒，不應，則告官懲之，故博徒懼之如虎。及入官，則矢志力戒，絶不一爲。

江忠烈戒博

江忠烈公名忠源，少時，游於博徒，屢負，至褫衣質錢爲博進，間亦爲狹斜游，一時禮法之士皆遠之。其用兵以略勝，在中興諸臣之右。初至京師，人未之奇也。惟黎樾喬侍御見之，卽言此人必死於戰場，人亦不之信，亦不知其以何術知之也。其下第回南時，三次爲友人負柩歸葬，爲人所難爲。曾文正以此賞之，令閲儒先語録，約束其身心。忠烈謹受教，然冶游自若也，而博則矢志力戒。偶過友人許，聞户外有牌聲，輒望望然去之。

李勇愍戒博

湘鄉李勇愍公成謀，家貧，初以補釜爲業。聞曾文正創水師，往應募，從征湘、鄂、豫章。咸豐丁巳，克湖口、彭澤，擊馬當，攻安慶，破大通，下銅陵，所在有功。光緒辛卯，卒於福建提督任所。

勇愍與其兄皆嗜博。母死，無以殮，戚友醵金與之。二人得錢，即相與謀曰：「此區區者何足以殮母，不如博，博而勝，當爲吾母購良櫬，擇吉地，大會親友以榮之。」皆曰：「善。」即持赴博場，不半日，盡傾其囊，而母尸猶在堂也。二人徬徨終夜，計無所出，即裹其敝衣，舁赴山坳，槀葬之。

勇愍既貴顯，即戒博，宦蹟所至，絶不以博具自隨，署中人亦相戒無敢犯。

龍鳳白

黄仲弢學士紹箕在張文襄公之洞幕中，一日，得文芸閣學士廷式自漢口手書，曰：「芝生、竹岡、建侯三侍郎有書致問，請即渡江，商同裁答。」黄去，則文款以手譚之局。黄因問：「芝生、竹岡、建侯何解？」文曰：「此三人之姓，合之則爲龍鳳白。」蓋借龍湛霖、鳳某、白桓三人之姓爲隱語也。

徐某戒博

海寧硤石鎮徐翁以賈起家，善候時轉物，錙銖必較，雖親戚弗顧也。生一子某，喜博，私取父錢以博進，日必數萬。徐患之，不能禁。其地故有廣善堂，歲十一月，則舉野外無主之棺及雖有主而其子若孫貧不能葬者，爲瘞之，然資用不充，不能周徧。徐過之，忽心動，亟以所置良田三百畝助義舉。或問其故，曰：「吾子不肖，不數年，吾田盡矣。與其供不肖子千金一擲，何如爲掩骼埋胔之用乎。」已而其子博益豪，徐乃儲錢數十萬於室中，謂其子曰：「博而負，固宜償，吾室中錢任若取之。然博徒安可使入吾門，令其止門外，若自取錢與客可也。」於是博徒日集於門，其子以緡貫錢，負之，由堂塗出，日數十次，憊甚。且視室中錢，始則充牣，繼且垂盡，不能無顧惜，歎曰：「出之不易，入之不更難乎？」乃對其父流涕，矢不復博，終身勤儉過其父，家乃益饒。

蛇公榮嗜博

粵伶蛇公榮嗜博而懼內，歲得唱資甚鉅，其婦輒先期索其半於班主，以給家用，餘則任其付之博場。博而負，輒大憤，演劇益奮，蓋藉高歌以抒牢騷也。故凡觀劇者，輒希望其賭敗焉。

汪淵若好博

陽湖汪淵若太史洵以鬻書僑申江，人以其爲翰林也，争購之，歲入可萬金。然好博，硯田所入，到手輒罄，以指得之者，仍以指失之，不屑爲守財虜也。

籤捐票

我國之有發財票，自粤商江南票始。迨湖北籤捐票出，事事以官法部勒之，而局面爲之一變。商辦者開彩時，所司登記號碼，喝報彩目之人，僅公司一二小司事爲之。湖北則由總督委司道代辦其事，以示鄭重。翎頂輝煌，冠裳璀璨，遂令若輩驟增身價焉。

籤捐二字，源於日本，蓋日本稱彩票爲富籤也。

山票

粤東有山票者，其注用《千字文》首篇一百二十字，較白鴿票多四十字。猜買者以十五字爲限。每次開三十字，收票可至數十萬條，每條須銀一角五分，於數十萬條中，取中字最多者得頭彩，同中同分。票盛時，頭標可得數萬圓。其支配之法，以全票分爲十，除票餉開支外，其餘悉數充彩，故多寡之數不能預定。每有以數百人而同分一頭標者，一人僅分百餘圓，或數十圓，轉不如二三彩獨得之鉅。蓋如以中八字者爲頭標，而此屆中八字之票乃有三百人之多，則頭標即爲三百人所分矣。如以中七字者爲二標，而中七字之標僅有一人，則二標即爲一人獨得矣。餘可類推。

廣州極貧之人，或有不入番攤館者，而山票則無人不買，蓋以每票僅售一角五分，得標者可獲利至數十萬倍，故人人心目中，無不有一欲中山票頭標之希望也。

女子地鋪會

廣州西關寶善坊附近，有大家之女眷、女僕等所開地鋪會。其法如開三圓之會者，會頭每一次收地鋪銀一圓半，月開五六次或三四次。爲會頭者，每月開某字頭之會，或數十字或十餘字亦不等，故無日不開會，無地不開數會也。西關左右之婦女，充會頭者數百人，其中深閨婦女爲所引誘者，不可枚舉。寶善坊蔡三姑者，作會頭以數百計，各處會項數目，約值銀幣四十餘萬。

骰子之博

骰子，賭具也，古曰擲摴蒱。今以骨或象牙爲之，成正方形，六面分刻一二三四五六之數，擲之，有四數者爲紅色，餘皆黑。擲之於盆，視其轉止，以所見之色爲勝負，故亦稱色子。相傳爲魏曹植所造。本止有二，謂之投子，取投擲之義。質用玉石，故又謂之明瓊，所謂投瓊者是也。唐時加至六，改以骨製，始有骰子之名。温庭筠詩「玲瓏骰子安紅豆」是也。

摇攤

搖攤，以骰置器中搖之，蓋卽唐時之意錢。以四數之，謂之攤錢，又曰攤蒲，亦可隨手取數十錢，納於器而計之。每四枚爲盈數，統計餘零，或一或二或三或成數，分爲四門，以壓得者爲勝。

羣仙慶壽圖

乾隆時，高宗嘗於幾暇，取《列仙傳》人物，繪《羣仙慶壽圖》，用骰子擲之，以爲新年玩具。

擲狀元籌

骰子角勝之道，種種各異，每視其所擲，爲籌之得失高下。有曰擲狀元籌者，用籌馬，以緋多者爲勝。別有全色、五子一色、合巧、分相、不同、馬軍、四序等名，次第俱得勝彩。最大者曰狀元，爲六十四柱。次差小，曰榜眼，曰探花，各三十二柱。遞至秀才，最小者僅一柱。局畢計籌，以分勝負。別有一籌，曰場譜，開載得失高下之數，以杜爭競。

擲陞官圖

《陞官圖》，博具也，列京外文武大小官位於紙，有專載文官者。擲骰子，計點數采色，以定升降。古謂之彩選，相傳始於唐之李郃，其實漢時已有之。宋人劉敞撰有《漢官儀新選》一卷，則此戲由來已久。又宋人稱之爲《選官圖》，陳垓有「擲得么三監嶽廟，恰如輸了《選官圖》」句。

擲《陞官圖》，用局道，最重第一擲，爲進身之始。六子以四爲德，以六爲才，以二三五爲功，以么爲贓。遇德則超遷，才次之，功亦陞轉，遇么則降罰。

劉繼莊欲自製陞官圖

劉繼莊嘗客衡山縣署，度歲，日聞堂中擲《陞官圖》聲以博歡笑，因欲取兩漢、魏、晉、南北朝、隋、唐、宋、元之選舉職官，各爲《陞官圖》一紙、《陞官圖說》一册，置齋中，謂：「節日暇時，病餘課畢，以此自遣。久之，而歷朝選舉職官考課銓選之法，皆了了矣，亦讀史之一助也，賢於博弈遠矣。」

擲攬勝圖

《攬勝圖》者，以骰一枚擲之，爲閩人高兆所撰。以么爲詞客，二爲羽士，三爲劍俠，四爲美人，五爲漁父，六爲緇衣。分馬既定，齊集勞勞亭，挨次遞擲，照點前行。詞客至瀛洲止，羽士至蓬萊島止，劍俠至青門止，美人至天台止，漁父至桃源止，緇衣至五老峯止，其局蓋亦脱胎於《陞官圖》也。

擲老羊

擲老羊，一名趕老羊。法以骰六枚投盆盎，其三枚點數既相符，乃得據而分勝負。徧考《五木經》、《雙陸譜》，不詳其例，蓋於盧白雉犢梟之外，别開生面者。或曰，博徒多作僞誘人，落其陷阱，則加以趕豬名號，豬與羊同類，趕老羊者，殆若輩之隱語歟？有謂羊者洋也，俗以銀幣爲洋錢。伏臘弄麞，相沿已久，擲者其如北齊劉毅之無擔石而一擲千金乎？

博時分朋列座，以一人輪流爲樁，餘皆出注。

擲挖窖

有曰擲挖窖者，以骰爲之，卽視同色之三子，計其大小以爲勝負，如過四子五六子皆同，則更勝。

莊方耕帳中擲骰

莊方耕侍郎存與將計偕入都，苦無資，不得已而糾一會。屆期，戚友咸集，僕告主人有疾，不可以風，請諸客先擲，而主人於帳中擲之。蓋方耕昉狄武襄兩面錢故智，預置一骰盆同式者，布置六赤，見李洞集。俟移盆帳中，故爲一擲，俾衆聞聲，則亟易預置之盆出以示客，弗疑也。咸稱賀，遂得貲。洎客散，視頃間故擲之盆，則亦六色皆緋，殊自喜。是科以第一人及第。

紙牌之博

紙牌之戲，前人以爲起自唐之葉子格，宋之鶴格、小葉子格。然葉格戲，似兼用骰子，蓋與今之馬弔、游湖異矣。世人多謂馬弔之後，變爲游湖，亦非也。二者一時並有之，特馬弔先得名耳。

明時卽有紙牌，其名甚多，曰空湯瓶，曰半齾，五割切，缺齒也，又器缺也。亦曰齾客，又曰枝花，謂花未成果，其自一至九咸呼爲果。曰尊，曰極，後猶有襲其名者。而潘氏所云序爲順，純爲豹。順又作猿，或作獥，音速。又作獥，音嗔。豹則有半豹、天豹。且自一至九，刻畫其邊圍曰刻畫品，各有其名，一爲截角，二爲斜眼，三爲豹牙，四爲内缺，五爲雙白，六爲雙箸，七爲斜齒，八爲外缺，九爲弦月。又有曰駮，曰虎，曰獮，亦作邛，又作窮。曰劫，又曰穿山鉀，曰駕，曰𤝔，音付。亦作猼，又作富。曰雄三九，曰真君三三，曰少君，與夫馬弔之所爲大小公奕、雌奕，晚近以來，知其名者鮮矣。

紙牌之碰和

紙牌，長二寸許，橫廣不及半寸，其製仿馬弔牌而損益之。四人合局，曰碰和，江、浙間盛行之。博時，聚客四人，案設闘旃，乃出戲具，拈一人爲首，以次抹牌，每人各得十頁，謂之默和。餘二十頁，別一人掌之，以次分遞在局者，謂之把和，亦曰蠹角，因其在座隅也。其法，以三四頁配搭，連屬爲一副，三副俱成爲勝。兩家俱成，以拈在先者爲勝。凡牌未出皆覆，既出皆仰，視仰之形，測覆之數，以施斡運，則在神而明之。又或於六十頁之外，更加一具，爲一百二十頁，則每種各四頁。或更加半具爲一百五十頁，則每種各五頁，可集五六人爲之。每人各得二十頁以外，其餘頁皆掩覆，次第別抹以備棄取。名曰碰和，原本默和之法而推衍之。抹得三頁同色者曰坎，曰碰，四頁同色者曰開招，五頁同色者最難得，曰活招。相傳爲明末人在囹圄中所製，藉以自遣者，故有此等名目。或就其中數頁間，塗以金，抹得者，以一頁代二頁，謂之碰金和。明末士大夫多好之。又有曰獻、曰闖之目，方言俚語，不能具舉，而識者以爲流寇之讖，亦異聞也。

紙牌之游湖

游湖之戲，除用骨牌者外，又可以紙牌爲之。凡六十頁爲一具，頁各有偶，共三十種，分三門，曰萬貫，曰索子，曰文錢，皆自一至九，爲二十七種。餘三種，曰么頭。其一萬貫、一索子、一文錢，亦曰么頭。萬貫皆繪人形，索子、文錢則各繪其形製。

打撲克

撲克，歐美葉子戲之總稱，有種種名目，亦以紙爲之。其用擲色爲游戲者，以五骰擲點爲勝負。其次序，有對子、雙對子、三同全手、即三同兼對子。四同全色等名目。亦有用紙牌者，分一點、王后、兵士、僕從、十點、九點等名目，其花色有四種。游戲時，人取五張，其采以同花順色、四同、全手、同花、順色、即不同。三同、兩對、對子爲次序。

達官貴人之豪賭，以此爲最，一擲萬金，日夕數次者，時有所聞。富商巨賈，漸亦尤而效之，京師、天津、上海、漢口皆盛行。若夫鄉曲小民，則未敢冒昧從事，蓋既不欲自削其脂膏，而又不能慷他人之慨也。及宣統末，商賈士庶亦尤而效之矣。

骨牌之博

骨牌之大者，不及寸許，截牛骨鑲竹或木爲之，精者間用象牙，故又名牙牌。正面鏤竅，如骰子式。每頁，用骰子兩面所鏤而錯綜之，凡三十二頁爲一具。頁各有耦，惟八點以二六與三五爲耦，七點以二五與三四爲耦，六點以二四與三點之么二爲耦，謂之武牌。餘皆文牌，自爲耦。《正字通》以爲宋徽宗宣和庚子年所設，高宗時下詔，頒行天下，謂之骨牌，卽葉子戲也。俗名鬭牌，亦曰抹牌。

凡戲具，皆須糾率同志，惟骨牌亦可以獨坐自怡，或旅館蕭寥，或蓬窗寂靜，未攜書籍，更鮮朋歡，時一拈弄，足以消遣。其名有打五關、相去聲。十副、拆塔、掘藏、喜相逢、拾元寶、牽虱鑽等目。若遇二三人及四人同坐，推一人爲首，次第抹牌，以三頁配搭爲一副，取五子一色、合巧、分相不同等名，與六骰采色正同，謂之游湖。或於三十二頁之外，加倍而又半之，爲八十頁，則每種各五頁，又以武牌三六、四五等均作每種五頁，與文牌同，則又加二十五頁爲一百五頁，亦曰碰和。或以天地人和等牌爲將，去聲。抹得者倍采。或就其中數頁，添刻花枝，以一頁當去聲。二頁，謂之碰花將去聲。和。或於百五頁之外，別製一頁，或兩三頁，素面而繪以雜彩，可隨意呼爲某牌，以其未有鏤點也。抹得者輒勝，謂之如意君。大要彷紙牌之法，特小有異同。今以所鏤之點繪於紙而抹之，形製大小，一如紙牌，不用牙與骨矣。

天牌，重六也。地牌，重么也。人牌，重四也。和牌，么三也。配以三六與四五各九點爲天九，三五與二六各八點爲地八，三四與二五各七點爲人七，么四與二三各五點爲和五，么二與二四爲至尊。其法，以四人用牌一具三十二頁，每人各得八頁，以大擊小。特文武二門各不相統，故擅長者能以小制大。文武去留之間，貴有審斷，所重最後一出，勝者舉全功焉，謂之搶結。名曰打天九，又名打四虎者，其法小變。打天九之法，與馬弔牌頗近。

游湖，一曰游和，對於碰和之和而言也。亦曰由吾，謂可任己意也。其牌爲六十葉，康熙時始盛，然前人用三十葉。其曰看虎，一名鬬虎。曰扯三章，曰扯五章者，即遊湖也。杭之西湖，蘇之虎邱，揚之紅橋，其船皆曰湖船，客皆曰遊湖。馬弔取乘馬之義，遊湖取乘舟之義耳。其見於載籍者，爲唐蘇鶚《同昌公主傳》、宋歐陽公《歸田録》、馬貴與《經籍考》、王闢之《澠水燕談録》、四水潛夫《南宋市肆記》，《宋史·藝文志》、《遼史·穆宗本紀》，明方密之《通雅》、吴梅村《綏寇紀畧》、顧寧人《日知録》、周坦然《觀宅四十吉祥相》、周櫟園《因樹屋書影》、王文簡《分甘餘話》、王敬哉《冬夜箋記》、申凫盟《荆園小語》、鈕玉樵《觚賸》、吕種玉《言鯖》、孫之騄《二申野録》、高江村《天禄識餘》，而如《通雅》所引之《咸定録》，惠棟《漁洋詩訓纂》所引之《品外録》，則猶未之見也。其獨成一書者，則有汪伯玉《數錢葉譜》一卷、潘之恒《葉子譜》一卷、《續葉子譜》一卷、黎遂球《運掌經》一卷、龍子猶《牌經十三篇》一卷、《馬弔脚例》一卷，皆明人所著也。

鄭扶曦作混同天牌譜

鄭扶曦作《混同天牌譜》，仍涑水牙牌之目，行弇州馬弔之法。其人則有椿有聞，其政則有開沖有色樣。其取名混同天者，以爲天道杳茫，同於混沌，或多才而抑鬱，或弇鄙而尊榮，誠不知彼蒼者天，意果何屬？而吾儕必欲以是非可否，與混沌者相攻，則亦何益之有。曷若模稜俯仰，降志辱身，付可否於兩忘，置是非於不校，模糊落莫，與造物者同遊於混沌之天，聊借樗蒱以消永日耳。扶曦，名旭旦，歙縣人。

舊譜止三十二扇，其雜牌無對，二六、三六錯對，於義無取。此增二十四扇，自無而單，自單而重，亦如卦爻之相摩盪也。

注數　牌以白爲貴，出色兩扇俱白者最貴，賀十二副，一扇，賀六副，半扇，賀三副。中間成牌者，白周圍正數，五副之外，仍賀五副。其餘周圍但有白者，五副之外，仍賀三副，分相，三副之外仍賀三副。餘凡有白成牌者，每白一方，賀一副。其天地人和出色，及斷么、絕天、不同地、不同順、不同雙、小不同等，俱照舊五副六副。至若對子三副，乾紅墨廿二副，天地分天廿三四副，亦俱照舊譜。惟大四對以下八扇色樣，俱賀十副，八同賀八副，七同賀七副。凡遇七同以上大色樣，不論椿閒，到手卽攤，聽取二扇。看沖中間成牌者，復許推班出色。至若六白，則賀十二副，七白賀十八副，八白賀廿四副，沖出一白卽加賀六副，隔色不算。其七同八同沖出，一同加賀二副，隔他色亦不算。至於亡牌，但有白一方，卽免亡二方，以上每方亦賞一副，總之以白爲貴也。

鋪法　三人至六人鋪，則立椿家，照出色開沖，白沖白，么沖么，二沖二，三四五六沖三四五六。沖出副數，卽照出色白算，三點算，一閒家俱出。其六副以下色樣，椿家得之，則閒家俱賀，閒家得之，則椿家獨賀。若七副以上大色樣，不論椿閒俱賀。其或椿家亡牌，則閒家色大者奪沖，所沖副數，椿家獨出。

若七人同鋪，則不能看沖，止賽色樣而已。此其大較耳，神而明之，則又存乎其人。

打天九

骨牌之戲，乃骰子之變，故《宣和譜》以三牌爲率。三牌，乃六面也。後人打天九之戲，見於明潘子恆《續葉子譜》，謂分華夷二隊，至今猶然。譜云：「近叢睦好事家，變此牌爲三十二葉，可執而行。」按此，則今人骨牌碰和之濫觴也。叢睦，乃杭州地名，當時多鉅富者。大凡遊戲之事，必自富貴人倡之，此與詩窮而工，可反觀也。

骨牌中有剥皮賭

骨牌之牌九，如接龍，勝負頃刻，出入極鉅。嗜此戲者，北人爲多。嘗有衣冠齊楚者，入此局中，一剎那間，赤膊而出，蓋大負矣，俗呼之爲剥皮賭也。

馬弔

馬弔始於明天啓時，尤西堂、李杲堂皆以爲南都馬、阮之讖。後之麻雀，不知其何義耳。

《馬弔譜》作於李嗣鄴。有曰《葉譜》者，較李譜爲詳，首有弁言，爲乾隆癸丑中秋日斗橋學人書於長水署齋，小品甚佳，讀之如見知心合坐、紅妝點籌之狀况也。序云：「中郎瀟洒，曾選勝於手談；太史才華，每寄情於齒數。自來小道，亦足觀摩；何事適情，始稱遊藝。葉子戲者，其格昉於唐初，厥後易名馬弔。襲陳編而摘取，垂大名者四十人；通《易》象之神奇，演成類者六十卦。偶繙稗史，製自名姬。藉繡闥之錦心，翦紅割翠；助菊齋之逸興，角智争新。羅列英雄，玩諸指掌；裁成花樣，錫予嘉名。方其肆筵既設，知立品之綦嚴；迨夫三耦既同，自有條之莫紊。秋山紅樹，聽落葉以無聲；春雨禪燈，散空花以安在？暑牕簾捲，羽扇忘揮；暖閣鈎藏，圍爐能設。是真韻士之良緣，懽場之一助也。顧小懲大勸，立法者具有爰書；而擇精語詳，折衷者要歸至當。庶懸正鵠，勿類忘筌。退菴主人網羅舊譜，採輯諸家，商及同心，都爲一集。義蘊畢周而無憾，條理實備其大成。手示一編，幸解人之可索；光分四座，欲辨言而幾忘。僕本情多，自慚才短，類臨淵之獨羨，竊見獵而自怡。日登大疋之堂，奪標未得，喜附羣公之後，珥筆何辭？試爲通變無方，知遊戲亦歸三昧；但令鞭心入芥，使薄技亦可旁通。爰列駢詞，登之簡首。」

康熙時，士大夫喜馬弔，其牌之横縱幅，較紙牌爲稍廣，繪畫雕印並同。凡四十頁爲一具，一頁爲一種。分四門，自相統轄，曰十萬貫，曰萬貫，曰索子，曰文錢萬貫。索子文錢萬貫皆始於一，尊於九，各九頁。十萬貫自二十萬貫始，至九十萬貫、百萬貫、千萬貫，尊於萬。萬貫共十一頁，繪人形，與十萬貫同。文錢一門，最尊者空湯，次枝花，次一二以至於九，亦共十一頁。文錢中空湯亦繪人形，並舉《水滸傳》宋江諸人以實之。古云馬掉脚，明代或訛脚爲角，謂四門，如馬之有四足，失一則不可行，約言之曰馬掉，後又改掉爲弔。古有《打馬格局》、《打馬圖式》，至康熙時，已皆不傳。

博時，四人入座，人各八頁，以大擊小而現出色樣，及餘八頁銜出色樣，出奇制勝，變化無窮。四門最尊者曰賞，次爲肩，最小者爲極。賞、肩、極上桌，皆可配成色樣。色樣有大小，名稱毋慮數十角。戲雖多，惟此最爲韻事，入局者氣静聲和，無容争競，故其名曰無聲落葉。黎某謂思深於圍棊，旨幽於射覆，義取於藏鉤，樂匹於鬭草，致恬於梟盧抛擲，非按譜深索，則不能悉其委曲，淺夫稺子厮養之卒，不足以與此也，故士大夫尚焉。

張文端惡馬弔

桐城張文端公英惡博，尤惡馬弔，嘗鐫一石章曰「馬弔衆惡之門，習者非吾子孫」，所藏書卷圖畫悉印之。

叉麻雀

麻雀亦葉子之一，以之爲博，曰叉麻雀。凡一百三十六，曰筒，曰索，曰萬，曰東南西北，曰龍鳳白，亦作中發白。始於浙之寧波，其後不脛而走，遂徧南北。筒，《正韻》「徒弄切，音洞，簫無底也，通洞。」蓋筒即洞也，象其形也。索，《爾雅》「大者謂之索，小者謂之繩。」索取其貫，所以貫其筒也。《書·牧誓》傳：「索，盡也。」《周禮·夏官》注「索，廋也。」《禮記》注「索，散也。」三者皆非本旨，故不加説。萬，《前漢書·律曆志》：「記於一，協於十，長於百，大於千，衍於萬。」萬者，記其數也。萬或作万。《六書正譌》

「或省作勹，非。」則俗字之誤也。龍鳳白，唐李翱《五木經》：「厥二作雉。」註，鳥也，卽鳳之類也。《五白經》又曰告白，曰白厥荚八，白之類也。中發，當是《中庸》「發而皆中節」之義。東南西北，《晉書》：「王獻之數歲，嘗觀門生摴蒱，曰：『南風不競。』門生曰：『此郎亦管中窺豹，時見一斑。』」當是東南西北之始。抑又思之，麻雀，馬弔之音之轉也。吳人呼禽類如刁，去聲讀，不知何義，則麻雀之爲馬弔，已確而有徵矣。宋名儒楊大年著《馬弔經》，其書久佚，是馬弔固始於宋也。筒，陰象也；索，陽象也；萬，數之極也，蓋本飲食男女之意也。其後以楮易竹，遂稱葉子，繪梁山盜一百八人於上，時尚無中發白東南西北也。至國朝，淮揚鹽賈盛行此戲，陶文毅嘗禁絶之。鹾商乃改繪梁山盜宋江貌如陶文毅，並其女公子。粵寇起事，軍中用以賭酒，增入筒化、索化、萬化、天化、王化、東南西北化，蓋本僞封號也。行之未幾，流入寧波，不久而遂普及矣。

光、宣間，麻雀盛行，達乎諸侯大夫及士庶人，名之曰看竹，其意若曰何可一日無此君也。其窮泰極侈者，有五萬金一底者矣。一底猶言一局。會稽陶心雲觀察濬宣作長篇詠之，託恉鑑誡，迻錄如左：「罡風吹鳥名鵂鶹，無晝無夜號啾啾。飛向人間啄大屋，賓客歡笑妻孥愁。一啄再啄金屋破，啾啾唧唧號未休。初翔江之右，倏忽騰九州。問制何自始，易竹乃廢紙。非簺亦非蒱，無盧亦無雉。索長矩方規以圓，自一至九環無端。馬融《六簙賦》所遺，李翱《五木經》久删。呼龍喝鳳揣梅竹，四座鳴對聲闘闘。鵂鶹來，歡顔開，蒲桃美酒夜光杯，犀筯饜飫鸞刀催。金璫翠鈿名姝陪，蕭筦哀韵繅吅㕢。賓極歡，主大醉，華燈四照開博臺。鵂鶹去，雞號曙，勝者忻忭負皇遽，面色如土不敢怒。脱下鷫鷞裘，低首長生庫。到門踟蹰慚婦孺，誓絶安陽舊博侶。明朝見獵眉色舞，梟化爲狼蝮爲蠍。破人黄金吮人血，枯魚過河泣何及。自言我本不祥物，方將取汝子，弗僅毁汝室。吾聞東晉陵夷銅駝没，大地五胡亂羌羯。士夫飲博供清譚，牧豬奴輩亡人國。桓桓我祖長沙公，取投簙簺江流中。天地鼎沸人消摇，千年時局將毋同。沈沈大夢真竹醉，白晝黄昏爲易位。咨余往射豈得已，用韓句。梟驚墮梁魂破碎。血其爪肉貫翎翅，焚滅轂卵斷噍類。君不見萬國人人習體操，彊身彊國五禽戲。」

又有以詩詠其事者云：「麻雀何難打，祇求實者虚。逢和須要算，死聽不爲輸。三項家家大，中發白。雙風對對符。自摸清一色，喜煞牧豬奴。今日赢錢局，排排對子招。三元兼四喜，滿貫遇全么。花自槓頭發，槓後開花者，開槓後自摸和成也。月從海底撈。僅餘一張牌自摸自成者，謂之海底撈月。散場須遠避，竹槓怕人敲。素有盤龍癖，得閒打八圈。上家六合佔，本位自輸錢。勒子看人倒，三百符謂之倒勒，又謂之勒子。病張攤我拈。三項大張難於打出者，謂之病張。不如加兩點，或可有莊連。又唱竹林戲，謳歌逸興賒。泰州打牌者，率有唱牌之癖，如西風則曰西瓜玻瓈泡，北風則曰北關橋下水滔滔之類。四圈輸八弔，一客累三家。包子連連喫，謂冒險打出大牌，人竟和下，則打之者包全抬。頭兒屢屢拿。不愁輸得苦，明日早來些。俗云，不怕輸得苦，單怕缺了賭。」

孝欽后好雀戲

孝欽后嘗召集諸王福晉、格格博，打麻雀也。慶王兩女恆入侍。每發牌，必有宫人立於身後作勢，則孝欽輒有中發白諸對，侍賭者輒出以足成之。既成，必出席慶賀，輸若干，亦必叩頭來孝欽賞收。至累負博進，無可得償，則跪求司道美缺，所獲乃十倍於所負矣。牌以上等象牙製之，闊一寸，長二寸，雕鏤精細，見者疑爲鬼斧神工也。

孝欽后製擲骰圖

《擲骰圖》，名八仙過海，乃各省地圖，有吕仙、張仙、李仙、韓仙等，皆男仙也，女仙惟何仙一人。擲時，有牙籌八根，直徑一寸半，厚不過一寸四分之一，上刻八仙名，八人各執一籌。若僅四人，則每人執二根。中置一碗，以點之大小定高下，分省得三十六點者最大，本仙即往游浙之西湖，么二三最小，擲得者出局。何人游畢各省先回大内者，卽贏家也。孝欽后特製之以爲宫中之玩具。

王治馨與客作雀戲

宣統時，王治馨充奉天巡警局總辦，局員中有彭某等三人，恃寵驕蹇，同人側目。一日，王自局歸，有二客造王寓，欲作雀戲，而少一人，俗所謂三缺一者是也。乃命左右以電話招之曰：「叫大渾蛋。若已他出，二渾蛋、三渾蛋皆可。」二客大愕，詢何人。王曰：「吾局多渾蛋，皆嗜博，此乃渾蛋之尤者，故以大二三別之耳。」

番攤

博具有以制錢代骰及骨牌、紙牌者，曰番攤。先用數百錢磨擦光潔，置席間，隨意抓錢若干，以銅盅覆之，分幺二三四四門，令衆人出資猜之。注齊，去覆，以細竹枝扒錢使開，四文一次，扒賸一文，即以決中否，定輸贏。中者，孤注償三倍，黏則倍償，串角、大面，各如數償之，謂之抓番攤，即古之攤錢也。較諸銅寶、搖攤，則公平無弊矣。

廣州有番攤館

廣州有番攤館，以兵守門，門外懸鎂精燈，或電燈，並張紙燈，大書「海防經費」等字，粤人所謂奉旨開賭者是也。尤大者，則嚴防盜劫，時時戒備。博者入門，先以現金或紙幣交館中執事人，易其籌碼，始得至博案前，審視下注。博案之後，有圍牆極厚，中開一孔，方廣不及二尺，博者納現金，執事人即持現金送入方孔，而於方孔中發遞牙籌，如現金之數，博者即以牙籌爲現金。博而勝，仍以原籌自方孔易現金，雖盈千累萬，無不咄嗟立辦。故極大之博場，一日之勝負雖多至數萬數十萬，而無絲毫現金可以取攜，即有盜賊奪門而入，亦不能破此極厚之金庫，以掠現金也。

門外無商標，僅一木牌，長約一尺，牌上書「内進銀牌」四字。其勝負極鉅者，則書爲「内進金牌」。蓋所謂金牌者，每注必以銀幣五元十元爲起點，銀牌則以一元爲本位，一元以内，用小銀幣，不得以銅幣下注也。其最下者，則標明「内進銅牌」，爲下等社會中人賭博之處，銅幣、制錢皆可下注，不論多寡也。此外尚有所謂「牛牌」者，即一錢不名之人，亦可入局，勝則攫貲而去，不勝則以衣履爲質，再不勝則以人爲質，如終不勝，則博者卽無自由之權，而受拘禁，勒令貽書家族親友，備資往贖。視其離家道里之遠近，限以日期。如過期，卽有種種方法之虐待，有被虐而死者。如贖金不至，乃卽載之出洋，販作豬仔。岑雲階制府春煊督粵時，以爲牛牌之陷人，直與大盜之擄人勒贖無異，遂嚴令禁止，犯者按照置大盜之例，立時正法。一時殺數十人，牛牌之風大戢。

城內外之館，多至六七百處，歲輸餉於政府，約銀幣一千一二百萬圓。然政府實收者，不過四百數十萬，餘則悉飽官吏兵役之私囊。承商以後，繳餉數百萬圓，官中規費減爲二成，其利皆爲商人所得矣。

同、光間，廣州有候補官某者，終日無所事事，而起居衣食頗有餘裕，人咸怪之。後始知其日必往番攤館，稍贏卽去。次日又往他家，亦以前法行之，約一二月而一周。所入頗足用，而賭徒亦竟無知其姓名者。

宣統庚戌，粵人以番攤害鉅，公請永遠禁止。時督粵者爲張堅白制軍鳴歧，甚韙其議，遂於辛亥春奏準停止賭捐，卽日實行，省內外番攤館千餘家，一律禁閉。然私開攤館，潛納陋規者，猶未絕也。當時粵人之言曰：「明知事至今日，我國必亡，卽使禁賭，亦未必能救亡國之禍。然使他日後人議論，謂吾等粵人不知賭博之害，至於亡國，甚可恥也。亡國一也，不如及此尚未亡國之前，先行禁賭，以見粵人非不知賭博之害也。」

澳門有番攤館

澳門雖爲葡屬，以接壤廣州之故，而賭風亦甚，番攤館所在皆有。其嗜賭者，固日必一往，以求博進，即偶爾涉足者，招待之善，禮儀之恭，他處皆不能及。且專雇有代博之人，爲客下注，且必爲客勝，不勝則代任其責。於是一方代博，而一方則爲客預備酒肴、鴉片，恣其啖吸，並招妓爲客侑酒，客乃大樂。至博罷，具帳籍以進，則客之博注果勝，第爲數不多，而加以酒肴、鴉片及纏頭之資，則客必出銀幣數圓或十數圓也。

壓寶壓扠

壓寶者，以一制錢閉之於盒，分青龍、白虎、前、後四方之位，以錢壓得寶字者爲勝。壓扠者，掉兩錢使撇旋，伺其將定，以手捺之。亦分四門，兩陰也，兩陽也，若一陰一陽，則名曰扠，內一錢色稍赤，赤者得陽，曰前扠，得陰，曰後扠，壓得者爲勝。諸戲皆推一人爲椿，所挾貲必倍蓰於人，方可與衆對敵，謂之開當，去聲。主勝負出納之數。壓者不限人數，可容數十人。游手之徒，嘯引惡少，喧譁叫呶，馴致鬭毆攘竊，悉由於此，競財啓釁，風斯下矣。光緒中葉，士大夫多好之。

花會

花會爲賭博之一種，不知何自始。極其流毒，能令士失其行，農失其時，工商失其藝。廣東、福建、上海俱有之，博時多在荒僻人跡不到之處，而以廣東爲最盛。道光間，浙江之黄巖盛行花會，書三十四古人名，任取一名，納筒中，懸之梁間。人於三十四名中，自認一名，各注錢數，投入櫃中。如所認適合筒中之名，則主者如所注錢數，加三十倍酬之，其下則以次遞減，至百金數十金不等，往往有以數十錢而得數百金者。其後流入廣東，而其法異矣。

廣東有花會

廣東花會，則爲三十六人名，任人投押。晨夕二次，每次開一名。得彩者，給以三十倍之利。潮州有某媪者，終年押一人名，未嘗稍改，迄未得彩，已傾其家矣。一日怒曰：「我明日押盡三十六名，能使我不得彩否？」明日，果攜銀三十六封，往與館主約，謂不得於未開之前先啓視。乃檢點，忽少一封，唶曰：「是必失矣。今押三十五名，當不至適出此失去之名也。」館主陰使人覓其所失，果得諸途，啓視其名，則固平日所常投押者，大喜。是日開彩，即點此名。媪聞信奔至，啓視三十五封之名，則皆此名也。館主知爲所愚，乃給以三十倍之利而罷。

或曰，廣東花會拈《千字文》中二十字射之。

福建有花會

福建花會，其場所亦在荒僻人跡不到之處，房屋不甚大，惟必有廣場，足以聚集多人。中有矮屋數椽，面場而立，廠主居其中，門不常啓。屋之正面有窗，廠主日縛花會竿一名於竹筒，懸之窗前，謂之掛筒。時五十里内之居民罔不至，而廣場糕餅果餌，羅列無數，則以備押花會者之午餐。廠中朝夕極静，日加午，則囂雜無倫矣。

其資本約銀一千餘圓，尚有後備金數千圓。股東至多，凡十餘股，股亦不限額，惟以最多者爲廠主。復聘花會中之老手及經驗最富者爲之輔。而廠外則又有所設風桌十數張，資本多者，亦數十百金。凡花會，以銀圓押者歸廠中，以零星銅幣押者歸風桌。風桌云者，謂花會非其所司，不過聞風以爲勝負也。

花會既掛筒，則押者雲湧，咸以草紙寫花會名於上，謂之寫波，名數多少均可，惟其中有頭、札之分，式如下：「〇〇一圓。」圈爲花會名，横線上之數目爲頭，横線下之數目爲札。然必寫二紙，以一紙進廠中，謂之進波，亦曰進風。餘一紙則押者藏之於身，以待開筒時爲中時支錢之券，則又名曰對波。而廠中司事於收波時，又必開一小條，上加圖記，以付押者，爲將來對波之證。進波已畢，乃命一人開筒，於是勝者歡呼聲，負者嗟歎聲，一時並作。俄而銀聲鏗鏗，履聲槖槖，不移時而鳥獸散矣。

花會之筒既開，則負者去而勝者留，持廠中所給之小條，與自有之對波，以待廠主之賠償。顧其賠償，亦分頭、札，例如前式。

有曰啄雁法者，極靈敏，非花會中之老手不能。蓋用此法者爲廠中司事，當收波時，人衆紛擾，一手接波，一手付小條，而口中尚報某某及某某名頭數幾何，札數幾何，狀至寧静，一絲不遺也。

又有稱雁法者，爲預備揀選翌日之花會計，恆於夜中爲之。

上海有花會

上海之有花會也，始爲廣州、潮州、寧波三郡之人所倡，開會者曰筒主。其法，以三十六門內有兩門不開。任人猜買，自封緘。由筒主開一門，啓包檢之，得中者，一贏二十八文。自錢二三十文至銀數十百圓，均可購買。有代收處，曰聽筒。其上門招徠者曰航船。以故貧家婦孺胥受其害。

三十六門者，一正順，二銀玉，三月寶，四只得，五井利，六日山，七有利，八萬金，九茂林，十吉品，十一三槐，十二江河，十三青雲，十四元吉，十五攀桂，十六漢雲，十七志高，十八光明，十九安士，二十逢春，二十一福禄，二十二合同，二十三雲元，二十四坤山，二十五太平，二十六明珠，二十七元貴，二十八必得，二十九大申，三十合海，三十一合梅，三十二雲生，三十三富貴，三十四昌奎，三十五九官，三十六天亮是也。

上海有放三四之賭

上海之賭，有所謂放三四者，俗名倒棺材，皆下等遊民所爲。游民有領袖四人，分蓄賭器十二具，永不增減，苟有私設者，必集人毁之。四人者各以器三具，分授於其黨，每具有二三十人司之，攜至租界非租界之接壤處所，以及鄉鎮，設攤於通衢，出器誘人，鄉愚趨之若鶩。

器爲木牌一塊，長約寸半，如長立方形，兩面各刻長三、人牌，非三即四，驟視之，一若得之甚便者。

别有一匣籠罩其上，大小脗合。愚者見之，以爲罩三必三，罩四必四，決無遁飾。不知罩内之方洞，孔方而外圓，兩端有釘系之，如輪軸然，可旋轉自如。方其迎三而罩下時，以指一捺，則牌已斜立，喫緊於攤板之氈布，如無此布，則法不行。外推則三，内移則四，此固理之至明顯者。其時攤旁復有十數人，互相撬霸，假作輸贏謂之撬霸。押三得三，押四得四，觀者眼熱，亦必隨之而押。豈知注三變四，注四變三，變化不可測矣。然亦有偶得者，是之謂釣魚，餌之也。蓋人多貪心，小注易得，大注亦必隨之而下，亦安知其一去不返耶？

華人購賽馬彩票

旅滬西人，歲於春秋二季，有賽馬之舉。賽馬場在上海静安寺路，形圓，廣可數里，内設木欄，分爲數圈，中央細草如毡，爲拍球之所，外圈爲賽馬處。賽時或七八騎，或十餘騎，騎者各衣彩衣，勒馬立於場之西北隅黑柱下。鈴動馬發，循欄疾走，以先至黑柱處者爲勝。如是者三日，例以星期一始，星期三終，休息二日，至星期六復賽。且有跳浜之舉。浜累土爲之，長丈許，高約三尺，以馬能躍過者爲勝。西人視此舉甚重，賽日，海關、郵局午後均停辦公，勝負絶巨。華人雖不得與賽，而亦購其出售之彩票，卽視馬之勝負以爲買票之勝負。至宣統末，江灣亦有萬國體育會之跑馬場，華人始得與焉。

鬬鵪鶉

鬬鵪鶉之戲，始於唐，西涼廐者進鶉於玄宗，能隨金鼓節奏争鬬，宫中人咸養之。鶉類聚夥翕，畏寒食食，易爲人所馴養。惟既以搏鬬争勝負，自必選材。選材之所宜注意者，在毛、骨、頭、嘴、叹音詑，嘴叹也。面、眉、眼、鼻、頷、胸，而於養之飼之洗之把之調之籠之之法，亦須講求。

鵪膽最小，鬬時所最忌者，旁有物影摇動，則必疑爲鷹隼，驚懼而匿，不獨臨場卽輸，且日後亦費多方調養，始能振其雄氣。故鬬時放圈下，須人聲悄静，各使搜毛訖，方齊下圈。優劣既分，輸贏已定，卽下食分開。其敗者，俗謂之曰桶子。勝鵪若有微傷，洗養五七日，卽可鬬；傷若重，必俟傷痕全愈，方可洗把上場。

鬬鷦鷯

羽族有俗呼黄脰者，卽鷦鷯，爲小鳥之一種，性喜争鬬。江、浙人多愛籠養以供清玩，每當春夏之交，各出所養者，隔籠搏鬬，藉以比賽優劣。

鬬蟋蟀

鬬蟋蟀之戲，七月有之。始於唐天寶時，長安富人鏤象牙爲籠而蓄之，以萬金之資，付之一喙。至南宋時，賈似道嘗鬬之於半閒堂。鬬有場，場有主者。其養，以器盛之，必大小相配，兩家審視數回，然後登場決賭，左右袒者各從其耦。其賭在高架之上，僅爲首者二人得見勝負，其爲耦者仰望而已，未得一寓目。而輸至於千百，不稍悔，至可笑也。

盛蟋蟀之器，以宣德盆爲最貴。蟋蟀皆來自易州、西陵等處，種類以百數，而梅花方翅爲上品。然蟋蟀，秋蟲也，入冬苦寒，當然失其勇武力。顧嗜之者，必精於昆蟲衛生學，始能延長其生命，且所留養，又皆久著勝績，乃可於消寒會博最後五分鐘之勝負焉。

打彈子

彈子房有木彈、檯彈二種。木彈擲於地。檯，桌也，在長形之桌間打之。上海愚園、張園及福州路之西園，兩種俱備，南京路福康里之和記、福州路之青蓮閣、北四川路之勇記號，則僅有檯彈　每盤取費，木彈一角，檯彈二角。居滬之人頗好之，雖較勝負，而資亦不甚巨也。

以射博

賭有禁，惟以射賭者無禁。京師人家有大書於門曰「步靶候教」者，賭箭場也。然往者寥寥，且僅於嘉慶以前有之。

象棋之博

圍棋非賭博之事，而象棋則爲博具，恆有人設攤於道左，以錢博勝負者。象棋規如制錢，斲木所製，精者亦以骨或象牙爲之。黑白各十六枚，畫局道而中分之，行止部位，各不相襲。其法以車馬礮卒等赴敵，而又恐爲敵所乘，即須自護。若大將不能脱險，即敗局矣。

敲詩

敲詩者，以紙條約四五寸長者爲之，亦曰打詩寶。摘録七言或五言之詩句，於句中隱去一字，注於紙尾，以封套籠之。即於詩句之旁，别書大意相通者四字，並紙尾原字，則爲五，另攤方紙於几，劃爲五度，以錢壓其上。射中者，一錢償三錢。其五字中之極不通者，大抵即其所隱之字也。輸贏固不鉅，且託名風雅，然亦賭博之别派也。

花燈鼓

咸豐時，歙有攤錢會，曰花燈鼓，淫娃浪子雜沓其間。輸一錢，中者得三十五錢，摘詩句爲注，人趨之若鶩。

羅丹之博

蒙古有羅丹，以鹿蹄挽骨，隨手擲爲戲，視其偃仰横側以爲勝負。兒童婦女輒圍坐以取樂。

清稗類鈔

音樂類

音樂有拍子

聲成文者謂之音，蓋雜比曰音，單出曰聲也。樂者，五聲八音之總名，凡金、石、絲、竹、匏、土、革、木等所製之樂器，皆是也。樂之進止爲節奏，猶今之言節拍，故有拍子。拍子，以表明節拍之度數者也。吾國雅樂，以音之停頓處曰拍，按音調之抑揚疾徐而用手或樂器以節之，曰拍子，通稱曰板眼，古之紅牙按拍是也。若西樂，則凡於一定之時刻，表一定之強弱者，名曰拍子。一樂曲中之各小節，皆有同一之時價，但其音符之數，不必相等，且休止符亦可加入計算。

管音樂

管音樂者，能以唱曲之音出諸管也，福建之汀州有之。管出之聲，與口唱之曲無稍異。一人以鼻吹管，由管發音，五六人圍坐其旁，而佐以洋琴絃索焉。

十番

十番，又曰十番鼓，用緊膜雙笛，聲最高，吹入雲際，而佐以簫管、三絃，緩急與雲鑼相應，又佐以提琴、鼉鼓，其緩急又與檀板相應，再佐之以湯鑼。衆樂既齊，乃用羯鼓，聲如裂竹，所謂「頭似青山峯，手如白雨點」者，始稱能事。其中復間以木魚、檀板，以成節奏。有《花信風》、《雙鴛鴦》、《風擺荷葉》、《雨打梧桐》諸名色。若夾用大鑼、鐃鈸，則爲粗細十番。創於京師而盛於江、浙。金匱錢梅溪曾有詩詠之。

八音聯歡

咸豐時，都門有售技於市曰八音聯歡者。其法，八人圜坐，各執絲竹，交錯爲用。如自彈琵琶，以坐左拉胡琴者爲擫絃，己以左手爲坐右鼓洋琴，鼓洋琴者以右手爲彈三絃者按絃，彈三絃者以口品笛，餘仿此。又一人於座外敲鼓。音極悠揚，其調亦緜邈可聽，傾動一時。此技宣統時尚有之，而各執其藝，不相爲用，與咸豐時異矣。

八音

八音者，以彈唱爲營業之一種，廣州有之。所唱有生旦浄丑諸戲曲，不化裝，而用鑼鼓。

陽襄八合

《陽襄八合》，樂譜也。陽襄者，殆指《論語》中之少師陽、擊磬襄二人而言。八合者，以八種樂器合成，鑼三種，曰大鑼，曰小鑼，曰手鑼；鼓二種，曰脆鼓，亦稱班鼓。曰銅鼓，亦稱戰鼓。鈸三種，曰大鈸，曰中鈸，曰小鈸。

京師酒肆備絃索

京師酒肆，無室不備絃索，二三知交，酒酣耳熱，輒自操胡琴，琅琅以歌。然亦有忌諱處，一不得稱唱戲，僅曰消遣；二不得隔座臧否；三不得於隔座未畢一折時，起而奪唱。

年鑼鼓

每屆新年，沿街鑼鼓，響似春潮，然皆漫無節奏，俗所謂年鑼鼓者是也。其樂器大率皆備，人家商店均有之，晝夜喧闐，震人心肺欲嘔。

江慎修通音律

婺源江慎修，名永，通音律。其論黃鐘之宮，則據《管子》、《吕氏春秋》以正《淮南子》。《漢書·志》

曰：「黄鐘之宫。」黄鐘，半律也，卽後世所謂黄鐘清聲是也。唐時風雅十二詩譜，以清黄起調，畢曲，琴家正宫調黄鐘，不在大絃而在第三絃，正黄鐘之宫爲律之遺意。《國語》：「伶州鳩因論七律而及武王之四樂，夷則、無射曰上宫，黄鐘、太簇曰下宫。」蓋律長者用其清聲，律短者用其濁聲。古樂用均之法雖亡，而因端可推。《韓子·外儲篇》曰：「夫瑟以小絃爲大聲，大絃爲小聲。」雖詭其辭以諷，因是知古者調瑟之法，黄鐘、大吕、太簇、夾鐘、姑洗、仲吕、蕤賓用半而居小絃，林鐘、夷則、南吕、無射、應鐘用全而居大絃也。《管子》書，五聲徵、羽、宫、商、角之序亦如此。愼修此言，實漢以來所未尋究者也。

吴西林致力於樂

仁和吴西林，名穎芳。少卽棄舉業，壹志讀書，致力於樂。嘗怪鄭樵《通志》之與先儒爲難，於是取《六書》、《七音樂略》，一一從流而溯源。其致力則自樂始，謂律管音調，諸儒能得其説而不能習其器，俗工能習其器而不能得其説，遂以爲不可究詰，乃按典籍，證衆器，成《吹豳録》五十卷。

士大夫諳音樂

乾、嘉間，士大夫皆諳音樂，三絃笙笛鼓板，亦嫺熟異常。嘉慶己巳，錢梅溪在京時，見盛甫山舍人之三絃，程香谷禮部之鼓板，席子遠、陳石士兩編修之大小唱，蓋崑曲也。

舒鐵雲諳音律

大興舒鐵雲孝廉位諳音律，能吹笛鼓琴，其度曲，不失分寸。所作樂府院本，一脱稿，卽付老伶，按節而歌，不煩點竄也。

邱轂士通律吕

邱之稑，字轂士，瀏陽監生。生有異質，敦孝友，喜讀書，尤通律吕。謂樂所由起，實符天地自然之氣。倣古法，掘坎内管推候十二月中氣，應六十四卦，審陰陽休咎之徵。道光己丑，知縣杜金鑑聘典文廟樂舞，爲設局。乃按律製器，率衆肄習，凡數十年。又博採羣書，辨正譌失，著《律音彙考》及《丁祭禮樂備考》刊行。

鑼鼓三奏諸樂器

乾隆時，粤中有鑼鼓三者，瞽人也。日負諸樂器沿街售技，北方謂之一人戲。不知其姓名，人以其技呼之曰鑼鼓三。或邀之演技，則以草薦席地坐，凡諸樂器環置左右，口吹管籥，手按工尺，左肘摇鑼，右拇指箝木槌撾其鼓，左拇指挂小板爲節拍，和其歌，其餘樂器應手而執，妙無滯機，疾徐緩急，無不中度。其唱則生旦净丑諸脚色，一一畢現，不辨爲一人所出，若合衆手而爲之者。三嘗語人曰：「吾業無他奇，惟在熟耳。方吾之創斯技也，懼不克成。卽成矣，而左支右絀，懼無以諧聽。於是再三服習，日夜念此至熟，其庶幾乎，今二十有餘載矣。口纍纍如貫珠，手與口相爲應，足與手無相違，自是不期然而然，不知其所以然也。」

朱錦山奏二十四種樂

乾隆末，有朱錦山者，烏程人。能陳二十四種樂器於前，以口及左右手足動之，皆能中節。且能奏南北各大小曲，及仿拇戰笑詈等聲，莫不畢肖。和坤聞其名，召入都，命給事於邸，厚犒之。錦山知和必敗，先一年辭去，還吴興，仍藉素業餬口，布衣蔬食，偃如也。

蒙古音樂

蒙人以歌唱爲娛樂，所歌多爲情詞，或亦有贊美古人之偉績者。歌時，必男女多人，和音齊唱，聞之令人生悲。旅行沙漠中，互相唱和，頗增征人思鄉之感。其音之最哀者，往往聞者淚下。又有一種專以歌唱爲業者，常應曠野旅客之招聘，其樂器僅有笛、絃二種。

準噶爾音樂

準噶爾部人民之俗，每日申刻，擊鼓鳴鐃，曰送日。其樂器，有雅圖噶伊奇爾、和爾、圖卜碩爾、必和色爾、特穆爾、和爾綽爾等六器，爲歡會宴飲所用；有鏗格爾、格昌定、沙克鴻、和必斯、奇古爾、伊克布呼、楝布呼等七器，爲誦經應和所用。其樂曲，有名《都爾本衛拉特》者，有聲無辭，用以試絃；有名《噶爾丹穆圖爾》者，爲歎美其人之辭；有名《布圖根雅布薩爾》者，爲頌禱之辭；别有沙津齊默克噶爾丹穆爾奇勒噶蘇圖們額齊諸曲。

喀什噶爾音樂

回部喀什噶爾之俗，歲於十月朔日、十二月十日，大伯克率衆張鼓樂，赴寺拜天，並慶賀宴會。回民吉禮，用鼓二，胡琴一，三絃二，箏一，樂人席地而坐，以手拍鼓，衆樂從之，聲音和龢。樂人歌曲，婦女數人起舞，踏步旋轉，皆能應節。

城中築高亭一座，日入時作樂以送日。關展每歲二月，謂之年頭，彼此宴會，幼子幼女相率歌舞。其樂器，有大鼓、小鼓、銅號、鉸子、嗩吶、喇叭、三絃，哈龍、烏什各城阿奇木，每日用鼓吹一次。回民吉禮用樂，男女歌舞。葉爾羌、和闐樂器，有箏、三絃、琵琶、胡琴、管、喇叭、嗩吶、鼓鈸，日入時亦作樂送日。庫車、沙雅爾樂器，有大鼓、小鼓、喇叭、嗩吶、三絃、箏。阿克蘇、賽哩木拜樂器，有三絃琴、手鼓，每日申刻以後，亦作樂以送日。

回部樂曲，一名《斯那滿》，爲愛慕其人之辭；一名《塞勒喀斯》，爲拊掌行樂之辭；一名《察罕》，一名《珠魯》，爲馬前鼓吹之辭。凡按工尺字一周，終而復始，節以人聲，隨其長短以成曲調。

纏回音樂

新疆纏回之平民，遇尊長，交手撫胸，俯首誦賽拉瑪里坤帖斯列海，以爲親敬。宴客時，樂賓之樂，以鼓爲主。大鼓以枹擊者，謂之東不拉，小鼓以手撾者，謂之達普木，管謂之娑拉伊，葦笳謂之拉伊，三絃謂之拉瓦普，二絃謂之色哈，銅絃謂之彈普，絲絃如琵琶者謂之斗塔，如洋琴者謂之喀擁。男女當筵，雜奏唱歌，女子雙雙逐隊起舞，謂之偎郎，間亦有以男子而偎郎者。

西康音樂

西康番人之於音樂，如金、石、絲、竹、匏、土、革、木八音等器，大半購自內地，惟音之節奏，異於漢人，歌舞亦然。歌有古調傳已多年者，有新聲按年由藏人新譜者，大抵皆燕賓客、和夫婦、樂豐年、慶太平之語也。

唱歌

唱歌，亦稱樂歌。光緒時，由學部奏定爲學校教科之一，男女皆有之，所以發生徒音樂上審美之感情，而涵養其德性者。歌辭深淺之程度，以所在學級之國文科爲準。

聖祖改訂樂章聲調

康熙甲午，考訂中和樂章聲調，諭南書房、翰林等：「向來陞殿所奏中和樂章，皆仍明代所撰，句有長短，體制類詞。後因文體不雅，命大學士陳廷敬等改撰，其章法皆以四字爲句。而奏樂人未習聲調，仍以長短句法凑合歌之，是雖文法易而聲調未易也。今考察舊調，已得宮商節奏，甚爲和平，必得歌章字句亦隨詞調，則章法明而宮商諧。此事所關最要，著南書房翰林會同大學士等詳考定議，務使章法與聲調協和，歸於允當。」乙未冬至，躬祀圜丘，用新定樂律。是時考正律吕，凡樂制、樂器、樂歌，皆經上親定，制度得中。以是月南郊大祀爲始，嗣後如祭祀、朝會典禮，欽定雅樂亦並用矣。

耕耤歌三十六禾詞

世宗御製《三十六禾詞》，遇行耕耤禮時，用金、鼓、簫、篴、笙、拍各六，歌《禾詞》樂工十四名，於耕耤所排列，俟行禮時，樂工鳴鑼鼓歌之。

採桑歌

皇后採桑時，童鬫歌《採桑詞》者十人，金、鼓、拍版各二，簫、笛各六，排立桑外東西徑道以唱之。

吳中櫂歌

吳中多櫂歌，皆男女相慕悅之辭也，發情止義，頗得風人之旨。夜程水驛，月落篷窗，每與柔櫓一聲相應答，動人鄉思，悽其欲絶。今舉其一以例之曰：「月子彎彎照九州，幾家歡樂幾家愁。幾家夫婦同羅帳，幾個飄零在外頭。」

粵人好歌

粵人好歌，謂之粵謳。凡有吉慶，必唱歌以爲歡樂，以不露題中一字，語多雙關，而中有掛折者爲善。掛折者，掛一人名於中，字相連而意不相連者也。其歌也，辭不必全雅，平仄不必全叶，以俚言土音襯貼之。唱一句，或延半刻，曼節長聲，自迴自復，不欲一往而盡。辭必極其豔，情必極其至，使人喜悅悲酸，而不能已已，此其爲善之大端也。故嘗有歌試以第高下，高者受上賞，號歌伯。其娶婦而親迎者，壻必多求數人，與己年貌相若，而才思敏給者，使爲伴郎。女家索攔門詩歌，壻輒握筆爲之，或使伴郎代草，或文或不文，總以信口而成、才表華美者爲貴。至女家不能酬和，女乃出閣。此卽唐人催妝之作也。先一夕，男女家行醮，親友與席者，或皆唱歌，名曰坐歌堂。酒罷，則親戚之尊貴者，自送新郎入房，名曰送花，花必以多子者，亦復唱歌。自後連夕，親友來索糖梅啖食者，名曰打糖梅，皆唱歌，歌美者，得糖梅益多矣。

謳之長調者，如唐人《連昌宮詞》、《琵琶行》等，至數百言千言，以三絃合之，每空中絃以起止，蓋太簇調也，名曰摸魚歌。或婦女歲時聚會，則使瞽師唱之，如元人彈詞曰某記。某記者，皆小説也，其事或有或無，大抵孝義、貞烈之事爲多，竟日始畢，可勸可戒，令人聞而感泣。

其短調蹋歌者，不用絃索，往往引物連類，委曲譬喻，多如《子夜》、《竹枝》。如曰：「中間日出四邊雨，記得有情人在心。」曰：「一樹石榴全著雨，誰憐粒粒淚珠紅。」曰：「燈心點著兩頭火，爲娘操盡幾多心。」曰：「妹相思，不作風流到幾時。只見風吹花落地，那見風吹花上枝？」《蜘蛛曲》曰：「天旱蜘蛛結夜網，想晴只在暗中絲。」又曰：「蜘蛛結網三江口，水推不斷是真絲。」又曰：「妹相思，蜘蛛結網恨無絲。花不年年在樹上，娘不年年作女兒。」《竹葉歌》曰：「竹葉落，竹葉飛，無望翻頭再上枝。擔傘出門人叫嫂，無望翻頭做女時。」《素馨曲》曰：「素馨棚下梳橫髻，只爲貪花不上頭。十月大禾未入米，問娘花浪幾時收？」凡村落人奴之女，嫁日，不敢乘車，女子率自持一傘以自蔽。既嫁，人率稱之爲嫂，此言女一嫁不能復爲處子也。梳橫髻者，未笄也。宜笄不笄，是猶不肯在花棚上也。稻十月熟者名大禾，歲晏而米不入，花浪不收，是過時而無實也。此刺淫女也。有曰：「大姐姐，分明大姐大三年。擔櫈井頭共姐坐，分明大姐坐頭邊。」言女嫁失時也，妹自愧先其姊也。有曰：「官人騎馬到林池，斬竿篛竹識筲箕。筲箕載緑豆，緑豆餵相思。相思有翼飛開去，只剩空籠掛樹枝。」刺負恩也。有曰：「一更雞啼雞拍翼，二更雞啼雞拍胸，三更雞啼郎去廣，雞冠染得淚花紅。」有曰：「歲晚天寒郎不回，廚中煙冷雪成堆。竹篙燒火長長炭，炭到天明半作灰。」有曰：「柚子批皮瓤有心，小時則劇到如今。頭髮條條梳到尾，鴛鴦怎得不相尋？」有曰：「大頭竹筍作三椏，敢好後生無置家。敢好早禾無入米，敢好攀枝無晾花。」敢好者，言如此好也。其蛋家女，蕩髻如吴下唱楊花者，曰縮髻。有謡曰：「清河縮髻春意鬧，三十不嫁隨意樂。江行水宿寄此生，摇櫓唱歌槳過滘。」槳者，摇船也，亦雙關之意。滘者，覺也。若此者不可枚舉，皆以比興爲工，辭纖豔而情深，頗有風人之遺，而《采茶歌》尤善。

粤俗歲之正月，飾兒童爲綵女，每隊十二人，人持花籃。籃中然一寶燈，罩以絳紗。以組爲大圈，緣之踏歌，歌十二月采茶。有曰：「二月采茶茶發芽，姊妹雙雙去采茶。大姊采多妹采少，不論多少早還家。」有曰：「三月采茶是清明，娘在房中繡手巾。兩頭繡出茶花朵，中央繡出采茶人。」有曰：「四月采茶茶葉黄，三角田中使牛忙。使得牛來茶已老，采得茶來秧又黄。」是三章，則幾於雅矣。

東莞歲朝貿食嫗所唱歌頭曲尾者，曰湯水歌。尋常瞽男女所唱，多用某記，其辭至數千言，有雅有俗，有貞有淫，隨主人所命唱之，或以琵琶、箏子爲節。兒童所唱以嬉者，曰山歌，亦曰歌仔，多爲詩餘音調，辭雖細碎，亦絶多妍麗之句。大抵粤音柔而直，頗近吴越，出於唇舌間，不清而濁，當爲羽音。歌則清婉瀏亮，紆徐有情，聽者亦多感動。而風俗好歌，兒女子天機所觸，雖未嘗目接詩書，亦解白口唱和，自然合韻。説者謂粤歌始自榜人之女，其原辭不可解，以《楚辭》譯之，如「山有木兮木有枝，心悦君兮君不如」，則絶類《離騷》也。粤固楚之南裔，豈屈、宋流風，多洽於婦人女子歟？

潮人以土音唱南北曲者，曰潮州調。潮音似閩，多有聲而無字，或一字而演爲二三字。其歌輕婉，閩、廣相半，中有無其字而獨用聲口相授。曹好之以爲新調者，亦曰輋歌。農者每春時，婦子以數十計，往田插秧，一老撾大鼓，鼓聲一通，羣歌競作，彌日不絶，是曰秧歌。南雄之俗，歲正月，婦女設茶酒於月下，罩以竹箕，以青帕覆之，以一箸倒插箕上，左右二人摙之，作書問事吉凶，又畫花樣，謂之踏月姊。令未嫁幼女，且拜且唱，箕重時，神卽來矣，謂之踏月歌。長樂婦女，中秋夕拜月，曰椓月姑，其歌曰月歌。蛋人亦喜唱歌，婚夕，兩舟相合，男歌勝，則牽女衣過舟也。黎人會集，則使歌郎開場，每唱一句，以兩指下上擊鼓，聽者齊鳴小鑼和之。其鼓如兩節竹，而腰小，塗五色漆，描金作雜花，以帶懸繫肩上。歌郎畢唱，歌姬乃徐徐唱，擊鼓亦如歌郎。其歌大抵言男女之情，以樂神也。

劉繼廷聽采茶歌

劉繼廷嘗客衡山，曾卧聽《采茶歌》，賞其音調，而於辭句懵如也。翌年又至，則於其土音雖不盡解，然領其意義者，十可三四。因之而歎古今人相去不甚遠，村婦稚子口中之歌，而有十五國之章法。顧左右，無可與言，浩歎而止。

曼殊歌梁司農祝家園詞

毛西河之姬曼殊，張姓，小字阿錢，順天豐臺賣花翁女也。幼慧，能效百鳥音，工鍼黹。稍長，白皙而妍，綰髮作連環，名百環髻。西河以冷宦在京，益都馮文毅公溥助貲作合。婚之夕，陳其年檢討爲之更名曼殊。既侍西河，學書度曲，不半載而能，最愛歌梁司農《祝家園詞》。既而得奇疾，漸就羸弱，年二十四而殀，西河作別誌書之甎，士大夫爭以詞挽弔。其病中嘗繪小影，名《留視圖》。

王心逸聞絃歌聲

長山王心逸進士德昌，嘗告淄川蒲留仙曰：「在都過市，聞絃歌聲，觀者如堵。近窺之，一少年曼聲度曲，無樂器，惟以一指捺頰際，且捺且謳，聽之鏗鏗，與絃索無異。」

旗亭歌洪昉思詞

錢塘洪昉思太學昇工樂府，宮商不差脣吻，旗亭畫壁，往往歌之。所作樂府，有《長生殿傳奇》及《天涯淚》、《四嬋娟》雜劇。娶同里黃文僖公機孫女，亦諳音律。

老胡應聲而歌

聖祖親征準噶爾，師還，次歸化城，躬自犒勞西路凱旋之師，輟膳享士，獻厄魯特之俘，彈箏笳，歌者畢集。有老胡善吹笳，工口辯，有膽，兼能漢語。因賜以酒，使奏技，遂應聲歌曰：「雪花如血撲戰袍，奪取黃河爲馬槽。滅我名王兮，虜我使歌，我欲走兮無駱駝。嗚呼！黃河以北兮奈若何？嗚呼！北斗以南兮奈若何？」遂伏地謝。聖祖大笑，赦之，遣還，俘中多人亦分別赦免。

王采薇按笛歌詞

孫淵如夫人王采薇嘗言，唐五代詞，率可倚聲，被之簫管。春餘夜静，輒取李後主「簾外雨潺潺」詞，按笛譜之，令淵如審聽。至「流水落花春去也，天上人間」二句，聞者欷歔。其後淵如寫采薇遺影，爲《落花流水圖》，以此。

舒鐵雲夜聞吴歌

舒鐵雲嘗於舟夜聞吴歌，宋左彝有詩，因和之曰：「遠采芙蓉夜渡江，艣聲欸乃近船窗。來朝驚破揚州夢，定是吴娘水調腔。」

王粹士每醉必歌

常寧王粹士布衣仝與好飲，每飲必醉，醉必歌，歌之長短高下必協律，士大夫多倣爲之。

番人善歌

臺灣番社有歌，詞簡情遠，純然古代之歌詩體也。歌云：「我所思兮貌何美，夢寐輾轉不可忘。我今深山去捕鹿，心旌飄摇獨徬徨。只好捕鹿歸來日，與卿相餽共舉觴。」首尾寫情，自在流出。

伥人善歌

伥人善歌，女及笄，父母縱之山野間，少年從之，歌者且數十，視女答歌之意爲去留。一人留，則衆皆散。男子鐫其歌詞於木贈女，字細若蠅，間以金彩花鳥，髹以漆。女則具繡囊錦帶以答男。婦多美姿，人卽撫摩其身，不禁，及乳，則怒，甚且見殺，謂諸支皺皆天生，乳則己所成，不可侵也。

僮人善歌

僮女於春秋時，布花果、笙簫於名山。其衣上之飾，爲五色絲同心結、百紐、鴛鴦紐。選其少妙者，伴峒官之女，曰天姬隊。餘則三三五五，采芳拾翠於山椒水湄，歌唱爲樂。男亦三五成羣，歌而赴之。相得則唱和竟日，解衣結帶，相贈以去。春歌正月初一，三月初三，秋歌中秋節。三月之歌曰浪花歌。峒官者，僮人之頭目也。

蠻女善歌

桂林西鄙峒蠻十七八女子，披如雲鬢髮，繫紅絲絛，垂雙金珥，跣趺玉映，袒臂酥凝，跳走笑歌，意態皎如也。歌蠻音，婉孌靡曼。誰家女郎以善歌著稱於時，則光寵遍親族，其父母恆以是驕人。

孫春山雅善歌唱

光緒中葉，京師知音之士以孫春山部郎爲最。春山雅善歌唱，尤工青衣，且亦曰青衣。字正腔圓，非伶界所及。日常攜一二三朋輩，召集歌郎，畫壁旗亭。伶界有難諧之字，不達之腔，無可問津者，必造春山請業。雖伶相見，咸呼以師。每集，則羊衞多人，環而受教惟謹。春山亦不厭不倦，或爲之循聲按拍，或爲之砭誤正訛，低唱輕敲，徐然下酒。宴飲他室者，往往輟杯就聽，簾外重足一迹，賞歎深之。

大悅唱等韻

劉繼莊髫年時，在京都仁壽寺，遇蜀僧大悅，自言善唱《等韻》，稍稍爲之言其梗概，不及學也。繼莊，名獻廷，康熙時大興人。

陸麗京度曲

錢塘陸麗京，名圻，度曲四齣，薄遊武塘，錢仲芳大集賓客，即令吴伶演唱。新聲豔發，絲竹轉清，四座之間，魂摇意深。

心頭小人唱曲

安邱貢士張某寢疾，臥於牀，忽見心頭有小人出，長僅半尺，儒冠儒服，作俳優狀，而唱崑曲，音清徹，說白自道名貫，一與己同。所唱節末，皆其生平所遭。四折既畢，吟詩而没。張猶記其梗概，爲人述之。後爲高西園、張杞園所詢，且猶爲述其曲文也。

李笠翁挾妓度曲

李笠翁，名漁。性齷齪，善逢迎，遨游官紳間。喜作詞曲及小說，常挾雛妓三四人，遇貴游子弟，便令隔簾度曲，或使之奉觴行酒，復縱談房中術，誘重利。吴梅村亦識之，嘗贈以詩曰：「家近西陵住薜蘿，十郎才調歲蹉跎。江湖笑傲誇齊贅，雲雨荒唐憶楚娥。海外九州書志怪，坐中三疊舞回波。前身合是玄真子，一笠滄浪自放歌。」尤悔庵亦曰：「十郎才調福無雙，雙燕雙鶯話小窗。送客留髡休滅燭，要看花睡炤銀缸。」自是而北里南曲中遂無不知有李十郎者矣。

王夢樓教僮度曲

丹徒王夢樓太守文治，嘗買僮教之度曲，行無遠近，必以歌伶自隨，辨論音樂，窮極幽渺。客至其家，張樂共聽，窮日不倦。海内求其書者，歲有餽遺，率費於聲伎。人或諫之，不聽，其自喜顧彌甚也。然至客去樂散，默然禪定。夜坐，脅未嘗至席。持佛戒，日食蔬果而已，如是者數十年。

劉培珊爲老伎師

劉培珊，金陵人，秦淮老伎師也。同治初，粵寇亂平，重理舊業，句欄中人大半稱女弟子。花白髭鬚，老而不俗，是丁繼之一流人物。善吹笛，女郎度曲，律吕稍有不合，輒委曲成全之。彈箏擫阮，尤擅絶技。每值踆烏西墜，顧兔東升，煙水迷漫之會，輒坐一小七板，往來於利涉橋、大中橋一帶，爲羣弟子按拍。繞離西舫，又上東船，真點水之蜻蜓，穿花之蛺蝶也。有嬾雲山人者贈聯云：「九曲青溪，一聲長笛。大江東去，孤鶴南飛。」又出素扇求詩，山人贈以四絶云：「魁官笛子卯官簫，往事蒼茫話板橋。各有宗風尊護法，彩雲仙隊領嬌嬈。」「新栽楊柳碧芊綿，幾輩王孫繫畫船。天寶詩人多感慨，江南偏遇李龜年」。「十番子弟各翻新，只有何戡是舊人。我醉扣舷歌水調，可能擫笛付真真」。「祭酒詩編楚兩生，南朝狎客並知名。暮年冷淡無吟料，借爾箏琶遣我情」。

董福祥因唱得官

左文襄公宗棠用兵西陲，收撫鎮靖諸堡。董福祥最後降，文襄怒，且患其跋扈難制，命斬之。已解衣縶髮矣，福祥忽高唱《斬青龍》即《鎖烏龍》。一劇，蓋隱以單雄信自況也。所唱秦腔，聲情激越，至「雄信本是奇男子」一句，衝冠怒目，尤有凜凜不可犯之概。文襄壯之，命釋縛，並賜酒食，曰：「吾與單將軍壓驚也。」旋奏賞副將，令統率部衆，隨老湘營赴前敵。後克新疆，董功爲多。

董炳源因唱落職

董炳源者，湘人也。以文生從左文襄於新疆，積功擢至直刺。後牧安西州，至省，謁新藩司，以嘗同居文襄幕，共事有年也，延入密室，相見道故。及辭出，藩司復親送之登輿。炳源至是得意忘形，行至大堂，高唱「大叫一聲出帳外」云云，亦《斬青龍》劇中句也。藩司大駭，乃以其夙患心疾，舊疾忽發，詳參落職。

端忠愍喜南北大小曲

端忠愍公方生平喜聽南北大小曲，尤好二黃。督兩江時，官場多以此爲媒。一日，袁某之第三子名某某者，由山東至，以屬吏江蘇候補道。禮稟見，端猝然問曰：「能唱二黃乎？」某一時倉皇不能置對，端又強之曰：「爾必能唱，速唱與我聽之。」

唱繡荷包調

乾隆末葉，秦淮盛行《繡荷包》新調，畫舫青樓一時争尚，繼則坊市婦稚擔夫負販皆能之，久且卑田院中人，藉以沿門覓食者，亦無不能之。聲音感人，至於斯極。一日，有某者，鶉衣鵠面，彳亍泮宮前，持破瓷二片，擊之有聲，唱《繡荷包》，靡靡動聽，人或以數文錢給之。隔旬餘，再過其地，某已衣履簇新，且挈一頎醜婦人，年可五十許，塗脂抹粉，手捻三尺長菸筒，扭揑作態，相與對唱《繡荷包》，及淫媟各小曲。有識之者告人曰：「此婦不諳何許人，亦工唱。日來聽某唱，惘惘若失，遂罄其貲，自媒於某。某固流蕩子，亦樂就之，蓋已爲贅壻矣。」

唱道情

道情，樂歌詞之類，亦謂之黄冠體，蓋本道士所歌，爲離塵絶俗之語者。今俚俗之鼓兒詞，有寓勸戒之語，亦謂之唱道情，江、浙、河南多有之，以男子爲多。而鄭州則有婦女唱之者，每在茶室，手摇鐵板，口中喃喃然。

書場

上海有所謂書場者，一説書，一灘簧，一彈唱。日檔在午後之五、六時，夜檔在午後之九、十時。説書即南詞，男女均業之，灘簧率爲男，彈唱率爲女。日中坐而聽者，則皆男多於女。

彈唱之女，皆妓也，昔曰書寓，今則長三，惟大名鼎鼎著稱於時者，則不至。遊客見有當意者，即可點戲令唱，每齣一元，大抵每點戲必二齣。既點戲，妓傭以水煙袋進，即可詢問里居，往打茶圍。

堂名

堂名，樂班也，亦稱清音班，昔之江寧，今之蘇、杭等處皆有之。以嘗自稱福壽、榮華等堂，故以爲名。每班用十歲至十五六歲之童子八人，服色皆同，領以教師管班，佐以華麗裝飾品及九雲鑼諸樂器，喜慶之家多雇用之。

乾隆時，江寧之清音小部，有單廷樞、朱元標、李錦華、孟大綬等。至末葉，次第星散。後起者爲九松、四松、慶福、吉慶、餘慶諸家，而脚色去來，亦鮮定止，而以慶福堂之三喜、四壽、添喜，餘慶堂之巧齡、太平爲品藝俱精。挾妓之游客輒攜之，使並載於舫，無嫌竹肉紛乘也。未幾，而亦飾以玻璃燈球、燈屏，析木作架，略如蠡湖船式。有招之往者，日間則別庋一箱，嚮晦迺合構成之，絳蠟爭燃，碧簫綴度，模糊醉眼，幾疑陸地行舟也。

灘簧

灘簧者，以彈唱爲營業之一種也。集同業者五六人或六七人，分生旦淨丑脚色，惟不加化裝，素衣，圍坐一席，用絃子、琵琶、胡琴、鼓板。所唱亦戲文，惟另編七字句，每本五六齣，歌白並作，間以諧謔，猶京師之樂子，天津之大鼓，揚州、鎮江之六書也。特所唱之詞有不同，所奏之樂有雅俗耳，其以手口營業也則一。婦女多嗜之。江、浙間最多，有蘇灘、滬灘、杭灘、寧波灘之別。杭灘昔有用鑼鼓者，今無之。

善琵琶者頗有其人。晚近以來，上海流行蘇灘，以林步青爲最有名。林善滑稽，能作新式說白，婦女尤歡迎之。所至之處，座客常滿，其價亦較他人爲昂。著名者尚有張筱棣、范少山、周珊山、鄭少賡、金清如等人。

花調

花調，杭州有之，介於灘簧、評話之間。以五人分脚色，用絃子、琵琶、洋琴、鼓板。所唱之書，均七字唱本，其調慢而且豔，每本五六回。

平調

平調爲樂曲之一種，有長歌行、短歌行等曲。其器有笙、笛、筑、瑟、琴、筝、琵琶七種，今紹興有之。集六七人而唱之，七字句爲多，曼聲長歌，如「花有清香月有陰」，則聽者所習聞，亦有道白。越女以其味淡聲希，聞之輒厭。

盲妹彈唱

盲女彈唱，廣州有之，謂之曰盲妹。所唱爲《摸魚歌》，佐以洋琴，悠揚入聽。人家有喜慶事，輒招之。別有從一老嫗游行市中以待人呼喚者，則非上駟也。妹有生而盲者，有以生而豔麗，爲養母揉之使盲者。蓋粤人之娶盲妹爲妾，願出千金重值者，比比皆是也。

鼓詞

唱鼓詞者，小鼓一具，配以三絃。二人唱書，謂之鼓兒詞。亦有僅一人者，京、津有之。大家婦女無事，輒召之使唱，以遣岑寂。

徐癡唱盲詞

崑山徐某，佚其名，大司寇乾學之玄孫也。父某，爲邑諸生，放誕，不善治生，家資蕩然，生徒亦散盡。某年十三，受傭於縣胥，爲之鈔書，得值以奉父母。父故嗜酒，每飯，無三爵不能舉箸。某力不給，貰於肆。久之，不能償，恐市儈之怒己也，日過肆，效柳敬亭抵掌談三國、隋唐演義，聲色俱肖。市人悦之，遂不問酒值。已而遂佯狂歌唱，藉以易酒肉甘旨，本無闕。父歿，母病，某又苦目眚，不能作書，居然抱絃索唱盲詞以爲業矣。

崑山於雍正壬子，分設新縣曰新陽，别建城隍廟於城東之羅漢橋，卽葉文敏公半繭園故址也。某日，歌於斯，聽者雲集，日將午，輒告歸。强留之，則泣下，衆異之。或尾之去，則以所得金錢，市食品歸。母飯已，食其餘，復來，率以爲常。或詢其家世，則僞爲聾狀，憨笑而已，蓋以操術既卑，不欲污先人門閥也。其母死，遂不見，或曰自沈於河矣。衆呼之曰徐癡。

紫瘌痢善絃詞

有紫瘌痢者，善絃詞，蔣心餘太史爲之作古樂府。

彈詞

彈詞，以故事編爲韻語，有白有曲，可以彈唱者也。宋末有《西廂傳奇》，止譜詞曲，猶無演白。至金章宗時，有董解元者，作《西廂搊彈詞》，始有白有曲。《倭袍》、《珍珠塔》、《三笑姻緣》，皆彈詞也。昔柳敬亭以彈詞名，説左寧南、法武侯，爲侯朝宗送桃花扇，其忠忱俠骨，有足多者，宜吴梅村爲之立傳也。其後以彈詞名者四家，曰陳、姚、俞、陸，俞則俞秀山也。四家中俞調獨傳，或訛爲虞調，謂出自虞山，非也。厥後又有馬調，馬名如飛。

彈詞爲盲詞之别支，其聲調惟起落處轉折略多，餘則平波往復，至易領會，故婦孺咸樂聽之。開場道白後，例唱開篇一折，其手筆多出文人，有清詞麗句，可作律詩讀者。至科白中之唱篇，半由彈詞家自行編造，品斯下矣。

蘇城操彈詞業者之出游也，南不越嘉禾，西不出蘭陵，北不踰虞山，東不過松泖。蓋過此以往，則吴音不甚通行矣。彈詞業之不能發達，職是故也。

彈詞家之能持久與否，不知者輒謂其必視聽客之多寡以爲進退，而不知非也。説部若去頭脚，篇幅頓小，藝之善者，時出新意以延長之，而聽者猶嫌其短。反是，則一説便完，雖十餘日，亦覺枯坐片時之無謂。昔人謂善評話者，於《水滸》之武松打店，一脚閣短垣，至月餘始放下。語雖近謔，然彈詞家能如是，亦豈易耶！

戲劇有配角，而彈詞無之。

彈詞之插科，彼業謂之條頭。條頭之佳者，其先必遲回停頓，爲主要語作勢，一經脱口，便戛然而止。科白之能解人頤，非簡練揣摩不可，其妙處在以冷雋語出之，令人尋味無窮。然亦有過於刻畫，尚未啓齒，而已先局局者，下乘也。

彈詞家開場白之前，必奏《三六》。《三六》者，有聲無詞，大類《三百篇》中之笙詩。《三六》每節爲三十六拍，不得任意增減，音節緊湊，無一支蔓。自業灘簧者增加節拍，使之延長，彈詞家亦尤而效之，古意益蕩然無存。或曰，《三六》，即古之《梅花三弄》也。

善彈詞者之唱篇科白，悉視聽客之高下爲轉移。有名書場，聽客多上流，吐屬一失檢點，便不雅馴，雖鼎鼎名家，亦有因之墮落者。蘇州東城多機匠，若輩聽書，但取發噱，語稍温文，便掉首不顧而去。故彈詞家坐場近城東，多作粗鄙狎褻語，不如是，不足以動若輩之聽也。然有時形容過刻，語涉若輩，彼業謂之千。則揶揄隨之，甚且飽以老拳。

書場口碑，多出之聽專疑爲站之譌。書者，中以轎役爲多，倒面湯，逐客令也。捉漏洞，銜口即出，不稍假借。而且場地愈合宜，則聽專書者亦愈多，彈詞家於此等處，必兢兢惟恐失若輩歡。若輩又好與説書先生兜搭，得其歡心，則招呼尤殷勤。所謂先生者，亦必笑顔承迎，與之酬答，此輩之勢力可知。上海髦兒戲場，遇旦角登場，則怪聲四起，有貓叫聲，有狗吠聲，有如怨如慕如泣如訴聲，場上女伶，於發聲之尤怪異者，亦必回眸以一笑報之。蓋此種怪聲，多發自看白戲之馬夫、龜奴。近則每况愈下，有貌似上流之儇薄少年，亦不屑降尊而效馬夫、龜奴之顰也。

彈詞家之應外埠聘也，場主必先訂定銀若干，名曰帶擋。負時名者，此處未及往而彼處帶擋又來，張步雲之奔波至死，以帶擋爲累。故其甫經學成及名不甚著者，多倩師友爲之代攬帶擋。

彈詞家應聘外埠，謂之出碼頭。出碼頭時所開書，多擇生澀脚本。名家之所以說部多而且熟者，練習之功候深也。亦有借碼頭爲試驗及殖財地，回蘇始拜師者。每拜一師，非六七十金不辦。彼業規例綦嚴，說一書必奉一先生，否則不能接受盤洋。然碼頭不盡蘇人，嘉、湖及常熟、無錫籍者，亦間有之，其藝亦有高出蘇人上者，特少數耳。

業彈詞者，於碼頭上遇非蘇州人而同業者，皆謂之外道。嘉善有一外道曰李文炳者，海寧硤石人，所說書爲楊乃武，近代史也。映帶周密，不脫不離，非略解文義者不辦。其絃索之圓熟，則雅近吳墜泉。

彈詞爲吳郡所有，而越有平調，粤有盲妹，京、津有鼓詞，其聲調有足與彈詞相頡頏者。然彈詞亦有派別，今即俞調、馬調比較言之。俞調音節宛轉，善歌之者，如春鶯百囀，竭抑揚頓挫之妙。其調便於少女。如飛出，一變凡響。以科舉時代之八股例之，俞調猶管韞山，而馬調則周犢山，亦彈詞家之革命功臣也。

彈詞名家多與文士遊，非丐其揄揚也，以操是業者多失學，略沾溉文學緒論，則吐屬稍雅馴。

同治初年，吳門彈詞家之著名者，爲馬、姚、趙、王。馬即如飛，姚字似璋，趙字湘舟，王字石泉。姚所演講者爲《水滸》，餘三人所擅長之說部，馬爲《珍珠塔》，姚爲《玉夔龍》，而王則《南樓傳》也。他若顧雅庭之唱白，田敬山之詼諧，亦俱負一時盛名。雅庭之唱篇，多出自蘇人江聽山之手，所說爲《三笑》，插科道白，非他書比。要須出以文士口吻，得江編定，聲價十倍，江之深於此道可知。

如飛之子曰一飛，說唱尚有父風，而名不甚著。石泉之子曰綬卿，能覽書報，彼業中有争執事，得綬卿片言立解，以學識爲業中冠也。惟以嗜烟致倒其嗓，識者惜之。

敬山之子曰少山，落拓不羈，佯狂自恣。每坐場子，有時座爲之滿，有時聽者幾絶跡。蓋其性頗僻，聽客少則振作精神，不稍軼本書範圍，不如是，將受場主擯斥也。聽客一多，則狂病復發，而語多不經矣。然其科白之嫻熟，心思之敏活，且能於背上彈三絃，傳其父技，皆爲人所稱道者也。

說《描金鳳》之錢玉卿，亦蘇州彈詞家之錚錚者。玉卿爲張步瀛之外舅，步瀛之技，卽授自玉卿。玉卿晚年登場，輒與其子幼卿俱，善詼諧，與步瀛相彷彿。

說《三笑》之謝少泉，與步瀛爲親家，生涯鼎盛，而其景況之拮据，殊不減於步瀛。彈詞家普通所用樂器，爲琵琶與三絃二事，間有用洋琴者，則以年齒尚稚，而發音清脆也。晚近彼業中之善琵琶者，首推步瀛。步瀛坐場子，逢三六九日，例必於小發回時，奏大套琵琶一折。儕輩咸效顰焉，然終不能越步瀛而上之。步瀛天資優美，又習聞金春齡緒論。春齡曾充縣吏，爲蘇州琵琶聖手。每歲之春，支硎山、獅子林例設琵琶會，四方之善琵琶者咸集，春齡必坐首席焉。

步瀛手法之熟，不可與率爾操觚者同日語。琵琶本西域樂，入中土獨早，有鈎、彈、磕、拍、摘、打、掃、輪，種種手法。最流行之大套，爲《平沙落雁》、《霸王卸甲》，調名繁不勝舉。步瀛彈時，以《龍船鑼鼓》爲多。《龍船鑼鼓》，亦惟變換手法，隨意加入種種小調，間以疾徐高下之鑼鼓聲而已。

步瀛所説爲《玉夔龍》，是書含有義俠性質，俗謂之大書小説，湘舟即以是見重於時。湘舟故後，有丁似雲。似雲之書太落静功，聽之，嫌索索無生氣。步瀛素滑稽，書中角色雖多，能秩然不紊，各如其身分而止。蓋步瀛客游久，致力於是書者專也。步瀛説《描金鳳》最熟，朱耀庭輩雖畧負時名，終無以奪之。

陞泉之父業卜筮，盲人也。子二，曰西庚，曰陞泉。及長，即執贄於王秋泉之門。秋泉無赫赫名，而吴氏昆弟早歲即以善歌聞。西庚説唱亦佳，特好作下流社會語。陞泉無之，恂恂儒雅，無浮薄習氣。能作畫，且善鼓琴。陞泉之長子號九薌，次號品泉，其短命亦相類。

女彈詞

女彈詞者，江蘇有之，亦游歷各處。崑劇中有《女彈詞》一齣，則其由來之久可知矣。惟崑劇中《女彈詞》，其調爲《九轉貨郎兒》，乃崑曲。今之女彈詞，其傳奇之本爲七言句，其雅處近詩，其俚處似諺，則微有不同耳。平仄多諧，頗似長篇之七言詩，間有三字句兩句，則似詞中之《鷓鴣天》調，或加以説白二三字，則又似曲中之襯字。其用韻寬於詩韻，亦異於詞韻、曲韻，大率通用音近之字，類毛西河之通韻焉。

上海稱女彈詞曰先生，奏技於書場曰坐場，又曰場唱。開場各抱樂具，奏樂一終，急管繁絃，按腔合拍。樂終，重弄琵琶，則曼聲長吟，率爲七言麗句，曰開篇。其聲如百囀春鶯，悠揚可聽。曲終，誦唐人五絶一首。説書時，口角詼諧，維妙維肖，以能描摹盡致，擬議傳神者爲貴。所慮者，不失之生澀，卽流於粗疏，忘其爲女子身也。

女彈詞以常熟人爲最，其音淒惋，令人神移魄蕩，曲中人百計仿之，終不能並。其所説傳奇，大抵爲《三笑緣》、《雙珠鳳》、《白蛇傳》、《落金扇》、《倭袍傳》、《玉蜻蜓》諸書。

書場謂説正書者爲上手，答白者爲下手。

女彈詞皆有師承，例須童而習之。其後限制稍寬，有願入者，則奉一人爲師，而納銀幣三十圓於公所，便可標題書寓，後并此銀不復納矣。及書寓衆多，於是有每歲會書一次之例。會書者，會於書場而獻技，各説傳奇一段，不能與不往者，自是皆不得稱先生，不得坐場。未幾而此例亦廢。

妓席招彈詞女至，不陪席，别設遠坐，不敬烟，命女傭代敬。惟宴於其家，席無妓，始陪坐，曰堂唱，賚以銀幣二，獨與客對，亦敬烟。凡此斤斤，蓋其自處，卽諺云賣口不賣身耳，然其中難言者亦頗有之。

女郎王青翰，乾隆時人。幼以目眚失視，而明慧過人，工彈詞，清吭諧婉，間爲激昂悲壯語，令人色動神飛，然不輕發也。曾見賞於杭堇浦、王夢樓，賦詩投贈，聲價益高。性耽飲，持觴政極嚴，客不敢犯。尤善諧謔，偶一語入妙，四座爲之傾靡。名流讌集，必招致共飲爲快。或非其當意者，餌以重幣，不顧也。既與孝廉某善，出橐金促赴南宮試。旋聞孝廉試不利，且死，一慟幾絶。自此長齋杜門，不復弄潯陽江上琵琶矣。名流嘉之，傳諸吟詠，有爲《夢横塘》詞以詠之者，其詞云：「澹雲遮月，薄霧籠花，卻疑妝倦如睡。幾曲春風，纔付與悤悤彈指。歌扇邀涼，酒襟留暖，未成歡計。漸徐孃老矣，冶思都銷，銷不盡憐才意。青青楊柳樓頭，想天涯弱壻，遠夢千里。覓甚封侯，空折了孤飛鴛翅。伴鐙影長明證佛，冷雨重門夜深閉。萬古傷心，一分才色，便一分憔悴。」

道光時，有楊玉珍者，色藝雙絶，善唱《玉蜻蜓》。有秀才張某惑之，以其有夫也，偕逃致訟，張之叔被累自縊。後宦獲訊，張遣戍，玉珍隨之。迨赦歸，偕老焉。玉珍，絶色少女也，赦歸，則白髮老嫗矣。初，玉珍與張贈烟盒定情，好事者乃撰《烟盒記》傳奇，付之彈唱。

咸豐時，有陸秀卿者，吴人也，避亂至滬。貌爲絶色，藝爲絶技，人争招致之。一曲八金，姍姍來遲，飄飄去速，名重一時。後嫁宰官。

上海書寓創自朱素蘭，久之而此風大著，同治初最盛。素蘭年五十許，易姓沈，猶時作筵間之承應。繼素蘭而起者，爲周瑞仙、嚴麗貞。瑞仙以説《三笑姻緣》得名，然僅能説其半，麗貞則能全演。惜蘭摧玉折，遽赴夜臺。瑞仙年逾大衍，猶養雛姬以博買笑貲。

同、光之交，蘇州有居中街路之孫寶卿者，虞山人，面淡芙蓉，腰纖楊柳，性豪放，有落落丈夫氣。凡遇賓筵把盞時，左顧右盼，妙語環生。善南詞，喜唱俞調，每一歌之，座客輒擊節稱善。

吴素卿、小桂珠同師習俞調，小桂珠後鬻於妓家，善畫蘭，重文人，輕巨賈，守身如玉，自誓非翰林不嫁。後如其志，果嫁閩中某太史。或云，素卿從不入書場獻技，以某客待之厚，有從一而終意，招致者皆辭之。

朱品蘭、朱素蘭爲姊妹，品蘭微憨，素蘭較黠。品蘭鍾情於某，欲嫁，其假母鎖閉之房中，未幾鬻於人。素蘭奏技時，修容過莊，或曰，此貞節坊在額上也。

其色藝之能兼者，爲陳月娥。彈詞女以月娥名者有三，曰陳月娥、汪月娥、姜月娥。陳名先著，汪、姜後出。陳之母爲芝香之女甥。貌美而藝佳，撫絃奏曲，其音節圓而婉，靜而幽，如一縷游絲，晴空獨裊，態度亦楚楚可憐，汪、姜兩月娥不及也。惜善病，不甚登場。汪貌綽約而性冷峭，微近執拗。姜善笑，瘦弱如飛燕，可作掌上舞，惜曇花一現，即返兜羅矣。

以藝獨著者，首推袁雲仙。貌豐麗，語倜儻，藝嫻熟，以是衆皆悦之。彈詞女皆居上海之城北，而雲仙居城南，故城北無知雲仙者。某年，諸女士會書於金桂軒南之山林園樓，排日奏技，各擅勝場。雲仙登場，時薄暮矣，不及彈唱，忽忽説白數語，伉爽雋永，人歎爲會書第一。以是聲名鵲起，遂自南而北，日奏技焉。聽者日衆，聲名日盛，知音者以兩字評之，曰硬響，以其調硬而聲響也。蓋俞調貴柔婉，貴靜細，貴情韻雙絶也。第雲仙雖善説白而不善彈唱，斯其短耳。又有陳芝香、徐寶玉、汪雪卿、嚴麗貞諸人。芝香音清越而調靡曼，於四聲七音，辨析入微。其所彈之傳奇，殆經才人潤色，絶勝原本，詞雅語雋，聽者神往，刻意描摹，入理入情，惟妙惟肖。寶玉浩浩落落，有英雄氣，忽而喑嗚叱咤，忽而突梯滑稽，勝於觀劇，出奇制勝，誠巾幗中别調也。雪卿説白，意周而語簡。麗貞善繪悲咽，無言之處，有包蘊千萬言之概。

其以才色著者，有二人，一爲程黛香，一爲王麗娟。黛香自負，欲兼黛玉、香君而有之，故以自名。嘗自題馮小青《題曲圖》六絶句云：「焚將詩草了今生，莫再他生尚有情。卿説憐卿惟有影，儂將卿畫可憐卿。」「倩女離魂杜麗孃，雨窗題曲斷愁腸。麗孃命比卿卿好，不遇馮郎遇柳郎。」「卿題豔曲我題詩，舊事錢塘有所思。後有小青前小小，一般才女兩情痴。」「美人命薄太多愁，儂福還須幾世修。一事慰卿兼自慰，留些詩草也千秋。」「自傷飄泊已多年，未斷情根未了緣。畢竟好花終要落，憐卿有我我誰憐？」「近來惆悵欲焚琴，畫意琴心少賞音。欲畫卿卿題曲易，最難畫處是儂心。」有嘗與對奕者，談詩論畫，絶無俗韻。其女弟子程大寶，奏技於蘇州，招之往，黛香乃遂赴金閶矣。麗娟之才雖亞於黛香，畫樓幽雅，四壁圖書。曾嫁都司某，則以降寇而得官者也。麗娟逸去，仍歸海上，重理舊業焉。

其以色著者，爲王幼娟、徐雅雲、黄藹卿、陳佩卿。幼娟爲麗娟之妹，才遜而貌勝，藝則與埒。雅雲乃寶玉之女，性静雅，貌端妍，寡言笑，歌亦清婉。藹卿、佩卿貌皆娟好。佩卿深於情，與施某有嚙臂盟。既而多金者購之，母已許矣，施泣，佩卿亦泣，母從其志，卒反金而嫁施。

宣統時，有陳筱卿者，華亭之羅店人，以彈詞游江、浙間。每在茶館奏技，徐娘半老，風韻猶存，天足革履，不作時世裝束，不知者幾疑爲大家閨秀。惟吸鴉片，癮頗深。所唱開篇及道白，口齒清楚，委宛盡致。嘗奏技於福州路之聘樂園，聽客填咽，座爲之滿。

無錫某茶居，某夕，懸牌有彈詞，登壇者乃巾幗偉人，凡三座。一人因疾輟演，餘二人，一名也是娥，年可三十；一名何處女，年不過十七八，説《金台傳》大書而帶調片者也。宗馬調，幽雅悦耳，彈琵琶不用絃子。説時神情宛現，莊諧兼至，且能説《五義圖》，又能唱小曲、京調、灘簧。每度一曲，須酬銀幣三角至一圓。

唱落子

京師、天津之唱蓮花落者，謂之唱落子，猶之南方之花鼓戲也。其人大率爲妙齡女子，登場度曲，於妓女外别樹一幟者也。聚族而居者曰落子班。

評話

評話，即説書，又名平詞。明末國初，盛於江南，如柳敬亭、孔雲霄、韓圭湖輩，屢爲陳其年、余澹心、杜茶村、朱竹垞所賞鑒。次之有季麻子者，亦善之，爲李衛所賞。然南宋時杭州瞽女唱古今小説評話，謂之陶真，是宋時已有此風，特當時所謂評話，如今之彈詞，此則敷演故事，漸重説白耳。

江、浙多有説評話者，以善嘲謔詼諧爲工，大率爲一朝一事，或一人之始終榮枯，亦謂之大書。其擅場處，不在唱之腔調，詞之工拙，惟能即景生情，滑稽無窮耳。沈建中以此得名，茶寮設座，後至者無地可聽。園亭銷夏，閨閣開尊，間亦召之。日止唱二回，即二段也。必白金二兩，他執事者不與，其聲價如此。杭有鷄毛陳六者，亦與之埒。又揚州有善説皮五鬍子者，每登場，則滿座傾倒。

周猴説西遊記

乾隆末葉，江寧每有無業游民，略熟《西遊記》，即挾漁鼓，詣諸妓家，探其睡罷浴餘，演説一二回，藉消清倦，所冀者，杖頭微資而已。擅此者推周某，羣呼爲周猴。自入京，爲某巨公所賞，名益著。某敗，猴乃喪氣而歸。

葉英多説宗留守交印

乾隆時，揚州有好奇狷潔之士，曰葉允福，字英多，一字霜林。年十六，補江都縣學生，嘗三踏省闈而不售。居常視世事齷齪，每思一發其邁往不羈之氣，而有託以自見。嘗謂：「士生今日，每欲神往古人而遇之。吾嘗讀太史公《史記》，摹寫千古人物，宛然在目。倡優之擅絶技者，登場扮演，其精神態度無不出。吾不能希太史公之萬一，而倡優又不可爲，則將安所寄以肆志乎？吾觀《東京夢華録》、《武林舊事》記當時演史小説者數十人，而近日吾泰州柳敬亭，以之名於勝國之季，遨游於公卿將帥間，爲所戲笑玩弄，其人仍不脱倡優餘習，然不可謂非絶代之藝也，世豈無傳之者乎？」於是辭家浪游數年，歸而皤然曰：「得之矣。」

揚故多説書者，盲婦傖叟，抱五尺檀槽，編輯俚俗儇語，出入富者之家，列兒女嫗媪，歡咍嘲侮，常不下數百人。然甚秘其技，不肯泄，故所常與同硯席通氣誼者，欲強試之，亦時應時不應。其爲一時説書之魁者，方百計密伺，偶入聽，則大驚卻走，而名遂籍甚。然人皆知其高簡絶俗，不敢求一奏也。其所説以《宗留守交印》爲最工，大旨原本史籍，稍加比傅，乃皆國家流離之變，忠孝抑鬱之志，撫膺悲憤，張目嗚咽。一時幕僚將士之聽命者，及諸子之侍疾者，疏乞渡河之口授者，呼吸生死，百端坌集，如風雨之雜沓而不可止也，如繁音急管之慘促而不可名也，如魚龍呼嘯松柏哀吟之震盪淒絶而無以爲情也。

子弟書

京師有子弟書，爲八旗子弟所創，詞雅聲和，且有東城調、西城調之別。西調尤緩而低，一韻縈紆良久。瞽人輒以此爲業，如王心遠、趙德璧輩，聲價至高，可與内城士夫之擅場者比肩而並矣。

浦天玉善評話

乾隆時，江都有浦天玉名琳者，少不讀書，以掃街爲生。一日，過市肆，聞坐客説評話，悦之，曰：「爲善爲惡，其報彰彰如是。奈何世之人如叩槃捫燭，擿埴而索塗哉？」遂日取小説家因果之書，令人誦而聽之。聽一過，輒不忘，於是潤飾其辭，摹寫其狀，爲人覆説。聽者皆感動，有欷歔泣下者。

琳體肥，右手短而捩，人呼之曰拗子。春秋佳日，絃管雜遝中，必招之説書以爲豪舉。

喀爾喀部樂舞

喀爾喀部樂舞，某年演於内廷。司舞八人，服紅雲緞鑲妝緞花補袍，戴狐皮大帽，在丹陛西邊立，進前，正中三叩頭，退於西邊柱後立。司觱篥、司阮各四人，分兩翼上，向上屈一膝，跪奏喀爾喀部樂曲。司舞以兩爲隊，按隊進舞。每隊舞畢，正中三叩頭，次隊復進如儀。

回部樂舞

回部樂舞，司達卜一人，司那噶喇一人，司哈爾札克一人，司喀爾鼐一人，司塞塔爾一人，司喇巴卜一人，司巴拉滿一人，司蘇爾鼐一人，皆衣錦面雜色紡絲接袖衣，錦面倭緞緣邊回回帽，青靴緣紬臜膊。司舞二人，舞盤二人，皆衣靠子錦襴紡絲接袖衣。先作樂，司舞二人起舞。舞畢，舞盤人上。以次舞畢，退。

五魁舞

五魁舞，禮部宴衍聖公及文武會試、鄉試筵宴用之。樂用鼓一，管二，笛二，笙二，雲鑼一，板一。歌童五人，衣五魁衣以進舞。

蠻人之跳鍋莊

跳鍋莊爲蠻民生而固有之慣技，故人人皆能爲之。跳時，以酒一瓶置櫈上，跳者互相握手環繞此櫈，足跳口歌，章法不亂。跳須臾，卽吸酒，故愈跳愈樂。或衆男合跳，或衆女合跳，皆可。然以男女合跳爲尤可觀，以女歌一曲，男必和之，女所歌者乃相思之詞，男所和者乃戲謔之詞也。衆女合跳，歌聲尤悠揚可聽。

鎛鐘

笵銅而中空，撞擊之以發聲曰鐘。鎛鐘，《周禮·春官·鎛師》注：「鎛，如鐘而大。」《樂器圖》鎛鐘十二，各應律呂之音。凡合樂，以某律爲宮，則擊本律之鐘以宣之，《孟子》所謂「金聲」是也。乾隆己卯冬，於西江得鎛鐘十一，高宗命遵聖祖所定七寸二分九釐爲黄鐘之數，參考本律倍半之法，補鑄其一，足成十二。又另鑄鎛鐘十二，以備特懸，御製銘詞，鐫識其上。

編鐘

編鐘，十六枚爲一虡，陰陽各八，以厚薄爲次第。薄者聲濁，厚者聲清，故外形皆同一制而中空，容積之多寡，實體之厚薄，依次遞減之。

犍椎

佛教之犍椎，本鳴之以召僧衆者，與古之鐘形似，故翻爲鐘，今佛寺所懸者是也。亦上徑小，下徑大，縱徑小，橫徑大。

舒鐵雲夜坐聞鐘

舒鐵雲嘗於夜坐聞鐘聲，偶成一詩。詩曰：「秋鐘不在寺，遠近隨風去。微喧谷口泉，斜破烟中樹。默想參寥禪，茆庵在佳處。空闕延月鏡，敗衲落雲絮。一聲息萬緣，龕香妙方炷。清省發中宵，不待荒雞曙。」

方響

方響，長方片十六枚，質爲鋼，共懸一架而斜倚之。亦以厚薄分清濁，應十二正律四倍律，以小鋼鎚擊之。

雲鑼

雲鑼十面，共一木架。架下有短柄，左手持而右手以搥擊之。鑼之大小皆同，而以厚薄分聲之清濁，凡五正聲、五清聲也。厚薄有損益，與編鐘同，即雲璈也，俗曰九雲鑼。

鉦

鉦，形如盆，外有木匡。鉦邊匡周，俱平分三分，各穿二孔，以黄絨紲繫之，掛於項。明制有金又有鉦，國朝因之。金即鑼，鉦則如鑼而有邊。

大銅角

大銅角，一名大號，上下二截，形如竹筒，本細末大。

小銅角

小銅角，一名二號，上截如筒，下截如角，金邊穿二孔，以黄絨紲繫於木柄，左手提而右手擊之。

金口角

金口角，木管，兩端以銅爲口，上弇下哆。管長約一尺，刻如竹節，前開七孔，後一孔，以蘆哨入管端吹之。小者謂之海笛，長六寸有奇，大者謂之嗩吶，長一尺二寸有奇，形制俱同。

蒙古角

蒙古角，亦名蒙古號，木質空心，上下二節，末加鍍金銅口雄雌各一。雄者內徑微大而聲濁，雌者內徑微小而聲清，其長短皆相等。《唐書·禮樂志》：「金吾所賞，有大角爲魏之鼓邐回。」即此。

嗩吶

嗩吶，一作鎖拿，又名鎖嗪。原名蘇爾奈，本回族所用，皆譯音也。木管本小末大，長一尺四寸有奇，上口有銅管，長三寸，銅管上口復安蘆哨。木管正面七孔，後出一孔，左側面一孔。吹之，皆應笛聲。

銅鼓

銅鼓，邊有二孔，以黃絨綠懸而擊之。陳暘《樂書》謂昔馬援征交趾，得駱越銅鼓，鑄爲馬式，此其迹也。宋范成大《桂海器志》謂如坐墩而空其中，兩人舁行，以手拊之，聲似鞞鼓，則實始於嶺南也。舒鐵雲在黔，得見銅鼓，則苗人所製者也，乃作詩以詠之曰：「望之鐵色質則銅，被以鼓名聲乃鐘。面如塵鏡冷不鎔，底如覆釜其音雹。中央一束黃腰蜂，土花戰血相淡濃。上有文字如雲龍，手三摩挲不可蹤。我隨車騎來南籠，此鼓獻自畊田傭。問渠鑄鼓何所宗，云是諸葛征蠻兇。渡瀘五月濟火從，小叩小鳴功成畀錫羅甸封。歲時伏臘事吉凶，椎牛釃酒宴萬峰。乃以此鼓代蕡鏞，青山白雨雙杖筇。初鼕鼕，大叩大鳴既逢逢。天空谷應聲隆隆，諸苗拜舞衣無縫。罷宴藏鼓無敢縱，千載風俗兹益恭。憶昨巨虛負蛩蛩，鼓鼙將帥思三冬。今者戍鼓罷不椿，催花羯鼓聲玲瓏。請留此鼓鎮邊墉，筍業丹艧懸維樅。雖殊石鼓賦車功，頗倣土鼓追黄農。金人十二銷鏑鋒，并勒我詩當紀庸。而我再衰三則慵，雷門之布綦難容。」

年鼓

年鼓者，鐵爲圈，木爲柄，柄繫鐵環，圈冒以皮，擊之鼕鼕然，名太平鼓。京師臘月有之，兒童之所樂也。

軍號

軍號，戰爭及操演時所用之號筒也。器爲銅鑄之管，下爲鏞形。

銅點

銅點，制如銅鼓而小，後世用以爲點，故以爲名。今之節奏，先擊點，乃擊鼓，鼓再擊，乃擊銅鼓。則是點與銅鼓爲應和，亦猶將擊鼓先擊鼙也。官署傳事則擊之，以告衆，曰傳點。寺觀亦有之。

鈸

鈸，中有孔，以黄絨繩貫之，兩面相擊以和樂。始於隋九部樂，唐乃用之燕樂。唐末，樂器散亡，遼得之，具於大樂，皇上行幸則用此，而優伶於劇場、僧道於佛事亦有之。

鈸，本名銅鈸，又曰鐃鈸，南齊穆士素所造。其圓數寸，大者出扶南、高昌、疏勒等國，圓數尺，隱起如浮漚。

鐵製之口琴

口琴，以鐵爲之，一柄兩股，中設一簧，長與股等。簧端點以蠟珠，銜股鼓簧以成音。亦有以之爲兒童玩具者，特較小耳。

蒙古亦有口琴，製如鐵鉗，貫銅絲其中，銜齒牙，以指撥絲成聲，宛轉頓挫，有箏琶之韻。

臺灣番人亦有口琴，削竹爲片，如紙薄，長四五寸，以鐵環繫其端，銜於口，吹之。又有類琴者，大如拇指，長可四寸，窪其中二寸許，釘以銅片，別繫一柄，以手按循脣探動之，銅片間有聲，娓娓相應。男子輒於朗月清夜，吹行社中。番女悦，則和而應之，潛通情款。

風琴

風琴，外爲長方形木櫃，内列多數管簧，以音之清濁高下爲序。上有鍵盤，下連鞲鞴，牽引踏板，使鞲鞴鼓氣，以振動鼓簧，手按其鍵則發聲。創自希臘人，吾國能仿製之。

汪習之聞風琴

咸豐時，有美國女子擅風琴者至滬，大興汪習之太守斆灝嘗聞之，有《聽花旗國海芽犀女子彈風琴歌》，歌云：「風琴夷樂聲泠泠，是誰作意矜娉婷？芽犀女子剛髫齡，長風萬里來滄溟。高樓深鏁初開扃，樓窗面面琉璃屏。猊爐獸炭霏煙馨，紅塵掃盡風穿櫺。珊珊而來誰使令，草冠覆首攢珠丁。藕絲中單織翠翎，冰鮹急束寬下形。長眉善睞波流螢，言兜離兮狀窈停。一奩樂器呈中庭，似瑟非瑟箏非箏。上排象版下結繩，手按足踏音分明。十指遞跪節奏精，雙凫互蹴輪牙靈。初如仙馭乘雲軿，鯨魚鼓浪奔雷霆。忽然廉折亮以清，孤鶴遠唳來遥汀。細如珠露花間零，急如驟雨瀉高瓴。我來海上揚吴舲，偶然相值兩浮萍。繁華過眼如醉醒，鶯花虎阜空冥冥。大廈忽折西沉星，遂使流賊飛蝗螟。瘡痍滿路嗟伶仃，鴟鳴鬼哭難爲聽。更聞塞上歌聞鈴，北望淚溼青衫青。安得天上掃欃槍，我曹賭酒遊旗亭。四海一家無競争，鸞歌鳳舞俱來廷。」

披亞諾

披亞諾，俗稱洋琴，似風琴而大，篋中張鋼絃數十，絃一小鎚，與琴面鍵盤相連，以指按鍵，小鎚即擊鋼絃發聲，其聲清越，吾國能自製之。

洋琴

康熙時，有自海外輸入之樂器，曰洋琴，半於琴而畧闊，銳其上而寬其下，兩端有銅釘，以銅絲爲絃，張於上，用鎚擊之，鎚形如筯。其音似箏、筑，其形似扇，我國亦能自造之矣。

金赤泉聽洋琴

乾隆時，錢塘有金赤泉典簿焜有，好音樂，嘗聽洋琴而作歌以紀之，歌曰：「雲和之琴空桑瑟，至人攄思中音律。庖犧不作古樂亡，雜沓箏琶始競出。此琴來自大海洋，制度一變殊凡常。取材詎用斵桐梓，發聲亦自循宮商。圓形宛然如便面，中絙鐵絃經百鍊。錮釘櫛比排兩頭，二十六條相貫穿。攜來可擊不可彈，雙椎巧刻青琅玕。琴師舉手指未落，滿座肅聽生心歡。初持孤椎秪輕打，秋樹寒蟬飲霜啞。旋舒雙腕著意敲，淅瀝雨飄青竹瓦。左擊右擊無雷同，疎槌密槌相間工。五音和會含衆妙，節奏宛轉包纖鴻。琮琮琤琤盈耳注，碎珮叢鈴滿煙雨。簷前玉砌墮冰簪，洞裏春泉滴山乳。忽然止椎絃不鳴，反舌入夏愁無聲。中心一擊復成響，地底陰雷破蟄轟。有聲無聲相雜揉，變化在心兼在手。以心運手手運心，小技入神希匹偶。座中聽者皆忘疲，共道此琴鐵勝絲。柳公雙鎖未爲巧，李氏百張胡足奇。我聞古人作樂各有取，舊典至今存册府。閑邪納正是爲琴，如此曼淫同鄭嫵。請君舉手絕其絃，靡靡自古不在懸。錦䉤出我龍湫瀑，追取希聲太始前。」自注：余在家藏古琴，背有文曰龍湫瀑。

銅人捶琴

乾隆時，平湖沈文恪公初在閩，見一銅人，高數尺，如十三四丫頭，面粉，衣綃，前置琴。啓銅人之鑰，則兩手起，執椎擊琴，左右高下，其聲抑揚頓挫，悉合節奏。頭容目光，皆能運轉，助其姿致。鼓畢，則置椎於琴，兩手下垂矣。又置飛雀，呼噪逼真，蓋自西洋輸入者也。

八音琴

八音琴，由西洋傳入，道、咸間已有之。製爲方匣，内裝發條，機轉輪動，輪上之刺，與櫛齒狀之鋼鐵相觸成音。

哈爾札克

哈爾札克，回樂也。狀類胡琴，以椰爲槽。其末圓，頂以馬尾二縷爲絃，馬尾絃下有鋼絲絃，另以圓木桿爲弓，以馬尾爲絃，以弓絃軋馬尾，絃應鋼絲以取聲

喀爾鼐

喀爾鼐，回樂也。狀類洋琴，木胎中空，左端直，右端曲。左端上面施木梁，以繫鋼，絃之末施木

軸，入於右端立面孔內，轉其軸以定絃之緩急，以手冒撥指，彈之取聲。

朱亦林吹鐵簫

舒鐵雲嘗作《鐵簫歌》贈朱亦林，亦林固善吹鐵簫者也。歌曰：「鐵厚一寸射而洞，驚起秦臺紅尾鳳。乘風飛度廣寒橋，《霓裳》法曲傳靈簫。生不逢東坡居士遊赤壁，清風明月無聲色。更不見淮南書記吟青山，二十四橋春夢殘。爐火温暾唾壺缺，不鑄黄金鑄白雪。深山大澤無人蹤，一斛珍珠六州鐵。不知誰冶南陵梅，秋色寸寸繞指來。蒼龍紫蚓繡昔苔，錦緣穿月紛葳蕤。四壁成都小垂手，玉律春寒消九九。吹參差兮續《離騷》，爛嚼紅霞口戕口。節之以岑牟金石漁陽撾，和之以大江東去銅琵琶。銀河吹笙小兒女，矧乃人世雙紅牙。蕤賓一方何處得，胡牀三弄無人識。不如舞作王鐵槍，省倚市門饑乞食。」

特磬

特磬，《周禮》注：「特磬十二，依辰次陳之，以應其方之律。」器大而聲宏，故於起調、畢曲之時擊之，以爲作止之節。乾隆庚辰，西域底定，和闐貢玉，可叶鳴球，高宗因命依律琢爲特磬，御製銘詞，鐫識其上，凡十二，以儷鎛鐘。

編磬

編磬十六枚，同在一虡，長闊皆同一制，其厚薄則有損益，應律與鐘同。明代，圜丘磬用玉，國朝則祈穀壇亦用玉，餘俱以靈璧石爲之。《周禮》：「簨飾以鱗。」今則鐘簨以龍而磬簨以鳳，業亦如之，其數必十六枚，與編鐘之陰陽各八同。

琴

琴，前廣後狹，上圓下方，通長三尺一寸五分九釐，爲黃鍾四倍又三分之一，絃長二尺九寸一分六釐，爲四倍黃鍾之度，凡七絃。面用桐木，底用梓木，黑漆虛中，岳山、焦尾用紫檀徽，用螺蚌爲飾，以漆金几承之。

提琴

提琴，圓木爲槽，上冒蟒皮而空其下，竹柄貫槽中，柄端刻木爲龍首。柄有小環，貫四絃於其中。槽面正平，設柱以承絃。竹片爲弓，馬尾雙絃，閒而軋之。

月琴

月琴，八角木槽而微凹，其面柄貫槽中，四絃覆手，曲首似琵琶。通體用紫檀，槽面用桐木。本名阮咸，亦呼曰阮。

有絃之口琴

崖州人能以細竹裝絃其上，手拉之上下，如彈胡琴狀，其聲幽咽，亦曰口琴。

喇巴卜

喇巴卜，回樂也。狀類胡撥，木槽通柄，絲絃五，鋼絃二。上端曲向後，以施絃，軸柄槽形，似半瓶。曲柄兩旁施五軸，通五絲絃，而繫於軸。以手冒撥指彈之，應鋼絃以取聲。

奚琴

奚琴，刳木爲體，二絃，以木桿繫馬尾軋之。

胡琴

胡琴，似琵琶，而下銳。龍首，皮腹，背有脊梭，二絃，以木桿繫馬尾軋之。《元史》：「胡琴如和必斯，卷頸，龍首，二絃，用弓捩之，弓之絃以馬尾。」則胡琴亦奚琴類是也。但槽端彼方此尖，槽面彼覆以木而此冒以皮，微不同耳。

番胡琴

番胡琴，椰槽竹柄，二絃，以竹弓繫馬尾，施絃間軋之，較奚琴制微短。彼槽以木，此以椰，彼柄以木，此以竹，彼軋以木桿，此亦竹弓。

謝時禋彈琴伐鼓

謝泰臻，字時禋。明亡後，入先師廟，伐鼓慟哭，解巾服，焚於庭。沈舟之痛，時切於懷。援壁上琴彈之，格格不能成聲，推之而起，曰：「人琴俱亡矣。」一日，不知所往。

喬山人善琴

國初，有喬山人者，善彈琴，精於指法，嘗得異人傳授，每於斷林荒楚間，一再鼓之，淒禽寒鶻，相和悲鳴。後遊郢楚，於旅中獨奏洞庭之曲，隣媪聞之，咨嗟惋歎。既闋，曰：「吾抱此半生，不謂遇知音於此地！」款扉扣之，媪曰：「吾夫存日，以彈絮爲業，今客鼓此，酷類其聲耳。」

陳喬生善琴

陳子升，字喬生。善鼓琴，能吴歈，九宫十三調，曲盡其妙。

劉公𪨊使姬墓下操琴

劉公𪨊吏部之友某，素嗜琴。殁後，公𪨊攜諸姬過其墓，停車酹酒，使諸姬各操一曲而去。

徐映玉既嫁不操琴

徐映玉，字若冰，崑山人，嬪於孔，因居木瀆。幼警慧，柔嫕静莊，喜讀書吟詩，善鍼黹，佩服櫛珥必修潔。初生時，母夢梅花一枝墮於庭，及長而愛梅，花開，輒行吟其下，每風雨至，顧而泣，若甚有傷於心者，家人竊怪之。父善弈，女士旁觀，覆不失一。學琴，得虞山指法。既嫁，曰：「此非婦人事也。」遂輟不爲。

唐青照爲塞曉亭鼓琴

唐青照，名唐明，長白人。食貧而不累其天，天乎琴。妻關氏，國色也，操縵以和之，亦造微，家人化焉。客嘗問之曰：「子何得於琴？」青照曰：「我何得乎？舉凡天地間虚牝玄竅于喁吸嘷及乎芒芒嘗嘗，行諸太空，若無所聞，而懸寓乎其中者，悉協之以吾琴而中其微。當是時也，晏晏然，閑閑然，返我心之危，冰釋猋滅，如其初而已矣。我何得乎？」塞曉亭侍郎嘗物色之，踵門，鏗然作，止不進。久之而後通，則鼓琴者其豎徐海也，曉亭驚。比入，所居屋裁二楹，青照篤愛妻，界其半使居之，半給炊，且坐客。曉亭至，方淅米，地爐火鬱攸，而鑊中浡浡湯適沸，凝塵滿席，膝屈而復安。坐良久，青照撫琴曰：「客欲有聞乎？」曰：「欲之。」於是正襟坐鼓之，一再行，風琅琅走，泠然而秋生，曉亭悚氣息如游絲。少選，又再疊之，則羣陰闢，真靈昌，一物一塵，窅然而亡。曉亭蹶然起曰：「止。子天游，琴，寄焉耳。」

章某焚琴

焚琴子者，姓章氏，閩之諸生也。嘗學琴於惠州僧上振，得其音節之妙，遂歸。變姓名，挾琴，還入閩，達官貴人爭延致之，聽其琴，有願從而學者，雖善，然終莫能及也。久之，有將軍自塞上來，駐防福州，嗜琴，厚禮延之，使鼓琴於幕下。將軍據上坐，而置一座於旁，命之坐。怒目視將軍曰：「吾博通萬卷書，而明公惟知馬上用劍槊，吾豈爲若門下士耶？奈何不以賓禮見，而屈我於旁，我不能鼓琴矣。」奮衣徑出，不顧。將軍慚，下與抗禮，謝罪，强留之，乃踞上坐，爲一鼓琴。將軍稱善，左右無不竦聽。然其聲悽愴噍殺，有秦音焉。乃曰：「琴者，天下之至和也。吾琴雝雝如鸞鳳鳴，今枝上無螳螂捕蟬，而絃中忽有西北肅殺聲，何也？豈軍中將有警耶？」撫琴畢，三軍之士皆嗟歎，有流涕者。章盡醉痛哭，上馬而去，將軍贈之金，不受。後此軍淪於海澄焉。久之，閩人目章爲琴師，雖江、浙，頗多聞其名者，然當道不以禮遇之，招之亦不往，往亦不久留。嘗於酒後耳熱，摔琴於地，引滿大巵，放言高論，驚其座賓，談古今得失，雖老師宿儒，深通經濟者，不能難之也。

其最愛之童子曰金蘭，亦善琴，獨得其傳，常負奚囊，從遊數十里外。章詩成，金蘭輒以爲善，録之盈帙。客訪章，不遇，金蘭代款之，以章詩示人。由是人頗異之，以爲抱負非常之士，不得志而隱於琴。然當事卒莫有薦之者，竟佯狂以卒。

章篤於伉儷，婦陳氏，齒少於章者十年，亦頗知書嗜音。章嘗爲之鼓琴，茶香入牖，鬢影蕭疏，顧而樂之，以爲閨房清課，亦人生韻事也。一日，忽謂其婦曰：「吾夙聞紅顏薄命，卿才如此，而推命者多言歲行在卯當死，豈汝亦天上人，不久當去耶？」因感慨悲傷，爲彈《别鵠離鸞》之曲。既而曰：「琴音和，吾與汝尚無恙。然第七絃無故忽絶，少而慧者當之。」居數日，金蘭死。章撫尸一哭，不勝其悲，吐血數斗，曰：「吾死後，《廣陵散》絶矣。」遂焚其琴，不復鼓也，因自號焚琴子。

美人彈琴

彭羨門少宰孫遹有美人彈琴詞，調寄《菩薩蠻》。詞云：「梧桐深院鳴秋葉，狄香小炷氤氲爇。玉指弄哀彈，琴心雲水寒。　圜絲珠作串，字字含怨清。　清怨寄三湘，眉峰九曲長。」

朱漢槎善琴

朱漢槎，名品，字金三。十二歲，即遇名師授以琴學。又十年，復遇一名師焉。先後所學，有百餘曲，晨起彈至夜分，六十年如一日，世未有與匹者也。

程香溪善琴

江都程香溪編修善鼓琴，馬嶰谷以宋姜白石所製側商調《古怨》，屬爲追撫，三日而成聲。

劉九嵒善琴

劉澤長，字九嵒，辰谿貢生。性恬適，雅愛音樂，尤善撫琴，所操三十餘譜，清妙寡和。時有劉半仙者，與之友善，喜聽澤長琴。臨卒，乞以琴殉，澤長如其言。後數月，澤長從子遇半仙於途，半仙以琴付之曰：「此汝叔琴也，當以此免難。」後澤長因事株連繫獄，夜常鼓琴自適，當道聞而異之，廉得其情，乃省釋焉。

陳廉舫善琴

挹翠樓後梧桐一株，百年物也，忽自欹，陳廉舫孝廉製以爲琴。舒鐵雲作詩以誦之，詩曰：「曾上元龍百尺樓，銀牀葉落又經秋。分明絲竹都堂夢，天海風濤一夜收。知音容易賞心難，捉摸龍蛇避鳳鸞。解辨勞薪賦枯樹，更誰肯取作琴彈？十年種樹百年聲，難與箏琶争此名。好待梅花開斷後，千秋萬歲有移情。」蓮舫固以善琴名於時也。

李琴顛鼓琴效蜀派

杭州李崑，字玉峰，號琴顛，先世本漢軍。乾隆癸未，詔裁杭州漢軍，使入民籍，琴顛遂出駐防。工詩詞，善書，有逸趣，鼓琴效蜀派，得盛名，能自度曲，聽之，泠泠然有出世想。其琴弟子甚夥，琴顛曰：「小技耳，諸君無乃嗜痂之癖乎？」

程十然受琴旨於李玉峯

程十然居杭州忠清里之雙眼井巷，嘗游山左、粵東。或勸之仕，且助之貲，弗應。歸而課徒養母，受琴旨於李琴顛，盡得其妙。晚得一舊琴，曰春風，其聲清越，因自製曲曰《烈風雷雨頌》，非知音者不與彈也。十然，名起振，仁和人。

徐我山彈琴

海寧蘇香海貢生士棠，嘗於月下聽徐我山彈琴，而作詩以記之。詩曰：「銀河之水東西流，羅羅屋角涼雲浮。坐有十人八人客，相逢秋士同悲秋。我山夙有絲桐癖，百衲琴名隨身老行役。宮商十指乾浄彈，冷到孤燈寒到月。謖謖恍如松風鳴，濤翻絕壑山峥嵘。又如大蟹小蟹甲初解，横行黑夜爬沙聲。自來蔡琴標五弄，爨下遺材聲壓衆。當前聽君素手揮，今古遥遥堪伯仲。四十年華去不留，七條絃上寫離憂。空庭露氣涼如水，彈著鄉心欲白頭。」

吴氏眷妙析琴理

歙縣吴素江，妝閣中人多妙析琴理，其婦與江右琴香榭蔣錦秋女士共結鼓琴之契。

阮媚生癖嗜琴

阮恩濼，字媚生，儀徵人，爲文達公第三女孫，杭增生沈霦元室。生時，父常生方官永平守，城外河爲古濼水，故名。三歲失怙，能詩善畫，尤癖嗜琴。文達偶至文選樓，必令一彈再鼓，呼之曰琴女孫，且手書楹聯以賜之云：「古琴百衲彈清散，名帖雙鈎榻硬黄。」

宋小茗聽人彈琴

宋小茗廣文咸熙嘗聽人彈琴，而作詩曰：「塵勞念我深，娱以枯桐琴。滿座離言説，虚堂生水雲。時鼓《瀟湘水雲》之曲。感兹今者樂，想見古人心。善手及芳歲，天涯何處尋。」

姚仲虞精琴學

道光時，東南琴學有金陵、虞山、武林三派，而譜則皆出於廣陵。旌德姚仲虞茂才配中性嗜琴，長於金陵，而游於廣陵，雜習各派。及歸里，潛心默悟，乃知傳譜多舛，更正世所盛習者十數曲，又自製七曲，原數説聲，上溯本始，爲《琴學》二卷，出以示涇縣包慎伯大令世臣。

仲虞且告慎伯曰：「七絃各有本數，倍數半數損益上下，旋相爲宫，以定宫商角徵羽正變清濁之位。而六十律三百六十四聲，俱以和相應。凡吟猱，必在角羽位。蓋宫爲君，商爲臣，徵爲事，角爲民，羽爲物，君臣所有事，皆爲民物，故吟而上，猱而下，往復遲回，必當民物之位。」慎伯聞言，不能解，請一再鼓。乃於對几設副琴，鼓至窈眇之時，則副琴絃不動而自鳴，又几案所置杯盎及櫺槅，時或響應。慎伯怪問之，仲虞曰：「各物皆有數，數同則聲應。《唐書》所載寺磬每無故自鳴，僧慮其不祥。萬室常爲剋磬成痕而鳴止。蓋其磬與宫中鐘同數，鼓鐘於宫，則磬應於寺。剋痕雖么細，而磬之得數，已與鐘異，故鳴止。乘筆者不解此義，是以載其事而不能言其故也。」

孔小山受紿鼓琴

曲阜孔氏以雅琴傳世，有名小山者，尤擅長，然性僻而忮，不爲人一彈，尤惡人竊聽。親知或百計供酒食進美妓以媚之，亦酬酢如常人，顧一言及琴，則怫然不答，甚者且拂袖去。一日，飲酒樓，座客泰半與孔識，縱談及於琴，盛贊其技。座中有褚姓者，勇武有力，尤滑稽多智，因曰：「吾能令孔某爲我奏之。」衆曰：「果然，當以酒筵爲君壽。」褚請約期而散。

孔生平好山水，尤慕泰山之勝，時當春日，山花方吐，緑萸競榮，偕僮負琴涉天門，上日觀，僮憩山畔。孔抱琴登絕頂，紅日欲墜，斜射濟河，爗煜作金色，南顧徂徠、梁父、洙泗，如線如礪，如磚墼，顧而樂之，不覺試弄一聲。聲未轉，忽一巨人颯然自林中一躍而出，手巨鎚叱曰：「若何人，敢輒爲窺伺耶？」孔大驚，未及答，而巨鎚轟然下，擊坐前大石，石立磔爲碎塊，石屑四揚，簌簌撲孔身。孔大駭，方欲行而不成步。巨人叱曰：「止，止，動者斃鎚下！汝貪生者，速以資獻。」孔哀求，謂實游客，未嘗攜行囊，安所得資。其人叱曰：「不得資，即以汝命抵。汝不有衣服乎？」孔伏曰：「告大王，此布衣，不值數錢。」其人愈怒曰：「汝無錢，安得有此玩好之物，此非有錢之證耶？狡賴何爲者！」孔曰：「此琴也，貧寒下士，調此自娛，此實亦不足當玩好者。」其人曰：「既如此，可爲我調之。若不佳者，我一鎚，令汝人琴俱碎。」孔無如何，則跪而撫焉。撫未及半，其人曰：「此聲不佳，爲我易佳者。」孔爲彈一曲。時月初上，四山爲薄霧所羃，一受月光，如魯縞齊紈，明淨純潔，殆無其比。琴聲自月中出，晚風送之，蕩入四山，飛鳥皆驚起，繞枝翔且鳴，若與琴韻相和也。曲將終，忽林際數人，連袂歡笑而前，揖孔曰：「君受驚矣。不受大刀闊斧，何得便聞流水高山。」握鎚者亦擲鎚拱手曰：「惡作劇，惡作劇。」因自道姓名，並述前語，孔始恍然。他日，其友語人曰：「不圖真名士乃畏假强盜也。」

錢小謝聽琴

錢廷烺，字小謝，仁和人，枚子，嘗爲崑山令。上承門蔭，文采風流，傾動京國。嘗爲英煦齋侍郎招飲於恩福堂，聽李雲華太史彈琴，因作歌曰：「侍郎飲酒人中豪，高談揮麈真風騷。井中投轄門反鍵，座中之客毋許逃。我輩追陪亦何幸，忘形略迹風懷騁。官燭高燃列兩行，笙歌鼎沸華堂靜。花枝飄拂繡簾前，忽地臨風厭管絃。思聽雍門歌一曲，酒邊時有李青蓮。金徽玉軫錦囊古，《廣陵》可惜今無譜。不作聲聲時世彈，指下風生一再鼓。音韻鏗鏘迥不同，高山流水聽淙淙。東華塵土全忘盡，身到長松大壑中。越女燕姬悄然立，天街不覺更籌急。絃索泠泠調愈高，有人暗向花間泣。侍郎執筆賦新詩，黄絹重觀幼婦詞。紙出澄心催客和，明窗留待月遲遲。年華座上惟吾少，揮豪敢自矜神妙。争及諸公到玉堂，朝衣夜待金門詔。翩翩筆底浄無塵，對酒吟成别樣春。落拓江東應似我，人人杜牧是前身。酒闌燈炧歸孤館，寒衾便是同心伴。一天愁思似雲飛，今宵服得清涼散。天涯久已苦風塵，回首家山似畫屏。安得他時攜緑綺，白蘆紅蓼伴漁人。」

劉惟性從太元學琴

寧國劉惟性，名壹清，咸、同間人。少讀書，已而棄去，浪跡山水間。高峯者，寧之名山也，中有梵宇，僧數十居之，方丈曰太元，善彈琴。劉慕其技，師事之。元曰：「學琴非難，静心耳。」曰：「敢問静心之道。」曰：「自静之，豈師所能爲謀乎！」劉曰：「善，我知之矣。」乃退而屏萬慮，晝夜枯坐禪榻，元時來彈琴，他無所聞。一夜，大雨驟作，夾以風雷，寒猿悲號，山鬼長嘯，燈小如豆，耿耿不能寐。啓户視之，天無雲雨，察聲所自來，則出元室，知元彈琴也。潛至窗外竊聽，久之，忽悲酸不可忍，失聲號曰：「弟子願歸矣。」撞扉入。元撫琴默坐，初無聲息，元曰：「汝願歸乎？然汝學成矣。吾琴聲幽細，數十小和尚皆不聞，汝獨聞之，心有静有不静也。」又曰：「庸人以耳聽，静者以心聽，心聽者能聞聲數里外。至於琴，淺學者以指彈，静者以心彈。以心彈者，得琴之道矣。汝心静，可語琴。」明日授以琴，略授宫商之訣，隨手而彈成音。元曰：「可矣。」

劉自此彈琴，摹擬萬籟，無不各肖。然劉殊自覺，惟志之所存，而音遂隨之耳。愈力學，三年而歸，寄懷於琴，因自號曰琴客。不爲俗人彈，彈，人亦不聞也。時粤寇敗，亂兵竄徽、寧，肆刼掠。嘗有兵至劉宅，聞山後有金鼓聲，驚而退。後偵知爲劉彈琴，往執之，使彈。劉不從，威以刀，劉撫絃作淒酸聲，兵手戰刀落，乃舍之。而劉亦棄妻子逸去，不知所終。或曰，劉蓋往高峯，從太元游，光緒時猶有人見之。

許颸階善琴

許颸階，茂名之新坡鄉人，以善琴著，且喜啖狗肉，習久成癖，故自號琴狗道人，又自署其所居曰琴研堂，人亦以琴狗道人呼之而不名。嘗掘地得一漢玉，古色斑斕，知爲數千年物，則鐫琴狗道人之號於上，常佩之於身。每當屠狗大嚼，濁酒半酣之餘，則按琴於膝，臨風鼓《凌雲·之操》一曲既終，則又解其玉佩，摩挲翫賞不已。與江山淵之尊人尤莫逆。江居廉江，與新坡距數百里，有橋西草堂，貯圖書五十餘萬卷，任人覩之，有跋涉千餘里借書寄讀者。颸階之至，亦以讀書故，然是時固未知學琴也。一日，有客自遠方來，踵門求謁，自云欲借一席地，信宿卽行。視其刺，署曰劉心絃。令肅入，骨癯神清，瀟灑絶俗，一童子年可十二三，手挾錦囊一，長數尺，隨其後，視之，則琴也。坐定，劉曰：「余産於湘，遷於粤，壯歲有大志，以不得償，憤而作萬里遊。又嘗慕鴟夷子皮之爲人，乃挾美人以游五湖。既而浮淮涉湘，渡黄河，登太行，西出玉門，訪酒泉、張掖之遺勝，北踰居庸，登萬里長城，賦冰天躍馬之詩。然足跡雖徧天下，而蹭蹬益甚，余妻又墜馬，死於澗阿，余乃鬱鬱而返故鄉，結屋於越王臺畔居焉，日惟嘯歌以自樂，歷十年，不復出。今覩兵氣滿西南，戰事將起於交趾。聞馮萃亭將督兵出關，余心動，爰棄故居，腰劍從軍，將往投之，途過此地，顧假宿一宵，黎明當行矣。」繼敂其征途僕僕，奚爲挾琴以俱行。劉曰：「此余之所癖也。余生平無他好，惟嗜琴。余祖父世習兹技，傳其術。此琴世間不易得，尤余之所寶。昔入京師，王公貴人争相延納，求一奏以爲樂，此琴即某親貴之所贈。余視之如嚴師，亦親之如膩友，出入必與偕，數十年來未嘗一日離。而余妻夙亦善琴，昔者萬里行役，必與之並轡馳驅，不稍離，琴亦隨焉。今余妻亡，此琴即余之妻矣。」

江設盛筵款之，席次，心絃縱談琴理，復按琴理絃，奏《清夜聞鐘》一曲，初撥剌三兩聲，頓覺萬籟不喧，四山欲静，恍若更闌人定之時。曲未終，涼風習習，徐起庭際，聞者若飲甘露，凡骨欲仙。許尤凝目默會，神與琴聲俱往，已而語江曰：「吾輩夙欲習琴，深憾無所得師，今幸天賜琴師，詎可失之交臂。」江乃勸客少留，劉慨然曰：「余東西南北之人也，何地不可以爲家。夙聞主人賢，既至，安忍即行，重違主人意。且此間圖書至富，讀書之樂，勝於從軍也。」

由是江、許皆從劉執弟子禮，受琴學。劉居數年，未嘗言歸，盡傳其累世相傳之奥。某歲，秋風起，忽動歸思，請行，且慨然以其所寶之琴贈江，曰：「感主人德，無以爲報，謹以此贈。余相天下士多矣，未有如子者。子誠此物之主，其勿辭。」江再拜而受之，贐以千金，不受，浩然而行。琴鐫崇禎年號。

許以嗜琴切，性過急，轉艱澀而不能成聲，憤甚，乃攜琴入深山窮谷無人之境，與木石爲伍，正襟危坐，冥心潛彈，寄想於杳冥寂寥以外，往往數日不出。由是心領神會，默解妙趣，而大塊之元音，不期而自宣洩於五指之下，學乃大進。於是屏除一切，洗心澄慮，專致力於琴，琴以外不復聞問。未及數年，善琴之名噪於時。及自肇慶訓導棄官歸，則挾一希世之奇珍以俱。

蓋許在肇慶時，官務清簡，距署數武，有茅亭，嘗往憩焉。亭在署西，築土爲之，高數尺許，疊石爲級而上，亭上豎柱四，覆之以茅，人卽呼曰茅亭，無他名。亭四旁皆有短闌干，以竹編之，闌干外幽花野草，隨意點綴，頗饒佳趣。登亭縱目，則城外沿江諸山，歷歷可指。每出署作汗漫游，趣令一小僮攜琴隨其後，憩於亭，輒憑軒鼓之，清風徐來，草木皆動，身飄飄若仙。俯視亭下，則行人甚稀，薄暮，有二三樵者肩枯薪過其下，信口成謳，行歌互答，與琴聲相應。一日，挾琴登亭，時秋聲初動，西風滿亭，微雨欲至，天外諸峯，咸露瘦骨，而相對作愁容，亭前楓樹數株，亦如臨風泣血，極目遠眺，而思鄉思友之念，一時交集，乃調琴作《天馬引》，如刀劍鐵騎，颯然浮空，果若天馬之疾至。繼又譜《陽關三疊》之曲，則又若風號雨泣，鳥悲獸駭，淵淵然有金石聲，不覺冰絃之欲裂，萬木無聲，四山皆靜，惟木葉蕭蕭下，積地盈寸。瞥見亭下有一少年，獨步荒草間，作竊聽狀。其人年可二十許，丰姿楚楚，兩目閃爍有神，惟蹙頞疾首，愁形於面，頗隱隱有淚痕，似感琴聲而悲動於中，若重有隱憂者。詫之，方欲止琴不彈，招之登亭，乃琴聲止而其人杳矣。

越數日，許方清晨理琴，突有一少年挾琴直入，長揖不拜，蓋卽茅亭所遇某少年之友也。詢之曰：「子攜琴造余，殆亦善琴耶？」其人曰：「非也。余不知琴，余友則善之。琴甚古，今奉其命持贈先生，幸受之。」言已，捧以獻。許撫視其琴，則希世之奇珍也，亟曰：「余與子之友，未交片語，何敢承茲瓊琚之賜，必不受。」其人曰：「此琴還故主之日，先生必受之。」且嗚咽曰：「嗟乎！余友死矣。」許驚駭，詰之曰：「余與子之友遇，今才數日，奚以忽死？死於何病？又奚爲以琴贈余？」其人曰：「余友死，昨日事耳。亦非死於病，蓋別有故焉。死時有遺書在，所以留呈先生者，遺言屬余攜琴與書來謁，并欲有所求於先生，其諾之。」言次，出書以獻。亟啓緘讀之，其文曰：「余不孝，無以得母驩，罪通於天，百死莫贖。今余與小妾俱死矣。先生碩德清望，戾止是邦，高山在望，夙所景行，獨恨修謁無緣，鬱鬱終身，憾也何如。然秋風茅亭，猶獲一覘清貌，并以琴聲餉我，雖絃外餘音，哀感動人，而得聞六藝，死亦愉快。余亦有古琴一，並世罕有其匹，愧余不德，既辱琴於生前，詎可復辱琴於死後，使落市儈之手。余罪滋深，今謹屬友人，敬持獻於先生，非先生不足爲茲琴主，余當爲琴賀。倘墨翟之言不謬，宣室之談有徵，茲琴既得長侍先生，余身後之魂亦得藉茲琴以追隨左右，惟乞錫以鴻文，一誌余墓，死且不朽。」許讀其書而哀之，曰：「斯人之死，適死於茅亭聽琴以後，其殆伯仁由我而死耶？」既而復語其友曰：「爲文誌墓，余之責也，敢不祗承。惟緣何而死，死又奚爲與妾俱，皆未詳。而其生平之言行及其遭際，必有特異於人者，尤所樂聞，幸詳以詔我。」其人曰：「諾。」乃舉其事以告，其言曰：「友之死，非死於病，乃死於家庭之變。友姓闕，名以忠，邑人也，世居城西。其先世皆顯達，饒資產。至以忠，家中落。幼喪父，惟一母一弟，母爲繼母，弟卽繼母所出。性孝友，尚任俠，外柔而內剛，視其狀，恂恂然若處子，而其實氣雄萬夫，偉男子也。幼抱奇志，專究心於經史、諸子、兵家之學，下及琴棋書畫、金石雕刻，亦皆博綜兼通，而琴尤爲所長。然憤時嫉俗之念太盛，往往流於偏激，每談及輓近風俗日下，舉世不識道德二字，輒扼腕狂呼，目眥怒欲裂。故生平擇交甚嚴，落落不苟合，引爲知己者，惟余一人。年既長，娶妻，未踰年卽死，不復娶，納一妾以事母，而常爲母所憎，且以不應試而爲布衣也，憎之益甚。母性善怒，累受鞭扑，均笑顏受之。俟母怒稍霽，始婉辭規勸，勸則母復怒，怒則復繼以鞭扑，以爲常。其妻亦以不能得母驩，憂慮而卒。及妾歸，母鞭之益酷。妾本寒家女，美而賢，能文章，求婚者皆拒之，獨願爲闕妾。有以母性善怒告者，亦不懼。既歸，日受鞭笞，體無完膚，無怨色。初，母之鞭妾也，闕必厲聲以責妾，助鞭之，母怒亦稍解。然母怒與年俱進，其後雖亦助鞭妾，亦不足以釋其怒矣。然妾體素癯，不足以支夏楚，泣語闕曰：「妾不職，常觸母怒，罪宜死，今請死於君前。妾死而母子安，妾心亦慰。」闕止之曰：「母性善怒，不自今始，皆由余不孝所致，奚涉於卿。宜竭誠事母，終有釋怒日，徒死奚益！」妾涕泣受教，由是侍母益謹。距其家半里許，有古刹一，曰蓮花庵，闕幼時曾讀書於此。庵地廣而汲水則甚難，闕乃命人濬一井，濬時，掘地得古琴，有石函藏之，殆數百年間物，而完好如新，居土中既久，色乃益潤澤，可鑒毫髮。喜甚，因專肆力於琴，且爲文樹碑於井旁，記其得琴之由焉。且以家庭不相安，乃恆藉琴以自遣。每鼓琴，妾必歌以和之，爲狀若甚樂。母初亦喜之，然未幾而故態復作，鞭箠之聲，仍昕夕達於外，且責妾以導夫於淫樂之罪。闕泣曰：「逐妾耶？妾無罪。留妾耶？母益怒。而妾且死，將奈何？」不獲已，乃挈妾暫居於庵，由是母始少安。然闕與妾雖外徙，日必數返以省母。而母於闕至，虛數語，即麾之行。妾至，則持帚以逐之。往往與妾長跪門外烈日下而痛哭，卒不省，閉門若不聞也者。族中子弟嘗謁母，求爲母子如初，母亦不顧。闕自是頓發狂疾，常皇皇若有所失，日則散髮亂服，踽踽獨行，或數日不返，返則與妾相對而哭，竟日聲不輟。有時席地鼓琴，作觱篥聲，妾聞聲起舞，和以楚歌，琴聲蒼涼，歌聲悽咽，聞者咸隕涕。鬱鬱至於今三年矣。今年春，聞先生履茲土，喜甚，願執贄晉謁。日前偶過茅亭，聞琴聲，悵然有所觸，號哭而歸，昨日竟與妾投井而死，即得琴之井也。死時，有血書二，一辭其母，一別其弟，屬弟善事母。又有遺書一，屬轉達，即此書也。」許聞言已，慨然爲作墓志，更親往哭之於庵，西風殘照，兩棺橫陳，回憶茅亭相遇，惝恍如夢，爰取所贈琴，鼓一曲於棺側，而以《招魂》之賦歌之。尋攜琴棄官歸。

其後，有自羊城至廉江者，謂劉已得狂疾，常見其露體跣足，狂歌於市。或曰，非真狂，實有託而逃也。

楊時百善琴

楊宗稷，字時百。從長沙張文達公百熙遊，不樂仕進。中年喪偶，獨居寡歡，憂患忻戚，一寓於琴，冥神覃思，窮極幽妙。其本師江寧黃勉之以琴教授京師，弟子數百輩，精進無出時百右者。所著《琴話》四卷，則萃集古今琴學家言，一一論其源流，考其正變。久居京師，所入不豐，乃傾所蓄以購古琴，人皆迂之。

閔蘿屏善琴

南匯閔苧，號蘿屏，黄大昕繼室。少時學琴於其叔某，兼習詩畫，而琴尤擅長。歸黄後，親操井臼，不以翰墨妨女紅，爲閨閣所難。

梅雨田善胡琴

梅雨田，名大鎖。精於樂，初以笛名，能吹崑曲三百餘套。以崑曲不盛於世，乃改習胡琴。胡琴以手能發音者爲佳，俗謂之手音。人之指肉有厚薄，故音有高下。琴瑟貴甲肉之音，胡琴則純貴肉音。梅體肥而膚潤，故發音爲天下第一。又性聰，聞聲，輒能摹效，俗謂之耳音。深得神趣。絲竹到手輒善，有孔能吹，有絲能彈，天生佳質也，而尤工者爲鎖吶、胡琴。

胡琴本無奇聲，自梅弄之，凡喉所能至，絃亦能至，柔之令細則如蠅，放之令洪則如虎，連之令密則如雨，斷之令散則如風，呼吸通神，清脆高響。他琴師皆板板數調，取足和音而止。梅自開板，俗謂之過門。即出新聲，至唱處，更絲絲入扣。大抵人之喉音，能密能久，絲則一響即殺。梅鼓之，尺寸加密，凡一隙，均加一音，節節填滿，不令有絲毫空漏。手指上下，急如風輪，密如蛇足，而某音應深按使切，某音應淺撫令泛，雖繁不勝記之中，而以耳會，以神通，無不入妙入微，曲盡其趣。其二黄閞板，迥不猶人，不獨倜儻舒和，而煞尾處撮六七音於一輪指之中，如聯珠並流，如輕環急轉，緊處加密，而餘處仍故放令疎，戛止徐來，界限清楚。其取徑皆大方家數，又非徒以繁絃急管見長，唱調無窮，絃亦復無窮。每换句調，則易其法，每弄過門，則更其聲，五花八門，層出不已。他人雖拾得一二，莫能窺其涯涘也。

陳彦衡善胡琴

陳彦衡，蜀中世家子，曾爲吏，善鼓琴。自幼往來京師，卽注意於唱，以喉短，遂師梅雨田，習胡琴，多傳其法。而手音亦與之相亞，凡唱法、讀字法、弄琴法，用力頗勤，均得梅之衣缽。梅死，首推陳，伶界、樂界均尊上之。陳亦善於指導，經其教授，無作門外唱者。名伶譚鑫培至滬，以琴師無當意人，重值聘陳往，以其曾爲吏，故尊視之。惟陳本紈袴子，性驕亢，與譚等，致不能終其交。

瑟

瑟，前廣後狹，面圓底平，中高，首尾俱下。通長六尺五寸六分一釐，爲九倍黄鍾之度，絃長四尺三寸七分四釐，爲六倍黄鍾之度，絃凡二十有五。通體桐木黑漆，身繪雲龍，首尾繪錦，邊繪雲。梁用紫檀，絃孔用螺蚌爲飾，以漆金架二承之。

李子金揄瑟鳴箏

李子金增生之鉉性磊落，不拘形檢，時與市販孺子揄瑟鳴箏，遨游過市。即富貴家素不相識者，有邀之者，亦不辭。其在大庭廣衆中，雖諧語十九，然鄙猥之談終不出之於口。

箏

箏，似瑟而小，十四絃，各隨宫調設柱和絃，以諧律吕。通體用桐木，梁及尾金漆，邊用紫檀，絃孔用象牙爲飾。《唐書》言十三絃，或十二絃，制不可考。今十四絃，則五聲二，變爲七，倍之，故爲十四也。

六絃箏

六絃箏，陳暘謂唐天寶中史盛作六絃琵琶。蒙古箏有六絃，意亦唐制。

軋箏

軋箏，爲箏之一種，以竹片潤其端而以木桿軋之者，唐時始有此器。十絃，長二尺二寸有奇。

琵琶

琵琶，一作批把，有四絃，刳桐木爲之。曲首長頸，平面圓背，腹廣而橢，内繫細鋼條爲膽，面設四象十三品，猶琴之徽位，以爲聲音清濁之節也。《釋名》謂其器本出於胡中，馬上所鼓，推手前曰琵，引手却曰琶。舊皆用木撥，唐貞觀中，裴洛兒始廢撥用手，所謂搊琵琶者是也。今多有用六絃者。

白璧雙之琵琶第一手

白璧雙，名珏，蘇州人。順治初，琵琶稱第一手。嘗售技於南北，吴梅村《琵琶行》，爲白作也。當時名流多有贈詩，王西樵曰：「四絃誰破夕烟昏，恰是香山老裔孫。國手那推賀懷智，妙音直壓康崑崙。移時寂歷鳴沙雁，一摘崩騰斷峽猿。不是狂奴能作達，此中應有淚千痕。」陳其年曰：「玉熙宫外繚垣平，盧女門前野草生。一曲紅顔數行淚，江南祭酒不勝情。十載傷心夢不成，五更回首路公明。依稀寒食鞦韆影，簾幙重重聽此聲。縱酒狂歌總絶倫，曾將薄藝傲平津。江南江北千餘里，能説興亡賸此人。醉抱琵琶訴舊游，禿衿矯帽脱梢頭。莫言此調關兒女，十載夷門解報仇。」鄧孝威曰：「北極諸陵黯落暉，南朝流水照烏衣。都來寫入《霓裳》裹，彈向空園雪亂飛。白狼山下白三郎，酒後偏能説戰場。颯颯悲風飄瓦礫，人間何處不昆陽。」

赤陵姐善琵琶

康熙朝，喀爾喀部有善彈琵琶名赤陵姐者，能彈氷車鐵馬之聲，彈時朔雁俱落，彍騎環聽，肅然無聲。隣部厄魯特部噶爾丹汗遣使求之，喀爾喀怒，不與。汗起兵伐之，寖滅其部，以赤陵姐歸。喀爾喀部遺臣款塞求救，聖祖親統六師征噶爾丹。丹戰敗，其妻阿弩戞吞率突騎略陳，被殪於軍前。旋縶噶爾丹以歸，赤陵姐隨入京師，猶奏技於王公家，聞者至有緑珠、杜秋之歎。

乾隆時，徐芝仙游京師，從故侍衛聞此，因作《赤陵姐琵琶歌》，歌曰：「邏娑檀上紅紋躄，龜茲國唱無愁曲。尤物皆從氣運生，天教色藝空金屋。千年沙漠藏龍蛇，化爲女子顔如花。生長赤陵呼作姐，能將蕃曲譜琵琶。琵琶宫調八十一，別有新聲緩挑出。韻並風生樂萬方，國王一見加諸膝。其王分地跨輿和，西與山戎厄魯特。接壤多。閒起侵陵緣互市，終修和好悔操戈。鼓聲坎坎冰天裂，豔妝正踏山頭雪。一枝春色照黄沙，兩國兵端從此結。虎奪龍争秋復春，朝爲楚媵暮爲秦。掌上青娥偏解舞，原頭戰骨幾生塵。皇皇天子修文德，頻遣行人頒玉册。蠢兹猰窳惡浮天，爲一婦人滅一國。旌旗出没黑山陬，風雨憑陵青海頭。塵起百靈争語帝，霜高屬國盡防秋。維時五月三日暮，至尊駐蹕香泉戍。寇騎倉皇走大荒，龍驤浩蕩來西路。羽林老將爲余言，親見閼支陣前仆。四寸文綦幺鳳飛，週身細鎧黄金鍍。芙蓉十隊化寒烟，膩有殘英泣斷絃。鬢點雪霜亡贊普，命餘鋒鏑出祁連。理藩院裏秋槐老，階墀猶把琵琶抱。宛似蝦蟆陵下人，潯陽江上傷潦倒。聽彈一曲別郎官，絃上傳來意萬般。未死若憐胡地隔，得歸終戀漢恩寬。曲終上馬風蕭索，風吹淚逐哀絃落。何須淚逐哀絃落，禾麥油油滿沙漠。君不見傾城傾國代有人，若個老歸生處樂。況爾歸時國有君，太平無復強侵弱。」

楊至軒聽琵琶

康熙某歲九月望日，吴維賢招海寧楊至軒上舍觀誠，及金聖修、陳知載、黄右公、陳玉禾小飲，酒後聽琵琶，至軒乃作詩曰：「今秋雲氣多沈緜，牀牀屋漏難安眠。遥山久失爛漫皴，遠樹時帶模糊烟。濮陽先生最愛客，折柬書破桃花牋。立心精誠感碧落，吾輩遂得神明憐。掃除陰霾補天漏，爽朗開豁分坤乾。近來晴日頗難得，況逢明月今宵圓。酒徒入門高興發，促迫趁早陳華筵。分湖郭索肥且鮮，京口名酒藏如泉。持螯把琖對蟾魄，快意無不當吾前。談深銀燭屢見跋，樓頭已報三更天。主人情緒猶未已，徵歌聲與青雲緣。曲終客醉皆欲去，忽聞妙手徐調絃。攏撚抹挑見指法，神技似向呼韓傳。崑山玉碎珠琲散，鐵馬檐際當風懸。輕雷出地繞堂輥，怒瀑欲瀉仍回旋。芙蓉泣露菊花笑，老蛟起舞魚浮淵。醉中世界昧南北，此身疑在潯江邊。人生悲歡寧自主，念此不覺心茫然。黄花插頭杯在手，逢場取醉仍年年。驚秋雙鬢那肯換，白日無奈羲和鞭。青衫淚溼傷老大，好景易過難留連。衆賓起別主送客，皓月尚在天西邊。歸憑餘醉支枕卧，夢中猶覓江州船。雞鳴酒醒睡初覺，又聽簷溜聲潺湲。」

舒鐵雲聞河間琵琶

舒鐵雲聞河間琵琶而作詩曰：「車班班，入河間，河間姹女工數錢。請上琵琶絃，爲君躊躇一再彈。

一彈絃未整，再彈聲忽警。三彈四彈風雨并，不見絃絲見指影。絲者不如竹，竹者不如肉。被服羅衣裳，當户理清曲。曲聲齊唱《滿江紅》，催曉疑是商玲瓏。千呼萬喚徒爲爾，千山萬水愁殺儂。別有危絃促柱起，南部烟花非北里。滿堂賓容不願聞，兩豆行將塞其耳。耳可塞，心欲死，君不見遼海文章亦如是。」

俞春浦善琵琶

杭州南屏僧小顛至蘇州，寓南禪寺，與舒鐵雲相見於王仲瞿孝廉曇處。他日，仲瞿招小顛飲酒，屬鐵雲以詩邀之，詩曰：「不喫趙州茶，南山老酒家。三秋懷落葉，一飯悟桃花。篝火依龕冷，簫聲入市譁。分明同小住，風雨卽天涯。欲結廬山社，經時憶遠公。酸鹹詩以外，酒肉佛當中。毛寶功無量，時索寫破迷禪師放龜詩。王維畫最工。謂仲瞿。觥船期一棹，要遣百分空。」

詩至寺，而小顛已往靈巖矣。乃以琴客俞春浦補之。會是夕風雨，春浦取琵琶作曲，鐵雲乃作詩以寄小顛，詩曰：「夜寄三瓶榼，朝飛十幅蒲。寒山楓樹老，香海雪花龕。七十二峯外，西風吹太湖。不知雙不借，何日下姑蘇。今夕仍風雨，桓伊喚奈何。殘鐙青豆小，高閣白松多。一曲玉連鎖，三升金叵羅。阿師當大笑，和我醉時歌。」

是夜，春浦所彈爲《玉樹後庭花》曲，鐵雲更作歌贈之，歌曰：「雪不醉党將軍，月不抱王昭君。賀老琵琶定場屋，彈不破《玉樹後庭花》一曲。初彈春鳥碎，再弄秋烟翠。青山鏡六朝，紅露花三昧。回身急抱琵琶腰，盟心暗貼琵琶背，使我低頭欲向琵琶拜。十指玲瓏一指挑，四絃惆悵半絃搔。此時神女傳瑤瑟，此際宮人記洞簫。璧月夜三更，瓊樹春雙聲。都官鬢絲黑，妃子眼波青。結綺閣中香未散，景陽樓上鐘初鳴。又何似玉樹流光照後庭，恨不見馮小憐，彈得春風值一錢。卻待秦淮新月上，留與隔江商女唱。唱出琵琶曲，傳入琵琶譜。一絃琵琶絃，一柱琵琶柱。中絃盈盈張麗華，么絃子絃後庭花。老絃變宮如拍鼓，可憐門外韓擒虎。玉樹玉樹愁殺人，一條絃線一指痕。依稀水咽青谿柵，彷彿烏啼白下門。斜捺小絃半黍許，井底嘍嘍紅鬼語。淒涼三十六封書，秋菊春松淚如雨。安公子，去不還。闕別駕，何當彈。安西折楊柳，南唐念家山。燕市擊筑筑聲裂，吳市吹篪篪口缺。亦不是蜀國絃，齊門瑟，自有紅梁醅酹綠蠡杯，直彈到枇杷花下東方白。」

程春堂善琵琶

程春堂居南匯大團鎮南，工畫蘭及設色花卉，琵琶尤爲絕技。晚歲，充場大使署總書，與唐晉卿善。唐亦家於大團，其壻黄祉安至，必邀共杯酌，酒後輒彈琵琶數套以爲樂。黄聽至《夕陽簫鼓》、《平沙落雁》，輒神爲之移。

程性和易，年近七秩，精神甚健。黄嘗詢以撥撚之妙，何由至此。程曰：「余少受邑城鞠士林之傳，專意練習，至忘寢食。每晨起，披衣坐牀上，先彈二三套，然後下床。如是者約二十年，始覺得心應手，純任自然。」

時南匯善彈琵琶者有二，一爲程，一爲陳子敬。子敬常旅食於外。光緒丁亥，黄肄業於上海之龍門書院，偕松江尹鹿笙明經至東門内王家，適子敬在座，見指套銅甲，彈《霸王卸甲》，聲調洪亮，令人想見拔山蓋世氣象。人謂陳善武套，程善文套，程之品格高於陳。每歲滬上開琵琶會，必招程往，執牛耳。既作古，南匯大套琵琶爲廣陵散矣。

玉琵琶

玉琵琶者，武進、無錫間之老技師也，以天下琵琶第一聞，而吴中諸技師多未嘗聆其奏藝。金閶有某曲工者，亦以琵琶雄南部，顧名終出玉琵琶下，意頗不平。一日，詣其宅，高堂邃宇，闃其無人。信步入一軒，中無他物，架列琵琶三，一烏木床黄楊柱膠絲絃，二沈香床檀柱玉絲絃，三紫鐵床金柱銅絲絃也。曲工意以爲盡於是矣，竟取鐵琵琶彈之，嘈嘈切切珠落盤，意甚得也。曲終，一小童倚屏而笑。曲工方欲有問，侍者入請曰：「客飢矣，主人命姑飯，當出見。」曲工不得已，隱忍入座。飯時，絮絮問主人，且誇己技之高。倚屏小童對曰：「先生所能，童固優爲之。若主人，則不屑是。」曲工大詫。童從容取鐵琵琶奏之，曲工歎匆如，亟求見主人。童曰：「少安毋躁，姑觀其器可乎？」乃導入一精舍，則所列架如前狀，而三琵琶非故物矣。蓋一石根，一象牙，一羊脂美玉也。童取而一一奏之。至玉質者，忽作異聲，如鳳鳴九霄，鸞翔天外，仙風披拂，豁人襟抱，亦不知爲何曲也。曲工神迷精喪者久之。一聲撩撥，戛然而止，回顧己身，不覺漸沮。童固請覆奏，曲工瑟縮再四，由石而牙，幾不能成曲，趦趄不自安，遂不見主人而出。其後竟無來與之角藝者。

和必斯

和必斯，似琵琶狹小，直柄曲首，四絃，柄下腹背如蘆節。通體用桐木。

二絃

二絃，方槽，底面有孔，木柄，曲首覆尾，如琵琶，又似三絃，但鼓方耳。

癩鬼均善二絃

廣州有癩鬼均者，本名均，以病癩，人因名之。執役於劇場，善奏二絃，能隨意譜一曲。而南音、粵謳、戲曲、談罵，及風聲、雨聲、小兒泣笑聲、新嫁娘嬌啼聲，舉凡人世間所有之聲籟，均從二絃中譜出之，聽之宛似真者。

三絃

三絃，斲紫檀爲之，修柄，方槽，圓角，冒以虺皮。柄下曲，貫槽中，上直，與槽面平。通長三尺三寸有奇。柄末穿直孔，貫以三軸，左二，右一，納絃，以三軸綰之。山口及軸用象牙，柱用竹，槽面設柱，架絃微起，以指甲撥弄發聲。

三絃定絃以取聲，各隨宫調。其制起於秦，本三代鼗鼓之製，而改絃易響，謂之絃鞉，故雖能倚歌曲折，而仍以節制輻輳其間。《唐書》有龍首琵琶、雲頭琵琶，皆三絃。飾以虵皮，則似亦唐制也。

陸君暘善三絃

毗城陸君暘初嘗學吴絃於吴門范崑白，得其技，已而盡棄不用。以爲三絃，北音也，自金、元以降，曲分南北，今則有南音而無北音。三絃猶餼羊也，然而吴人歌之，而祇爲南曲之出調之半，吾將返於北，使撩捩之曼引而離迤者，盡歸激泱。

嘗譜金詞董解元曲，又自譜所爲《兩鴿姻緣》新曲，變其故宫，獨爲剌促偪剝之音，名《幽州吟》，駭然於人。然其時故有知者，周延儒請與游。累致千金散去，終自以不知於時，嘗著《三絃譜》，欲傳後。會大兵入吴，遯於三江之滸者若干年。世祖聞其名，御書紅紙曰："召清客陸君暘來。"既入，御便殿賜坐，令彈。陸乃彈元詞《龍虎風雲會》曲，稱旨，賜之金。自是，貴邸巨室争邀致之，無虚日。或欲使隸太常，弗屑也。年七十，尚能作遏雲之逸響。宋荔裳按察琬贈以詩云："曾陪鐵笛宴寧王，吹笛梅花滿御牀。幾度淒凉春草碧，不堪重過鬬雞坊。"

時松江提督馬進寶亦駈首下獄，人不敢問。進寶故善君暘，君暘任俠，直入獄具餉。臺臣聞者皆大駴，各起謀劾之。華亭張法曹急往告，君暘忼慨曰："吾何難仍遯之三江間耶！至尊若問我，道我病死。」言訖竟行。後上果問及，如其言，上爲歎息。當是時，君暘名藉甚。初本名曜，君暘者其字。至是，以上稱君暘，遂以字行，凡長安門刺往來奏記，皆得直書陸君暘以爲榮。

君暘後復不得志。嘗過上海。上海名家子張均淥慕其技，君暘亦獨奇均淥，謂均淥知己，盡授其技，作《傳絃序》一篇。君暘多門徒，然皆不及均淥也。吳中三王之中有曰稚卿者，君暘弟子也。

王玉峯善三絃

王玉峯，字正如，漢軍正黄旗人。生而盲，九歲喪父，隨母爲人傭。以廢視，無所得食。年十三，學於張治平。治平工歌曲，善胡琴，玉峯從之十四年，盡得其術。既成藝，以彈唱自給。光緒庚子之變，洋兵聞歌者輒嬲之，遂不復歌，而專力於三絃，冥心渺慮，體物肖聲，自曲本雜劇、鐃歌軍樂，下至男女媟褻之辭，皆心摹手追，運指應節。名伶譚鑫培、龔雲甫輩每登臺度曲，必往聽焉。時或躑躅營門，聽步伐口號及行軍布陣之曲，歸而譜之，不爽絫黍。閉門獨坐，則手援三絃，凡小兒聲、婦女聲、行人車馬聲，與夫禽獸、飛鳴、候蟲、振羽一切音聲之不可以口舌傳者，莫不揣其性情，窮其微妙，意有所會，悉於絃間傳之，聽者忘其爲三絃也。

乙巳、丙午間，玉峯之名始起，王公貴人爭相招致，然深自矜重，不輕徇人。京師貴游喜爲里巷淫冶之聲，以強玉峯，詭曰洋二黄，玉峯雖應之，心弗善也。那琴軒相國桐當國時，嘗以母壽召玉峯，使彈風流餘口，玉峯不肯，曰："「不祥之詞，奈何壽太夫人乎？」那瞿然曰："「微子言，吾念不及此。」玉峯出謂人曰：「那中堂不孝人也，母壽而樂聞不祥之聲。」自是，雖召不復往。載灃、奕劻聞其名，招之，玉峯固謝，謂載灃喜近小人，奕劻排斥異己，皆非正道也。戊申國卹，定制，民間不得演劇，諸伶請於警廳，願延玉峯，以所入助貧兒院，警廳許之。

玉峯自言，能奏舊劇二十餘齣，尤善者，爲《空城計》、《二進宮》、《韓琪殺廟》諸劇。或曾邀玉峯依次爲之，玉峯乃首演《空城計》，初出場時唱搖板，疾徐抑揚，各得其宜；坐在城樓，轉唱西皮，繼轉二六，莫不曲折如志，而狂笑尤得神。次演《二進宮》，生旦浄互唱二黄，字字宏亮。又次演《韓琪殺廟》，則奏腔矣，聲之尖利，韻之流宕，其悲哀處，自足引起聽者一種淒楚之態。既畢，座客欲一聞反二黄，乃令續演《牧羊卷》一齣，亦復高亢可聽。蓋其用指之度，視發音之繁簡而別，音簡用指少，音繁用指繁，簡時用指僅一二，繁時則胥十指而並用之，故其發音之複雜，誠有不可思議者矣。

李萬聲善三絃

李萬聲善三絃，場置几案一、椅一，上張紅緞帳，下設錦繡幃，大書曰「寰球絶技」。俄頃，有人扶之而出，臺上下萬籟無聲，悉心静聽。於是整理三絃，引場唱京都時調數句。既而按指輕彈，髣髴鑼鼓聲，《教子》中之三娘出焉。一曲青衫，抑揚婉轉，忽焉而生，忽焉而老生，過門唱句，按腔合板，字字清楚，至生旦對唱，亦無絲毫夾雜。繼彈《滑油山》，宛然老旦聲調，得心應手，有頓挫自如之妙。終彈洋操一節，軍樂聲，洋鼓聲，步伐聲，一時並舉，若遠若近，不疾不徐，更覺出神入化，令人不可思議也。

萬聲亦盲於目，與王玉峯同。

鼻吹簫笛

宣統辛亥春，大興鄭民魁挾絶技，游東南，日行廛市間，手攜簫一笛一。有人請其奏技，則置笛於鼻端，用力吹之，其脣其舌絶不稍動，而音聲纏緜悱惻，令人有高山流水之思。其奏簫亦然。

排簫

排簫，比竹爲之，十六管爲一具，即十二正律加四倍律也。陰陽各八，自左而右，列二倍律，六正律，自右而左，列二倍吕，六正吕，與編鐘、編磬相應。有架，古以竹爲之，今用木爲櫝，亦自宋以來相傳之舊，中凹而虚，以受管也。管之下端，參差不齊，兩旁長而中央短，皆容於格内。

簫

簫，即古之笛，體用紫竹。簫笛之制，古皆用角律。黄鍾者，陽律一均之正宫，而姑洗其正角，大吕者，陰吕一均之清宫，而仲吕其正角。故用姑洗簫，應陽均，用仲吕簫，應陰均，以配排簫之音，最爲和協。

鳳凰簫

俗稱簫之山口處有節者曰鳳凰簫，無節者曰洞簫，此當卽古之排簫。蓋古時比竹爲之，參差如鳳翼，故以爲名耳。

張心孟好吹簫

祥符張壯行，字心孟，爲明天啟甲子舉人。嘗以計偕入都，逆旅之鄰，有吹洞簫者。聞其聲特異，往叩之。吹者與言，賞其妙悟，於是盡其所得之師者授焉。心孟精究之，至忘寢食。一旦，恍然悟曰：「此七韻正聲也，失傳久矣，何幸於兹遇之！」倚節而弄，無不合。因而面壁自語，或時起舞姍姍，從者以爲狂矣。春試之前一日，僕爲理場具，告曰：「詰朝當入闈。」心孟曰：「我不知也。至音之淪墜，向千載，今者於一器之微，古人之神奇寓焉。孔子所歎爲不圖至斯者，我幸遇之。不特聆之於耳，且能會之於心；不特會之於心，兼能傳之於器，此來所得多矣。我方樂此，懼勿及也，遑問其他。」言畢，輒搦管呼呼然吹不休，鎖院門扃，音猶嫋嫋也。僕復白曰：「試誤矣。」張目曰：「束裝！」不顧而歸。歸後，時時絕人事而爲之，或值可喜可愕與一切無聊不平之感，率作一弄以消磨之。久之，流寇攻汴，獲之，驅使去，猶佩所吹簫於身。至砦，踞地而吹之，淒惋幽鬱，嗚咽動人。環聽者衆，始而喜，繼以太息，忽不覺思鄉懷土，悲從中來，爲之涕下霑襟。於是羣相嫗煦護愛，卒縱之歸。

明亡，入國朝，按籍授官。邑宰迫之往，心孟横簫長揖曰：「壯行爲亡國廢物，顧可污清時耶？」令曰：「奈無辭以脱公何？」曰：「以死報，必免。」於是心孟不復列士籍矣。自是，益復以吹簫自娱，飢寒之阸，踐更之呼，聞則疾其聲以勝之。畢曲，語家人曰：「試聽吾簫，困自忘也。」編户之役，則次第往應，絶不匄免，惟科場令作守號軍，則笑曰：「我故諸生，重入此，似有嫌。」乃出百錢雇代者。晚爲上官所知，行鄉飲賓酒禮，亦弗卻也。年八十餘，病革，猶理簫，然不能成聲，遂置枕旁，曰：「人琴俱亡，吾其死矣。」遂瞑。

沈康臣吹洞簫

毛大可善歌，沈康臣吹洞簫和之，能曲折倚其聲。

簫翁善簫

簫翁，不詳其姓氏里居，善吹簫，遂以名。翁吹簫能效鳥獸鳴，或作悲酸聲，使聞者墮涕，變而壯，則又起舞。秋夜，天清無片雲，月明如畫，翁嘗攜簫登山巔吹之，悲風怒號，陰雲四合，哀猿長啼，翁亦泫然泣下。已復爲悠揚雍和之音，則雲散月明如故。翁曰：「神技也，吾其善藏之。」自是遂不吹。

後數年，邑有虎入村爲患，獵者捕之，輒爲所噬。翁聞之，曰：「可以用吾技矣。」命武夫持戈隨至山隈，伏樹間。翁以簫學乳虎鳴數聲，虎聞而至，四顧，若覓乳虎所在者。簫忽作獅子吼，聲聞數里，山奔石裂，虎大慄，木立不敢動。武夫突出，揮戈，刺其喉而斃之。人服翁技神。又數年，大旱，翁吹簫，亦得雨，於是翁遂以技著，然不復吹。好事者迫之，則大哭，而欲自裂其簫，人遂不之強。翁年五十餘而卒。翁生平畜一簫，以紫竹爲之，長三尺，手製者也，愛護如珍寶。卒之前一夕，自以巨椎椎破之。所著有《簫經》二卷，亦不傳。

鼻簫

臺灣番人截竹爲管，竅四孔，長可尺二寸，通小孔於竹節之首，按於鼻，橫吹之，高下清濁，悉中節度，蓋亦可謚爲洞簫也。未婚者曰麻達，至夜，吹行社中，番女聞而悦之，則引與同處。

笛

笛，卽古之横吹，體用蘆竹，用與簫同，以姑洗笛協排簫陽律一均之用，以仲吕笛協排簫陰吕一均之用。

福田鼻能吹笛

乾、嘉間，清江之楊家莊三元宫，有住持僧名福田者，鼻能吹笛，口且唱曲，自吹自唱，若出自兩人之口。

管柳衣聞笛

管柳衣茂才題雁有《鄰舟聞笛》詩云："波光如鏡浮珠白，夜繫木蘭依古驛。誰家商婦不知愁，閒倚船窗撅玉笛。笛聲飄緲高入雲，離人愁絶荒江濱。瘦蛟欲活魚欲舞，梅花落盡江南春。須臾月墮變三弄，離人聽之難入夢。擁衾惆悵思最多，長年又唱湘水歌。"

舒鐵雲瘞笛

舒鐵雲嘗蓄一笛，四年矣，雅有雲石之韻。一日，墮地甀脱，遂折其半。既埋之牆陰，且做毛西河《水盞子銘》，作《瘞笛》詩，詩曰："縱二尺餘圍寸許，中有宫商角徵羽。一朝擲地金石聲，雄鳳雌凰不相語。憶昔截雲歸笛家，一枝吹破《江梅花》。年來與我周旋久，錦囊南北隨詩走。既不若笻枝九節化作龍，又不若翟竿七尺垂爲虹。紫雲迴奏廣寒殿，昭華琯弄咸陽宫。但向人間傳一曲，葦綃霏霏貼寒玉。惹得樓中黄鶴飛，吟殘水底蒼龍宿。錯來不鑄六州鐵，猿臂鶴脛楊柳折。合之則美離則傷，兩頭纖纖太愁絶。此時無聲憶有聲，此物無情卻有情。一丸泥當封嶰谷，萬户侯猶唱渭城。可憐黄竹埋黄土，響絶音沉悄終古。珠墮樓頭玉倚牆，夜深誰《按霓》裳譜？"

項琳善笛

項琳，范陽人，以樂藝名一時。避居吴門，每攜一笛，往來山塘，吴中名妓皆師事之。咸豐庚申，粤寇陷蘇臺，琳倉皇出走，爲寇所殺。

篪

篪，體用竹，間纏以絃，吹口之上塞口，令氣不洩。今定一孔上出，五孔向外，一孔向内，一孔在底，近底下出，並開二孔，統計爲十孔，除吹孔、底孔與二小孔不數，則爲六孔。

管

管，以堅木或骨角爲之，兩端象牙爲飾。大管以姑洗律爲體，小管以黄鍾半積同形管爲體。各設哨於管端，大管九孔，小管八孔。蓋六孔已具七音，八孔則七音兼二清聲，九孔則七音兼四清聲也。

吹烟筒喇叭

青浦何元長好結納，挾技者羣造其門。一日，有敝衣客至，自言能吹烟筒喇叭。諾之。客乃出其竹製之筒，長三尺餘，鋭上豐下，兩端鑲紫銅，吸烟竟，拍去其燼，徐徐吹之。初若新鶯睍睆聲，次作寒雁嘹唳聲，繼如鸞嘯，如牛鳴，咿咿啞啞，較樂工所用爲動聽。易以他筒，弗能矣。

紙簫

福州開元寺前有捲紙爲簫者，周櫟園嘗得其一，色如黃玉，扣之鏗鏗。以試善簫者，云外不澤而中不乾，受氣獨全，其音不窒不浮，在好竹之上。後以贈劉公戢，公戢爲賦《紙簫》詩以張之。

匏

匏有大笙十七簧，下接紫檀木，以代匏爲管，本攢衆管於一匏，而共一吹口。每管設簧以取音。小笙之制如大笙，而四管無簧，故簧止十三管。

壎

壎，燒土爲之，朱漆繪金雲龍，垂五彩流蘇爲飾。有黃鍾壎、大呂壎二種，黃鍾壎以八倍黃鍾積爲體，大呂壎以七倍黃鍾積爲體，皆頂上一孔，前四孔，後二孔。

德化瓷笛

德化瓷笛色瑩白，式亦精好，但累百枝無一二合調者。合則聲淒朗，遠出竹上。雲夢柯亭之外，又有此異種，若入李謩手，即至入破，當不患磕然中裂矣。

建鼓

建鼓，以木爲匡，冒以革，穿徑爲方孔，以柱貫其中而樹之趺，趺上爲座，以受柱。圓柱之上爲托雲，以承鼓。柱貫鼓上，出以擎蓋，蓋上壓梁，上植金鸞。

大鼓

大鼓，腹中安銅膽，平懸於架。

杖鼓

杖鼓，上下二面，木匡細腰，以紅漆竹片擊之。其制始於漢、魏，今有大小二種。

小杖鼓

小杖鼓，《元史》謂之扎鼓，左手持而右手擊之，蓋後周杖鼓也。有三等之遺制。

手鼓

手鼓，不知其所自起，左手持而右手以槌擊之。《周禮·小師》：「小樂事，鼓棘。」此或其遺也。光緒時，有擊手鼓售技於市者。鼓有耳，貫之以繩，絡於項而擊之。凡用槌三，手執其一，而擲其一於空中，隨落隨接，此上彼落，左右遞更，疾徐中節，絕無累黍之差。

龍鼓

龍鼓，匡繪五彩雲龍，四旁金銅環，繫以黄絨緌，陳則置鼓於架，行則掛鼓於項。歷代鹵簿，鼓各不一，古横懸蓋，今平置，有衣，微不同耳。

行鼓

行鼓，一名陁羅鼓，上大下小，匡貼金銅釘鈸，環繫以黄絨緌，跨於馬上，下馬陳樂，則懸之於架。唐有三面鼓，形如缸，首廣下鋭，冒以虺皮，類此。

導迎鼓

導迎鼓，制如大鼓而小，匡繪五彩雲龍，腹内安銅膽，四旁鍍金，環以黄絨緶轝之。

俳鼓

俳鼓，朝鮮國樂制，與鹵簿龍鼓相似而微小，兩旁施銅環，以黄扁緌繫於項。

軍鼓

軍鼓，軍中所用以整步伐者，爲銅鑄之圓筒，上下覆以皮革，四圍有繩，用小木槌敲之。

太平鼓

海寧朱聲元貢生鍠《詠太平鼓》詩曰："「六街鼕鼕鼓聲徹，蠢者以動句者茁。其聲剛勁氣激揚，綴以錚錚幾環鐵。瓦腔革面古製移，煉鐵糊紙憑膠黐。非鼖非鼛號曰鼓，金聲革聲齊奏之。紙作皮膚鐵爲骨，下擬斗柄上滿月。羣星在掌光摇摇，耳畔蟄雷争奮越。曾聽牋鼓知春生，況復土鼓迎時鳴。羯鼓催花石鼓獵，那及社鼓與耕氓。太平鼓擊擊且走，握之以左擊以右。一鬨鞭撾短籥聲，幾番高下小兒手。初疑方響梨園敲，旋兼中節銅丸拋。繁音颯颯砉然止，倏爾濤籟喧堂坳。揭來舞手復蹈足，日作嘔啞太平曲。何如擊壤康衢中，助汝含哺同鼓腹。」

搏拊

搏拊，如鼓而小，匡上銜小金環，以黄絨絛繫之，横置之趺。凡合樂，工人掛於頸，以手擊之。其用，則鼓每一擊，搏拊再擊，以爲應和之節。

塞塔爾

塞塔爾，回樂也。木槽通柄，槽如茄形，面平下圓，冒以革，柄面平，背圓，兩側有八軸絲絃二，雙鋼絃一，單鋼絃六，應絲絃以取聲。

達卜

達卜，回樂也。木腔，冒以革，以手指擊之。

那噶喇

那噶喇，回樂也。狀類行鼓，鐵匡，上大下小，冒以革，以二木杖擊之。

柷

柷，所以起樂，上闊下小，狀如方斗。三面正中，各設圓鼓以受擊，一面開圓孔以出音。椎用緑漆入楞，投椎其中，撞之。其一面有孔者，殆如琴瑟底之有孔以取聲，非便於納手其中也。

敔

敔，所以止樂，狀如伏虎。背上有二十七鉏鋙，通體有紅黑斑紋，趺以金漆，旁施兩耳以置籈，籈以竹爲之。擊法，先三擊首而後戛其背。

拍板

拍板，堅木爲之，六片，聯以黄絨紃，左右各三片，合擊之以爲樂節。

拍

拍，紫檀板四片，以絃合三片爲一束，束其二，以一片拍之，下一片略厚，用以節樂。古本用節，晉魏間有宋纖者，善擊節，以木拍代之，拍始此。

番部拍

番部拍，紫檀板三片，以二片爲一束，執一片拍之。拍小於拍板，番部拍又小於慶隆舞拍，其用則同。

畫角

畫角，木質空心，腹廣端鋭，設木哨，入角口吹之。

胡笳

胡笳，本角音，上下用角，即古角之遺制也。

巴拉滿

巴拉滿，回樂也。狀類頭管，以木爲之。本小末大，飾以金，木管上口安蘆哨，應笛聲。

觱篥

觱篥，喀爾喀樂，卽唐蘆管也，惟多金口耳。